小浜正子
下倉　渉
佐々木愛
高嶋　航
江上幸子
【編】

中国
ジェンダー史研究
入門

京都大学学術出版会

目　次

遺跡地図　2

はじめに——中国史におけるジェンダー秩序　（小浜正子）……………………… 3
　1．ジェンダー史とジェンダー主流化　4
　2．中国女性史から中国ジェンダー史へ　5
　3．中国ジェンダー史共同研究と中国ジェンダー史のいくつかの論点　8
　4．残された課題　16
　5．本書の構成　18

第一編　通時的パースペクティブ

Ⅰ期　先秦〜隋唐　古典中国——父系社会の形成

はじめに　（下倉　渉）……………………………………………………………… 27

第1章　考古学からみた先秦時代のジェンダー構造　（内田純子）…………… 45
　はじめに　45
　1．墓葬資料の扱い　46
　2．副葬工具にみられる性差——新石器時代の男耕女織の起源　47
　3．初期王朝時代（商代）の文字資料と女性　49
　4．考古学からみた商王とその妻——王陵区大墓と婦好墓の比較　50
　5．殷墟の族墓地の男女墓の分析　54
　6．西周から春秋・戦国期にかけての変化　55
　7．青銅器と装身具にみられる女性の役割
　　　——西周から春秋・戦国期にかけての変化　57
　8．女性の寿命、生涯と身分　59

9．男耕女織と絹生産　61
    10．先秦時代のジェンダー構造の変化過程　63

第2章　父系化する社会　（下倉　渉）……………………………………… 67
　はじめに　67
　1．異父の兄弟姉妹と舅甥の関係　70
　2．「公主」の歴史　76
　　（1）六朝から明清まで　76
　　（2）漢代の公主について　80
　おわりに　85

第3章　中国の文学と女性　（佐竹保子）……………………………………… 89
　はじめに　89
　1．先秦（紀元前）　91
　2．漢代　93
　3．魏晋南北朝　95
　4．唐代　97
　5．宋代の李清照　100
　おわりに　105

第4章　唐代の家族　（翁育瑄、三田辰彦訳）……………………………… 109
　はじめに　109
　1．門閥貴族研究と唐代の家族・親族　109
　2．女性史研究と唐代の家族・親族　112
　3．礼制・法制研究と唐代の家族・親族　116
　おわりに　121

　　　コラム1　史料紹介──敦煌文書にみる妻の離婚、娘の財産相続
　　　　　　　　　　　　　　　　　　　　　　　　（荒川正晴）…… 127
　　　コラム2　則天武后とその後　（金子修一）……………………… 135

II期　宋〜明清　伝統中国——ジェンダー規範の強化

はじめに　（佐々木愛）…………………………………………………… 143

第5章　唐宋時代の生業とジェンダー　（大澤正昭）……………………… 155
はじめに　155
1. 唐宋時代の史料——限界と可能性　156
2. 女性が従事する生業　163
   - （1）生業、家業一般について　164
   - （2）女性の農業労働　167
   - （3）農家経営と女性、商業　170

おわりに　173

第6章　伝統家族イデオロギーと朱子学　（佐々木愛）…………………… 175
はじめに　175
1. 滋賀秀三『中国家族法の原理』　176
2. 「伝統家族イデオロギー」と朱子学　180
   - （1）滋賀「原理」と朱子学　181
   - （2）女性抑圧と朱子学　184
   - （3）「宗法」と朱子学　187

おわりに　189

第7章　婚姻と「貞節」の構造と変容　（五味知子）……………………… 193
はじめに　193
1. 貞操観念と表彰の変遷　194
2. 逸脱に対する処罰——性犯罪に関する規定の変遷　196
3. 女性の持参財産　199

おわりに　200

第8章　身分感覚とジェンダー　（岸本美緒）……………………… 205
　　はじめに——「身分感覚」というコンセプト　205
　　1．伝統中国の「身分」とは何か　207
　　2．「士・庶」とジェンダー　210
　　　（1）女子教育と上昇戦略　210
　　　（2）上流階層の女性たち　211
　　　（3）文化としての纏足　212
　　　（4）節婦の表彰　213
　　3．「良・賤」とジェンダー　213
　　　（1）士人と妓女　213
　　　（2）売春と社会規範　215
　　おわりに——比較史的視点　216

　　コラム3　宮廷女官とジェンダー　（小川快之）……………………… 219

III期　近現代中国——変容するジェンダー秩序

はじめに　（高嶋　航）………………………………………………… 227

第9章　民族主義とジェンダー　（坂元ひろ子）……………………… 239
　　はじめに——近代のナショナリズム　239
　　1．中国近代「民族主義」研究　242
　　2．「国民の身体」とジェンダー——纏足／放足　248
　　3．五四新文化運動期から抗日戦争期まで　254

第10章　近代中国の男性性　（高嶋　航）……………………………… 259
　　1．はじめに——男性性とは？　259
　　2．男性史とは？　260
　　3．ナショナリズム、帝国主義、植民地主義　262
　　4．伝統的男性性——文の覇権　263

5．日清戦争の衝撃——武の台頭　264
　　6．共和国の誕生と五四運動——文武の相克と失墜　267
　　7．中国国民党と中国共産党——武の時代　271
　　おわりに　275

第11章　近代中国の家族および愛・性をめぐる議論　（江上幸子）……………281
　　はじめに　281
　　1．新旧家族制度に関する論議　282
　　　（1）「伝統的家族制度」への批判　282
　　　（2）「近代的家族制度」の提唱　283
　　　（3）「小家庭」制に伴う愛・性についての論議　285
　　2．「近代家族」イデオロギーへの女性の異議　286
　　　（1）清末の日本留学生　286
　　　（2）独身主義の主張　287
　　　（3）女性作家の作品から　288
　　　（4）「家庭派」女性への拒否　289
　　3．婚姻制度廃止論の提起　291
　　　（1）辛亥革命期のアナキスト　291
　　　（2）1920年代の婚姻制度廃止論　294

第12章　近現代の女性労働　（リンダ・グローブ、田中アユ子訳）……………301
　　はじめに　301
　　1．変化の第一段階——外で働き始めた女性たち　303
　　2．初の女性専門職　305
　　3．第一世代の女工たち　308
　　4．工場以外の場所で働く女性労働者たち——娯楽産業を中心に　311
　　5．毛沢東時代における女性の労働　313
　　6．改革開放期における女性労働と今後の課題　316

第13章　中華人民共和国の成立とジェンダー秩序の変容　（小浜正子）……321
　　はじめに　321
　　1．近代中国のジェンダーと家族をめぐる法と政策　322
　　2．中華人民共和国のジェンダー構造変革と婚姻法貫徹運動　323
　　3．社会変革とジェンダー構造の変容　326
　　4．文化大革命とジェンダー　328
　　5．計画出産をめぐる国家・家族・個人　329
　　　（1）「一人っ子政策」以前　330
　　　（2）「一人っ子政策」の展開　331
　　おわりに　332

第14章　改革開放期のジェンダー秩序の再編
　　　　――婦女連合会のネットワークに着目して　（大橋史恵）…………337
　　はじめに　337
　　1．中華全国婦女連合会とその変化　340
　　　（1）婦女連の沿革　340
　　　（2）改革開放初期の女性運動史研究　341
　　　（3）オーラル・ヒストリーにおける婦女連をめぐる語り　342
　　2．婦女連の組織体制とガバナンス　345
　　　（1）婦女連の組織体制　345
　　　（2）ジェンダー公正をめぐる婦女連のイニシアティブ　347
　　　（3）市場経済化のなかの婦女連とローカルなジェンダー秩序　348
　　3．今日のジェンダー秩序と女性運動の変化　351
　　　（1）女性運動の多様化　351
　　　（2）ガバナンスの強化と柔軟なネットワーク　352
　　おわりに　355

　　　コラム4　二冊の近代中国女性史　（須藤瑞代）………………………359

第二編　中国ジェンダー史上の諸問題

第15章　中国古代の戸籍と家族　（鷲尾祐子）……………………………… 367
　はじめに　367
　1．資源としてのヒト　368
　2．「戸」と戸籍　372
　3．戸籍と内外の別　377
　おわりに　382

第16章　「才女」をめぐる視線　（板橋暁子）………………………………… 385
　はじめに　385
　1．漢代まで　386
　2．魏晋南北朝　389
　3．隋唐　390
　4．宋元　391
　5．明清　392
　おわりに　395

第17章　中国医学における医療・身体とジェンダー　（姚　毅）………… 399
　はじめに　399
　1．中国の伝統医学における身体観とジェンダー　401
　　（1）中国の伝統医学の特徴　401
　　（2）「女科」の成立と男女の性差　403
　　（3）明清における身体観の変容と身体知識の構築　406
　2．身体を「科学化」する近代医学とジェンダー　408
　　（1）西洋産婦人科知識の伝入　408
　　（2）解剖学的凝視と生殖の「病理化」　409
　　（3）女子体育と少女の身体　411
　3．男性医師の出産現場への介入と挫折　414

（1）専門職としての産婦人科の形成と男性医者の嘆き　414
　　　（2）女性のための女性による治療——女性医師の戦略　415
　　　（3）中華人民共和国時期の「はだしの医者」　416
　　おわりに　417

第18章　中国におけるフェミニズムと女性／ジェンダー研究の展開
　　　　　　　　　　　　　　　　　　　　　　（秋山洋子）……… 421
　　1．中国女性学の誕生　421
　　2．80年代中国女性学の特色——〈女性意識〉と〈本土化〉　424
　　3．東西フェミニズムの出会いから第四回国連世界女性会議へ　426
　　4．北京＋10——婦女連中心の女性学ネットワーク構築　428
　　5．国際的援助による開発プロジェクトと女性／ジェンダー研究専門分
　　　野建設の動き　430
　　6．IT時代のフェミニズム
　　　——「微笑する女性主義」と街頭抗議パフォーマンス　432

　　　コラム5　セクシュアル・マイノリティ　（遠山日出也）………………… 437
　　　コラム6　演劇とジェンダー　（中山　文）………………………………… 447

あとがき　（小浜正子・江上幸子）………………………………………………… 453

中国ジェンダー史略年表 …………………………………………………………… 456
中国ジェンダー史関連重要文献一覧 ……………………………………………… 464
索引（人名・事項・書名）………………………………………………………… 473

中国ジェンダー史研究入門

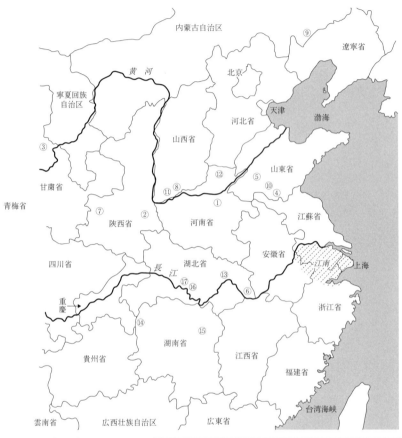

遺跡地図

(黄石林・朱乃誠著、高木智見訳『中国考古の重要発見(中国文化史ライブラリー3)』日本エディタースクール出版部(2003年)より改変の上転載)

【遺跡の位置】
① 裴李崗遺跡(河南省新鄭市)
② 姜寨遺跡(陝西省臨潼県)
③ 皇娘娘台遺跡(甘粛省武威県)
④ 棗庄墓地(山東省棗庄市)
⑤ 王因墓地(山東省兗州市)
⑥ 武穴鼓山墓地(湖北省武穴市)
⑦ 強国墓地〔竹園溝〕(陝西省宝鶏市)
⑧ 晋侯墓地(山西省曲沃県天馬村・翼城県曲村)
⑨ 大甸子遺跡(内蒙古自治区)
⑩ 前掌大遺跡(山東省滕州市)
⑪ 上馬墓地(山西省侯馬市)
⑫ 殷墟(河南省安陽市)
⑬ 睡虎地秦墓(湖北省雲夢県)
⑭ 里耶古城址(湖南省龍山県)
⑮ 臨湘侯国役所跡(湖南省長沙市走馬楼)
⑯ 西漢古墓群(湖北省荊州市荊州区高台村)
⑰ 張家山漢墓(湖北省荊州市荊州区)

はじめに
——中国史におけるジェンダー秩序

小浜正子

　中国は、現在まで続く最も長い歴史をもつ文明圏である。日本では、中国の歴史について膨大な研究の蓄積があり、その思想・政治・社会・経済・文化等のさまざまな側面について多くのことが論じられ明らかにされてきた。しかしそこにおけるジェンダーのありかた——男性であること、女性であることがどのように意味づけられてきたのか——に対しては、長い間ほとんど注意が払われることはなかった。近年、英語圏や中国語圏（中国・台湾を含む）ではこの分野で大きな研究の進展がみられるが、特にジェンダー史の領域での日本の中国研究の立ち遅れはいなめない。このことは、日本の中国認識にゆがみをもたらしているだけでなく、国際的に見ても——欧米のみならずアジア諸国と比べても——男女の不平等の著しい日本社会のジェンダー構造を[1]、アジアとの関係において問い直すことを遅らせているようにも思われる。

（1）　日本の男女格差を示すジェンダー・ギャップ指数は111／144位（2016年）であり、G7の中で飛び抜けて格差が大きい。アジアは、フィリピン7位、シンガポール55位、タイ71位、中国99位、韓国116位など。

本書は、このような状況の中で、現在までの研究成果をまとめ、古代から現代までの中国のジェンダー秩序とその変化の過程を見通して、今後の研究の深化と活性化を図ろうとするものである。

1. ジェンダー史とジェンダー主流化

　そもそも「ジェンダー」とは何か。日本でも、この言葉が人口に膾炙するようになって久しいが、歴史学界でも、いまだにジェンダー史は単に女性史と等価と見なされることも少なくない。

　しかし「ジェンダー」とは、女性の問題のみにとどまらない知のパラダイム全般を問い直し転換させていこうという概念である。もとは文法上の性を意味していた「ジェンダー（gender）」という語が生物学的な性別（sex）に対して、社会的・文化的な性別という意味で使われるようになったのは、1970年代の第二波フェミニズムの高まりの中で、性別が文化構築的なものである──男性であること・女性であることの意味づけられ方は社会によって異なる──ということが広く認識されたことによる。さらに考察を深めたジョーン・スコットは、ジェンダーを「身体的差異に意味を付与する知」と定義した［スコット 2004］。その後こうした考え方は国際社会の常識となり、国連もこれにならって「ジェンダーは、生物学的性差に付与される社会的な意味と定義される」としている[2]。つまり、ヒトがいかにして社会的な「人」として認識されるか、に関わるのがジェンダーである。「人」はみな性別を持つものとされているが、それを意味づけるのは社会であり、その意味づけは地域や時代によって異なっている。

　「ジェンダー主流化」とは、そのようなジェンダーに注意する視点を主流化（一般化）することにより、法律や政策から日常生活でのふるまい方に至るあらゆる領域やレベルでの活動のあり方とその意味が、それぞれの階層や民族ごとに性別によってどう異なっているかに、常に留意していこうとすることであり、「歴史研究のジェンダー主流化」とは、歴史のあらゆる側面を

（2）　国連「開発と女性の役割に関する世界調査報告書」（1999年）。

階級・階層や民族・エスニシティなどと同様に強く規定しているジェンダーへの関心を忘れずに研究をおこなうことである。

　これまでの中国史研究は、意識的無意識的に男性——それも漢語を読み書きする漢族の知識人の男性——を歴史の主体と捉えがちであった。多くの場合、漢文史料に拠って進められてきた中国史研究の中では、文章を書くこと／書かれることが男性に比して圧倒的に少なかった女性は、歴史研究の対象となることがあまりなかった。質量ともに厚い蓄積を誇る明治以来の日本の中国史研究も、強くその傾向を持っていた。見えなくなっていた女性の軌跡を掘り起こす女性史の研究は、1970年代から盛んになり、歴史における女性の多様なありかたが明らかになってきた。同時に、それぞれの社会における男女の性別そのものがどのように意味づけられてきたのかについての研究も進み、それは女性史の範囲を超えたジェンダー史として深化してきた。

　ジェンダーの視点を持って研究を進めることで、漢族の知識人男性——彼らは異性愛規範の下で結婚して子孫を残すことを最重要な徳目としている——を中心とするものに偏っていた中国史研究は、女性や、文字を読み書きしない者や、結婚していない男女や、「野蛮」な男女関係の習慣を持つ「少数民族」をも歴史の主体として捉え直し、彼らを社会の周縁におくような秩序の構造——その社会の政治・経済・文化の各領域に関わる価値体系——がどのように作り出され維持されてきたかを理解してゆこうとするものになってきた。さらには、近代社会が正当としてこなかった同性愛や異性装やトランスジェンダーなどのセクシュアリティのありかたが歴史的にどのように捉えられてきたのかを、現在社会の価値観を相対化しつつ明らかにしてゆく研究も進められるようになっている。

2．中国女性史から中国ジェンダー史へ

　ここではまず、これまでの中国ジェンダー史と、それに先立つ中国女性史の研究の歩みをざっくりと振り返ってみよう（詳細な研究史は各章にゆずる）。
　近代の中国史研究の中で、意識的に特定の性別を取り上げた研究の嚆矢となるのは、五四新文化運動を経た1920年代の著作である古代以来の中国女性

の歴史を通覧した陳東原『中国婦女生活史』(1928年初版) である（第Ⅱ期「はじめに」参照）。だがその後、取り上げるに足る女性史の書物は長い間書かれなかった。

　20世紀後半のこの分野の先駆的な業績としてまず挙げられるべきは、日本の小野和子による『中国女性史——太平天国から現代まで』(1978) である。京都大学文学部東洋史学科最初の女子学生であった小野は、1970年代の日本で第二波フェミニズム（ウィメンズ・リブ）が社会の女性差別の構造を鋭く問い直しているのに応えて、中国史学界のなかの男性中心主義——研究者も研究対象も男性ばかり——に穴を開けるべく女性を研究対象とし、革命闘争に立ち上がり女性差別と闘う姿など、活き活きとした中国女性の生の軌跡を甦らせた。同時期に東京の在野研究者の末次玲子らも中国女性史研究会を立ち上げて、中国女性の歴史を掘り起こす仕事を始めている。末次は、中国共産党指導下の女性だけでなく、国民政府下の女性の運動や生活なども含めた幅広い中国近代の女性の歩みに注目しつづけ、その研究は末次『20世紀中国女性史』(2009) にまとめられた（コラム4参照）。日本の中国女性史研究は、第二波フェミニズムの影響下で近現代史を中心に始まり、ゆっくりとすそ野を広げ、ジェンダー史へ転換しながら、現在までに成果を重ねてきた。

　第二波フェミニズムは、英語圏の中国史研究をも刺激した。アメリカの中国女性史でとりわけ成果を挙げてきたのは、後期帝政期（宋～明清）の研究である。前近代の封建社会で抑圧された存在として一面的に捉えられていた女性像に異を唱えて、後期帝政期中国の女性の多様な姿を明らかにする研究が進展した。宋代の女性の多様なありかたを家族の中での地位に着目して描き、嫡妻の持つ大きな権限などに注目した [Ebrey 1993] や、清代江南の士大夫層の詩作する女性たちの高い文化水準と彼女たちのネットワークを描き出した [Mann 2007] などは、中国前近代の女性は、けっして無学なままに閉ざされた世界で弱弱しく生きていただけではないことを示した。とりわけドロシー・コー（高彦頤）の纏足研究 [Ko 2001] [Ko 2005] は、前近代中国の女性抑圧の象徴とされてきた纏足が、当時は中国文化の精華と捉えられており女性たちは主体的にそれを作り上げていた、とそれまでの歴史像を読み替えて、歴史修正主義（revisionist）と呼ばれる研究潮流を生み出した（これは

日本で問題にされる歴史修正主義とは異なったものである)(第Ⅱ期「はじめに」参照)。

　他にも英語圏の中国女性史研究は多くの成果を生み出してジェンダー史に発展していった。21世紀に入ると、さらに多様なセクシュアリティの社会的包摂を求める第三波フェミニズムに呼応して、中国史上のセクシュアリティについても研究が進んでいる。

　このように豊富な80年代以来の英語圏のジェンダー史研究の到達点として[Mann 2011]がある。同書は身体から国家に至る社会全体の秩序構造としてジェンダーを捉え、後期帝政期中国社会のジェンダー／セクシュアリティ・システムが近現代にどのように変化した／しなかったか、を描き出す。ジェンダー秩序が社会全体の構造を規定し体現するとして、中国社会でのあり方が示されたことは画期的であり、今後の研究の出発点とすべきものである。私たちの研究グループは、この本を日本語訳してマン『性からよむ中国史』(2015)として出版した。とはいえ、同書が先秦時代から明清に至るまでの間の変化についてあまり語っていないのは、英語圏の研究状況を反映した弱点ともいえる。

　中国語圏についてみると、中国(大陸)では、改革開放後、古代から明清、さらには近代に至る中国の女性像とジェンダー構造の変化に関する研究が意欲的に取り組まれている(第18章参照)。[杜芳琴・王政編 2004]は、先史時代の母系制社会から周代の父権制の成立、魏晋南北朝隋唐における女性の活躍と宋学の内外の秩序の強調、明清における貞節の重視といった、時代を追ったジェンダー構造の変化の解明を試みた。また近年の中国では陳高華・童芍素主編『中国婦女通史(全10巻)』(2010)、張国剛主編『中国家庭史(全5巻)』(2007)などの大部の通史も刊行されて、研究のすそ野が広げられている。とはいえ、いまだ充分に系統立った女性史／ジェンダー史の通史は書かれていないように思われる。

　一方台湾でも、中央研究院近代史研究所の游鑑明らによって、英語圏・日本語圏の研究をすばやく吸収しながら、中国女性史／ジェンダー史の研究が精力的に進められてきた。秦漢〜隋唐の身体観からジェンダー秩序を論じた李貞徳の研究[李 2008]から第4章で論じられる唐代の家族に関する豊富な研究、そして『近代中国婦女史研究』(中央研究院近代史研究所、1993〜)に発

表された数多くの近現代史の論文まで、各時代について史料に基づいた実証研究が蓄積されている。

　以上、現在までの中国女性史／ジェンダー史の研究状況を概観してきた。日本語・英語・中国語を併せた研究の蓄積はそれなりの水準に達しており、個別の時代や領域のジェンダー構造が、かなり明らかになってきている。しかしながら、中国のジェンダー秩序はどのような特徴があり、いかに変化してきたのか、という問いに答えるような全体の見取り図は、いまだ描けていないのが現状というべきであろう。

3．中国ジェンダー史共同研究と中国ジェンダー史のいくつかの論点

　私たち中国ジェンダー史共同研究グループは、こうした中で、2012年以来、共同研究を進めてきた。日本の中国史研究のこれまでの成果——ジェンダー視点が乏しいことが大きな問題だとはいえ——の中には、私たちが中国ジェンダー史を系統的に考察してゆく手がかりが豊富にある。それらを批判的に継承しながら、中国史におけるジェンダー秩序の特徴と変化の全体像を構築し、具体的な事象について理解を深めようと努めた。

　私たちはこれまでに、共同研究の成果としてマン『性からよむ中国史』（翻訳、2001＝2015）の他にも、『ジェンダーの中国史』（小浜編 2015）、『現代中国のジェンダー・ポリティクス』（小浜・秋山編 2016）を刊行し、またマン『張家の才女たち』（翻訳、Mann 2007＝近刊）を刊行予定である。本書は5年間の共同研究のまとめとして、蛮勇をふるって中国ジェンダー史の全体像の構築を試みたものである。

　ここではまず、私たちの共同研究によって明らかになった中国ジェンダー史に関わる重要な論点について、日本を含む他地域との比較と、時代による変化、いい換えれば空間と時間による多様性に注意しながら紹介し、本書を読み進まれる際の手引きとしたい。（以下、文中に（　）［　］で示す関連文献は、本書の各章・コラムとこの共同研究の成果によるものに限り、他の参考文献などは注で示した。）

a. 中国の家族は、ずっと強固な父系制だったのか。

　中国の家族構造は、強い父系制であったとは、よくいわれることである。ここではまず、中国近世の明清社会——一般に「伝統中国社会」といわれるものはこの時期のもの——における中国の家族の特徴を、日本近世の家(イエ)などと比較しながら確認し、次にそのような父系制家族が中国史の中でどのように歴史的に形成され変化してきたかを見てみよう。

　中国人は、自己のアイデンティティの中核とされる姓を父から受け継ぎ、それは生涯変わらないものとされる。女性は結婚しても姓を変えることはないが、生まれた子は父の姓に従う。そして姓を同じくする父系血統につながる者が、同じ本質を持つ同族と認識される[3]。父の財産は息子の間で均分され、娘は（任意の婚資を与えられることはあるが）相続の権利は持たない。息子がいないときは、娘がいても婿養子ではなく父系血縁の男子を養子とするのが正統とされる。娘は父系血統を伝えることができないからである。そして姓を同じくする父系血統の者が繁茂することが「家(ジア)」の繁栄とされた[4]。滋賀秀三は、このような父系血統を伝えることを重視する中国の家を、家業・家名・家産を代々伝えることを重んじる日本近世の「家(イエ)」と対比させた。彼は、どの息子も平等の財産相続権を持つのは息子たちが皆同じように父系血統を伝えることができるからだと論じ、このような中国伝統社会の家族を貫く原理を「中国家族法」と呼んだ[5]。

　中国の家族のあり方は地域や階層によって大きな偏差を伴うが、滋賀のいう「中国家族法」が、明清時代の漢族の家族についての基本的な理念型としてたいへんよくできたものであることは、多くの中国史家の認めるところである。滋賀はこれを古代以来の中国史を貫く普遍の原理とする。しかし、私

（3）　父系血縁者間の婚姻は「同姓不婚」として忌避されるが、母糸の血縁の者は同族ではないとされるので問題なく、例えばイトコ間では、父方オジの子どうしは同姓で結婚できないが、母方の血縁や父の姉妹の子は、同族同姓でないので結婚できる（むしろ好ましい縁組とされたりする）。
（4）　こうした中国の父系の「家(ジア)」は、日本近世の「家(イエ)」が家業・家名・家産を代々伝えるものとされるのとは異なっており、代々の家業などは持たず、複数の息子がいれば、科挙を受けて役人になったり、商売をして金を稼いだり、地主経営で土地を増やすなど、さまざまな可能性を生かして子孫繁栄をはかるものとされていた。
（5）　[滋賀 1967] 参照。

たちはこの「中国家族法」も、歴史的に形成されてきたものだと考える。

　近年の考古学の研究成果に拠れば、新石器時代前期から男女の性別分業の存在が認められ、ジェンダーは社会構造の上で大きな意味を持っていた。甲骨文字に拠る研究からは、殷の王はすべて男性で父子兄弟相続により、続く周の王は父子相続が基本となっていて、父系制の存在がわかる。とはいえ、古代の父系制はいまだ後代のように精緻でも強固でもなく、漢代の社会では、母系の血縁の者をも「同族」とみなす観念が見られた。やがて六朝時代には父系優先の度合いが強まり、中国社会はだんだんと「父系化」していった（第Ⅰ期「はじめに」および第1章、第2章参照）。中国史上唯一の女帝・武則天の治世も、唐の後半には否定されるようになってゆく（コラム2参照）。しかし辺境の敦煌社会では、女性の財産相続も行われていたとみられる（コラム1参照）。

　思想史的に父系制の体系を整えたのは、父から息子への父系のラインが同じ「気」に貫かれているという、朱子学の「父子同気」の観念である。宋代にこれが登場して、はじめて父と気を同じくしているから父を祀る資格のある息子のみが財産相続権をもつという滋賀「中国家族法」の論理が説得力をもつのである（第6章参照）。

　明清時代の漢族社会は、流動性の高い厳しい競争社会であり、サバイバルのための相互扶助組織として父系の宗族が発達した。その一方で、女系でつながる人々が同居する常州の張家の例のように、娘や姻族とのつながりも小さくない社会的機能を持っていた［Mann 2007＝近刊］。

　20世紀前半や中華人民共和国成立後の家族改革は女性の地位を大きく改善したが、父系の嫁入り婚を基本とするという点では家族制度は変わらなかった。しかし、「一人っ子政策」のもたらした少子社会は父系のみでの家族の再生産を不可能にしたため、法的にも現実にも、双系への家族構造への変革が始まっている。

　中国の父系制も、歴史的に形成されたものであり、変化しているのである。

（6）　ジェンダー秩序については、第14章338ページ注（2）参照。

b. 中国近世のジェンダー秩序[6]は、日本近世のそれとどう違うのか。

　前近代中国の女性は、厳しいジェンダー規範の下で抑圧されていた、といわれてきた。生涯一人の夫としか性関係を持ってはならず、行動の自由を制限する纏足をしていないと良い縁談に恵まれなかったと。このようなことは、いったいどこまで真実なのか。

　儒教は（他の多くの宗教と同じく）女性の貞節を重んじ、夫のある女性が他の男性と性関係を持ってはならないとする。とはいえ、唐代には公主（皇女）もごく当たり前に再婚・再々婚をしており、中国社会にずっと前述の厳しいジェンダー規範が浸透していたわけではない。宋代には、「餓死は小、失節は大」と原理主義的に述べる儒学者が現れたが、彼とてすべての寡婦が再婚すべきでないとは考えていなかった。だが明清時代になると、夫の死後も亡夫への貞節を守るべきとするような厳しいジェンダー規範が広まり、さらには婚約者が亡くなって生涯結婚しない女性や、夫に殉死した女性が顕彰されるようになった（第6章、第7章参照）。

　近年の研究は、このような極端なまでの貞節の重視は、基本的に身分制のない競争社会となった近世の中国で、女性がいかにジェンダー規範を守っているか——すなわち「良い女性」でいるかどうかが、その家の社会的地位の標識として機能するようになったからだと指摘している（第8章参照）[Mann 2011＝2015]。死亡率の高かった前近代には女性が寡婦となる可能性は現在よりも大きく、多くの寡婦は生活のためにも再婚していた。だが魯迅が小説「祝福」で描いた、貧しくて再婚させられた女性が地獄に落ちると怯えるような強い貞節観念が、近代前夜には階層を問わず浸透していた。こうした規範は日本のそれよりも強かったようにみえる。

　明清時代の中国のジェンダー規範が、日本近世のそれと最も違う点は、女性隔離の有無であろう。儒教規範の「男女に別あり」「男は外、女は内」[7]は、性別役割規範であるとともに、なによりも空間的に男女の領域を分けるものである。女性のいるべき場所は家庭であるとされて、中国社会はジェンダー化された空間によって成り立っていた。こうした規範は、新儒教が提唱され

（7）「男不言内、女不言外」（『礼記』内則）。

た宋代以降に徐々に重視されるようになっていった[8]。それ以前の時期のジェンダー規範はかなりゆるやかで、六朝時代の『世説新語』には夫をやり込める女性が登場するし、唐代の貴族女性たちはふだんから騎馬で外出するなど、女性たちは闊達に活動してそれが賞賛されていた。唐宋時代の史料からは、女性が家の内外で多様な職種で働いていたこともわかる（第5章参照）。文学表現の上でも、女性たちは閨で男の帰りを待つ女の姿だけを描いていたのではなく、主体的に表現する女性の詩人の系譜は古代より連なっていた（第3章参照）。

だが明清時代には、女性が家の中にいて、親族以外の男性の目に触れずに過ごすことが、その家族が道徳的に高潔で尊敬されるべきことの証であり、女性を家の中にとどめておくことが、その家の社会的地位の指標となった。もちろん実際には、多くの女性が外に出て働かなくてはならなかったが。

明清中国社会ではまた、女性が纏足した小さな脚を持つこと——それは簡単に外に出てゆけないことでもある——も、社会的地位の指標であった。とはいえ纏足した女性が必ずしも無力だったわけではない。親族や友人と自作の詩をやり取りする上層女性もいれば、家庭内でできる紡織によって家族に経済的に貢献した女性も少なくなかった。

c. 中国における「男らしさ」の特徴は、どんなものか。

女性への規範が存在するのと同様に、男性にもそれぞれの社会で期待されるジェンダー規範——男らしさがあり、とりわけその社会で権力を握る主流の男性のイメージは「覇権的男性性」と呼ばれる[9]。中国前近代社会における覇権的男性性は、儒教の理想とする人間像で代表された。彼らは親に対して孝を尽くし、結婚して男系の血統を伝えることを重視する。また学問を究め徳を積んで中国文明の粋たる「文」を体現した。現実社会においては、地主層を母体とし、科挙に応じるため儒学の学問に邁進して文化資本を身につけた士大夫層が、そのような男性性のモデルとなった。彼らは同時に詩を

（8）　鄧小南「"内外"之際与"秩序"格局——宋代婦女」（[杜芳琴・王政編 2004] 所収、参照）。
（9）　「覇権的男性性」については、[コンネル 1993] 参照。

詠む文人でもあり、「才子佳人」の恋愛物語の主人公でもあった。

　一方、「武」は「文」に比べて劣った価値しか認められなかった。儒教社会では「心を労する者は人を治め、力を労する者は人に治められる」(『孟子』滕文公編)とされて、「文」の「武」に対する優位は確立していた。三国志や水滸伝の英雄豪傑に代表される武人は、文弱だが徳を備えた劉備に仕えるサブカルチャーの世界の主人公にすぎない。彼らは(「桃園の誓い」などにみえる)男同士の絆（ホモソーシャビリティ）を重視し[10]、それを妨げかねない女性との恋愛には冷淡である。こうした英雄像の普及の背景には、男尊女卑からくる「溺女(女嬰殺害)」等のために男女の性比がアンバランスな男余りの社会で、多くの結婚できない下層の男性たち(「光棍」と呼ばれた)が家族を離れて流浪していた社会状況の存在があり、彼らの間では同性愛も広がっていた［Mann 2011＝2015］。

　そのような覇権的男性性のありかたは、近代になって中国が亡国の危機に瀕したときに変化した。「武」によって国を滅亡から救うことのできる新たな男性性の構築が目指され、軍人もまた覇権的な男性像となっていったのである(第10章参照)。

　「武」が「文」に対して優位に立った極限の時期は、文化大革命期である。「文」の代表たる知識人は、「9番目の鼻つまみ分子」として政治的批判の対象となり、中国の伝統文化の価値観は、徹底的に破壊された。その後、革命の時期が去って、近代化を目指す改革開放期にはいると、金や権力を持つことが覇権的な男性性となり、彼らはまた、多くの女性を性的にも支配することでその力を誇示するようにもなった［宋少鵬 2016a］。

d．中国では、「近代家族」は成立したのか。

　19世紀後半、列強の圧迫の下で中国社会では植民地的近代の社会変化が始まり、ジェンダーと家族をめぐる状況も変化し始める。西洋で「男は外で仕事、女は家で家事」が近代になって広まったジェンダー規範であった[11]の

---

(10)　「男同士の絆」については、［セジウィック 2001］参照。
(11)　この状況については、［三成・姫岡・小浜編 2014］参照。

とは異なって、前述のように中国では「男は外、女は内」は、近世以来社会に根づいた、空間的な女性隔離を伴う規範となっていた。しかし亡国の危機に瀕した清末の中国では、女性も家を出て学び働いて国民としての義務を尽くすべきだという考え方が広がった（第9章参照）。こうして伝統社会のジェンダー秩序は解体に向かい、新たなジェンダー規範と家族像をめぐる議論が戦わされるようになった。五四新文化運動期には、儒教的規範に基づく父系血統を重んじる「大家庭」より、夫婦を中心とした「小家庭」が主張されるようになり、恋愛と性、結婚と家族のありかたがさまざまに議論された。やがて近代教育を受けた男女知識人のあいだでは、理想的な家族のありかたは恋愛に基づいた「小家庭」であることがコンセンサスとなってゆく（第11章参照）。これは、性＝愛＝結婚＝生殖の四位一体化した核家族であるという点では、西洋近代に成立した「近代家族」のモデルに倣ったものだといえる[12]。しかしながら性別分業に関しては、女性は「賢妻良母」として「小家庭」の主婦となるべきなのか、家を出て女国民として社会で活躍すべきなのか、について結論のでないまま、中華民国は革命と戦争の時代へと突入していった。その間、恋愛結婚による「小家庭」は都市の中間層で見られるようになっていたが、広大な農村の家族のありかたは、19世紀以前とほとんど変わっていなかった。

　中華人民共和国が成立して、婚姻法とその貫徹運動が全国的に展開され、家族改革がおこなわれて、愛情を基盤とした男女平等の結婚が正統化された。同時に人民政府は女性の社会進出を推進して「男は外、女は内」のジェンダー規範は過去のものとなり、中国の家族は一気に現代化したのである（第13章参照）。

---

[12]　「近代家族」は、近代社会で規範的な家族のありかただと考えられるようになった家族のありかたで、以下のような特徴があるとされる。1）夫婦とその未婚の子よりなる核家族で、奉公人などの非親族は含まない。2）夫婦は愛情で結ばれていて、子供を大事にし、家族員の間には強い情緒的関係がある。3）家庭は外の公領域と区別される私領域と考えられ、夫が公領域で仕事を、妻は私領域で家事・育児を担当する。以上のような家族形態は、近代に特有のもので、歴史性がある。［落合 2005］、［上野 1994］等参照。

e. 中国の社会主義は、女性の地位を向上させたのか。

かつて、「社会主義は女性を解放する」というテーゼが信じられた時代があった。女性の労働参加を当然とする社会主義社会では、経済力をつけた女性は男性への隷属から解放されるというのである。中華人民共和国でも、共産党の政権は男女平等を政策の柱の一つとし、女性の労働参加を進めた。また男女平等の婚姻法を公布しその貫徹運動を通じた家族改革を全国的に推進した。これによって、女性の家庭内および社会での地位はそれまでと比べて大きく向上し、「国家の主人公」の一員として活躍するようになった。とはいえ、社会主義中国が完全に男女平等の社会だったかといえばそうではなかった。また、女性は男性のように社会労働をすることを求められる一方で、相変わらず家事育児を担い続けていたので、仕事と家事育児の二重負担（ダブルバーデン）にもあえいでいた（第12章参照）。

1970年代末から改革開放政策が始まって生産力発展が至上とされるようになり、80年代には労働力が過剰な中で女性は仕事を退いて家に戻って夫を支えるべきだとする「婦女回家」の議論も現れた。これは婦女連合会などの反対により政策には採用されなかったが、その後の経済発展の中で、都市と農村の格差だけでなく、男女の格差も拡大している〔小浜・秋山編 2016〕（第14章参照）。開発に伴うジェンダー問題が噴出している現在、社会主義がどのような意味を持ったかは再評価される必要がある。

f. LGBT にとって、中国は生きやすい社会か。

父系の血統を伝えることが至上の命題とされた前近代の中国社会を生きる人々にとって、結婚して子を生むことは必須の義務であった。一方、中国の伝統社会では、キリスト教のような性の快楽を罪悪視する考え方はあまりなかった。帝王の行為が「分桃」や「断袖」などとロマンティックに表現されて同性愛の隠語となり、同性間性関係は家族規範を揺るがせないかぎりは問題とされなかったのである。「同性愛者」という範疇も特になく、地位のある男性が、女性と共に男性をも性的に支配することは社会的に容認されていた。それゆえ（男性）同性愛の当事者たちの関係が、友愛によって結ばれた平等なものというよりは優劣の伴う非対称的なものであったことは、男女関

係と同様であった［Mann 2011 = 2015］。

　近代になって、同性愛を「異常」と見なし同性愛者を異端視する考え方が西洋から伝わった。男女間の恋愛が結婚の基盤であるという「恋愛神聖」の考え方の普及は、同性愛と同性愛者への異端視を広めることにもなった。人民共和国成立後、同性愛は犯罪化・病理化され、政治的な過ちに数えられた時期もあった。しかし近年ではそのような状況への反省が進み、LGBT[13]の権利を主張する運動も、年ごとに活発になってきている（コラム5参照）［白水紀子 2015］。

4．残された課題

　以上のように本書は、中国史におけるジェンダーの構造と秩序の変遷についての全体像を提出するものだが、もちろん残された課題も多い。ここでは他日を期すために、その主要なものを挙げておく。

　第一に、本書は中国ジェンダー史と銘打っても、主として女性の状況を論じた章が多くなっている。これは、圧倒的に歴史における女性の状況が明らかでない中で、それを明らかにすることから始めてジェンダー秩序全体を解明しようとする研究が一定の成果を挙げてきた現時点で、本書がそれを概括しているという事情による。男性史やLGBTの歴史をも含めて、さまざまなジェンダーやセクシュアリティのたどった道すじを明らかにしつつ、ジェンダー秩序全体の歴史をより具体的に明らかにしてゆくことは、今後に残された課題である。

　第二に、明らかになった中国のジェンダー秩序を、他国や他の文明圏と比較して考察を深める必要がある。とりわけ重要な論点となりそうなものには以下のようなものがあろう。

　まず、身分とジェンダーに関して、明清中国と近代ヨーロッパとを比較し

---

[13]　レズビアン（L）・ゲイ（G）・バイセクシュアル（B）・トランスジェンダー（T）などを含む、いわゆるセクシュアル・マイノリティーズ。近代社会が「正常」としたシスジェンダー（心の性別と身体の性別が一致している人）の異性愛者の範疇に入らない人々のことをLGBTと総称する。

て考察すると、どのようなことがわかるのか。西洋では、市民革命によって身分制が打破され、国民主権の共和国が成立したが、そこで主権者となった「市民」とは男性のみであり、身分に代えてジェンダーを標識とする社会となった(14)。中国では、唐宋変革の際に貴族が滅び、宋代以降ほぼ身分階層民族を問わず男性なら受験できる科挙を突破した官僚が権力を握る社会となった。そうした基本的に身分制のない流動的な社会で、地位の指標としてジェンダーが機能するようになり、貞淑な纏足した女性を家の中に隔離していることが家族の社会的地位を表した。これには、西欧近代初期の家庭領域を司る貞淑な妻の存在が市民階級の証となったジェンダー化された市民社会と、ある種の類似を見てとれる。近代と前近代の違いはあっても、身分制がなくなればジェンダーが社会的地位の指標となっているのである。この類似と相違は、議論すべき問題だと思われる。

　次に、とはいえ明清時代は、厳しい貞節の要求や女性隔離など、中国史上でもとりわけ女性のジェンダー規範が厳しい——現代の目から見れば抑圧が強い——時代であった。同様の厳しい貞節要求や女性隔離などは、近世のインドや西アジアのイスラム社会でも見られた(15)。これらの古くから高度に発達した文明圏における近代前夜の厳しい女性のジェンダー規範は、それらの地域がその後、植民地化される中で、ときには「伝統文明の精粋」とも読み替えられて複雑なコロニアル・モダニティを形成した。こうした他の文明圏のジェンダー規範と近世中国のそれとについて、比較史的視点をもって研究を進める必要がある。

　さらに比較史的研究を深める必要があるのは、日本のジェンダー秩序との異同と相互連鎖である。前述のように、近世の中国と日本のジェンダー秩序や家族構造は、似て非なる部分が少なくないのだが(16)、そのような中国と日本の社会は、それぞれの植民地的近代をへて現在に至っている(17)。現在

---

(14) 関連する研究は多いが、［三成・姫岡・小浜編 2014］でその成果を概観することができる。
(15) 前注に同じ。
(16) 他にも例えば、儒教の徳目である三綱とならぶ五倫の「父子に親あり、君臣に義あり、夫婦に別あり、長幼に序あり、朋友に信あり」の夫婦の部分が、徳川日本では「夫婦なかよく」を説くものに変化している［渡辺 2010：324］。

の日本社会の男女格差の大きさは冒頭に述べたとおりだが、そのような日本の前近代社会以来のジェンダー秩序を立体的に理解するためには、中国のジェンダー秩序との比較と相互の関係についての研究が欠かせない。現在の男女格差を、安易に実証を欠いた「伝統」のせいにしてはならないのは、中国でも日本でも同じである。そのためには、比較史の視点をもって実証的かつ構造的に「伝統社会」を理解する必要がある。

　残された課題の第三は、戦時性暴力とジェンダーに関するものである。中国における日本軍「慰安婦」の実態については、90年代以来、実証研究が進んできた[18]。同時に、「慰安婦」問題を、日本社会や中国社会がどのようにとらえているか、その基盤となるそれぞれの社会のジェンダー秩序はどのようなものであるのかについても、批判的な考察がおこなわれている[19]。本書には、この問題についての専論を含めることはかなわなかったが、各地の戦時性暴力に関する研究の進んでいる現在、中国ジェンダー史でも、これを重要な課題として心に留めておきたい。

5．本書の構成

　本書の構成は、以下のようなものである。
　まず、「第一編」で、家族構造を軸として、古代から現在までの中国のジェンダー秩序の変化について、これまでの研究成果を概括しつつ論じた。その際、前近代については前述の滋賀「中国家族法」を、近現代については西洋近代に登場した「近代家族」をたたき台とした。前近代は「第Ⅰ期：先秦〜隋唐　古典中国――父系社会の形成」と「第Ⅱ期：宋〜明清「伝統中国」――ジェンダー規範の強化」に分け、滋賀「中国家族法」はその後半期のものであることを示そうとした。「第Ⅲ期：近現代中国――変容するジェン

---

(17)　近代に関しては、日本の「良妻賢母」と中国のそれとについては、［小山 1991］［陳 2006］等参照。現代の家父長制の比較については、［瀬地山 1996］がある。
(18)　重要な成果として、［石田・内田編 2004］がある。
(19)　最近の日本の研究成果として、［歴史学研究会・日本史研究会編 2014］［林 2015］、中国のものとしては［屈 2013→2016］［金 2014→2016］［宋 2016b］がある。

ダー秩序」では、そのような特徴を持ったジェンダー秩序が、20世紀の社会変化の中でどのように変容し、現在に至ったかをたどった。もちろん、論じられているのは家族だけではなく、ジェンダーのさまざまな側面に渉っている。各期には「はじめに」を配して、その時期を概観すると共に、各章の内容と重要な研究を紹介してあるので、活用していただきたい。

また「第二編」には、ジェンダー史にとって重要な個別のトピックや通史的な課題を扱う論稿を配した。第15章は、王朝が人々を掌握する要となる戸籍について論じ、王朝が男性家長を通じて家族である女性などを把握していた状況を具体的に明らかにする。第16章は、中国社会で才能ある女性がどのように評価されてきたかを辿り、近世には能力だけでなく貞節が重要な基準となってゆくことを明らかにした。女性の文学について論じる第3章と併せると、中国の「才女」の実像とその評価のされ方が立体的に浮かび上がってくる。第17章は、中国における宇宙論と結びついた身体観のありかたとその変化をジェンダーの側面から論じ、西洋社会とは異なった男性と女性の身体に対する理解について考察する。第18章は、改革開放期の中国で女性／ジェンダー研究が立ち上がってくる様子を時代状況の中で論じる。コラム5は、中国社会の中でLGBTがどのように捉えられてきたかの歴史をたどり、コラム6は、京劇や越劇などの伝統演劇の中での性の越境と表象とその限界、近年の演劇の中での女性像の変化を紹介する。

これらの論稿から、多様な領域でジェンダーに注目することが、歴史研究と現在を生きる私たちの視線をゆたかにすることが、読者に伝わればと願っている。

・参考文献・

[和文]
石田米子・内田知行編（2004）『黄土の村の性暴力――大娘(ダーニャン)たちの戦争は終わらない』、創土社
上野千鶴子（1994）『近代家族の成立と終焉』、岩波書店
落合恵美子（2005）『近代家族の曲がり角』、角川書店
小野和子（1978）『中国女性史――太平天国から現代まで』、平凡社
金一虹（2014）「苦難のうちに立ち止まって――日本軍性暴力パネル展の南京における挫

折と内省」（大橋史恵訳）『中国女性史研究』23（小浜・秋山編（2016）に再録）
屈雅君（2013）「女性・平和・民族自省——陝西師範大学で日本軍性暴力パネル展を開催して」、（秋山洋子訳）、『中国女性史研究』22（小浜・秋山編（2016）に再録）
小浜正子編（2015）『ジェンダーの中国史』（アジア遊学191）、勉誠出版
小浜正子・秋山洋子編（2016）『現代中国のジェンダー・ポリティクス——格差・性売買・「慰安婦」』、勉誠出版
小山静子（1991）『良妻賢母という規範』、勁草書房
コンネル，ロバート・W（1993）『ジェンダーと権力——セクシュアリティの社会学』（森重雄他訳）、三交社
滋賀秀三（1967）『中国家族法の原理』創文社
白水紀子（2015）「セクシャリティのディスコース——同性愛をめぐる言説を中心に」、小浜編（2015）に収録
末次玲子（2009）『20世紀中国女性史』（シリーズ20世紀の中国）、青木書店
スコット，ジョーン（2004／原書：1999）『ジェンダーの歴史学』（荻野美穂訳）、講談社（初版は1992／原書：1988）
セジウィック，イヴ・K（2001）『男同士の絆——イギリス文学とホモソーシャルな欲望』（上田早苗・亀澤美由紀訳）、名古屋大学出版会
宋少鵬（2016a）「現代中国のジェンダー言説と性の政治経済学」（小浜・秋山編（2016）に収録）
宋少鵬（2016b）「メディアの中の「慰安婦」ディスコース——記号化された「慰安婦」と「慰安婦」叙述における記憶／忘却のメカニズム」（秋山洋子訳）（小浜・秋山編（2016）に収録）
瀬地山角（1996）『東アジアの家父長制——ジェンダーの比較社会学』、勁草書房
陳姃湲（2006）『東アジアの良妻賢母論——創られた伝統』、勁草書房
三成美保・姫岡とし子・小浜正子編（2014）『歴史を読み替える——ジェンダーから見た世界史』、大月書店
林博史（2015）『日本軍「慰安婦」問題の核心』、花伝社
歴史学研究会・日本史研究会編（2014）『「慰安婦」問題を／から考える——軍事性暴力と日常世界』、岩波書店
渡辺浩（2010）『日本政治思想史［十七〜十九世紀］』、東京大学出版会

［中文］
張国剛主編（2007）『中国家庭史（全5巻）』、広東人民出版社
陳高華・童芍素主編（2010）『中国婦女通史（全10巻）』、杭州出版社
陳東原（1928）『中国婦女生活史』、上海商務印書館（民国叢書編輯委員会編『民国叢書』第2輯、上海書店、1990年に収録。他にも影印版多数あり）
杜芳琴・王政編（2004）『中国歴史中的婦女与性別』、天津人民出版社
李貞徳（2001）『公主之死——你所不知道的中国法律史』、三民書局（邦訳：『中国儒教社会に挑んだ女性たち』、（大原良通訳）、（あじあブックス067）、大修館書店、2009年）
李貞徳（2008）『女人的中国医療史——漢唐之間的健康照顧与性別』、三民書局

［英文］
Ebrey, Patricia (1993), *The Inner Quarters: Marriage and the Lives of Chinese Women in the Sung Period.* Berkeley: University of California Press.
Ko, Dorothy (2001), *Every Step a Lotus: Shoes for Bound Feet,* Berkeley: University of

California Press.（邦訳：コウ，ドロシー『纏足の靴――小さな足の文化史』小野和子・小野啓子訳、平凡社、2005年）
Ko, Dorothy (2005), *Cinderella's Sisters: A Revisionist History of Footbinding*, Berkeley: University of California Press.
Mann, Susan (2007＝近刊), *The Talented Women of the Zhang Family*, Berkeley: University of California Press.（邦訳：マン，スーザン『張家の才女たち』、五味知子・梁雯訳、東方書店）
Mann, Susan (2011＝2015) *Gender and Sexuality in Modern Chinese History*, Cambridge: Cambridge University Press.（邦訳：マン，スーザン『性からよむ中国史――男女隔離・纏足・同性愛』小浜正子・グローブ，リンダ監訳、秋山洋子・板橋暁子・大橋史恵訳、平凡社）

第一編

通時的パースペクティブ

第１期　先秦〜隋唐　古典中国

父系社会の形成

南唐・顧閎中「韓煕載夜宴図」（北京故宮博物院所蔵）

働く女性の泥人形(本来は彩色)

はじめに

下倉　渉

1．ジェンダー視点の胎動

　日本の中国史学界において、唐代以前に関する研究に限っていうと、その中に「ジェンダー」の語を見つけ出すのは相当に難しい。女性史はもちろんのこと、家族史ですら、以前は特定の関心（具体的には政治史や社会経済史）に基づく研究ばかりに議論の集中していた印象が強い[1]。「性差」という切り口に我々研究者の目が向く素地はほとんどなかったといっても過言ではなかろう。こうした状況は今日、限られた方面のみであるが、徐々に変わりつつある。

（1）　たとえば、女性史の場合、前漢の呂太后や唐の則天武后といった女性権力者について、あるいはそれに深く関連した皇后や皇太后の政治的地位に関する研究が挙げられる。また家族史であれば、まず想起されるのは、「五口の家」（五人家族）と称された漢代における平均的な家族の形態に関する論争（牧野巽・宇都宮清吉・守屋美都雄の三氏による）であろう。そしてこれを下敷きに展開された議論、即ち秦漢帝国形成史と密接にリンクした家族論、更にはその古代帝国に変容をもたらした要因としての豪族研究が該当する。

おそらく、唐以前の時代史の中で現在「ジェンダー」という用語が最も市民権をえているのは、先史時代の考古学の分野においてではなかろうか。改革開放以降の国内開発に伴って中国各地で当該時代の様々な遺跡が数多く見つかっている。その中で特に墓葬遺址の発見数増加は「性差」に対する研究者の関心を高める契機となった。いうまでもなく、墓には男性だけでなく、女性も埋葬された。墓葬状況を見ると、そこには副葬品等々において男女間の差異が確認され、しかもそれは地域や時期によって異なるところがあった。研究者の興味は自ずと当時のジェンダー構造とその歴史的変遷過程を明らかにすることに向かっていったのである。本書の第 1 章も、まさにかかる墓葬資料を中心に議論を展開する。

先史墓葬遺址の分析

　先史時代の研究成果について、ここで些か紹介しよう。河南省新鄭市郊外で発見された裴李崗(はいりこう)墓地は、黄河中流域の新石器時代前期（前10000年～前5000年頃）に属する墓葬遺址である。この遺跡では副葬品の組合せに特徴があり、石鏟(せきさん)（石製の鋤先）と磨盤(まばん)・磨棒(まぼう)（ともにアワ・キビを製粉する道具）とが同一墓内から一緒に出土した事例は一つも見られない。前者は男性墓、後者は女性墓に専ら埋納されているのである。このことから［宮本 2005：117-118］は、当該の墓地に関わる集団について、その内部には「土起こしや土木作業を男性が、製粉作業を女性が主に行うという性別による労働分担の区分けが存在していた」のであり、それは「集団内の社会生活における象徴的な二元論としてジェンダーがかなり大きな意味を持っていた社会であった」と推測する。

墓葬からみる性別分業

　更に、［宮本 2005：117-118］は副葬品の多寡に着目して以下のように述べる。墓内に納められた物品の数を比較すると、男性墓を凌駕する女性墓が相当数確認され、埋葬品の多少は男女という性別に関連していないと判断される。つまり、

地位は性別と関係ない社会

墓葬の厚薄は被葬者個人の生前における社会的地位——性別分業に基づく職能とそれに起因する社会的な尊敬や集団内での権威——に由来したのであり、その社会は血縁（世襲）ではなく、社会的職能を基準にリーダーが選ばれた一種の「平等社会」であった、と。

続く新石器時代中期（前5000年～前3500年頃）の遺址として有名なのが、陝西省臨潼県の姜寨遺跡である。これは仰韶文化を代表する環濠集落跡で、濠の外側には少なくとも3カ所の墓地群が存在した。墓葬状況に基づくと、これらの墓地は二種類の群に分けることができる。一つは、被葬者の頭位が西向きで、かつ副葬品を備えた成人墓群、いま一つは頭位がばらばらな副葬品の乏しい成人墓群である。［岡村 2008：33］は、前者を当該集落の出身者、後者を別の集落から婚入した者たちの埋葬地と理解し、その上で「出自によって墓群を分けていることは、婚姻にもとづく家族関係よりも血縁関係がその構成原理であったことを示している」と論じる。また、両墓群から男女双方の人骨が見つかって

双系的な社会

いることから、［岡村 2008：33］は、当時の社会が「婚後は夫方居住と妻方居住を任意に選択する双系的な社会」であった、とも説く。

新石器時代の変化

集団墓地に男女の人骨が混在する状態は、新石器時代中期も終わりに近づくと変化を見せる。たとえばその頃の集落跡である史家遺跡（陝西省渭南県）の集団合葬墓（二次葬墓）を調べると、一つの墓壙に合同で埋葬された複数の遺骨は、婚姻家族（夫婦）ではなく血縁家族（同族）を単位として改葬されたもので、出土した人骨を男女に分類すると、その割合は女性のものよりも男性の方が高かった。ただしこのような差は、成年の人骨群においてのみ確認される傾向で、若年層には同様の偏りを看取できない。つまり、成人した、そしておそらく既婚者であったとおぼしき層に、

男女のばらつきが見受けられるのである。

　これはすなわち、成人（既婚）の女性が出自血縁集団の族墓内に埋葬されなくなったことを意味するわけだが、かかる現象について［宮本 2005：124-125］は「婚姻によって女性は他集団に嫁ぎ、男性はそのまま出自集団に残って他集団の女性を娶る傾向」が強まったためだと位置づける。そして、「新石器時代前期のようなジェンダーを双分原理とする特徴」は失われ、「男系血縁集団が社会の基礎単位」となる段階に移り変わっていったと、時代の流れを整理する。新石器時代後期（前3500年～前2000年頃）以降の歴史的展開はこうした新石器時代中期の趨勢の延長線上にあるのだが、この点に関しては第1章を参照されたい。

男系血縁集団中心の社会へ

2．「地下」からの衝撃

　発掘によって地下から現われた遺物は、先史ばかりでなく有史以降の時代史研究にも多大なる衝撃を与えている。とりわけその影響は戦国時代から秦漢期の研究において大きい。陸続として発見される簡牘資料は、これまで知りえなかった新たな知見を我々にもたらしているのである。

　その具体例の一つが第15章の取り上げる「戸籍」であろう。漢代では毎年全国各地で戸口調査が行われ、「名数」などと呼ばれる帳簿が作成された。文献史料よりそこには「名県爵里」（姓名・所属する住所・保有する爵位）が記されていたと考えられてきたが、現在ではかかる簿籍の実例とおぼしき木簡を実見することができるようになった。第15章では、その中の数例が紹介されている。

秦漢時代の「戸籍」

　鷲尾は、「戸」とは「同居同財」（居住を共にして財産を共有する）の単位であり、夫婦は必ず「同戸」でなければならなかった、と説く。文献史料や出土した律（法規）に基づくと、「戸人」として対社会的に「戸」の代表となるのは、通常男

性である夫の役目で、女性は「妻」となり家事に従事するのが第一とされた。ところが、実際は女性を「戸人」と登録する「戸籍」史料も確認され、夫と離婚あるいは死別した妻が息子たちに代わって「戸人」となる場合もあったと考えられる。唐代では、戸内に男性がいれば女性が「戸主」となることは禁じられていたから、漢から唐へと時代が下るにつれ、「女戸」（女性を世帯主とする戸）の出現する可能性はより一層狭まっていった、と鷲尾は見通す。

簡牘と女性史研究

当該時代の女性史研究は、まさに出土文字史料のインパクトによって活性化をみた分野の一つにほかならない。その成果については、先秦時代の研究に力点をおいたものではあるが、[小寺 2008：15-18] に詳しい。全般的な状況の解説はそれに譲り、ここでは極めて重要な「新発見」を一つだけ示しておこう。

まずは次の唐代の規定を見られたい。

> 夫が妻を殴って傷つけたならば、一般人同士の場合よりも罪二等を減じる。死なせた時は、一般人の場合と同じに論じる。（『唐律疏議』巻22・闘訟律・「殴傷妻妾」条）

夫尊妻卑の唐律

これは夫が妻に傷を負わせた場合の量刑規定である。唐律では一般人同士のそれよりも夫の罪を二等減じると定めていた。「夫尊妻卑」という観点から夫の刑が軽減されていること、贅言するまでもないであろう。後の時代の律でもこうした姿勢に変化はない。そして、唐律以前においてもそれは変わりなかったであろうと、これまでは考えられてきた。ところがである。

1975年に湖北省雲夢県の睡虎地と呼ばれる場所で秦代の墓が12基見つかり、その内の一基から1100余枚に及ぶ竹簡が出土した。これを睡虎地秦簡というが、その中に次のような法律文書が含まれていたのであった。

妻が乱暴で、夫がこれを笞打って、妻の耳を切り裂いたり、もしくは手足や指を折ったり、体を骨折したりした。夫はどのように罪を論じたらよいか。耐に当てるべきである[(2)]。(「法律答問」79簡)

文中の「耐」とは刑罰の名で、本来はひげを剃り落とす刑であった。驚くべきは、同時に次の如き一簡が出土している点である。

　　　律に「争って人の耳を切り裂けば、耐とする」とある。（同前80簡）

夫婦「平等」の秦代の律

こちらは一般人同士の傷害罪量刑規定と考えられる。引き当てられている刑はいずれも「耐」。つまり、夫の妻に対する傷害罪は、量刑上、一般人同士のそれと区別されていなかったのである。ここに唐律のような「夫尊妻卑」の倫理観は見て取れない。その影響力の低さをこそ指摘すべきであろう。

　秦代の律に関するこうした新知見は、研究者を驚愕させた。唐代とは異なり、秦律の施行されていた段階では、夫婦間の傷害事案においてそれぞれの量刑に差等を設けるという発想が存在していなかった、と想定されるからである。かかる事実に基づいて、［堀 1996：86］や［竹浪 1995］は、妻が夫と対等に扱われており、両者の法的地位は比較的「平等」であったと論断する。至極自然な解釈であろう。更に［吉田 2012：166-167］のように、これを夫の家長権が当時未確立であったことの証左と位置づける見解も提示されている。

変れる古代の女性像

　前掲の［小寺 2008］は、先秦時代の女性について、"それは低い地位に甘んじていた"とする従来の見方が出土史料研究の進展に伴って修正を迫られるに至ったと総括する。か

（2）　以上の訳は［堀 1996：85-86］によった。なお、以下の引用も同じ。

ような変化は、先秦だけでなく、秦漢時代史の研究においても指摘できよう。"女性の地位はこれまで考えられてきたよりも高かった。"このような理解は、もはや中国古代史学界の共通認識にまで昇華されているといっても過言ではあるまい。

　ただし、以上の如き捉え方は、今なお萌芽の段階に止まっている。新出史料の衝撃により当該社会に対する新たなイメージ・着想が喚起された。次はそれを検証し、具体像を言説化する作業へと進まなければならない。第２章はそうした試みの一つである。

「異父母」の兄弟姉妹という関係　　下倉は、『史記』『漢書』に確認される異父同母兄弟姉妹の事例に着目して、こうした「非父系的」な関係が漢代においては必ずしも「不正常」な間柄として排斥されておらず、父（姓）の同異が兄弟姉妹の関係を分かつ絶対的な基準とは目されていなかったと論じる。また、逆に当時は「同母」の母子関係が重視されており、それ故その延長線上に位置する関係、たとえば舅（母方のオジ）と甥（姉妹の子）との間の絆意識も相当に強固で、両者は「同族」に比するほどの一体感を持っていたのではないかと推測する。新視点のもと、伝世文献を読み直す作業に今後一層取り組むべきではなかろうか。

３．闊達な女性たち

　更に下倉は、公主（皇帝の娘）に関する史料を通時代的に取り上げて、公主とその夫との関係が漢代とそれ以降とでは異なっていたことを論証する。魏晋以後の見通しについてのみ、その所説を紹介しておくと、六朝以降の公主は、通常の出嫁女性と同様、結婚後は夫と「同居」し、「妻」として夫族の一員の中にそれは組み込まれた。儒家的な夫（父）系優先の家族倫理が重んじられるようになり、皇帝の

公主と夫の関係

娘であってもその唱導する婦道に準じることが理想となされた。このように下倉は論じる。

一方、第16章は魏晋以後の女性像に説き及んで、次の如く述べる。すなわち、当時の貴族社会では男性が後漢代の礼教主義を打破して新鮮な人間性を模索するようになり、

家族制に縛られない女性

これに連動して同じ階層に属する女性もまた、学問教養を身に着け、前代の女性とは異なる主体性を自覚するに至った、と。板橋はこのように論ずるにあたって［下見 1994］を参照しているのだが、［下見 1994：106-107］を見ると、下見はそこで「この時代の女性は、必ずしも家族制の枠に縛られず、単なる儒教的な貞節や従順で一方的に律しきれないさまざまな動きを示す存在」であったと概観する。かかる女性観が、下倉の予想するそれ――礼教（父系原理に基づく家族倫理）に拘束されていく六朝女性――と相当にへだたっているであろうことは、贅言を要すまい。

「魏晋文化論」の女性像

下見の如き理解は、［神矢 1994：28-31］がいうところの「魏晋文化論」と深い関連性を持っていた。この学説では、前代である漢代との対比によって魏晋期（続く南北朝時代を含めて）の文化相が語られる。漢代（特に後漢代）は儒学を主核とした政治文化一色の時代であり、当時においては儒教が国家・社会のあり方や人々の精神・行動を全的に律していた。これに対して魏晋南北朝時代では、老荘思想・道教・仏教といった非儒教精神文化が隆盛を極め、儒学的な規範を形式主義的なものとして批判する風潮が顕著となった[3]。儒家の説く「礼教」から逸脱し、それを破壊するような行動が人々に称揚されたのである。そうした知識人の具体的な逸話は『世説新語』の中に確認することができる。

（3）儒教発展史の観点からも六朝時代はその衰退期であり、嘆かわしい時代であると評価されてきたが、「魏晋文化論」はそうした状況をポジティヴに読み替えた史観であろうと神矢は位置づける。

神矢は同書を「魏晋文化論の聖典」と評するが、そこには女性を主役とするエピソードも含まれている。一例を示そう。

> 王渾と妻の鍾氏とがいっしょにすわっていたとき、息子の武子が庭を通りすぎる姿が見えた。王渾はにっこりとして妻にいった。「このような息子を生んだことで、わしらの心も慰められるちうものじゃ」。すると妻は笑っていった。「もし、わたしが参軍(王渾の弟王倫)どのと夫婦になっていたならば、きっとこのくらいにはとどまらなかったことでしょう」。

ここから、礼教の唱える婦徳に対しての礼賛や、男性に対して卑弱な存在であることをひたすらに受け入れようとする女性の姿は帰納できない。「魏晋文化論」の観点からすれば、このような彼女たちの言動は、男性士大夫のそれと同様、脱儒教的な時代精神の表象として高く評価されたのである。

文学の女性像と歴史学の女性像

以上のような女性観は、それが「文化論」に由来するためであろう、文学・思想の研究者に援用される傾向が強い。片や歴史学の場合は、特に家族史・法制史の方面において、これとは異なった見方が主流をなしているように感じられる。たとえば、[堀 1996：116-117・131-135]の所説を紹介しよう。古来より中国では「父母・妻子・同産[4]」が「その家の父権の直接及ぶ範囲」と考えられ、父母への孝養を重視する観点から、これらが同居して一家族を構成するのが理想とされた。かかる家族形態を「三族制家族」という。

「三族制家族」の進展

前漢の末「儒教が盛んになり、おそらく三族制家族が称賛されるようになった時期」に、家族の大型化が進行し始め、六朝時代になるとこうした趨勢は更に進展し、「直系尊属を頂点とする累世同居の大家族」が現れた。また、三族制家

---

(4) 「同産」とは兄弟を指す。

族は、その状態を持続するために「兄弟間の和を保ち、とくに妻たちの忍従を強制しなければならなかった」のだが、それを維持することは、道徳的規範としてばかりでなく、律（法制）の上でも強要されるようになっていった。魏晋以降、中国の家族・社会は「父系化」の度合いを増していったと説く第2章は、まさに如上の時代認識に系譜上連なっているのである。

二つの儒教観のはざまで　　「女性」をキーワードとして概観すると、これまでの六朝史研究は大いなる矛盾をはらんでいることに気づく。儒教・儒学というものに対する当時の人々のスタンスをめぐって、相対する二様の見方——積極的に受容していたか、あるいは拒絶し破壊していたか——が併存しているのである。［神矢 1994］の言葉を借りれば、こうした「二つの儒教観のはざま」で、時代認識は大きく引き裂かれている。女性観の対立はこれと密接に関連しているのだから、その解消は容易なことではない。

　　しかも、問題は更にある。従来の研究では唐代の女性について、則天武后や太平公主といった存在を念頭に、その「闊達さ」「強さ」「自由さ」が強調されてきた。そして、それは北朝以後流れ込んできた「儒教的中国的倫理観とは無縁な北族世界の習俗」に由来する、と説明されるのが一般的であった[5]。ところが、佐々木が第Ⅱ期「はじめに」で

北族世界と女性の地位　　要言するように、金代・元代の研究では、同じ北族的習俗が当時の女性の地位低下を招いた要因であると専ら説かれている。同一の原因が、時代によって真逆の現象を生み出していたということであろうか。ここにもまた矛盾が看取されるのである。

（5）　たとえば［気賀澤保規 2005：183］。

4．ジェンダー視点の可能性

唐代女性の闊達さ

唐代の研究についていま少しふれておこう。当該時代の婚姻に関して、従来の研究ではその特徴として離婚・再婚の多さが指摘されてきた。唐代の女性は貞操観念が低かったのであり、こうした現象は「礼教破壊」という当時の時代精神の表れであると評価されてきた。[大澤 2005] は、まず以上の如く回顧し、その上で次のような所説を展開するのである。すなわち、南北朝から隋唐時代にかけて、女性（妻）は十分自活できるほどの生活力を備えていた。そして、家内での行動だけでなく、対外的な活動もおこない、夫や息子たちを支えていた。かかる彼女たちの活躍が、この

女性の生活力と離婚・再婚の多さ

時期の女性の強さを保証していたのであり、離婚・再婚が多かったのも、その要因はここにあった。しかも、当時は彼女の実家——夫からすれば「妻族」、妻からすれば「本家」と称される親族——がその夫（壻）も含めて、これを強力にサポートしていた。小説史料を見ると、そこには妻方の家で結婚式を挙行した事例や、更には結婚後若夫婦が妻方に居住していたとおぼしき例すら確認できる。これらは明らかに父系原理に反した実例といえよう（以上 [大澤 2005：55-68]）。

「対偶婚的心性」のなごり

大澤は唐代の家族についても言及する。「当時の人々の心性は婚姻関係の外側にある自由な男女関係に寛容であった」と総括した上で、大澤はこれを「対偶婚的心性」と規定する。唐代においても一夫一妻婚的イデオロギーは国家公認の道徳規範であったけれども、如上の素朴な心性が依然として人々の意識の中で息づいていたのであり、当時は「対偶婚的心性と一夫一妻婚的規範とが併存している時代」であった。それゆえ、この段階の「家族」（夫妻関係を中核とする小家族・核家族）は、結合体として「いまだ社会の表面に浮かび上がっておらず、人々の意識のなかにそれは定位をもってい

なかった」。かかる「家族結合の不明瞭さ」は唐宋変革を経ることによって変化し、宋代に至ると「人々の意識のなかに、家族という集団、それも核家族が一定の位置を占め」るようになった（以上［大澤 2005：78-86］）。

家族の唐宋変革　大澤の理解では、女性の地位や家族のあり方が大きく変わるのは唐から宋にかけてであった。「嫉妬する妻たち」と題した前掲書第2章では、「妬婦」の問題を取り上げて、南北朝時代はそれが「いわば公認されていた時代」であったと説く。当時妻（正しくは正妻）たちは嫉妬を武器に一夫一妻的な夫婦関係を維持しようとつとめていた。ところが唐代になると、「婦強夫弱」といった家庭内の状況は、表向きには認められない笑い話のネタと目されるようになった。そして宋代では、国家の対応においても庶民感覚においても、「妬婦」は抑圧の対象と見なされるに至る。妻から「嫉妬の自由」が奪われたのであった。ただし「小家族の実質的成立、夫婦・家族の結合関係の強化」という時代の流れの中で、妾などに対する正妻の地位が保障されるようになり、その結果もはや彼女たちにとって、夫を縛るための武器としての「嫉妬」は不必要になった、と論じる。

核家族の成立と夫婦関係の強化　つまり大澤は、唐代以前において女性は闊達であり、かつ宋代に至ってやっと小家族（核家族）的な関係が確立したと見なす。その所論は前節でふれた「魏晋文化論」と直接のつながりはないのだけれども、そこに堀らの理解との同種のギャップが感じられる点で両説は共通する。大澤自身も、堀の指摘を引用し「小論の見解と若干のへだたりが見られるかのよう」だと述べた上で、「もとより小論の検討範囲は南北朝以降であるから、視野の狭さは如何ともしがたい」と付言する（以上［大澤 2005：134］）。しかしここに伏在する「へだたり」は、本当に「視野の狭さ」（検討対象とする時代の短さ）のみに由来する「若干」の相違であろうか。

はじめに　39

　　　　　　　　　大澤の引くごとく、[堀 1996：87] は前掲の秦律に基づいて、「秦代から唐代にいたる間に、夫妻の間の身分差が大きく開いていった」と論じる。これに対して大澤は、宋代の状況を定点に、唐代においてすら核家族的な夫妻関係が未確立であったと説き、当該期における女性（妻）の「強さ」を強調した。堀は、秦代を出発点に時代の下降に伴う抑圧の強

南北朝隋唐は「おおら　化を主張し、大澤は宋代を照らす鏡として前代である南北
か」だったのかどうか　朝隋唐期に「おおらかさ」を見て取る。前者は公式な国家的イデオロギーの歴史を、後者は当代社会の実質的な雰囲気を、それぞれ語っていると整理することも可能だろうかに思われるが、両説の間にはどうしても互いを接合できない視点上の懸隔が横たわっているように感じられてならない。

形容詞的説明法の限界　　そもそも、中国女性史研究ではこれまで、古代中世を対象とする場合、女性（妻）の地位の高さや夫妻関係の結合の弱さなどといった点が「時代の特質」として取り上げられ、そこに研究者の関心が集まる傾向にあった。堀も大澤もその例外でないと思われるが、ここで問題とすべきはその問いかけ方である。従来は往々にしてそれらを、地位が「高かった／低かった」、結びつきが「強かった／弱かった」と、形容詞を用いて説明する向きが強かった。これを形容詞的説明法と称するならば、かかる論法では、ある時代を基軸としてその前後の時代を比較することしかできない。宋代に軸を置く大澤のスタンスでは、直前の南北朝隋唐期に関しては説明しえても、更に秦漢時代にまで遡ってその特徴を語ることは難しい[6]。逆に堀の場合は、宋代以降の展開を度合いの高低（たとえば「抑圧のレベルが一層高まった」な

―――――――――
（6）　事実［大澤 2005：68］には、漢代以来の習俗が唐代においても生き続けていたとする指摘が確認される。その主張は、秦漢時代との違いよりも連続性を強調する方向に振れている。

ど）以上に具体的に描けるかが課題となる。

ジェンダー視点の比較史　時代間の比較は、いうまでもなく歴史学にとって重要な手法である。ただし、それは各時代ごとの様態を言説化することに眼目をおく必要がある。形容詞による程度の差の評価にとどまるのではなく、名詞によってその時期ごとの特異な「型」を記述できるまでに、論はおよばなければならない。では、そのためにどうしたらよいのかといえば、一つの方向性としてまさにジェンダー的な視点が有効ではなかろうかと筆者は考える。それぞれの時代における性差の構造・秩序を名詞的に説明しようとする視角は、これまでの形容詞的な女性史・家族史研究の問題点を超克し、一段階上の比較史を可能にさせるのではあるまいか。私にはこのように感じられてならないのである。

時代ごとの「型」

5．実証研究の積み重ね

　堀説と大澤説とのへだたりは、六朝隋唐期の女性・家族に関する認識・評価の差に基因する。実は日本の中国史学界を回顧すると、この方面に関わる研究は必ずしも豊富とはいえない。とりわけ家族史については、当該期が「貴族の時代」と概括されているにもかかわらず、その蓄積は乏しいと評さざるをえない。視点を鍛え上げると同時に、実証研究を積み重ねていくことにも傾注しなければならないのが現状といえよう。

　さて、本書は中国のジェンダー史に関心をもつ多様な読者に向けて、現在の学界の状況を紹介すべく編纂されたものである。よって本来ならば、この第Ⅰ期各章でも先学の回顧や整理につとめるべきであっただろう。しかし学界の状況に鑑みて、ここではあえて実証寄りの章も設けた。以下、すでに取り上げた以外の諸章、およびコラムについて、その内容を簡単に紹介したい。まずはコラム2篇から。

則天武后没後の評価の歴史	コラム2は、従来の則天武后に関する研究について、その関心は専ら「サクセスストーリー」の歴史に注がれ、晩年以降の展開——息子の中宗を皇太子に立ててから死没するまでの政治過程、およびそれに続く中宗・睿宗・玄宗期における武后の扱い——に対してはあまり注目されてこなかったと概述する。中宗も睿宗もともに武后の子、玄宗は
則天武后はなぜ「悪女」とされたか	孫にあたるが、この武氏没後から間もない時期に彼女はどう評価されていたか。これは、政治史はもちろん、女性史・ジェンダー史の方面からも問われるべき重要なテーマであろう。武后が中国史上唯一の女帝へと押し上げられていった力学だけでなく、「没落」していく下降の過程——彼女にマイナス的な評価が付与されていく中で、女性の当権が一般的に否定されるようになり、やがてそれが「稀代の悪女」となされていく過程——をも克明にする必要はある。
敦煌出土の離縁状と遺言書	同じく唐代史にかかわる問題群として、コラム1が取り上げる敦煌文書の扱いもまた、看過しえない課題の一つである。当該文書の中には離縁状や遺書の雛形とおぼしき模範文例(これを「書儀」という)が含まれており、それらによると当時この地では女性主導の離婚や未婚女性に対する家産の分与が行われていたと想定される。こうした事象は明
女性主導の離婚と娘への財産分与	らかに「非父系」的な現象と評しうるのだが、その「特殊さ」の内実に関しては、荒川が正しく指摘するように、唐代という時代の状況(女性が社会的に「強い」存在であった)と、敦煌という地域の特性(漢人が多数を占める社会でありながら中央アジアに属するオアシス)とを十分に勘案して、慎重に判断を下さなければならない。敦煌文書の史料価値を定めるという観点からも、その検討は避けて通れないであろう。

次に、第3章について。中国では古くから「女性が閨(ねや)での独り寝を怨む」という設定の詩文が詠まれ続けてきた。この「閨怨」と称されるジャンルの作品は男性の手によっ

女性が詠んだ中国の女性

て多数作られており、彼らはそこで自分たちの理想とする異性像——たおやかで弱々しく、男性に捨て置かれても彼を愛する「待つ女」——を描いた。こうした「閨怨」系の作品は女性も著しており、[松浦 1986] は唐代の女性による閨怨詩を取り上げ、それらの大半が男性詩人の目線に倣ったもので、彼女たちは男の讃えるステレオタイプの女性像をそのまま受け入れていたと説く。これに対して佐竹は、『詩経』の時代から宋代までを対象に、その間の女性が詠ったとされる詩文を通覧して次のように述べる。すなわち、六朝後半期になると女性作家の詩文は「閨怨」一色になるが、それより以前の作品では「待つ女」をモティーフとする作は案外に少ない。また、閨怨詩の名手である唐代の魚玄機、その作品の多くが「閨怨」ジャンルに分類される宋代の李清照は、男性の眼差しからとは違った女性像、あるいはその視線をはるかに凌駕した感性のもので、「女性の文学」を創作していた、と。佐竹は明言していないけれども、こうした理解が唐代に時代を限った松浦の考察結果と大きく異なっていることは、一目瞭然であろう。優れた比較史研究と評しうる。

台湾の学界状況

最後に日本以外の学界状況に関して。台湾では、女性史はもちろんのこと、「性別史」も一つのジャンルとして既に確立している。秦漢時代では劉増貴、六朝隋唐期ならば李貞徳・鄭雅如といった諸氏が、種々の史料を様々な角度から分析して諸多の成果を世に問うているのである。こうした「先進国」の状況に学ぶところは多い。第4章では、唐代の家族・親族研究を中心に、かかる台湾の学界動向が紹介されている。極めて有益な一篇といえよう。

・参考文献・

[和文]
大澤正昭（2005）『唐宋時代の家族・婚姻・女性――婦は強く』、明石書店
岡村秀典（2008）『中国文明　農業と礼制の考古学』、京都大学学術出版会
神矢法子（1994）『「母」のための喪服――中国古代社会に見る夫権―父権・妻＝母の地位・子の義務』、近代文藝社
小寺敦（2008）『先秦家族関係史料の新研究』、汲古書院
下見隆雄（1994）『儒教社会と母性――母性の威力の観点でみる漢魏晋中国女性史』、研文出版
竹浪隆良（1995）「中国古代の夫権と父母権について」、『堀敏一先生古稀記念　中国古代の国家と社会』、汲古書院
堀敏一（1996）『中国古代の家と集落』、汲古書院
松浦友久（1986）「唐詩に表われた女性像と女性観――「閨怨詩」の意味するもの」、松浦友久『中国詩歌原論』、大修館書店（初出は1982年）
宮本一夫（2005）『中国の歴史01　神話から歴史へ』、講談社
吉田浤一（2012）『中国専制国家と家族・社会認識』、文理閣

第 1 章

考古学からみた 先秦時代のジェンダー構造

玉(ぎょく)人
(河南省安陽の婦好墓から出土)

内田純子

はじめに

　中国先秦時代の女性の暮らしや社会的立場はどのようなものであったのか、考古学からのジェンダー史へのアプローチが試みられ始められている。先秦時代の女性についての記録は乏しく、文献による研究には限界がある。反面、考古学は現在残存している遺物、遺跡などを資料として扱うものである。そのため資料が断片的であることは否めないが、女性にまつわる遺物や遺跡を集成し、その様相を丁寧に整理して積み上げていくことにより、当時の女性の実像を解明するための手がかりを得ることはできるはずである。本章では、これまでに進められてきた研究を紹介し、先秦時代(新石器時代から春秋戦国時代まで)の女性について概観、考察してみたい。

1．墓葬資料の扱い

　女性の肖像が最も古く現れるのは旧石器時代で、ビーナス像がユーラシア大陸各地にみられることはよく知られている。中国でも、新石器時代中期の紅山文化で著名な女神像が発見されているのをはじめ、女神信仰が存在した可能性は高い［今村 2002：1-14］。また、新石器時代前期（～前5000年頃）以前の文明草創期には母系氏族制社会が顕著であったと考えられている。そして、当時の社会では女性の社会的地位は高かったのではないかと一般に考えられている。

　本章の対象とする時代の終末、春秋戦国時代には、男性中心の政治がおこなわれていることは文献史上で明らかであり、歴史を動かすような重要な役割をした女性が登場することはほぼない。したがって、後代、現代へと続く中国のジェンダー構造は、本章の対象とする新石器時代から春秋戦国時代までの数千年の間に大きく変化したと推測される。

　本章では、考古資料にみられる事象を基にその変化の状況を解釈していくために、墓葬資料を特に重視したいと思う。墓の規模や立地、副葬品の内容、人骨から判断された墓主の寿命などを手がかりとして、事象を整理して解釈し、この数千年近くの長い時代に生きた人々の生涯、財産、社会的地位について議論をおこないたい。

　定住生活が始まり農業や牧畜のおこなわれた新石器時代（前10000年頃から）には、中国平野部の各地を中心とするいくつかの文化類型へと分かれ、それぞれの気候に合致する文化が営まれていたと考えられている。新石器時代後期（前3500年頃～）には、各文化の中心的な地区に規模の大きな集落、邑と称される遺跡があるものの、いわゆる都市文化は未発達である。二里頭期（夏代ともされる、前2千年～）をはじまりとする中原地区の初期王朝時代には、大規模で人口が集中する王都が存在する。その文化水準は地方村落と大きく差が生じ、商（殷）代後期（殷墟期、前1300年頃～前1050年頃）までに文字が発明され、さらに文字による統治のシステムが整えられ、社会システムが大きく変化したといえる。また、西周時代（前1050年頃～前770年）には封

建諸侯が配された小規模な都市が黄河流域を中心とする各地に出現して発達し、次の春秋戦国時代（前770年〜221年）に至る地方分立の様相を呈していく。商代から春秋戦国時代に至る時代は、そうした地方都市国家を統合する戦争の時代でもあった。その都市文化の時代の大規模な都市民の墓地と、地方の小規模村落の墓地とでは、社会の発達段階が分化していくために、墓の規模や内容が大きく異なる。

　中国全土、各時代を通して、多数の墓を比較検討することができるほどの規模と資料数をもつ墓地遺跡は、発掘事例がまだまだ限られている。しかしながら本章では、新石器時代の墓地は母体となる集落の大小に関わらず、相互に社会の発達段階の差がさほどないものとして取り上げる。一方、初期王朝時代以降については、性差の変化を考察するうえで社会の発達状況が大きく影響を及ぼすと考えられるので、都市の大小規模の墓葬と地方の墓葬を区別して取り上げ、研究対象としたい。

２．副葬工具にみられる性差——新石器時代の男耕女織の起源

　新石器時代前期の墓には大小の差は特になく、階級差がみられない。河南省新鄭市裴李崗（はいりこう）遺跡では、耕作や土木作業用の石鏟（すき）が男性墓、穀物の製粉に使用する磨盤と磨棒が女性墓から出土したといわれている。ここでは農作業のうえで、男女差がみられるようになった。新石器時代中期の陝西省臨潼（りんどう）県姜塞（きょうさい）遺跡の墓地の集団合葬墓は二つの家系の墓地への分化がみられ、それは２集団（半族）に分かれてその間の婚姻関係により社会が維持される双分制を現した現象と考えられている[1]。新石器時代中期後半期より、男系血縁集団が社会の基礎単位となっているという説が唱えられている［宮本2005：114-126］。集団同士の階層差が生まれていくこの時期、父系社会への転換がすすんだのであろう。

　新石器時代後期になると、一般に階層差が顕著になり、副葬品の多寡が明確な墓地も多数みられる。また、この時期は、限られた産地の原料を利用し

（１）　双系的な社会という解釈もある［岡村 2008：33］（第Ⅰ期「はじめに」参照）。

48 第一編 通時的パースペクティブ（第Ⅰ期）

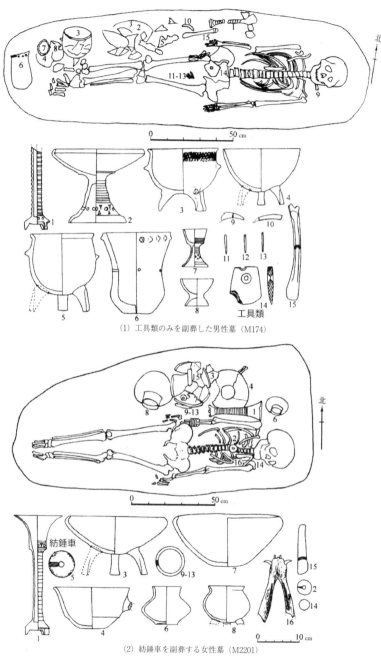

(1) 工具類のみを副葬した男性墓 (M174)

(2) 紡錘車を副葬する女性墓 (M2201)

図1 新石器時代の男女の墓（『山東王因』図一四九、図一五三より）

て特殊な工程で製作する玉器や、轆轤を利用して製作し、高温の窯で焼成する土器など、高度な技術を伴う手工業製品がみられる。すなわち、専門工人が出現して大量生産を担い、製品がそれまでよりも広域に流通するようになった時代ともいえる。

　甘粛省武威県皇娘娘台遺跡などの馬家窯文化、斉家文化の男女の成人墓の分析をおこなった孫岩・楊紅育によると、工具が比較的多く副葬される墓では、男女の墓に副葬される品目がほぼ同様のものもあるが、多くは男性墓に斧、鑿、刀などの工具が副葬され、女性墓には紡錘車が副葬される傾向がある［Sun 2004：32-38］。例外的に、男性墓に紡錘車が副葬される例[2]もあるが、ごく少数である。同様の傾向は、大汶口文化棗庄墓地、王因遺跡（山東省、図1）、屈家嶺文化武穴鼓山墓地（湖北省）など、中国各地でも普遍的にみられる［難波 2005：78-80］。新石器時代の社会の変化を通して、女性の職掌が確立されていったのであろう。

3．初期王朝時代（商代）の文字資料と女性

　商代後期の都、殷墟は、安陽市郊外の洹河の河岸段丘上の小屯宮殿区と、洹河対岸の西北岡王陵区を有する大都市遺跡である。当時、貞人による甲骨占卜を通して王が政治をおこなっていた。甲骨文字の研究、文献史によると、商王朝の王はすべて男性で、父子兄弟相続によるといわれ、父系制社会が顕著となっている。

　1976年に未盗掘のまま発見された殷墟5号墓は、小屯宮殿区の西側に位置する［中国社会科学院考古研究所編 1980］。その副葬青銅器の多くに「婦好」銘が表わされている。第23代帝「武丁」時代の甲骨文には、「婦好」「婦妌」「婦媒」など、70人近い「婦」に関する占いの記録があり、これらがすべて王の妻（妾）といわれている［落合 2015：141-146］ことから、5号墓は、武丁の妻のひとり「婦好」の墓であると考えられている。婦好墓の青銅器には「司母辛」銘の大型鼎もあるので、婦好は正式には「母辛」または「妣辛」

（2）　男性も糸つむぎをしていた、あるいは紡錘車が単なる一家の財産とみなされていたかであろう。

と称されたとされる。一方、1949年に西北岡王陵区で発掘された現存最大の殷代青銅器「司母戊鼎」の銘文中の「母戊」は武丁の正室「妣戊」をさすとされる。「后」字と「司」字は左右反転の兄弟字なので、すべてを「后」と読み、王の配偶者を「后」と称したと推測する説もある［朱 1992：428-429］。後代の一夫一妻制度につながる王后制度が確立されていたかどうかなど、王后の制度に関しては諸説あって、今後の研究が待たれる状況である。ほかにも女性が「母」「妣（女性祖神）」として祭祀を受けたことを示す青銅器銘文や甲骨文は多数存在する。男性祖先神と同等に女性祖先神に対する祭祀もおこなわれ、大切にされていたことは確実である。

　一方、占卜を担った貞人はすべて男性であると推測されているのに対して、亀甲の側辺部分には、亀甲の整理作業の記録とされる刻辞（甲橋刻辞）があり、そこには「婦好」など、女性名が彫りこまれている。よって、女性が宮室で整理作業に従事していたとの見方もある［苗 2013：21-25］。いずれにせよ、初期段階の文字を操り、「政」を独占したのは男性であり、女性は主体者とはならなかった現象はここにもみてとれる。

4．考古学からみた商王とその妻——王陵区大墓と婦好墓の比較

　西北岡王陵区では、8基の十字型墓道をもつ大墓と、作りかけの大墓1基、中字形大墓3基、甲字形大墓1基がみつかっている（図2）。王陵区に作られた中字形、十字形の墓道をそなえた竪穴式の大規模な墓は、殷墟の歴代の王の墓であると解釈されている。西北岡のHPKM1001号大墓［梁・高 1962］は、先述の小屯宮殿区にある「婦好」墓の副葬品と時期的に近いため、これこそが「武丁」の墓ではないかと推測する学者もいるが、筆者は1400号大墓こそが武丁の墓であり、その南墓道の延長上に位置する「司（后）母戊鼎」出土の84AWBM260号墓がその后「妣戊」の墓であると考えている[3]。これら3基の墓は、商代の王の夫妻について比較のできる大変貴重な資料であるから、ここで、夫妻の墓を中心に、詳細に比較してみたい。

　1400号墓の墓坑は18.3メートル×15.7メートル、深さ10.6メートル、墓道の長さを含めると南北74.1メートル、東西48.9メートルになる。260号墓は、

第1章　考古学からみた先秦時代のジェンダー構造　51

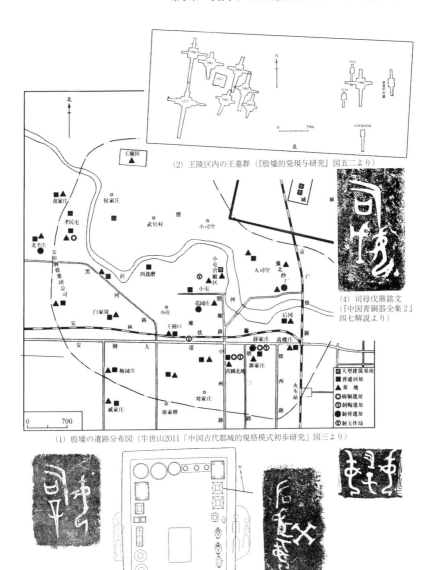

図2　殷墟の王陵区と婦好墓の位置関係

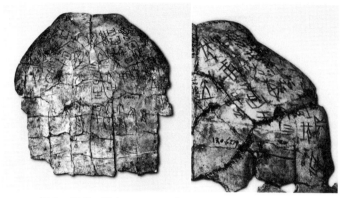

図3　婦好に関する甲骨文、『武丁與婦好』80、174より
（1）史語所 R041287「出産は丁の日か庚の日か、31日後の甲寅に残念ながら女子を産んだ」。
（2）史語所 R044577「婦好が沚戛を援護して巴方を伐つとき、武丁が東から攻めると婦好の術中にはまるか」。

　墓坑9.6メートル×8.1メートル、深さ8.1メートル、南墓道を含めた長さは33.6メートルで、墓坑は2分の1サイズである。先述の婦好墓は墓坑5.6メートル×4メートル、深さ7.5メートルであり、墓坑だけを比較しても、3分の1以下の大きさということになり、さらに墓道の有無、数が身分の差を示していたのであろう。婦好墓上にも王陵区の大墓上にも、祠堂が建てられて存在が誇示されていたと推測されている。1400号墓と260号墓は南北に並び、婦好墓は異なる地区に作られていたことになる。1400号墓260号墓の組合わせ以外に、西北岡王陵区のその他の王墓には、后の墓が並立されるものはなく、王と后の墓地は別々に作られていたと推測される。
　婦好に関する甲骨文字史料では、武勇、分娩の吉凶、歯痛などについての占い記録がある（図3）。女性としての生活感が感じられる一方、王の妻である女性が軍事面にも関わりがあったことについては注目を集めている。さらにこの記録を裏づけるように、婦好墓には、青銅武器、武具が合計134点

(3)　「母戊」が武丁の第一夫人「婦姘」という説もある［林 2006：78-88］。「司母戊鼎」が発見されたとされるWBM260号墓は盗掘にあっていて副葬品の内容はごく一部が知られるのみである。Ying Wangは甲字形の第一夫人の墓が十字形の男性王墓群8基とともに西北岡王陵区の一角にあるけれども、その形状が王墓より一つ格下であると指摘している［Wang 2004：98-101］。

副葬されていた。当時の権力の象徴とされる大型の鉞2点（「婦好」銘）をはじめ、小型の鉞2点、戈91点、弓形器6点など、多数の象徴的、実用的な武器をもつことが特筆される。一方、西北岡王陵区の1400号墓は盗掘がひどく出土副葬品が限られているため、多くの遺物が残存しており、時期の近い王墓1001号墓を、婦好墓との比較に用いることにする。

　婦好墓からは、大型の司母辛大方鼎、三連甗、円形、方形の尊、斝などのほかに、40点の爵、53点の觚など、発掘による副葬品としては他に例のない数量の豪奢な青銅彝器（祖先を祭るための容器類）が発見された。一方、1001号墓で出土したとされる東京の根津美術館蔵の3基の大型盉は、技巧と装飾性に富んだ趣向の青銅器組をなしており、婦好墓出土品に比べ、装飾や複雑さは卓越している。さらに婦好墓と1001号墓出土品のうち、青銅・骨製武具、玉器、棺や槨、調度品を装飾した骨製部品、墓道を装飾する大理石彫刻、象骨製酒器など、共通する種類の遺物の出土数量を比較してみても、1001号墓出土品は、盗掘を逃れて残っている数量であるにも関わらず、婦好墓出土品の数を凌駕しているものが多い。1001号墓の方が豪奢で圧倒的な内容の副葬品をもっていたと推測される。これは、王と「妻（妾）」の権力、財力の差を如実に表しているのであろう。

　時期のやや遅れる西北岡1550号大墓もまた、1001号墓に匹敵する規模の王墓と考えられる［梁・高 1976］。この墓も盗掘を受けていたが、槨室の二層台（室を囲む高まり）上から殉葬者の小型墓2基がみつかっている。うちM1550：49墓には、墓主の頭上から鳥の装飾のついた多数の笄が発見された。多数の笄を頭にさした女性の象形である「妻」字のごとく、M49の墓主は笄により外見上の区別をしていた女性従者と考えられる。同じ王墓の武器をもつ男性従者と明らかに副葬品に差異があり、武器はもたず、数点の玉器と青銅の爵觚のみが副葬されていた。王の周囲には役割を明確に違える男女の従者が控えていたと想像される。

　以上の比較をもとに考えると、商代の王の后・妾には、夫と対等な規模、副葬品をもつ墓は作られなかった可能性が高く、埋葬墓地の場所も異なる場合が多かった。夫婦の祠堂を連立したり、妻の出自を誇示する事象もみられない[4]。

5．殷墟の族墓地の男女墓の分析

殷墟では多数の中小墓が固まって存在する墓地がみつかっている。同じ族徽記号をつけた器をもつ墓がひとつの墓地を形成していることから、これらは同じ氏族のものと考えられ、この時期に氏族のまとまりが明確に意識され始めたといえる。その中では、女性も同じ墓地内に埋葬されている。

『殷墟発掘報告1958-1961』には、4年間に発掘された殷墟全域の1500基の中小墓について概括されている［中国社会科学院考古研究所編 1987：210］。それによると、女性墓には当時の儀礼用の酒器のセット、爵、觚を副葬することが少ない一方で、女性墓に武器や工具を副葬することもあると指摘している。儀礼に関わる青銅器は政治的な意味合いをももっており、階層の低い女性に与えられることは少なかったといえる。すなわち、女性が政治的立場のうすい状況にあったということが類推される。一方、前項に述べたように女性が軍事を担っていた可能性が、ここでも実証されている[5]。

唐際根［Tang 2004］は殷墟内でも最大規模の墓地である殷墟西区の墓地の中小墓資料について、身長156-160cmを境に男女を仮判定し、男女差の分析をおこなった。それによると、男女の墓一対が並列されているものが多く、現代の北京付近での埋葬例に照らして、並列した男女の一対の墓は夫婦墓であると判断している。これらは同じ器種の土器を同数もっていることが多い反面、青銅器は平等ではないと論じている。また、男性墓にのみ財の象徴とされるキイロタカラガイが副葬されているという。拡大する都市に流入し、形成された中流階級では、相対的に女性の社会的地位が低い。こうした中小墓の発掘人骨は情報が少なく、正確な墓主とその相互関係の情報はいまだ不十分だが、殷王室に関する文献資料からみる父系制社会のありかたが、下層社会ではどのようであったのか、今後は墓葬資料の分析を通して明らかに

（4） フリードマンは民俗例をもとに首長制社会で上位リネージから威信財が下位リネージから一般財と女性が交換されるモデルを提示している。中国では新石器時代後期の玉器、初期王朝時代の青銅器が、威信財として再分配されたと考えられるが、女性との交換は現状として未確認である〔Friedman & Rowlands 1978〕。
（5） 人骨に戦傷の痕跡があるなどの明確な戦闘参加の証拠はみつかっていない。

なっていくことを期待したい。

6．西周から春秋・戦国期にかけての変化

　陝西省宝鶏市強国（ぎょこく）墓地は、西周初期から西周中期にわたる中規模の墓が多数みつかっており、四川方面への交通の要衝である強国地域の豪族の墓地と考えられている。そのうちの竹園溝13号墓は、男女が異穴合葬[6]されており、王と妾が合葬（妾を殉葬）、夫人が傍らの独立した墓に葬られている。竹園溝7号墓、竹園溝4号墓もまた夫婦の合葬墓である。中心地からやや離れているが、西周時代の貴族階級で、夫人を同等に扱う夫婦墓が確立した例として注目される［盧・胡 1988］。

　西周時代に各地に封建された諸侯階級の巨大な墓が、近年続々と発見されている。なかでも山西省曲沃（きょくよく）県天馬―曲村晋侯墓地は、上層階級のジェンダーを比較考察するうえで大変貴重な資料を提供している。墓道をもつ「甲」字型の大型墓2-3基が対になり並列しており、それぞれほぼ時期を同じくする男女の異穴合葬墓であることから、歴代の晋侯の夫婦（および次夫人）の墓と推定されている（図4）。

　その中の曲村大墓Ⅰ11M64とⅠ11M62、Ⅰ11M63は3基相並ぶ男女の墓である［北京大学考古学系1995］。「晋侯邦父」とされる男性の墓Ⅰ11M64には5鼎4簋、武器、編鐘が副葬されるのに対して、正夫人墓Ⅰ11M62には武器はまったく副葬されておらず、3鼎4簋が副葬される。次夫人墓Ⅰ11M63にもまた武器はなく、3鼎2簋が副葬されていた（西周中期以降には所有する鼎、簋の数により身分等級を示していた）。他の墓群でも、副葬された青銅器の種類は、君主墓が階級の指標とされる鼎を5個または7個納めているのに対して、夫人墓には3鼎というように、おおむね一階級低い数量の青銅彝器を副葬しているという。こうした副葬品の内容から、夫人も社会的な高い地位をもっていたことが示される一方で、夫よりも階級的に若干低く扱われていた状況が明確となる。さらにこの段階では、女性に軍事を担わせた商代のような事

（6）　同じ場所、時期に埋葬したという意味で「合葬墓」と称する。

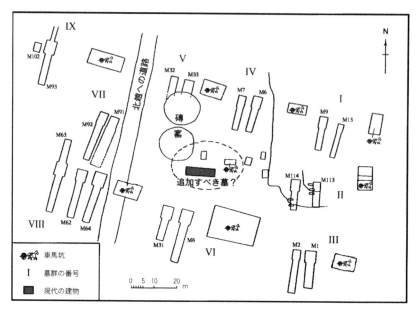

図4　山西省曲沃県曲村の西周晋侯墓地『周代中国の社会考古学』地図4より

象はまったくみられず、軍事はもっぱら男性特有の行為とみなされていたと解釈できる。また、楽器はほとんどが男性の墓のみに埋葬される。これは周代の政治上重要とされた「礼楽」の「楽」もまた男性の独占する行為であったということを示す。女性は軍事や礼楽を司る立場にはなかったことを示しているのである。

　曲村の諸侯とその夫人は、西方産とされる貴重な瑪瑙管玉を使った装身具をつけている（図5）。西周中期以降の他地域の諸侯階級の墓においてもまた、男女の被葬者ともに同類の瑪瑙を多用した装身具を身につけており、これらの装身具が最上層階級の威信具として用いられていたと思われる。しかし、夫婦の装身具は異なっていて、夫人墓のみに女性特有の髪飾がみられる。この髪飾りは黄河流域を中心とする広域の諸侯階級の夫人墓で一様にみられる［黄 2013：559-600］。当時、高級品として目を引いた赤い瑪瑙製管玉の装身具をつける諸侯夫婦は、地位を外見上から顕示しつつ、明確に男女の違いをも誇示しているのであり、夫婦一組での体裁を強く意識しているといえる。

　夫婦を一組として扱う意識は、前述の夫婦墓が並列する配置からもまたみ

第1章　考古学からみた先秦時代のジェンダー構造　57

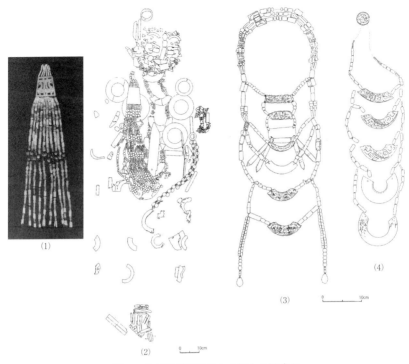

図5　曲村晋侯墓地出土の男女の装身具
（1）M92出土玉牌串珠佩飾（『文物』1995-7 図二〇より）
（2）Ⅱ1M31晋侯夫人墓棺内玉類出土図（『周代中国の社会考古学』図15より）
（3）M92出土四璜連珠串飾（『文物』1995-7 図一八より）
（4）M91出土五璜連珠串飾（『文物』1995-7 図一一より）

てとれる。このような夫婦一組の体裁は、殷墟ではみられなかった様相であり、そこには上層階級の夫婦に対する意識の変化が現れている。次項では、その背景について考察してみたい。

7．青銅器と装身具にみられる女性の役割
　　──西周から春秋・戦国期にかけての変化

　ファルケンハウゼンは、西周期には父系血族集団が社会的政治的軍事的組織の基礎的単位であり、土地その他の財産を共有していたこと、祖先祭祀がこの集団の主要な宗教行為であったと指摘する［ファルケンハウゼン 2006：34］。

図6　虢孟姫匜
（『夏商周青銅器研究』西周篇下：559、『殷周金文総集』9：6866）

　この時期、その祖先祭祀に用いる青銅器に銘文（金文）を表すことが多くなり、長文や具体的な祭祀者、作器者、作器の理由などの内容が明確な銘文資料も多くなる。その中には、女性のために作られた青銅器であることを示すものがあり、これを「媵器（ようき）」と称している。

　銘文中の男性の名はリネージ（父系血族集団）の名が身元を示す主要な要素であるのに対して、女性の名は常に生まれたクラン（共通の祖先に出自する人々をクランと呼び、リネージはそれに属するものとして区別する）[7]の名を含み、それにリネージの名、排行、個人名が連なる［ファルケンハウゼン 2006：68-108］。

　著名な媵器の例として、
・邢姫鼎「井（邢）姫晢亦偈祖／考妛公宗室，／又孝价孝，舫（辭）／保㝬白（伯），乍（作）井（邢）／姫用貞（鼎）、殷」。（史語所02676）（陝西省宝鶏市茹家荘2号墓出土。邢出身の姫姓クランの女性に㝬伯が贈った鼎）
・虢孟姫匜「斉侯作虢孟姫良母寶匜，其万年無疆、子子孫孫永寶用」（図6）（虢国の姫氏の娘の女性（「良母」としか呼ばれない）に嫁入り先の斉国の孟氏が作った匜）

などがある。そうした媵器がどのような状況下で作られたものかを銘文を通

（7）　ファルケンハウゼンは［Keesing 1976：251］を踏襲してこの呼称を使用している。

してまとめると、「女性の婚姻時に娘に贈る」、「夫が妻のために贈る」、「女性が姑のために贈る」、「女性が夫の先祖のために作る」、「妻が夫のために贈る」、「嫁入り先の家長が（嫁に）贈る」、「妻が夫の遠征時に贈る」などの例がみられる［陳 2009：66-85］。これらの青銅器には、わざわざ贈り主と受け取り主を明確に表すことが多い。また、青銅器の授受について明示したものが多く、なかでも婚姻にまつわる授受が多いことがわかる。そのことは、これらの青銅葬器が婚姻同盟を確認する役割をもつものであることを示している。いい換えれば、婚姻に女性の存在意義が集中している印象を受ける。上層階級では、諸侯の封建が始まる西周期の開始と同時に、婚姻関係の要員としての女性の存在意義が確立したと考えられる[(8)]。

『春秋公羊伝』（巻1隠公上）「子以母貴、母以子貴。（子は母を以て貴く、母は子を以て貴し）」との記述は、母の出自と子の身分が深い因果関係にあるという概念を示している。青銅器の縢器銘文にもまた、出自を明らかにすることが非常に重要であったことを物語る例がみられるのである。

8．女性の寿命、生涯と身分

女性の出産時死亡率については、現代の低所得国の状況を世界保健機関（WHO）の報告書［WHO 2015］で参照すると、1990年の死亡率数値の最も高いアフリカや低所得国では、900-960（10万人あたりの死亡数、日本では1899（明治32）年に409.8）であり、衛生環境の整わない状況での出産時の死亡率は、100人に1人ほどとなることを示している。数年おきに出産を繰り返すと、その確率が上がっていくことになる。先秦時代には、その死亡率もさらに高かったものと思われる。この数値を念頭において、本項では、墓から出土した人骨の分析結果をもとに先秦時代の女性の寿命と生涯について考察してみたい。

新石器時代の内蒙古自治区大甸子遺跡の659基の墓では、女性の平均寿命は30台前半であり、15-35歳の間に61%が死亡し、36-55歳の間に26%が死亡

---

(8) 西周王の「姫」姓は封建制下における地位を保証する重要な要素であったため、その「姫」姓の女性を娶ることは重要で、表象すべき事項であったといえる。

しているという。これに対して、男性は15-35歳の間に55％、36-55歳の間に35％が死亡しているので、36歳以上までの生存率は男性の方が高いといえる［Wu 2004：52-55］。

殷墟期から西周前期にわたる山東省滕州市前掌大遺跡南区では101基の中小墓が発掘されており、殷墟期の男性平均年齢は40歳、女性平均年齢は32.5歳、西周前期の男性平均年齢は34.25歳、女性は30.25歳であるという［王・曹 2014：530-532］。

山西省侯馬市上馬墓地は、10万平方メートルにわたる大規模な発掘調査の結果、約1400基の中小墓、車馬坑などが発見された春秋時代前期から春秋時代中期を中心とする墓地である。人骨の残っていた墓1059基のうち486基が女性の墓であった。この地を本拠地とする氏族によって営まれ、一般庶民からやや上の階級までを含む墓地であると解釈されている。死亡年齢の推計によると、男性被葬者の約６割が35-54歳の中年期に死亡しているのに対して、女性の半数近くが15-34歳の青年期に死亡していることがわかっている［ファルケンハウゼン2006：115］。

以上の各例では、一様に女性の若年における死亡例が多い。その理由は妊娠・出産時の感染症によると推測されている。

次に寿命と財産に焦点を当てて検討してみよう。

前述の上馬墓地 M1027（長さ４×幅2.8×深さ4.2メートル、中年女性）とM1026（４×2.9×4.2メートル、中年男性）は相並んで設けられた中型の墓である。並立すること、同様の年代の人物の墓であることから、近い関係にある男女の墓、おそらくは夫婦の墓である可能性がある。この２基のうち、女性墓がより多い９点の青銅彝器を副葬していた[9]。これに対して、男性墓には５点の青銅彝器、車馬器が副葬されていた。身分の差を示すとはいいがたいが、少なくとも男女の差はみられない。この事例をもとに男女の財産を考えると、出産リスクを乗り越え、中年まで生き延びて、子が地位を得られれば、女性も男性と同じだけの財産を持ちえたのではないかと推測する。

なお、上馬遺跡では「滕器」はみつかっていない。この事実から、上馬リ

（９）　墓地全体の墓の規模に比較すると、この地での上層階級と考えられる。

ネージの身分が重要な婚姻同盟（特に「姫」氏の婚姻）に関わらなかったために、小都市の上層階級程度では、出自を標榜することはなかったのではないかと推測されている［ファルケンハウゼン 2006：126］。

ちなみに、1891（明治24）年〜1898（明治31）年における日本で現存最古の完全生命表による寿命の統計値は、女性44.30歳、男性42.86歳であった［厚生労働省 2015］。医療の未発達の社会においては、人間の寿命はこのような値だったのだろう。

こうした数値をあてはめ、中国の古代社会における一般女性の生涯について想像してみると、15歳以上35歳ぐらいまでの青年期に多次の出産をおこない、半数ほどの女性が命を落としたと考えられる。また、その年齢を超えて40歳台後半の中年まで生き延びると、希少な長老者となったはずである。男児が成年してその地位が確立すれば、母親もそれなりの財力や権力を確保するために、墓の副葬品が増加したと考えられる。

『春秋左氏伝』中には、女性の婚姻関係についての記述は多くみられるが、女性の活動についての記述は限られている。しかし、いくつかの場面では母として、女性が政治に介入する記録もある。これもまた前述の『春秋公羊伝』中の「母は子を以て貴し」、という事象のひとつであろう。

9．男耕女織と絹生産

翻って再び、新石器時代以降の男耕女織について、述べてみたい。

佐藤武敏によると、先史時代の紡織には麻などの植物繊維がまず使用されたと考えられる。新石器時代の遺跡から繭が発見されたともいわれているが、絹が存在したのかは明確ではない。しかし、遺物上の痕跡から、商代にはすでに絹が使用されていたことは確実である。蚕を飼育する点においては、他の植物性繊維とは生産体系が異なるが、製糸のあとの紡織の工程はおおむね同様である。蚕はもともと黄河以南の地で産するため、黄河流域以北の初期王朝時代には貴重品であっただろう。また、甲骨文字に蚕神の崇拝をうかがわせる記述があり、野蚕、家蚕による絹織物が発達していたと考えられている［佐藤 1977］。出土品から推測すると、すでに商代には彩色、織り方、刺

繡など品質豊富で、装飾性に富む衣装や布製品各種が生産されていたらしい。新石器時代後期の様相から類推すると、こうした製品の製作に女性が関わっていた可能性は高い。前述の婦好墓でも玉製の紡錘車が発見されている。

　殷墟の孝民屯東南地の墓地は、青銅器鋳造に関わった工匠の墓地と考えられている。骨の保存状態が悪いために男女の鑑定が明確ではないが、132基の墓のうち、唯一、M1332墓から5点の紡錘車が発見されている［社会科学院考古研究所安陽工作隊 2009：25］。すなわち、青銅工房を主とする地区に住む女性は、日常的に紡織関係の仕事はせず、青銅器製作に伴う作業をおこなっていた可能性もある。手工業の専門化が進むにつれて、紡織が同時代のすべての女性に普遍的な手仕事とはいえなくなっていったのではないか。

　山西省天馬曲村遺跡の数基の女性墓でも、やはり紡錘車が発見されている。例えば中型墓のM6080で石製、土製の紡錘車が発見されている［北京大学考古学系商周組ほか 2000：395-404］。しかし多数の小型墓すべてから紡錘車が出土するわけではなく、例えば土器2-3点と玉をもつ20歳前後の女性小型墓のいくつかで1点の土製紡錘車がみられる、といった状況である。

　なお殷墟婦好墓では板状の玉製蚕が副葬されていた。西周期には、瑪瑙製管玉と組み合わせてネックレスに連ねる蚕形玉器が多数みられる。これらは男性も女性も同様に装着しているため、陳昭容は、紡織の象徴としてではなく、蚕にはすでに輪廻転生の象徴としての意味が含まれるようになっていると指摘している［陳 2009：30-38］。

　一方、戦国期の青銅壺上の紋様には、桑を摘む女性たちの姿が現されており、女性の職掌としての象徴的なありかたを示している。戦国時代に成立したとされる『呂氏春秋』などには、男耕女織の記述がみられ、この時期には一般に女子が紡織を担当するという概念が定着していたと思われる。主に西周時代の歌謡を集めた『詩経』などには桑の葉つみなどを、男性もおこなっていた記述もある。実際はそのような状況もあったのに、春秋戦国期に女性の職掌の象徴とするに至ったということであろう。佐藤武敏は、春秋戦国時代以降、宮廷工業、都市の士大夫家族による自家用生産、農村副業、独立手工業者などのいくつもの階層による紡織業がおこなわれたと推測した。紡織という手工業に女性が関わっていたことは確かだが、女性全員がおこなって

いたわけではなく、重層的な社会構造に対応する形で変容していったのかもしれない。

10. 先秦時代のジェンダー構造の変化過程

　墓に納められていた副葬品を整理し、考察した結果、新石器時代から春秋戦国時代に至る数千年の間に、次のようにジェンダー構造は変化してきたと考える。

　新石器時代以来、氏族を中心とした父系社会の成立の一方で男女の職掌が分化し、男耕女織の状況が確立していった。特に経済的な活動を専門的な技術の所有者が左右する初期の経済社会では、より多くの手工業生産を担った男性が優位になっていったのではないだろうか。

　初期王朝時代（殷墟）では、王権の継承に父系制社会が顕著にみられる。王と妃、妾の墓は完全分離され、対等に扱われていない。この時代は、男性「貞人」による占卜が政治上の重要な活動となり、発生段階の文字（甲骨文字）が使用された。すなわち、当初から文字を使う政治システムの中核を男性（史官）が独占して操り、それを引き継いで、後代には男性文官が政治活動を独占しておこなうようになったのではないだろうか。さらに、広い地域にわたる軍事活動も顕著となった。そうした特異な状況の下では、当初は女性も軍事を担わされる状況があったとしても、徐々に軍事活動から女性が完全に排斥されて専門の男性武官が定着したのだろう。こうして、都市化する社会の中で女性の役割分担、社会的地位も相対的に低下していった可能性がある。こうした体制は西周時代以降もさらに持続発展したと考えられる。

　西周時代の封建的貴族社会では、墓や服装などに夫妻の体裁を顕示する風潮が現れる。背景には氏族同士の婚姻同盟が重要な政治手段となったために、婚姻関係を重視する必要が生じ、婚姻こそが女性の重要な役割とみなされるようになった状況があると推測されている。上層階級では、夫人も社会的な地位を得ていたが、夫よりも低い地位に位置づけられていたようである。また、紡織という女性の職掌は、重層的な社会構造の中で象徴的なものに変容していったのであろう。

寿命という視点からみると、新石器時代から春秋期に至る庶民墓地資料の分析では、女性はおそらく出産時のリスクによって、15-35歳と著しく短い生涯の者が多く、平均寿命40歳台の男性よりも短命であった。そのことも社会の上層とはなりえない要因だったと推測される。一方で長寿の女性は子の地位の上昇にしたがって、財産を得ることもあったようである。

　出産という役割のために短い女性の生涯が、時代が変わっても不変であるのに対して、初期王朝の成立以降、やや長命で生育の役割のない男性が、戦乱の世の中では軍事を担う武官として、あるいは平和な時代でも文字による統治システムを独占的に担う文官として、社会活動をおこなう中心的な存在となり、ジェンダー構造が大きく変化を遂げた。こうして男女の社会的役割が分化し、固定されていったのではないだろうか。

　本章の事象の解釈には、現代社会の経験則をもとにした筆者自身の考え方が色濃く反映されている可能性も高い。その点、読者の今後のより客観的な再解釈に期待したい。

・**参考文献**・
［和文］
今村佳子（2002）「中国新石器時代の偶像・動物像」、『中国考古学』2
岡村秀典（2008）『中国文明　農業と礼制の考古学』京都大学学術出版会
落合淳思（2015）『殷――中国史最古の王朝』中公新書2303、中央公論新社
厚生労働省国立社会保障・人口問題研究所人口統計資料集（2015）「妊産婦死亡数および率」（http://www.ipss.go.jp/syoushika/tohkei/Popular/P_Detail2015.asp?fname=T05-28.htm）
佐藤武敏（1977）『中国古代絹織物史研究』上、風間書房
難波純子（2005）「中国古代のジェンダーロール――女工の起源」、『中国文化研究』21
ファルケンハウゼン，ロータル・フォン（2006）『周代中国の社会考古学』（吉本道雅訳）、京都大学学術出版会
宮本一夫（2005）『中国の歴史01　神話から歴史へ』、講談社
［中文］
王建華・曹静（2014）「前掌大墓地人口性別研究」、中国社会科学院考古研究所編『夏商都邑与文化』（一）、中国社会科学出版社
黄翠梅（2013）「流光溢彩、翠繞珠圍――西周至春秋早期的梯形牌聯串飾」、陳光祖主編『金玉交輝――商周考古、藝術與文化論文集』、台北、中央研究院歷史語言研究所
牛世山（2011）「中国古代都城的規格模式初歩研究」、中国社会科学院考古研究所編『殷墟

与商文化——殷墟科学発掘80周年紀念文集』、科学出版社
厳一萍編（1983）『殷周金文総集』9、芸文印書館
蔡玫芬・朱乃誠・陳光祖主編（2012）『商王武丁與后婦好』、国立故宮博物院
朱鳳翰（1992）「論卜辞與商周金文中的「后」」、『古文字研究』19
中国社会科学院考古研究所編（1980）『殷墟婦好墓』、文物出版社
中国社会科学院考古研究所編（1987）『殷墟発掘報告1958-1961』、文物出版社
中国社会科学院考古研究所編（1994）『殷墟的発現与研究』、科学出版社
中国社会科学院考古研究所安陽工作隊（2009）「河南安陽市殷墟孝民屯東南地商代墓葬1989-1990年的発掘」、『考古』9
中国青銅器全集編輯委員会編（1997）『中国青銅器全集』2、文物出版社
中国社会科学院考古研究所編（2000）『山東王因』、科学出版社
陳昭容（2009）「性別、身分與財富」、李貞徳主編『中国史新論　性別史分冊』、中央研究院叢書、中央研究院歴史語言研究所
陳佩芬（2004）『夏商周青銅器研究』西周篇、上海古籍出版社
苗利娟（2013）「試析甲骨記事刻辞中的"婦某来"」、『史学月刊』13
北京大学考古学系・山西省考古研究所（1995）「天馬——曲村遺址北趙晋侯墓地第五次発掘」、『文物』7
北京大学考古学系商周組・山西省考古研究所編（2000）『天馬—曲村1980-1989』第2冊、北京、科学出版社
林嘉琳（2006）「安陽殷墓中的女性——王室諸婦、祭祀、母親、軍事将領和奴婢」、林嘉琳・孫岩編著『性別研究与中国考古学』、科学出版社
梁思永、高去尋（1962）『侯家荘第二本1001號大墓』、中央研究院歴史語言研究所
梁思永、高去尋（1976）『侯家荘第八本1550號大墓』、中央研究院歴史語言研究所
蘆連成・胡智生（1988）『宝鶏強国墓地』、文物出版社

［英文］

Friedman, J. and Rowlands, M.J. (1978), Notes towards an epigenetic model of the evolution of 'civilisation', in *The Evolution of Social Systems*, edited by J. Friedman and M.J. Rowlands, University of Pittsburgh Press.

Jigen Tang, (2004),The Social Organization of Late Shang China: A Mortuary Perspective, x 2004 *thesis for London Univeirsity*.

Keesing, R. M. (1976), *Cultural Anthropology: A Contemporary Perspective*, New York, Holt, Rinehart and Winston.

Sun, Yang (2004), Gender Ideology and Mortuary Practice in Northwestern China, in *Gender and Chinese Archaeology*, edited by Katheryn M. Linduff and Yan Sun, Walnut Creek: Alta Mira Press.

WHO, *World Health Statistics* 2015.（http://www.who.int/gho/publications/world_health_statistics/2015/en/）

Wu, Juiman (2004), The Late Neolothic Cemetery at Dadianzi, Inner Mongolia Autonomous Region, in *Gender and Chinese Archaeology*, edited by Katheryn M. Linduff and Yan Sun, Walnut Creek: Alta Mira Press.

Ying, Wang (2004), Rank and Pwer among Court Ladies at Anyang, in *Gender and Chinese Archaeology*, edited by Katheryn M.Linduff and Yan Sun, Walnut Creek: Alta Mira Press.

第 2 章

父系化する社会

野合する女と男たち(四川省成都の後漢時代の墓から出土)

下倉　渉

はじめに

　中国の漢族社会は典型的な父系社会と称されるが、具体的にいうと、それは「同姓」の関係を重要視する社会にほかならない。姓は通常、父―子のラインで継承される。改姓がおこなわれることはきわめて稀で、結婚した女性も姓は変えない。姓を同じくする男女が結婚するのは忌避され（同姓不婚）、姓の異なる者を養子とすることも本来はタブー視された（異姓不養）。父系でつながる男性親族は「宗族」と呼ばれる同姓集団を構成し、婚入した女性（母・妻・嫁）もその成員と扱われるけれども、異姓である母方親族・姻族は「外親」として「同宗」の父系親族と明確に区別された。外親の範囲は同宗に比べるときわめて狭く、その位置づけも至って低い。

　こうした父系社会のもとにおいて、かつて女性は他家に嫁ぐこと（出嫁）を必須とされた。結婚し子をなして初めて、彼女たちには社会的な居場所が与えられたのである。結婚後は夫の父母（舅姑）を実の父母、夫を己の「天」

と敬い、これに奉仕することが求められた（婦道）。一方、子からは「母」として崇められ、特に夫が死没すると、家庭内で「父」に匹敵する強い権力をもった。ただし、そのパワーはあくまでも亡父の「妻」であった事実（「夫妻一体」であった過去）に淵源するものであって、家産の処分などといった家の消長に関わる重要事に関しては、これを独断で処理することは認められていなかった。

「子」というものは「父母の遺体」（『礼記』祭義篇）とみなされていたが、それが父から受け継ぐのは「骨」（朽ちずに継承されていく関係を象徴している）であり、父子の関係は「同気」と形容された。これに対して母が子に与えるのは「肉」（やがて消滅する一時的な関係を象徴している）であって、父と「一気」である子たちに母は「形」（外見上の違い）を付与すると考えられていた。そしてこの「父＝骨」「母＝肉」なる観念は、当該社会における親族観——父系親族関係の永遠性、母方親族との暫定的な関係性——とも連動していたのであった。

つまり、中国の漢族社会では父（姓）の同異が自他を峻別する指標として強く意識され、その家族・親族の内部においては、出自の家に生涯とどまる男性親（夫・父）が、外から婚入してきた女性親（妻・母）よりも上位に置かれていた。この社会の父系的な特徴を以上の如く紹介しても、これに違和感をおぼえる中国史研究者は、おそらく少ないであろう。ところが、すでに第Ⅰ期「はじめに」でふれたように、近年古代史の分野でこうした「常識」を揺るがす新たな発見があった。

1975年に出土した秦代の竹簡（雲夢睡虎地秦簡）に、当時の律と覚しき規定が確認され、それらの記載を総合して考えると、秦律の段階では夫が妻に傷を負わせた場合、加害者である夫に科される刑は一般人同士の事案と同等であったことがわかった。これを唐代の律と比べると、その違いはきわめて大きい。唐律では一般人同士のそれよりも夫の罪を二等減じる（夫は妻よりも尊いから傷害罪を軽くする）と定めているから、秦律（夫の罪を軽減しない）における「夫尊妻卑」の程度は相当に低かったとみなさなければならない。国法上での夫婦間の身分的格差は決して静態的なものでなく、中国社会にあってもそれは徐々に拡大していった。このように想定してみる必要が古代史研

究では生じたのである。

　ここで第Ⅱ期の各篇をすでに読まれた諸賢は直ちに想起されるように、中国の近世社会においても、父系の関係を優先視する程度は時代が下るごとに高まっていった。かかる傾向を端的に指し示しているのが宗族の歴史であって、この父系親族集団は宋元よりも明清時代の方が規模も大きく、組織もはるかに整っていた。逆に時代を遡ると、六朝隋唐期の貴族について、その族的な紐帯は近世の宗族に及ばなかっただろうとする指摘が台湾の学界ではなされている（第4章参照）。また、日本でも「貴族が親族集団として強く意識し、日常において活動の単位としたのはあくまでも個々の家あるいは直系家族の範囲であった」［溝口他 2001：185］という見方が提示されている。更に漢代にまで遡ると、我が国の当該分野では次のような見解が通説化している。すなわち、漢初の家族は核家族の如き小型なものが一般的で、前漢後半から主に後漢時代にかけて富裕層では「三族制家族」と称される父系の拡大家族が主流となっていった（［佐竹 1980］［渡辺 1986］［堀 1996］など）。

　つまり、従来の研究に基づけば、中国の血縁集団は時代の進展に伴って、大型化し父系化していったとイメージされる。おそらく、こうした歴史の推移に連動して、父系の関係を優先しようとする倫理観やそれを基底に置く秩序意識が社会を律する根本原理として徐々に重きをなしていったのだろう。そして、当該社会のかような歴史を逆に辿っていくと、その初期には「夫尊妻卑」などといった後世なら当たり前の秩序原理ですら、なおも完全には自明視されていなかった段階が存在した。秦律の発見により、上のような推論を導き出すことができるようになったのである。以下本章において、この予想を少しく検証してみたい。

　第1節では、筆者がこれまで発表した論考をもとに、漢代の家族・親族関係に確認される「非父系的」な側面について論じる。その詳細に関しては［下倉 2001］［下倉 2005］［下倉 2015］を参照されたい。第2節では、公主とその夫との「夫妻」関係を通時代的に考察した。検討の範囲は明清時代にまで及ぶが、本節の眼目はあくまでも漢代的な「夫妻」関係の特徴を明らかにする点にある。

1．異父の兄弟姉妹と甥甥の関係

　出土史料の衝撃は上述した点にとどまらない。秦律の他の条文をみよう（雲夢睡虎地秦簡「法律答問」172簡）。

　　異父同母［兄弟姉妹］の相与に奸するは、可（何）と論じる。棄市なり。

これは和姦罪に関する規定である。「棄市」とは死刑で、当時の極刑にあたる。つまり、異父同母の兄弟姉妹が姦淫するに及べば、当事者は両名とも死罪に処された。同父関係の場合については睡虎地秦簡中に明文を確認することはできないが、その刑も必ずや「棄市」であったに違いない[1]。

　これを唐律と比較してみよう。同父の兄弟姉妹に関しては唐律でも「絞」（死刑の一種）と定められていた。おそらくその量刑は古来から一貫して死刑であったのだろう。問題は異父の場合である。唐律の規定に基づけば、それは「徒三年」（3年の労役刑）に処された[2]。同父の「絞」に比べると刑罰の等級は明らかに低いのである。

　異父同母の兄弟姉妹は、「母」の再婚を契機にして現れる。その女性が再嫁した先でも子を出産すれば、こうした関係は生じる。生まれた子たちは母でなく、それぞれの父から姓を受け継ぐのだから、この兄弟姉妹は当然姓が違った。唐律は父（姓）の同異を重視して刑に軽重を設けているのである。これは当該律が父系優先の原理に基づいていることを如実に表している。

　ところが、こうした和姦罪の処罰規定は中国の律の歴史において必ずしも不易でなかった。その事実が新出の秦簡によって明らかになったのである。秦律では同父でも異父でも、兄弟姉妹の姦淫はともに「棄市」。姓の同異は血縁関係を判定する絶対的な基準となされていない。「父系的」とは形容で

---

(1) ちなみに、前漢の呂后二年（前186）の紀年をもつ「二年律令」（1983年に湖北省荊州市張家山で出土した漢初の律）には「同産の相与に奸するは、……、皆棄市なり」（191簡）とある。睡虎地出土の秦律よりもやや後の律であるが、そこでは確かに「同産」（同父の兄弟姉妹）の場合「棄市」と明文化されていた。

(2) 『唐律疏議』巻26・雑律の第23条。

きない観念がこの背後に伏在しているとみなしえよう。

では、このような新知見をふまえて、伝世文献である『史記』『漢書』を繙いてみよう。するとそこにはいくつかの異父同母兄弟姉妹の事例が確認される。以下それを簡単に紹介する。まずは前漢の王皇后（？〜前126）について[3]。

景帝（在位前157〜前141）の皇后で武帝（在位前141〜前87）の生母である王氏は、景帝（当時は皇太子）の後宮に入る以前、すでに金王孫なる男性のもとへ嫁いでいた。この既婚女性を後に入宮させたのは実母の臧児である。「娘は貴人となる」と占いに現れたため、臧児は壻のもとから娘を強奪し、これを皇太子の宮に入内させたという（系図Ⅰ参照）。

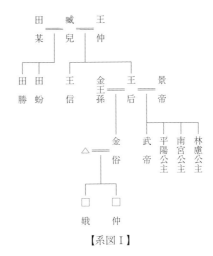

【系図Ⅰ】

王皇后は金王孫との間に一女をもうけていた。女児の名を金俗といった。武帝は当初この事実を知らなかったが、異父姉の存在を聞き及ぶと、自らそのもとに赴いてこれを宮城に連れ帰った。初対面の際、武帝は金俗に対して「大姉」（最年長の姉を指す親族呼称）と呼びかけ、また宮城へ戻った後には同姓姉である３人の公主を異姓の長姉に「謁見」させた、と史書にはみえる。ちなみに、金俗にはすでに一男一女がいたようで、この両名も母とともに都へ移住し、殊遇を受けたのである[4]。

実は王皇后自身にも田蚡・田勝という二人の異姓弟がいた。田蚡（ぶん）（？〜前131）は武帝の即位後、太尉や丞相に任じられ、権勢をふるうことになる[5]。これに似ているのが、戦国時代の魏冄（ぜん）（系図Ⅱ参照）であった。魏冄は秦の

----
(3) 『漢書』巻97上「孝景王皇后伝」による。
(4) 男児の名を仲、女児の名を娥というが、両名の姓（すなわち父親の姓）は史書中に確認できない。この二人は、武帝からすると、「母」（王皇后）でつながる女性（金俗）を「母」とした存在で、二重に姓の異なる縁者であった。
(5) 『史記』巻107「魏其武安侯列伝」。

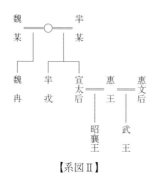

【系図Ⅱ】

昭襄王（在位前306〜前251）の生母・宣太后（姓は芈氏）の異姓弟で、昭襄王が武王（異母兄、在位前310〜前307）の後継となるにあたって、その最大の功労者であったと『史記』は記す。そして、王即位後には彼が国政を取り仕切った、ともいう[6]。

　前漢代の例としては、更に武帝期以降のものとして元帝（在位前49〜前33）の皇后王氏と異父弟の苟参（系図Ⅲ参照）、哀帝（在位前7〜前1）の祖母である傅昭儀と異父弟の鄭惲、などが挙げられる。以上の諸例に共通するのは、これらがすべて皇帝（乃至は王）の周辺という最もアッパーな階層の者たちを対象としている点である。おそらく当事者同士は、互いの関係が「不正常」なものであるとは些かも感じていなかったであろう。武帝の対応は、まさにこうした認識を如実に反映している。皇帝のような最上層の社会階層に属する者ですら、かくの如きであった。社会全体の雰囲気は推して知るべしといえよう。当時の「非父系的」な社会通念は史書の中からも十分帰納できるのである。

　話題を再び和姦罪に戻すと、漢代における異父同母兄弟姉妹の処罰規定は、目下のところわからない。しかしそれが今後たとえ地下から発見されたとしても、その内容は必ずや上掲の秦律と同じであるに違いない。秦律から漢律まで父（姓）の同異に関わりなく罪は「棄市」だったのであり、古代の律では一貫して同父（同姓）であることが兄弟姉妹の関係を分かつ絶対的な基準とはなされていなかったのである。

　そして、こうした同父関係に反比例して、当時重要視されていたのが「同母」の間柄、すなわち「母子」の結びつきであった。ここで近世における母子の関係について確認しておくと、当該社会においては父の正妻が子にとっての正式な「母」であり、出産の事実（実の母子関係）はあくまでも副次的

（6）『史記』巻72「穰侯列伝」。
（7）［滋賀 1967：248］が解説する如く、近世・近代において男子には、嫡庶を分かたず均等に父の財産が分与された。これは、父と「同気」である子たちを母の如何によって差別するのは理に合していない、と考えられていたからであった。

なものと位置づけられていた。父系優先の原理のもと、子に関する嫡庶の区別はきわめて緩やかであったが[7]、逆に母に対するそれは子に強く求められたのである。近世社会の母子関係が以上のようであったとするならば、古代の様相はこれと大きく隔たっていたといわざるをえない。

異父の兄弟姉妹とは、「母」のみによってつながる実母—実子の関係である。その和姦が古代では同父の場合と等し並みに処罰されていたのだから、母子関係が父子関係よりも劣るとは当時見なされていなかった。両者の間に上下・優劣の差が設けられていたとは些か考えがたいのである。近世とは異なり、実母—実子の関係は相対化・形骸化されていなかったといえよう。

更にこうした母子関係の様相に連動して、その延長線上に位置する親族関係にも「古代」的な特徴が現れていた。それは「舅甥」の間において確認される事象である。「舅」とは母方のオジ、「甥」とは姉妹の子を指す親族呼称で、両者は「母」（出嫁した姉妹）を介して結ばれた関係である。上掲の事例で示すと、戦国秦の魏冉と昭襄王、前漢の田蚡と武帝がこれにあたる。

甚だ興味深いことに、この両例には奇しくも一致する点がある。ともに年長の舅（魏冉・田蚡）が幼少の甥（昭襄王・武帝）を政治的にサポートしているのであった。このような政治状況を「外戚政治」と称するならば、中国史上においてそれが最も出現したのは漢代である。幼帝（甥）の即位に伴って皇太后（母）の兄弟（舅）が国政を取り仕切るという構図は、漢代政治史の一大特徴として研究者の関心を集めてきた。この時代に外戚政治が頻出した要因に関して現在さまざまな意見が提示されているが、その一因は当該期の

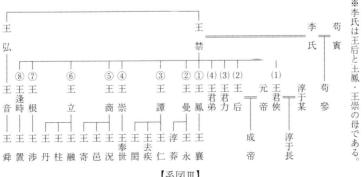

【系図Ⅲ】

「舅甥」関係にあるとみなすべきかもしれない。実母―実子関係が重視されていた状況下において、母の一族との血縁意識は後世よりも双方向的に強かった。舅甥間の絆意識も当然強固であって、その強さが外戚政治の頻出という政治現象を誘発したのではなかろうか。

当代の舅甥関係が後の時代以上に堅強であっただろうとする推論は、別の事例によっても裏打ちされる。本節の最後にそれを紹介しよう。

前漢の竟寧元年（前33）、元帝が死没して成帝（在位前33～前7）が即位すると、母后王氏（前71～後13）の兄である王鳳（？～前22）が宰相のポストに任じられた。以後成帝期を通じて、その職は王氏一族の独占するところとなる。成帝は、王后の兄弟たち（すなわち自身の舅）を年歯の順に従ってこれに任じようと考えていたらしい。やがて7番目の兄弟である王根が就任することになった。ここに至って王鳳の同世代中には後継の適任者がいなくなり、継承のラインは次の世代へと移された。その時、候補の筆頭として当初名が挙がっていたのが、王后の姉（王君俠）の子・淳于長（？～前8）であった（系図Ⅲ参照）。『漢書』巻93「淳于長伝」には以下の如く記されている。

> ［成］帝の舅の曲陽侯王根、大司馬・票騎将軍と為り、輔政すること数歳、久しく病むに、数々骸骨を乞う。長、外親にして九卿の位に居るを以て、次第当に根に代わるべし。

ここにみえる「外親」とは「皇帝の外戚」の意で、「次第」とは、この場合その一族内における「優先順位」といった意味合いを強くもっていたに違いない。成帝の外戚は本来王姓であるが、出嫁女性の子で、姓の異なる淳于長も、ここでは「外親」と一括されている。

更に同伝には次のようにある。

> 会々大将軍の王鳳病むに、［淳于］長、病に侍して、晨夜左右に扶丞す。甚だ甥舅の恩有り。鳳の且に終せんとするや、長を以て［王］太后及び［成］帝に属託す。

あわせて同書巻99上「王莽伝」の記載を引用しよう。

陽朔中（前24〜前21）、世父の大将軍［王］鳳病むに、莽、疾に侍す。親ら薬を甞め、乱首垢面して、衣帯を解かざること連月。鳳の且に死せんとするや、以て［王］太后及び［成］帝に託す。

病床に伏す王鳳のもとには、同姓のオイだけでなく、異姓のオイも傅いていたのである。しかもこの両名に目をかけてくれるよう、オジ（王鳳）は自身の妹（王皇太后）とその子（甥である成帝）に遺言したのである。王鳳を中心に二つの舅甥関係（王鳳―淳于長、王鳳―成帝）が確認されるのである。

王鳳にとって傅く二人の姓の違いはさしたる意味をもっていなかっただろう。淳于長も王莽（前45〜後23）も、ともに己をまめまめしく介護する「子」（子の世代に属する者）と感じていたに相違あるまい。両名も、あるいは肩を並べてオジの世話をしていたのかもしれない。この後、淳于長は王莽の讒言にあって失脚することになるのだが、前者は後者よりも年齢が上であったと推測されるから(8)、王莽の目にこの年長者（淳于長）はやがて一族内の最大のライバル──「外親」内の「次第」第一位──と映るようになったのである。

このような王鳳・淳于長・王莽の関係は、漢代における舅甥関係の特異さを象徴しているかに思われる。誤解を恐れずにあえて大胆に要言すれば、当時の舅と甥は「同族」に比するほどの強い絆意識を持っていたのではなかろうか。上述した異父同母の兄弟姉妹が母を基点とした異姓者同士の関係であったに対して、舅甥もまた「母」（出嫁女性）でつながる姓の異なった親族間の関係であった。前者が同父の兄弟姉妹と区別されていなかったように、後者も同姓親に準じる間柄であるとみなされていたのではあるまいか。少なくとも如上の両関係がこの時代の「非父系的」な側面を端的に表しているであろうことは、必ずや首肯されるであろう。

（8）　王禁には四女があり、淳于長の母である王君俠は長女であった。長男の王鳳とどちらが年長であったかは定かにしえないが、おそらく結婚し子を儲けたのは、女性である王君俠が先であっただろう。その子の淳于長が次の世代（すなわち王莽と同世代）の最年長者であった可能性は高い。

2．「公主」の歴史

「公主」とは皇帝の娘（皇女）に与えられた位号で[9]、男子（皇子）の王号に相当する。成人して初めて彼女らはそれに冊立されたが、唐代以降の史料をみると、通常は降嫁（結婚）の直前に冊封の儀がおこなわれている。

この既婚の皇女は、いうまでもなく、帝制期を通じて中国社会に存在し続けた。本節ではその歴史を通時代的に考察したい。ただし、ここでの中心的な眼目は公主の漢代的な特徴を明らかにすることであり、六朝期以降に関する検討はあくまでもそれをあぶり出すためのものにすぎない。精緻さに欠ける議論を展開することになるけれども、これも一つの試みであると了解いただき、その成否も含めて評価願いたい[10]。

（1）六朝から明清まで

まずは［三田村 2012：86］をみよう。

> 明代では、公主（皇女）が降嫁すると宮廷内の十王府にうつり住み、同時に執事として老女官がつけられる。これを管家婆と言う。一方、婿の方は駙馬とよばれ、明では原則として美貌の持主の庶民、それに金持、あるいは軍人の子弟がえらばれる。これが皇城の長安邸から公主のお召しによって通ってくるのであるが、その間、最大の難関となるのがこの管家婆である。この老女官は、駙馬を軽蔑して奴隷のようにとりあつかったばかりでなく、彼女の取次ぎなしには会うことができなかった。そのため、駙馬は毎度この老女官に数万金のつけとどけをしなければならなかった。

漢代以来、公主を娶ることを「尚公主（公主に尚す）」といった。六朝時代になると、「尚公主」者は「駙馬都尉」に任じられ、以降明清時代までこれが通例であった。明代において駙馬都尉（以下「駙馬」と略称）は富裕な庶民や

---

(9) 北宋徽宗の時にその位号は一時「帝姫」と改称された。
(10) なお、公主に関する先行研究としては、［藤川 1968］［高 1988］［張 2003］［王 1992］［衣 1999］［陳・童主編 2010-2011］［李 2001］［黄 2013］［川合 2015］などがある。

軍人の中から選ばれたが、このような選考は明朝に独特のもので、他の王朝では主に高官の子弟や周辺民族の王侯に公主が降嫁された。基本的にその婚姻は政略結婚の一種であったと了解すべきであろう。

　三田村の説明には少なくとも二つの大きな誤りがある。一つ目は十王府について。そこは、現在の北京でいえば王府井のあたりに相当するから、宮城の内側に位置しない。宮城の外側を皇城と称したが、十王府は更にその外側にあった。事実、『万暦野獲編』巻5・公主・「駙馬受製」条には次のように記されている。

> 公主の下降するや、例として老宮人を遣わして閤中の事を掌らしめ、管家婆と名す。論うまでも無く、駙馬を蔑視すること、奴隷の如く、即ち貴主の挙動すら、毎に製する所と為る。選尚の以後、［公主は］出でて王府に居るに、必ず数万金を捐して、偏る内外に賂い、始めて伉儷の好を講ずるを得。

選尚（結婚）の後、公主は宮城から「出でて王府に居る」ようになったとみなしうる。「宮廷内」に生活していたのは幼い皇女の頃だけで、結婚後もそこに住み続けたわけではない。

　第二の誤解は「長安邸」である。以下の『五雑組』巻15・事部3をみられたい。

> 国朝（明朝）にては、駙馬の［公］主に尚するや、皆衣冠の子弟を用いず、但だ畿輔の良家或いは武弁の家より、其の俊秀なる者を択びて主に尚す。之の後、即ち甲第に居り、長安の邸中にて錦衣玉帯すること、公侯と等し。……。駙馬、貴きこと禁臠（天子の壻）為りと雖も、然れども出入に時有り、起居に節有り、動作食息、自ら由るを得ず。

「長安の邸中」（原文は「長安邸中」）の「長安」は、「みやこ」の意の普通名詞と解釈するのが自然であろう[11]。「長安邸」や「長安街の邸宅」などと称さ

---

(11)　「長安」の意味については、たとえば蒋一葵『長安客話』（北京古籍出版社、1982年）の「出版説明」を参照。

れた区画が北京城内に設けられていたのではない。そういった場所に駙馬が住まい、「宮廷内の十王府」に居住する公主のもとへ通っていたと、[三田村 2012] は解説するのだが、上引の二つの記載——三田村は明示しないが、その依拠したところもこの両史料であっただろう——を読むかぎり、如上の説明は成り立ちがたい。

では、公主と駙馬はそれぞれどこに居を構えていたのだろうか。この点を考えるにあたって参照すべきは『清代野記』巻上「皇室無骨肉情」条の記述である。

> 公主の出嫁せる毎に、即ち賜うに府第を以てし、舅姑と同居せず、舅姑は且に帝に見ゆるの礼を以て其の媳に謁す。駙馬は府中の外舎に居り、公主の宣召せざれば、枕席を共にするを得ず（注：原文は「得」ではなく「満」）。宣召すること一次毎に、公主及び駙馬、必ず無数の規費を用いて、始て相い聚まるを得。其の権は皆保母に在れば、則ち人の所謂「管家婆」なり。……。若し公主、駙馬に先んじて死せば、則ち駙馬を逐いて府より出だし、府第の房屋の器用・衣飾の全数を将て宮中に入る。

清代では、皇帝から下賜された府第に公主が住まい、その「府中」に設けられた「外舎」に駙馬が居住していた。公主が死去すると、その府より退去させられたと記されているから、駙馬は公主の生前、同じ「府中」で同居していたとみなしえよう。

こうした両者の同居状態は、おそらく宋代に遡っても変わりなかった。『宋会要輯稿』帝系8「駙馬都尉雑録」には次のようにみえる。

> 淳化二年（991）二月十四日、鄆州観察使・駙馬都尉の呉元扆、上言すらく「賜う所の魏国公主の第を還し（注：原文は「還」を「避」に作る）、願わくは尽く居る所の官を解き、帰りて先人の旧廬を守らんことを」と。優詔して允さず。

魏国公主とは太宗（在位976〜997）の娘で、前年の淳化元年十月に死没していた[12]。その第宅を返還したいと願い出た夫の呉元扆は、妻の在世中からそこに住み続けていたと推測される。ただし、呉元扆の如きケースは特異な

例であったようで、宋代でも通常は公主の死後邸宅は没収されたと考えられる。次の『石林燕語』巻3の記載をみられたい。

　祖法に、駙馬都尉の宅は、主薨れば、例として皆復た納めて官に入れ、或いは別に第を賜う。

「官に入れ」る対象となった「駙馬都尉の宅」は、すなわち「公主の邸第」であり、両者の実態は、この時代でも重複していたと理解される。

　更に遡ると、『中朝故事』巻上には次のようにみえる。この書は南唐（937～975）の尉遅偓が著したもので、唐の宣宗・懿宗・昭宗・哀帝期（846～907）の故事を伝えている。

　搢紳の子弟、皆公主に尚することを怯る。蓋し帝戚の強盛なるを以てなり。……。宅中に各々院落有りて、聚会同じからず、公主は多く親戚もて聚宴す。或いは盤游に出でるに、駙馬之と相見わず、婢僕すら敢えて顧盼せず。公主は、則ち恣いままに為さんとする所を行うに、往往にして数朝相見えず。

その当時、公主と駙馬はそれぞれ別の「院落」で過ごし、二人が顔をあわすことは殆どなかった。このように両人の関係はきわめて疎遠であったのだが、そうであるのにも関わらず、各々の「院落」は同じ「宅中」に設けられていたのであった。同一の敷地内で生活の主たる場を分けていたのであり、こうした空間構成は上述した清代公主府内のそれと何ら異なるところはない。

　前引の『万暦野獲編』に再度目をやると、そこには管家婆が「閤中の事」を掌っていたとあった。「閤中」とは決して「府中全体」の意ではない。府第の中で公主が日常起居していた区画をこの語は指しているのであろう[13]。『五雑組』で駙馬に「出入」「起居」の自由が認められていなかったとされる空間も、この「閤中」であったに違いない。そして時代を一層遡れば、『宋書』巻41「孝武文穆王皇后伝」に次のような記述も確認される。

---
　(12)　『宋会要輯稿』帝系8「太宗七女」の徐国大長公主条。
　(13)　「閤」には「婦人の寝室」の意がある。

宋の世、諸主、厳妒ならざるもの莫し。太宗（明帝）、毎に之を疾む。……。左光禄大夫の江湛の孫［江］敳、当に世祖（孝武帝）の女に尚すべきに、上乃ち人をして敳の為に表を作り婚を譲らしめて、曰わく「……。又た出入の宜、繁省にして衷い難く、或いは進みて前するを獲ず、或いは入りて出でるを聴されず。入らざれば則ち疏んぜんと欲すと嫌われ、出でるを求むれば則ち別るるの意有りと疑わる。召せば必ず三晡を以て期と為し、遣わせば必ず日出を以て限りと為す。夕に晩魄を見ず、朝に曙星を識らず。……」

公主が夫の「出入」を強く規制する状況は六朝時代でも変わりなかった。おそらく、その場所も明代の「閣」と同様の空間であったのだろう。

（２）漢代の公主について

　つまり六朝以降、明清時代まで、公主は下賜された府第に駙馬と「同居」の状態にあった。私はこのように考えるのだが、かかる推測の確かさは以下の事柄からも裏づけることができる。同じく『宋書』の記載を引こう。

漢・魏の礼、公主は第に居り、公主に尚する者、第に来たりて婚を成す。［魏の］司空の王朗、以て不可と為し、其の後、乃ち革む。（巻14「礼志１」）

王朗（？～228）の発議に始まるこの改定には、実は前史があった。後漢桓帝（在位146～167）の延熹元年（158）、郎中の荀爽（128～190）が次のように建言している。

今、漢は秦の法を承けて尚主の儀を設け、妻を以て夫を制し、卑を以て尊に臨む。乾坤の道に違い、陽唱の義を失う。……。宜しく尚主の制を改めて、以て乾坤の性に称い、堯湯に遵法し、周孔を式是とすべし。（『後漢書』列伝52「荀爽伝」）

「尚主の制」は「妻を以て夫を制する」ものだと荀爽は批判する。これをふまえて上掲の如く王朗がその不可なるを唱えたこと、［藤川1968］が説くと

第 2 章 父系化する社会 81

おりであろう。王朗が司空であったのは曹魏文帝の在位期間（220〜226）と重なるから、六朝時代の開始と同時に「尚主の制」は改められたのであった。

では、この時何がどう「改正」されたのか。その具体的な中身を明確にするためには、再び後代の儀礼を確認しなければならない。宋代と明代の制度をみよう。

 帝姫（公主を指す）の車に升るを俟ちて、壻は再拝し、先に第に還る。（『宋史』巻115「礼志18」公主下降儀の「親迎」条）
 駙馬、簾を掲げ、公主、轎に陞る。駙馬、先に午門の西角門より出で、上馬処に至りて馬に上り、先に府に至りて、公主の至るを候つ。（『大明会典』巻70「婚礼4」公主婚礼の「親迎」条）

「親迎」とは、新婦の家に新郎が出迎えに行く儀式で、新婦が新郎の家に到着すると、そこで婚儀が執りおこなわれた。公主下降の場合は、駙馬が宮城に赴き、所定の場所で公主を輿に乗せた後、新郎は「先に第に還」り、「府に至りて公主の至るを候」った。駙馬が待機した「第」「府」とは、婚礼に先だって下賜された公主の第宅にほかならない[14]。続く婚礼もこの第（府）でおこなわれたのである。

とすると、宋・明の制度でも「公主に尚する者」がその「第に来たりて婚を成」していたのである。これでは、曹魏以前の婚礼儀と同じになってしまう。六朝初の「改正」は一時の変更に過ぎなかったのだろうか。そうではない。違いは「婚儀」後にある。

『初学記』巻10「駙馬」は「漢の制、天子は列侯を以て公主に尚し、諸侯は国人を以て翁主に承し、魏晋の後は、公主に尚するもの皆駙馬都尉に拝す」と解説し、その割り注で以下の北魏・崔浩『漢紀音義』を引く。

 尚は、承なり。皆卑下の名なり。公主は別に第舎を立て、天子（注・原文は「天子」ではなく「太子」と誤る）の女なれば、則ち列侯をして第

――――――――――
（14）『宋史』の公主下降儀には、上引の記載の前に「［公主］出降するに、甲第を賜う」と明記されている。

に就きて之に奉事せしむ。故に「公主に尚す」とす。諸王の女なれば、則ち当国の人が来たりて之に承事する。皆舅姑に謁見するを得ず、通問するのみ。

六朝以後とは異なり、漢代では列侯の中から「尚公主」者が選ばれた。彼らは、前漢の司馬相如（前179〜117）が「位、通侯[15]為れば、居、東第に列す」（『史記』巻117同伝）と述べるように、侯位に即くと都下に第宅を賜ったのである。列侯は通常「尚主」する以前からすでに自分の屋敷を構えていたのであり、以後はそこから公主の第舎に出向いて「之に奉事」していたと考えられる。婚礼時に公主の「第に来たりて婚を成す」と記されているのも至極当然のことといえよう。荀爽が目の当たりにしていたのは、まさにこうした「通い婚」とでも称すべき状況であって、これが「以妻制夫」と非難された当時の「尚主の制」であった。

六朝時代になっても、公主は自身の邸第に生涯住み続けた。この点については［周1985］が「公主自有居第（公主に自ら居第有り）」という項目をたてて、詳述するとおりである。そして唐代以降もそれには何の変化もなかった。変わったのは公主ではなく、「尚主」者の居住場所である。曹魏初期の「改正」後、結婚と同時に公主の夫は妻の住まう邸宅地内の一角に「同居」するようになった。婚儀がおこなわれる家は、夫妻のどちらにとっても「新居」であって、そこでの婚礼とは、決して夫が妻のもとに赴いて挙げられたものではない。結婚後の「夫婦同居」を空間的に演出することによって、「尚主の制」の弥縫がはかられたのである。列侯であることが「尚公主」者の必須条件でなくなったのは、「別居」状態を解消するための必然の結果であったと評しえよう。ただし、「同居」の形式が整えられても両者の実質的な関係性には殆ど変化がなかったのだが。

漢代における公主夫妻の「別居」について更にその証拠を重ねよう。『後漢書』巻10下「皇后紀下」にみえる次の記載はきわめて興味深い。

其の皇女の公主に封ぜられし者は、所生の子、母の封を襲いて列侯と為

---

(15)「通侯」とは列侯の古名である。

り、皆国を後に伝う。

後漢代、公主の封地はその「所生の子」（実子）でなければ相続できなかった。かかる継承の規定は、おそらく前漢代に由来したものであっただろう。以下の『漢書』巻60「杜周伝付杜業伝」の記述をみられたい。

> ［杜業］発病して死す。業、成帝の初めに帝の妹の潁邑(えいゆう)公主に尚す。主、子無く、薨るに、業の家、上書して京師に還り主と合葬せられんことを求むるも、許されず。

生子以外の祭祀は忌避すべしと判断されたのだろう。当然封地の相続も認められなかったはずである。

ところが、こうした規制は六朝時代になると消滅する。『晋書』巻42「王渾(こん)伝付王済伝」には以下の如くある。

> 初め、済、常山公主（武帝の娘？）に尚す。主、両目失明して、妬忌尤(もっと)も甚し。然れども終に子無し。庶子二人有り。卓、字(あざな)は文宣、渾の爵を嗣ぎ、給事中を拝す。次は聿、字は茂宣、公主の襲(お)いで敏陽侯に封ぜらる。

盲目で嫉妬深かった公主の封地を非所生子の聿が継いだと、ここには明記されているのである。

では、なぜ漢代においては実の子にしか継承（死後に祭祀する権限も含めて）が許されなかったのか。その原因こそ、他でもない夫との「別居」関係にあったと私は推察する。夫の子の内、公主は自身の所生の子とのみ同居していたはずで、それ以外の子、すなわち母違いの子たちは夫の邸宅など、他の場所で養育された。後者の場合、出産という生物的な結びつきの証明はもちろんのこと、扶育の恩も、同居の事実さえも、公主との間には存在しない。社会的な親子関係ですらその間に確認しえない者に、祭祀をも担う継承者の資格は与えがたかったのであろう。

一方、六朝時代では公主と駙馬の「同居」が始まった。これに伴って、駙馬の子であれば公主の所生でなくてもそれと一緒に住まえる環境が現れたの

である。少なくとも、そのような「共住」の親子関係こそが望ましいと社会的には考えられるようになり、この結果「母」のいかんによって子の待遇を区別することは、公主の場合であっても容認されなくなったのである。時代は下って、南宋初期の事例を一つ紹介しよう。秦国魯国大長公主（1057～1142、北宋仁宗の第十女で夫は銭景臻）には三人の子がいたが、彼女は実の子の銭忱（せんしん）（1083～1151）を偏愛して、生子の猟官にのみ勤しんでいた。紹興七年（1137）十月、時の皇帝高宗（在位1127～1162）はその様子に不満を抱き、「諸子を待遇すること、宜（よろ）しく均一なるべし」とこれをたしなめた。公主も帝の訓戒に「感服」したという(16)。公主に対しても、夫の子をすべて己の子として等し並みに遇することが求められていったのであった。

　六朝に至って公主の封地をその非所生子が相続できるようなったわけだが、この変化の最も大きな要因は「両親の同居」にあった。多分に形式的であるとはいえ、公主と駙馬が同じ場所に住み、「夫妻」という両者の関係性が整えられた。これが「親子」の関係に強く影響を及ぼしたのである。

　公主と駙馬の実質的な関係は、六朝以降においても何ら変わらない。その日常は「夫尊妻卑」とかけ離れた状態にあったのであり、かかる実態は帝制期を通じて不変のものであった。されどこの夫婦関係を「親子」という観点から見直せば、そこにも確かに変遷はあった。漢から六朝へと時代が移り変わると、公主とその実子との間のリアルな母子関係は相対化され、夫を介した子孫の広がりが優先すべき事項となっていった。公主は、通常の出嫁女性がそうであったように、「妻」として夫系の継承ラインの中に組み込まれていったのである。中国史上の公主といえば、唐代の太平公主（665頃～713）が猛き者として最も名高いけれども、家族内序列の秩序原理からすると、漢代の公主の方がはるかに尊い。それは夫を頂点とする家族ヒエラルキーの埒外にあったのであり、後代よりも隔絶した高いポジションに位置づけられていたと評さなければならない。

――――――――――――――

(16) 『宋会要輯稿』帝系8「公主」および『宋史』巻248「秦魯国賢穆明懿大長公主伝」。

おわりに

　「尚公主」の制度について、今少しふれておきたい。[藤川 1968] が正しく要言するとおり、その歴史は君臣秩序と家族道徳との葛藤の歴史にほかならない。帝室の女性を臣下に嫁がせ、且つその結婚にも「夫尊妻卑」の家族倫理を適用しようとした時、前節で屢述（るじゅつ）した「夫妻」の関係上ではもちろんのこと、夫の両親、すなわち舅姑との間の儀礼においても矛盾は表出した。

　通常の婚礼では「親迎」の翌日に「婦謁舅姑（婦が舅姑に謁す）」の礼がおこなわれた。新婦が新郎の両親に拝謁し、舅姑がそれに答礼する。この儀礼を経ることによって初めて、新婦は夫家の正式な一員して認められたのである。ところが、公主の場合、唐初までそれはおこなわれず、挙行されるようになって以後も厳格な礼の実践は果たされなかった。それでも唐以降の各王朝は本来の礼制と齟齬を来さないようさまざまに腐心した。とりわけ奇抜な対応を示したのが北宋朝であった。

　『宋史』巻255「王溥伝」を例として説明しよう。

> 子の貽孫（いそん）・貽正・貽慶・貽序。……。貽正の子の克明、太宗の女の鄭国長公主に尚するに、名を「貽永」と改め、其の父と行を同じくせしむ。

　近世の宗族社会では、一族の同一世代者が同じ世輩に属していることを明確にするため、名に共通の文字を用いる命名法が普及した。これを「排行制」という。この制度のものでは、子が父の世代の排行文字を使用するのは許されなかった。それは尊卑の別を揺るがす蛮行として厳しく指弾されたのである。にもかかわらず、上の事例をみると、王克明（？～1054頃）は「貽永」と名を改めている。「貽」は明らかに父の世代の排行字にあたるのであった。

　この意図するところを解説すると、克明は名を変更することによって、上位世代である「貽」字の世輩者へと格上げされた。結果、父の貽正は克明の「兄弟」と同格になり、鄭国長公主（？～1004）の拝謁すべき対象である「舅」（夫の父）は存在しないことになったのである。「昇行」と称されるこの改名は、公主が「婦謁舅姑」の礼を回避するための便法にほかならず、それ

は神宗（在位1067～1085）が治平四年（1067）二月にその禁止を厳命するまで続けられた。北宋代のこうした操作は、独裁君主制の確立に伴って皇帝の至尊さを傷つけまいとする過剰な反応とも、婦道の理念に忠実であろうとした宋代士大夫たちの律儀さの現れともみなしうる。その判断については、専家の後考に委ねたい。

　さて話題を前節の最後に戻そう。漢から六朝への移行時、公主とその実子との間のリアルな母子関係は相対化され、公主は「妻」として夫系の継承ラインの中に組み込まれていった。かかる変化は公主制度の沿革において最も大きな転換である。そして、これを更に大きな歴史の流れの中に位置づけると、漢末・六朝初の時期とは、「母」の原理が父系の論理に飲み込まれていく、まさにその分岐点であったのであり、上述した公主制度の変革はこうした推移の具体的な例証であると評価しえるのである。

　つまり、漢王朝の滅亡後、中国社会は「父系優先」の度合いを一層深めていった。社会を「父系化」する方向へと人々は大きく舵をきったのである。六朝時代以降の歴史をこうした視点から見直してみるのも、決して無駄な試みではないと今は感じられてならない。

・参考文献・
［和文］
川合安（2015）「南朝の公主――貴族社会のなかの皇帝のむすめたち」、『ジェンダーの中国史』、勉誠出版
佐竹靖彦（1980）「中国古代の家族と家族的社会秩序」、『人文学報（東京都立大学）』141
滋賀秀三（1967）『中国家族法の原理』、創文社
下倉渉（2001）「漢代の母と子」、『東北大学東洋史論集』8
下倉渉（2005）「秦漢姦淫罪雑考」、『東北学院大学論集（歴史学・地理学)』39
下倉渉（2015）「異父同母という関係――中国父系社会史研究序説」、『ジェンダーの中国史』、勉誠出版
藤川正数（1968）「尚公主の制について」、『漢代における礼学の研究』、風間書房
堀敏一（1996）「中国古代の家族形態」、『中国古代の家と集落』、汲古書院
溝口雄三他編（2001）『中国思想文化事典』、東京大学出版会
三田村泰助（2012）『宦官――側近政治の構造』（改版）、中公新書（初出は1963年）
渡辺信一郎（1986）『中国古代社会論』、青木書店
［中文］
衣若蘭（1999）「被遺忘的宮廷婦女――浅論明代公主的生活」、『輔仁歴史学報』10期

王寿南（1992）「唐代公主之婚姻」、『唐代研究論集』第1輯、台北新文豊出版公司
侯旭東（2005）「漢魏六朝父系意識的成長与"宗族"」、『北朝村民的生活世界——朝廷、州県与村里』、商務印書館（初出は2004年）
高世瑜（1988）『唐代婦女』、三秦出版社（小林一美・任明訳『大唐帝国の女たち』、岩波書店、1999年）
黄旨彦（2013）『公主政治——魏晋南北朝政治史的性別考察』、稲郷出版社
周一良（1985）『魏晋南北朝史札記』、中華書局
張邦煒（2003）「宋代的公主」、『宋代婚姻家族史論』、人民出版社（初出は1990年）
陳高華・童芍素主編（2010-2011）『中国婦女通史』、杭州出版社
牟潤孫（1987）「漢初公主及外戚在帝室之地位試釈」、『注史齋叢稿』、中華書局（初出は1952年）
李貞徳（2001）『公主之死——你所不知道的中国法律史』、三民書局〈台湾〉（大原良通訳『中国儒教社会に挑んだ女性たち』、大修館書店、2009年）
劉増貴（1980）『漢代婚姻制度』、華世出版社

第 3 章

中国の文学と女性

蓮を採る女性たち(『新鐫五言唐詩画譜』より)

佐竹保子

はじめに

　女性の手になるとされる宋代までの文学作品を考察するが、その際に留意すべき点が二つある。

　一つは、「女性の手になる」といかに認定するかである。そもそもある作品が誰の手になるかは、突きつめれば本質的に証明しがたい。もとより女性の手になるか否かも証明できない。「いかにも女性らしい口吻だから」などという推量は、現代の我々の感覚でしかなく、何の意味も普遍性も持ち得ない。

　それゆえ本章は、本質的に証明しがたい事項はさて置き、もっぱら当時の意識に即すという認識論のレベルに徹することとする。つまり、当時のある程度公式的な見解が「これは女性の手になる」と認定する限りにおいて、その作品をとりあげる。

　上の認定には意味がある。古典中国のように尚古主義が根強く、先例を重

視する文化において、認定された先行作の存在は、女性の詩作を大きく保障するからである。以後の女性たちは、対自的にも対他的にも、それらを先例とし規範とすることができる。あとに続く女性たちが、先行する女性の作（とされるもの）に倣って製作する傾向が強まる。とはいえ、いかに尚古主義で先達を規範としても、真に才能ある女性たちは、そこに何かをつけ加え何事かを刷新する。彼女たちは先行作を襲いつつ、それをいかにゆたかにしていったか。

　留意すべき点の第二は、当時の圧倒的な男性優位社会のもと、書き手のほとんどを占める男性たちが、「閨怨」と呼ばれるジャンルの作を、絶え間なく作りつづけた事実である。「閨怨」とは、女性が「閨」での独り寝を「怨」む設定の作である。漢代の「古詩十九首」にすでにあり、魏の曹操（155〜220）の息子たちである曹丕（187〜226）、曹植（192〜232）以下、歴代の男性作家は、女性に成りかわって閨怨を詠じてきた。そこに登場する女性は一貫して、たおやかで弱々しく、男性に棄ておかれても彼を愛する「待つ女」である。

　初期の閨怨詩の例を挙げよう。曹丕の「燕歌行」[1]の六句目から八句目に

　　君何淹留寄他方。　君は何ぞ淹留して　他方にみを寄す
　　賤妾熒熒守空房。　賤妾　熒熒として　空房を守る
　　憂来思君不敢忘。　憂い来りて君を思い　敢えて忘れず
　　不覚涙下霑衣裳。　覚えず　涙下ちて　衣裳を霑らすを

　あなたはどうしてよそに留まるのか。私はたった独り誰もいない部屋を守っている。憂いがおしよせてあなたを忘れられない。思わず知らず涙がこぼれてころもを濡らす。

曹植の「七哀詩」[2]の七句目以後は次のようである。

　　君行踰十年、　君の行くこと　十年を踰え
　　孤妾常独棲。　孤りなる妾は　常に独り棲む

（1）『宋書』楽志、『文選』巻二七所収。
（2）『文選』巻二三所収。

（中略）
願為西南風、　　願わくは　西南の風と為り
長逝入君懷。　　長かに逝きて　君の懷に入らん
君懷良不開、　　君の懷の　良に開かずんば
賤妾当何依。　　賤妾　当に何にか依るべき

あなたが家を出て十年以上、孤独な私はいつもひとり。（中略）できるなら西南の風になり、はるかあなたのふところに入りたい。あなたのふところが開かなければ、私はいったい何に頼ればいいのか。

　曹丕と曹植はまったく異なるタイプの詩人なのだが、閨怨詩においてはかくも似通った作を残す。閨怨が多作されたのは、その中の女性像が当時の男性の理想的な異性であったからとみられる（［松浦 1986：78］および［草森 2013：459］参照）。

　かくて男性の手になる古典詩文の女性は、本来有したあまたの多様性を削ぎ落とされ、もっぱら性愛の対象として、柔順で哀しげな「待つ女」の枠に嵌めこまれる。そうとすれば女性が詩文を書く際にも、男性が女性をとらえるまなざしに沿って、ステレオタイプの「待つ女」を描くほうが、受け入れられやすかっただろう。女性が書いたとされる詩文は、はたしてそうなっているのか。

1．先秦（紀元前）

　今に残る中国最古の詩集であり、最古の文学でもある『詩経』は、紀元前6世紀以前の編纂とされる。『論語』の中で古典として言及されているから、『論語』以前に存在したことは確かである。はるかな過去の作で、しかも詩の言葉として極端に切り詰められているので、『詩経』の解釈は難しい。もとより編纂当時の解釈は残っていない。

　しかし幸いなことに、後漢から唐代までに主流として行われていた解釈が[3]、ある程度まとまった形で伝わっている。これを「当時」の解釈と見

（3）　毛詩学派の解釈。四部叢刊本と十三経注疏本に拠る。

ることができよう。
　　上の解釈によれば、『詩経』に収録される300余篇のうち、女性の作とされるのは8篇、いずれも周王朝の諸侯の夫人が詠じたことになっている。そのうちの邶風（「邶」の地域に伝わる歌）「燕燕」の第一章に、次のようにある。

　　　燕燕于飛、差池其羽。　燕燕　于に飛ぶ、其の羽を差池にす
　　　之子于帰、遠送于野。　之の子　于に帰れば、遠く野に送る
　　　瞻望弗及、泣涕如雨。　瞻め望めども及ばず、泣涕は雨の如し
　　　燕が飛ぶ、羽を広げて。この子が帰るので、遠く野に送る。眺めやるがもう
　　　見えない、涙がこぼれ雨のよう。

三句目の「帰」に「とつぐ」意もあるため、「燕燕」は他の男に嫁ぐ恋人を見送る失恋の歌とされることが多い。だが当時の解釈によれば、これは衛国の領主荘公の正室である荘姜が、側室の戴嬀を見送る歌である。荘姜には息子が無かったので、戴嬀の生んだ完を養子とした。しかし荘公の死後、別の寵妾の生んだ子が完を殺し、戴嬀は実家の陳国に帰らざるを得なくなった。荘姜は、館を出て遠く「野」まで戴嬀を送った。
　　詩中、詠じ手の荘姜は、あたかも恋人を送るかのように戴嬀との別れを惜しんでいる。詩の最終章では、荘姜が戴嬀を「仲氏」と敬称して讃えている。

　　　仲氏任只、其心塞淵。　仲氏（＝戴嬀）は任なり、其の心は塞ちて淵し
　　　終温且恵、淑慎其身。　終に温やかに且つ恵に、淑く其の身を慎しめり
　　　先君之思、以勗寡人。　先君（＝荘公）を之れ思い、以て寡人を勗めしむ
　　　戴嬀さんはすばらしい、その心は実があって深い。いつもおだやかで素直で、
　　　しとやかに身を慎しんでいた。亡き夫を忘れずに、私を励ましてくれた。

詩は、お家騒動に巻きこまれた２人の女性の、惜別と友愛の歌となっている。
　　また衛風「竹竿」は、夫に冷たくされた妻が、実家への帰心を詠じ、その第三章に次のようにある。

　　　巧笑之瑳、佩玉之儺。　巧笑は之れ瑳たり、佩玉は之れ儺たり
　　　美しいほほえみはつややか、帯び玉の音は節度がある。

上の「巧笑」と「佩玉」は、夫を指していない。妻が自らを詠じている。たとえ冷たくされても私は夫を憎まず、にこやかに礼儀正しくふるまっている、という自負である。にもかかわらず不当に扱う夫への、批難が込められる。

古典中国には『楚辞』の「離騒」のように、非の打ち所のない人物が不当に扱われる不条理を訴える「賢人失志」の文学の系譜がある[4]。「竹竿」は男性に棄ておかれた女性の歌であり、この点は前章に挙げた曹丕や曹植の閨怨詩に通底する。だが、自らを「賤妾」と卑下する曹丕らの歌いぶりとは異なり、卑下よりも自らの正しさを主張する。むしろ「賢人失志」の文学に近い。

以上代表的な二例のみ取り上げたが、『詩経』で女性の作とされる8篇に、閨怨や性愛に関わるモティーフは、少なくとも当時の解釈で判断する限り、意外に稀薄である。

2．漢代

漢代の代表的な女性作家3名のうち、班 婕 妤（はんしょうよ）（前1世紀半ば～1世紀初め）と蔡琰（さいえん）（177頃～249頃）の作には、偽作説がつきまとう。だが、ここでも当時の意識に即し、正史（王朝に認められた正式な歴史書）にその人物の作として採録されたものは、当時自作と考えられていたとみなす。

正史の『漢書』によれば、班婕妤は、成帝（在位、前33-前7）の後宮に入り、男児を産んだが数ヵ月で失った。その後趙 飛燕（ちょうひえん）姉妹に寵を奪われ、身の危険を避けて皇太后の世話係となり、半ば隠遁生活のうちに世を去った。『漢書』に採録される班婕妤の「自ら悼む賦」は、本文と、「重ねて曰く」という短いまとめから成る。本文には、自らの生涯が綴られる。その中頃に、私は絵画や詩文の古典に学び、歴史に範を取り、ひたすら悪例を避け善例に倣ってきた、という。前節に見た『詩経』の「竹竿」に似た自己主張であり、「賢人失志」文学の傾きをもつ。しかしまとめの「重ねて曰く」では、「待つ女」の姿が前面に出る。「俯（うつむ）きて（後宮の）丹いろの墀（ぬりづち）を視れば、君の履（はきもの）舄を

───────────────
（4）　班固『漢書』芸文志参照。

思う。仰ぎて雲のごとき屋(やかた)を視れば、双(ふた)すじの涕(なみだ)は横ざまに流る」(5)。ここには閨怨の要素が入りこんでいる。

　上の班婕妤の従孫が、班昭(1世紀半ば～2世紀初め)である。父が、班婕妤の甥にあたる歴史家の班彪(はんびょう)(3～54)、兄が『漢書』を著した班固(はんこ)(32～91)と、西域で活躍した班超(32～102)である。

　班昭には三つの顔がある。一つは、学者兼宮廷文人の顔。兄の班固が獄死した後、班昭は、班固の『漢書』の未完成部分を書き上げ、後漢を代表する学者の馬融(ばゆう)(79～166)に『漢書』を講義した。宮中では、皇帝の命により「賦(ふ)」や「頌(しょう)」という韻文を作った。それらの断片が古い文献に残っており、裏づけを取ることができる。

　班昭の二つ目の顔は、彼女の「東征賦(東に征く賦)」に見える。6世紀の詩文総集である『文選(もんぜん)』に、父班彪の「北征賦」と並んで採録されている。班昭「東征賦」には次のようにある。「亡き父上は旅に出て、賦を作られた。不肖ながら私は、それに法(のっと)らずにおれようか(先君行止、則有作兮。雖其不敏、敢不法兮)」。「東征賦」は、父班彪の「北征賦」を自覚的に継いだ作なのである。

　三つ目は、女子教育者としての顔である。班昭の「女誡(じょかい)」7篇が正史の『後漢書』に収められている。女子教育書の先行作には、劉向(りゅうきょう)(前77～前6)が編纂した『列女伝』がある。

　以上見たとおり、班昭の三つの顔は、従来男性が担ってきたものと同様であり、女性特有ではない。班昭の著作の素材も、家庭内に限定されない。その意味で、班昭の文筆活動は、同時代の男性と大きく変わるところがない。

　後漢末の蔡琰も、当時屈指の学者で文人であった蔡邕(さいよう)(133～192)を父に持つ。戦乱で蔡邕の蔵書四千余巻が失われたとき、そのうちの四百余篇を、娘の蔡琰が、抜群の記憶力によって「遺誤無く」復元したと伝えられる。だが蔡琰には、班昭と違って、学者や宮廷文人として活躍した跡がみられない。蔡琰を特徴づけるのは、『後漢書』に採録される「悲憤詩」二首である。『詩経』の諸侯夫人たちの歌のように、自らの経験を詠じた設定である。『後漢

---

(5)　「重ねて曰く」の詩想を凝縮したのが『文選』所収の「怨歌行」であるが、『漢書』に採録されず、5世紀の『文心雕龍』明詩篇第六に、当時から偽作説があったことが記される。

書』によれば、蔡琰は後漢末の戦乱のおり、北方民族に拉致されて12年間留め置かれ、そこで二人の子を生んだ。だが父の蔡邕と懇意であった曹操が、蔡邕の血筋が絶えるのを痛み、北方から蔡琰を贖い、中原に戻して再嫁させた。

「悲憤詩」の一首目は、その経緯を詠う。冒頭に後漢末の惨憺たる混乱が記され、ついで異民族の侵入、北方への拉致、捕虜の身への虐待、風俗と気候の激変、望郷の念、帰国の許可と北方で生まれた愛児との別れ、帰国後にまのあたりにする故郷の荒廃が、長篇物語詩の体裁で綿々とつづられる。二首目は、クライマックスの愛児との別れでおわっている。唐代にかけて「悲憤詩」が蔡琰の作とされていたなら、これは女性の書く文学の素材をおし拡げるはたらきを持ったであろう。

3．魏晋南北朝

前節に挙げた班昭の宮廷文人としての一面を、この時期継承したのが、西晋の左棻（？〜300）である。西晋を代表する賦家で詩人の左思（？〜308）の、妹に当たる。正史の『晋書』によれば、左棻は、皇帝の命によって賦を作り、皇后や皇女の死に際しては「誄」を献じ、皇后入内のおりは「頌」を捧げた。各地から貴重な貢ぎ物が届くたびに、必ず賦や頌を作って献上した。それらの作の断片も、班昭同様に、古い文献に引用されている。

左棻自身に即した詩文も残っている。それらは、骨肉に別れて宮中に入った不安や悲しみを詠出する。「離るる思いの賦」に「骨肉は至親なるも、化して他人と為り、永長えに辞いす」[6]、「離れに感ずる詩」には「我れちちははの膝下を去りてより、倏忽にして再期を逾ゆ」[7]とある。閨怨ジャンルの作は、残っていない。

東晋の謝道蘊（4世紀中期〜5世紀初）は「柳絮の才」の逸話で有名であり[8]、女性の詩作の系譜にも、新たな側面をつけ加えている。東晋詩壇に

---

(6)　「離思賦」、『晋書』巻三一后妃伝上附伝左芬伝所収。
(7)　「感離詩」、『芸文類聚』（六二四年編纂）巻二九所収。
(8)　本書第16章を参照。

流行していた玄言詩というジャンルに属する、哲学的形而上詩を作っているのである。当時、『易経』『老子』『荘子』が「三玄」としてもてはやされ、易や老荘の言葉を駆使した談論や詩文が盛行していた。謝道薀の叔父である風流宰相の謝安（320〜385）や、舅である書家の王羲之（303〜361）は、その名手であった。

謝道薀の作は「晋の王凝之の妻謝氏の詩」として唐初の文献に残っている(9)。「峨峨たり東岳高し」と始まり、「東岳」すなわち泰山（山東省）を讃えた詩である。「巌の中に　虚ろなる宇閑かに、寂寞　幽以て玄なり。工に非ず　復た匠に非ず、雲の構え　発りて自ずから然り」。泰山の巌の「虚ろなる宇」は「閑」かで、「寂寞」と「幽玄」を湛えている。人為や技巧（「工」「匠」）とは無縁で、大いなる「構」えはあくまで「自然」に「発」っている。続いて「器象　爾何物ぞ、遂て我をして屢しば遷らしむるは」。「器象」は『易経』の語で、形而下の存在を指す。それを「爾何物ぞ」と詰問し、「我」を「遷」す「物」を指弾する。結びは「逝り将きて斯の宇にやどらば、以て天年を尽くすべし」。「器象」の支配する世界を「逝」って泰山に身を寄せれば、天に与えられた命を全うできる、とうたう。詩は「器象」のほかにも、『荘子』に由来する「閑」、『易経』『老子』『荘子』に由来する「虚」、『老子』に由来する「寂」や『荘子』の「寂寞」、『易経』の「幽」、そして『易経』『老子』『荘子』に由来する「玄」など、三玄の鍵言葉を随所に織りこんでいる。

謝道薀の手になるもう一首は、「嵆中散に擬す詩」(10)である。彼女より150年ほど早い嵆康（223〜262）に倣った作で、やはり超俗的世界への憧れを詠じている。嵆康は、竹林七賢の一人で、玄言詩人の草分けであった。

要するに謝道薀とは、男性中心の詩壇で流行していた、当時最先端の思想詩を書いた女性である。もとよりそこに、閨怨の影は無い。

しかし、謝道薀から半世紀後の六朝後半期に入ると、わずかな女性詩人たちの作は、ほぼ閨怨一色に染まる。宋の鮑照（414頃〜466）の妹である鮑令暉は、愛する「君」が遠方にあるとして、「妾は一生の涙を持し、秋を経て

（９）「晋王凝之妻謝氏詩」、『芸文類聚』巻七所収。
（10）「擬嵆中散詩」、『芸文類聚』巻八八所収。

復た春に度(わた)る」[11]と詠む。梁の劉孝綽(こうしゃく)(481〜539)の妹たちや、沈約(しんやく)(441〜513)の孫娘も、閨怨や、男女の情愛を詠ずる艶詩を多く残している[12]。

4．唐代

六朝後半期の上のような状況を転じたのが、初唐の上官婉児(じょうかんえんじ)(664〜710)であったと考えられる。正史の『旧唐書』や『新唐書』によれば、上官婉児は、学者で宮廷詩人であった上官儀(？〜664)の、孫娘である。生後まもなく祖父と父が政争で処刑され、母に抱かれて後宮に入った。長じては則天武后とその後の韋后が権勢を振るう中、才気によって出世し、宮廷詩壇を牛耳ったが、最後は韋后とともに殺された。絶頂期には皇帝の命令書を起草し、宮中の宴では詩を献上し、いつも皇帝・皇后・皇女たちに代作して、数首を一度に作ったという。今に残る三十余首[13]は、そのほぼすべてが、皇帝や皇女の庭園をほめたたえた、典型的な宮廷詩である。上官婉児は、後漢の班昭や西晋の左棻の系譜を継ぐ宮廷詩人であるが、おそらく彼女は、古典中国最後の女性宮廷詩人であった。というのも、9世紀に入ると次第に科挙制度が整備されて定着し、宮中で詩作する者は、科挙に合格した官僚がほとんどを占めるようになる。だが、女性は科挙を受験できない。上官婉児は科挙が整備される前、則天武后や韋后が権勢を持つ状況下であらわれた、最後の女性宮廷詩人であったと考えられる。

もっとも、中央の宮廷詩人群から女性ははじき出されていくが、地方の幕府には、まだそれに類する詩人が存在しえたようだ。中唐の薛濤(せっとう)(770頃〜832頃)は、そうした詩人の一人である。薛濤について、もっとも古い九世紀末の記録には「蜀の妓」とのみある[14]。それ以後の文献によれば、もとは官僚の娘だったが、赴任先の蜀(四川省)で父が亡くなり、妓女に身を落としたという。妓女ではあったが、今に残る九十首内外の詩で、典型的な閨

---

(11) 「代葛沙門妻郭小玉詩」二首の一、『玉台新詠』巻四所収。
(12) 『玉台新詠』巻五〜十、『芸文類聚』巻九二、『楽府詩集』巻六八、巻七七、巻八六参照。
(13) 『唐詩紀事』巻三所収。その冒頭の「綵書怨」のみ閨怨詩であるが、明・謝榛『四溟詩話』巻四では「六朝」の「沈氏」の作とする。
(14) 孫棨「北里志序」。

怨は半数に満たず、社交的な応酬詩や詠物詩が過半を占める。強い個性は前面に出ず、穏和で端正な短篇が多く、宮廷詩人風の資質が、地方幕府で発揮された例と判断される。だが、従来の女性の詩作に何をつけ加えたのか、にわかには見えがたい。

　新たにつけ加えた要素がよく見えるのは、晩唐の魚玄機（ぎょげんき）（844頃〜871頃）であろう。もっとも古い皇甫枚（こうほばい）（9世紀後半〜10世紀初？）の記録によれば[15]、魚玄機は長安の町娘で、16歳以後に道教の道士となるが、その詩才ゆえに士人たちとの交際が絶えなかった。やがて自分の恋人と密通したと疑って召使いの少女を殺し、それが発覚して処刑された。右の皇甫枚やそれ以後の記録から構想されたのが、森鷗外の小説「魚玄機」である。

　魚玄機の詩は五十首内外が残っている。その半数が閨怨詩だが、そこに描かれるのはもはや、従前の「待つ女」ではない。男を皮肉り、挑発し、攻撃する。たとえば「隣の女に贈る」詩にいう[16]。

　　易求無価宝、　　求め易きは　価無き宝
　　難得有心郎。　　得難きは　心有る郎（おとこ）

プライスレスの宝なら求め易いが、心ある男は得難いと詠う。詩の結びには

　　自能窺宋玉、　　自ら能く宋玉を窺う
　　何必恨王昌。　　何ぞ必ずしも王昌を恨まん

「宋玉を窺う」とは、紀元前3世紀頃の宋玉の逸話をふまえる。美男の宋玉が、女たらしと非難されて反論した。「美人は楚の国が一番。楚の国でもわが村が一番。わが村でも私の東どなりの娘が一番。この娘は三年間も牆（かきね）の上から私をのぞき見していますが、彼女に身を許したことはありません」[17]。魚玄機の詩の末句にある「王昌」は、詠み人知らずの古歌の「人の世の富貴なんか望まない。ただ一つの恨みは東の家の王さんに嫁がなかったこと」[18]

---

(15)　『太平広記』巻一三〇所収「三水小牘」。
(16)　別題が「李億員外に寄す」。以下魚玄機の詩は、陳文華校注『唐女詩人集三種』（上海古籍出版社1984年）に拠る。
(17)　『文選』巻一九所収宋玉「登徒子好色賦」。
(18)　『玉台新詠』巻九所収「歌辞」二首之二。

をふまえる。結ばれなかった初恋の男を代表する。つまり魚玄機の詩は、「私は宋玉を窺き見した美女のように、男を物色できる。だから初恋の人と結ばれなくとも、恨んだりするものか」と詠じている。つれない男に負けていない。

　魚玄機は、前節に挙げた謝道薀のように、当時流行の詩風も取りいれている。謝道薀の当時それは玄言詩であったが、魚玄機の場合は、白居易（772～846）が提唱した閑適詩(19)となる。閑適詩とは、私生活における閑静自適を詠じる詩である。魚玄機の「懐いを遣る」詩の冒頭にいう。「閑散　身に事も無く、風光　独自に遊ぶ。断れ雲　江上の月、解けし纜　海中の舟」。「風」と「光」の「遊」ぶ中、「断れ雲」とともに川面に浮かぶ「月」、「纜」がほどけたまま「海」に漂う「舟」。あたかもそれらのように、すべての束縛から自由な存在が浮かびあがる。その者は庭の「叢篁」や「片石」を友とし（「叢篁は伴と作すに堪え、片石は儔と為すに好し」）、詩を次のように結ぶ。「床に臥せば書冊遍く、半ば酔い起きて頭を梳る」。ベッドのあたりに書物が隙間なく散らばり、酒瓶もある。ベッドの中でちびりちびり飲みながら本を読み、起きてはくしゃくしゃの髪をなでつける。詠じ手が魚玄機であることは、読み手には織りこみずみなので、この詩は、厳格な人間には自堕落と見えかねない女性を描いていることになる。

　第1節で見た『詩経』の「竹竿」や第2節に挙げた班婕妤の「自ら悼む賦」は、自らの真面目さ、まっとうさを強調していた。また第2節の班昭「女誡」は、それを他の女性たちにも要求した。それらに較べ、魚玄機の逸脱は目を惹く。詩と酒を友とする自画像は、ほかにも「朝夕　酔吟の身」（朝な夕な酒と詩に酔う身）(20)、「酔臥醒吟　都べて覚えず、今朝驚きて在り漢江の頭」（酔っては臥し、醒めては吟じそれ以外知らずにいるうちに舟は進み、今朝はなんと漢江のほとりまで来てしまっていた）(21)と詠われる。

　「西隣の新居に次韻し、兼ねて酒を乞う」は、西隣に越してきた人物から寄せられた詩への返しである。「一首の詩来たりて百度吟ず」（佳い詩をいた

---

(19)　『白氏文集』巻二八所収「与元九書」参照。
(20)　「寄国香」。
(21)　「江行」二首之二。

だき何度も吟じました)、「西に看れば已に有り　垣に登るの意」（あなたの住まう西を見ると、宋玉の東隣の美女のように、垣根から覗き見したい誘惑にかられます)、「況や寒節に逢い郷思を添う、叔夜の佳醪独り斟む莫かれ」（まして寒い今の時節はホームシックになりますが、おいしいどぶろくを独りで飲まないで頂戴）。あなたの詩に惚れたので一緒に飲みたい、という誘いである。

　春の晴れた日には、科挙及第者の名を報じる「榜」を見て、科挙を受験できない女性の身を口惜しがる(22)。

　　　自恨羅衣掩詩句、　　自ら恨む　羅衣の詩句を掩うを
　　　挙頭空羨榜中名。　　頭を挙げて空しく羨む　榜中の名を
　　　恨めしいのは薄絹の衣が詩文の才を覆い隠していること、立て札の名を見上げて羨むばかり。

　「懐いを感じて人に寄す」詩には、「早に知る　雲雨の会、未だ起きず　蕙蘭の心」とある。「雲雨の会」は、楚王が夢に巫山の神女に会ったという紀元前の伝説を踏まえており、情交を指す。「蕙蘭の心」は、『易経』繋辞上伝の「心を同じくするの言、其の臭りは蘭の如し」に拠っていよう。詩は、セックスはとっくに知っていたけれど、二人の心が一つになったことはない、と詠じているのである。

　魚玄機の詩には、従来の規範や「閨怨」に見られるステレオタイプの女性を逸脱する、自由で大胆な女が息づいている。

5．宋代の李清照

　前節までの女性たちの文学を集大成したのが、李清照（1084～12世紀半ば）と考えられる。李清照は、北宋の科挙官僚で『洛陽名園記』を著した李格非（1045頃-1105頃）の、娘である。18歳で3歳上の趙明誠（1081-1129）に嫁ぎ、夫とともに金石学に熱中した。金石学とは、青銅器等の「金」属や「石」碑や墓誌に刻まれた文字や文章を研究する、一種の考古学兼文字学である。だ

---

(22)　「遊崇真観南楼、睹新及第題名処」。

が時はちょうど、北宋滅亡の前夜にあたっていた。李清照43歳の時に、北方の金が侵攻し、北宋は滅びた。すぐに南京で高宗が即位し、李清照らは大挙して南に逃れたが、夫が病死し、李清照も江南の諸地域を転々とするうち、夫とともに蒐集した研究資料のほぼすべてを失った。上の経緯は、李清照自身の手になる「金石録後序」[23]に記されている。だが彼女は詞人としても有名であるので、まずこの点から触れたい。

「詞」とは、いわゆる漢詩（古体詩と近体詩）とは異なる文芸様式で、唐代の中ごろに起こり、次の五代と宋代に盛んになった。平仄や押韻や各句の字数が、漢詩よりも複雑に入りくんでいる。李清照の詞については、清代のもっとも権威ある書籍解題である『四庫全書総目提要』[24]（1782年成立）が次のように記す。「詞篇は多くないが、宝として珍重せずにはおれない。詞の一代宗家である」。当時流行の新文学で才能を発揮した点は、前々節に述べた謝道蘊の玄言詩や、前節の魚玄機の閑適詩に似ている。

たとえばその「漁家傲」（「詞牌」という曲調名。詞は元来メロディに合わせて作られたため）は、ほとんど宇宙的な規模を持つ。詞の主人公が千の帆の舞う銀河を渡り、天帝と対話する。そして鵬を飛びたたせる風に「止んではならぬ、私の蓬舟を東海の仙山まで吹き到らせよ」と命ずるのである。

他方、彼女の「如夢令」は次のようにうたう。むかし谷川のあずまやで日が暮れて、深く酔っていたので帰り道がわからなくなった。ボートを戻そうとしたら蓮の花の茂みに入りこんだ。「争でか渡らん、争でか渡らん」（どうやって渡ろう、どうやって渡ろう）。ふいに浅瀬の鷗が飛び立った、と。思い出の中の何気ないひとこまを、あたかも今みたばかりの夢のように、あざやかに立ちあがらせる。

上の「如夢令」に、「酔いに沈みて帰路を知らず」とある。李清照も魚玄機同様、酒と詩に溺れる自己を隠そうとしない。「険韻の詩成り、扶頭の酒醒む（難しい韻を踏む詩が完成し、頭がふらふらになる強い酒も醒めてしまった）」（「念奴橋」）、「酒意・詩情は誰と共にかせん」（「蝶恋歌」）、「謝す　他の酒の

---

(23)　本文に引用する詞とともに、王仲閗『李清照集校注』（人民文学出版社1979年）に拠り、徐培均『李清照集箋注修訂本』（上海古籍出版社2013年）を参照した。

(24)　中華書局1965年影印本巻一九六集部詞曲類一。

朋・詩の侶を」（「永遇楽」）。さらには、「昨夜　雨は疏らに風は驟し。濃き睡りも残んの酒を消さず」（「如夢令」）、「新来痩するは　酒に病むに干らず」（「鳳凰台上憶吹簫」）、「許す莫れ　杯の深く琥珀（酒の比喩）の濃きを。未だ沈き酔いと成らざるに　意　先に融くれば」（「浣渓沙」）、「酒　闌なれば更に喜ぶ団茶の苦きを。……随分に尊の前に酔うに如かず」（「鷓鴣天」）、「故郷は何処なりや。忘了せり　酔うに非ざるを除けば」（「菩薩蛮」）。最後の一句を、原田憲雄氏は、「忘れっちまった　酔わぬとき以外」[25]と訳す。

　こうした自画像を描く上に、断片的に残る「詞論」では、歴代の詞人たちをなで切りにしている。趙明誠の死後には再婚し、100日ほどで離婚したらしい経歴もあって、李清照の評判は決して良くない。「場末の無節操な言葉を、好き勝手に書き散らす。古来家柄のよい才媛に、こんな行儀の悪さは見たことがない」（王灼『碧雞漫志』[26]　12世紀前半）、「句造りはたくみだが、格式ある場に出せるものではない」（陳廷焯「白雨齋詞話」巻八[27]、19世紀後半）、「班昭の才能や行いが後宮の師表となり、その文章学問が父や兄の誉れとなったのには、比ぶべくもない」（楊維貞「曹氏雨齋弦歌集序」[28]、14世紀）と評される。

　上の楊維貞は、第2節にあげた後漢の班昭を、ひきあいに出す。だが、第2節に述べた班昭の三つの顔のうち、第一の学者の顔と、第二の父を継ぐ者の顔は、じつは李清照も兼備していた。前者は、夫との共同研究の成果である『金石録』[29]に明らかだ。『金石録』三十巻は、先述した金石学の研究書で、前十巻が、紀元前から10世紀に至る金石二千件のデータベースである。後二十巻は、そこから五百余件を選んで解説と鑑定をほどこし、先行研究や伝世文献の誤りをただしている。また後者は、「金石録後序」（以下「後序」と略称する）にうかがえる。「後序」は『金石録』のあとがきで、李清照の手になる。達意の長文であり、18世紀の学者の陳景雲に次のように讃えられている。「文章は勢いに満ち、複雑で変化に富み、（父の）李格非翁に劣らない」[30]。

---

(25)　［原田憲雄　2001：201］参照。
(26)　唐圭璋編『詞話叢編』（中華書局1986年）所収標点本88頁。
(27)　陳廷焯手写本影印版（上海古籍出版社1984年）。
(28)　四部叢刊本『東維子集』巻七。
(29)　上海書画出版社1985年の金文明校証本に拠る。

李清照も班昭と同じく、「父を継ぐ」書き手であったのだ。

「後序」には、研究の喜びに浸る学者の顔も記される。以下しばらく「後序」を追ってみよう。冒頭近くに、新婚時代の思い出がつづられる。当時夫の趙明誠は、国立大学の学生で、毎月一日と十五日だけ帰宅できた。

> 毎月一日と十五日には、お休みを取って外出した。衣を質入れして五百銭を手にし、相国寺まで散歩して、碑文の拓本と果物を買って帰った。向かい合って拓本を鑑賞し果物を齧れば、神話の黄金時代の民になった気がした。

趙明誠が仕官すると、さらに貴重な資料が集まるようになった。

> 一心に写し取ると、ますます面白くなってきて、自分でもやめられない。古今の名人の書画や紀元前の珍しい青銅器に出くわせば、その場で衣を脱いで代金にして買い求めた。

二人の研究は、すべてに優先した。

> 最初に決めたことは、食事に肉は一品だけ、刺繍付きの服は一枚だけ、アクセサリは着けず、贅沢で綺麗な家具は置かない。すべての分野で、字が欠けず誤りの無い書物に出会ったら、必ず買い求めて副本を作った。

食後のくつろぎさえ、二人は次のようにすごした。

> ご飯が終わるといつも書斎の帰来堂に坐り、お茶をたててから、書物の山を指して言った。「これこれは、某書某巻の、どの頁のどの行にあるでしょう」。そのあてっこで、お茶を飲む順番を決めた。あたればカップをあげて大笑い、お茶が胸元にこぼれて、飲めなくなり立ちあがるほど。こうして年をとることに、心から満足していた。

しかし、冒頭に述べたように、李清照43歳のときに北宋が滅び、夫も病死する。二人が集めた膨大な研究資料群の、南に運びきれず郷里に残したものは、すべて灰燼に帰した。戦乱を避けて内地の親戚に送ったものも例外では

---

(30) 銭謙益『絳雲楼書目』（広文書局1969年粤雅堂叢書影印）巻四陳景雲注。

なかった。わずかに身辺に取りおいた大切な品々は、彼女が江南を転々とするうちにほとんどが失われた。「後序」の後半は、戦乱による無残な喪失の記録である。戦乱の詠出という点では、第2節に挙げた蔡琰の作とされる「悲憤詩」が想起される。しかし「後序」ははるかに具体的で詳細である。

　李清照南下後の作とされる詞に、「声声漫」がある。詞の製作時期を推定するのは一般に至難のわざだが、この詞をおおう底知れぬ喪失感は、たしかに「後序」の後半と響きあう。

　　　尋尋覓覓、　　　尋尋ぬれども　覓覓むれども
　　　冷冷清清、　　　冷冷　清清
　　　悽悽惨惨戚戚。　悽悽　惨惨　戚戚。
　　　乍暖還寒時候、　乍ち暖かく還た寒き時候は
　　　最難将息。　　　最も将息し難し
　　　三杯両盞淡酒、　三杯両盞の淡き酒は
　　　怎敵他　　　　　怎ぞ敵わん　他の
　　　晩来風力。　　　晩来の風力に
　　　雁過也、　　　　雁過ぎぬ
　　　正傷心、　　　　正に心傷む
　　　却是旧時相識。　却って是れ旧時の相識

尋ねても求めても、冷ややかで清らかで、いたましくつらく憂わしい。ふいに暖かくまた寒くなる時候は、一番しのぎがたい。二、三杯の薄い酒では、とても耐えられない　あの、夕暮の風の強さに。雁が飛び過ぎた、ふいに心傷む、昔からの知り合いなので。

冒頭、十四字続けて畳語が連ねられる。「尋尋覓覓、冷冷清清、悽悽惨惨戚戚」。斬新な出だしで「大小の真珠が玉の皿にこぼれるようだ」（徐釚（1636〜1708）『詞苑叢談』巻三）[31]と評される。「将息」「怎」は当時の俗語で、詞中多く日常語が用いられているが、通俗性や浅薄さはみじんもない。平明な中に、ただただどうしようもない喪失感が、詞語に絡まりつつ沈殿していく。

---

(31)　唐圭璋校注標点本（上海古籍出版社1981年）57頁。

おわりに

　「はじめに」に述べたように、古典中国の文学世界を圧倒的に支配していた男たちは、自ら女性になりかわった「閨怨」詩を作り、彼らにとって理想的な「待つ女」を造形していた。その男たちのまなざしに即した女性像は、女性の手になるとされる作でも描かれていたけれども、しかし稀少な女性作家たちのかなりの部分は、必ずしもそうしたまなざしの枠内におさまっていなかった。

　そもそも、閨怨詩が書かれていた当時の『詩経』解釈で、諸侯夫人たちの作とされたうたは、「待つ女」とは異質の誇り高さを備えていた。これに倣ってか、後漢の班昭は、学者、教育者、父の作風の継承者、そして宮廷文人として活躍した。班昭の宮廷文人の顔は、西晋の左芬や、初唐の上官婉児に受け継がれた。他方、後漢末の蔡琰の作とされる「悲憤詩」は、王朝滅亡前夜の戦乱の悲惨を詠出し、叙述対象を拡げた。さらに東晋の謝道蘊は、当時流行した老荘や易の思想を織り込んだ形而上詩を書いた。晩唐の魚玄機も、中唐以後に流行した閑適詩を取りいれている。魚玄機は閨怨の名手でもあったが、しかし彼女の閨怨詩のヒロインは、伝統規範から逸脱する、挑発的で攻撃的な女だった。

　以上のような、学者、父の作風の継承者、王朝滅亡の戦乱の記録者、新文学の担い手、伝統規範から逸脱する自画像などのさまざまな面を、一身に兼ね備えたのが、宋代の李清照であった。すぐれた詞人である彼女の作は、閨怨ジャンルに入れられることが多い。しかしたとえばその「声声漫」は、男たちの手になる閨怨の諸作をはるか突きぬけ、そのさきの深い虚無の領域へと至っている。

　女たちの古典文学は、男たちの作る「女の文学」をしり目に、煌めきながら多方面へと駆け抜けていた。

・参考文献・

[和文]
岩城秀夫（1998）「柳絮と白雪――晋宋間の美意識」、『学林』28・29
岡村貞雄（1971）「蔡琰の作品の眞偽」、『日本中国学会報』23
辛島驍（1964）『魚玄機・薛涛』集英社
川合康三（2008）「執念の記録――李清照「金石録後序」」、川合『中国古典文学彷徨』、研文出版
草森紳一（2013）『垂翅の客』、芸術新聞社。初出：『現代詩手帖』（思潮社）1973年4月号
小林徹行（1992）「魚玄機の詩の特質」、『東洋文化（無窮会）』69
小林徹行（2005）「魚玄機論――唐代女道士の虚像と実像」、同上95
齋藤茂（1992）『教坊記・北里志』平凡社
佐竹保子（2013）「李清照と趙明誠――古典中国最高の女流詩人とその夫」、東北大学大学院文学研究科出版企画委員会編『男と女の文化史』東北大学出版会
佐藤利行・信広友江（1994）「西晋左芬墓誌小考」、『中国学論集』8
鈴木敏雄（1992）「謝道韞の「擬嵆中散詠松詩」について」、『中国中世文学研究』22
詹満江（2006）「魚玄機の詩について」、『杏林大学外国語学部紀要』18
西上勝（2003）「家庭の情景――李清照「金石録後序」をめぐって」、『山形大学紀要（人文科学）』15(2)
西村富美子（1973）「唐代女流詩人論　魚玄機」、『四天王寺女子大学紀要』6
西村富美子（1976）「初唐期の応制詩人　景竜年間の修文館学士群」、同上9
西村富美子（1980）「薛濤詩序説」、同上13
西村富美子（1995）「中国女性文学の系譜　班婕妤論「怨歌行」及び「自悼の賦」をめぐって」、『人文論叢　三重大学人文学部文化学科研究紀要』12
西村富美子（1996）「中国女性文学の系譜　蔡琰論「悲憤詩」の意義　付「胡笳十八拍」について」、同上13
西村富美子（1997）「中国女性文学の系譜　六朝時代における女性詩人たち　『玉台新詠集』を中心として」、同上14
原田憲雄（2001）『魅惑の詩人――李清照』、朋友書店
福原啓郎（1993）「西晋の墓誌の意義」、京都大学人文科学研究所編『中国中世の文物』
福山泰男（2005）「後漢末・建安文学の形成と「女性」」、『山形大学紀要(人文科学)』15(4)
福山泰男（2005）「「悲憤詩」小考――研究史とその問題点」、『山形大学大学院社会文化システム研究科紀要』1
福山泰男（2005）「「悲憤詩」と「胡笳十八拍」――蔡琰テクストの変容」、同上2
松浦友久（1986）「唐詩に表われた女性像と女性観――「閨怨詩」の意味するもの」、松浦友久『中国詩歌原論』、大修館書店（初出：石川忠久編『中国文学の女性像』1982年、汲古書院）
山崎純一（1996）「曹大家『女誡』と撰者班昭について――後漢における誡女書の成立と発展」、『桜美林大学中国文学論叢』21
山崎純一（1997）「『世説新語』賢媛篇の女性群像と左九嬪・鮑令暉について――六朝における「賢媛」の時代相に関する一試論」、同上22
横田むつみ（2009）「魚玄機考――詩人としての評価」、『二松』23
横田むつみ（2010）「上官昭容(婉兒)詩小攷――初唐、景龍年間の応制詩群からの考察」、

『二松学舎大学人文論叢』84
横田むつみ（2012）「薛濤詩小攷――贈答の詩について」、同上88
［中文］
邢培順（2008）「蔡琰《悲憤诗》非自述身世之作」、『中国典籍与文化』3
黄嫣梨（1993）『漢代婦女文学五家研究』、河南大学出版社
謝无量編（1979）『中國婦女文學史』、臺灣中華書局
朱維錚（2006）「班昭考」、『中華文史論叢』2
諸葛憶兵（2004）『李清照与趙明誠』、中華書局
蔣若是（1961）「從〝荀岳〟〝左棻〟兩墓志中得到的晉陵綫索和其他」、『文物』（10）
徐傳武（1996a）「《左棻墓誌》及其價值」、『文獻』2
徐傳武（1996b）「左棻在古代婦女文學史上的地位」、『文史哲』6
桑宝靖（2002）「女冠才媛鱼玄机――中国道教文化史的光彩一页」、『世界宗教研究』1
戴君仁（1952）「蔡琰悲憤詩考證」、『大陸雜誌』4（12）
丁延峰（2012）「《唐女郎魚玄機詩》版本源流考」、『中華文史論叢』1
［英文］
Chen, Yu-shih（1996）, *The Historical Template of Pan Chao's Nü Chieh*, T'oung Pao Vol. 82 Livre 4.5.
Swann, Nancy Lee（1932）, *Pan Chao: foremost woman scholar of China*, New York: Century.

第 4 章

唐代の家族

墓室に描かれた唐代の庶民家族(西安で発見された唐墓の壁画より)

翁 育瑄

三田辰彦 訳

はじめに

本章では台湾で公刊された唐代の家族・親族に関する研究を、「門閥貴族[1]研究と唐代の家族・親族」、「女性史研究と唐代の家族・親族」、「礼制・法制研究と唐代の家族・親族」の3点にわけて紹介したい。

1．門閥貴族研究と唐代の家族・親族

まずは、[杜 1992] の所説を紹介することからはじめよっ。杜は、唐以前の家族形態を「漢型家族」と「唐型家族」とに分類する。前者は、一家あたりの口数が約4～5人ほどと、その規模は小さかった。これに対して後者は「三代同堂」を特徴とした。「三代同堂」とは、祖父母以下、その孫の世代ま

---

(1) 原文は「士族・門第」。

でが同居している状態を指す。祖父母を頂点にその子たち全員が結婚後も依然として共住するか、あるいは一組の子供夫婦だけが残って同居する形態が考えられる。いずれにせよ唐代には大家族化の傾向が看て取れるのである。

［杜 1992］の初出は1982年のことで、その後同様の課題を本格的に扱った論考はなかなか現れなかった。ようやく2000年になって［羅 2000］が唐代の家族形態に関して検討を加えたのである。その見解は、［羅 2015］所収の諸篇の中で更に深化されている。羅は、家産の所有関係に重点を置いて、唐代の家族形態を細かく分類する。その詳細については割愛するが、羅も杜と同様、唐代の典型的な家族を複数の成年既婚者（たとえば妻帯した兄弟）からなる「同居家族」ととらえる。

魏晋南北朝期から隋唐代にかけての家族が漢代のそれよりも大型であったと見なすことに異論を挟む研究者はほぼいないであろう。なぜならば、この時代は「門閥貴族」の時代であると考えられているからである。台湾の学界でもこの方面の研究には長い歴史的伝統を有しているが、そこでは往々にして門閥貴族の血縁組織を近世の宗族に重ね合わせて理解する向きが強かったと［甘 2012］は批判する。「宗族」という定義を用いたとき、その集団内部は「同居共財」の状態にあり、またそこには族譜や宗祠などが存在していた、と無意識に連想してしまう可能性は十分考えられる。これらはいずれも明清宗族の歴史的産物であるのだから、それを想起させる概念に依拠して六朝隋唐の門閥貴族を理解しようとするのは慎まなければならない。貴族と宗族との間に共通する点が確認できたとしても、われわれはその相違点にこそ注意を払うべきだ、と甘は提言する。たとえば、祖先祭祀について、門閥貴族も明清宗族と同様、宗法の原則に則ってそれを挙行していたけれども、前者が後者のように一族を挙げて共同祭祀していたと伝える史料はほとんどない、と甘は指摘するのである。まさに正鵠を射た発言であろう。

そもそも従来の門閥貴族研究では、その家族関係や親族組織といった方面に対して関心が薄かったように感じられる。門閥貴族なる社会階層がどのように成立し、自分たちの地位をいかに維持していたかという観点から、婚姻（それによって構築された人的な結合のありかた）に関する研究は盛んであった。一方、父系親族間の関係などといった問題に正面から取り組んだ専論はそう

多くないと思われるのである。「貴族」を「宗族」と等置する見方は、こうした研究の「欠落」に由来しているのではなかろうか。

とはいうものの、当該時代の家族史・親族史研究において門閥貴族が検討を加えるべき重要な考察対象であろうことは否定できない。また、その研究史の中には参照しなければならない貴重な業績も確かに含まれている。以下、そのいくつかを紹介しよう。

まずは［毛 1988］である。毛は唐代の墓誌銘（中央研究院所蔵の拓本）を利用して多岐にわたる考察をおこない、台湾学界の門閥貴族研究に新風をもたらした。墓誌銘はきわめて高い研究価値を有しており、近年の唐代史研究においては中心的な史料として扱われている。そこに登場する墓の主たちは、官職を帯びているものの位階はあまり高くなく、その名を正史などでは確認できない者が多い。それ故、墓誌銘を用いた研究では、高位高官の貴族だけでなく、中下層の官員たちをも検討対象とすることが可能となった。

毛はこうした墓誌銘と正史の記載を総合し、そこに統計学的な分析を加えることによって、当時の統治階層の「社会的基礎」や「社会的身分」などを解明しようとした。その中で毛は彼らの家族・親族に関しても言及しているのである。注目すべきは、考察にあたって「房」「支」という概念を導入している点である。これは、一族の内部である人物を祖（起点）として形成された分派（家系）を指す言葉で、かかる「分房」「分支」は唐代の貴族内において普遍的に存在していた。こうした各房支の栄枯盛衰はそれぞれの政治的社会的地位の升降に連動していた、と毛は説く。

「房」「支」といった親族内の分節については、［盧 1993］や［王 2015］も着目する。盧は、北朝以来の名門である彭城劉氏（山東の彭城郡を出身地とした劉姓の一族で、唐代以前に七つの房に分かれていた）の一支房を取り上げ、唐代におけるその推移を具体的に跡づける。唐代の初期に中央の官僚に任じられた彼らは、彭城を離れて洛陽に移り住むようになったが、中晩期に至ると族内の関係は疎遠になり、親族としてのまとまりは瓦解していったと述べる。また王は、家譜・族譜から見れば巨大な組織と看取される唐代の門閥貴族も、実際は支系の林立した状態にあり、房を単位とする小さな血縁集団の集合体であったと指摘する。ちなみに、この時期の族譜に関して、［陳

1989] は、魏晋以来貴族層のものであったそれが、門閥体制の動揺に伴って平民たちによっても編纂されるようになり、こうした「族譜使用の平民化」がやがて北宋以降の新傾向を生み出した、と論じる。

　盧が着目した彭城劉氏のように、中央の官僚となって郷里から拠点を移した門閥貴族は唐代になると増え始める。かかる現象を［甘 1995］は「以官為家」と呼んだ。当時の官人たちはその多くが退休後、洛陽に居住することを望んだのであり、その結果彼らと故郷とのつながりは次第に途絶え、その「都市化」が進展していったと甘は説明する。この点に関して［鄭 2010］も、范陽盧氏の一支房（盧宝素の家系）を例に「中央化」の趨勢を検証する。墓誌の分析を通じて、盧宝素の子孫が盛唐期に洛陽へ転居したこと、そして移転後も本籍は移さなかったが、そこはもはや彼らの生活基盤ではなくなってしまったことを明らかにした。「以官為家」という現象を取り上げた論考としては、［胡 2008］もある。官人とともにその家族も任地と居住地、あるいは国都の間を頻繁に行き来していたのであり、こうした移動が官人家族の生活に与えた影響について胡は考察を加える。

２．女性史研究と唐代の家族・親族

　台湾の学界において唐代の女性に関する研究は相当な数に上る。ただし、純粋に歴史学的な研究というものは少なく、その多くは文学の方面からのものであった。1990年代、この領域はジェンダー史研究の興起によって新たな発展を見た。比較的顕著な変化としては性別や家族の問題に注目し始めたことがあげられる。

　前節で唐代墓誌が高度な研究価値を有することに言及したわけだが、実際のところ、墓誌は門閥貴族研究の方面において利用されるのみならず、数多の女性墓誌は女性史研究にも新たな視野を開いた。この方面の先駆者もまた毛漢光であった。［毛 1995］は、墓誌に記された墓主の生涯に基づき、女性の一生を「在室（未婚期）」、「結褵（結婚）」、「主家（姑亡き後の主婦）」、「寡居」の４段階に分ける。唐代の婦女は夫の家との関係が生家よりも密切であり、夫の家に入って以後は、上記の段階を進むごとに役割が増加し、地位も

日増しに重要になっていったと論じる。

　毛の後、盧建栄と陳弱水も墓誌を主な史料として女性に関する問題を検討した。［盧 1997］は、唐代における在室女（未婚女性）の墓誌について、作者の多くは死亡した女性の父や兄弟であり、その文章からは男性親の墓主に対する深い情愛の念が読み取れると述べる。またそれらの記載に基づけば、墓主である女性は男性兄弟と同内容の教育を受けていたと考えられ、当時男女の教育権利は平等であったと推測される。そして更に盧は、この２点に関して宋代の在室女墓誌には確認できない特徴であると指摘する。

　［陳 1997］は、貴族階級に属する女性が長期間帰寧（里帰り）していたと解釈できる記述、および結婚後に夫が妻方の家に居住していたと見なしうる記載を墓誌から数多く引用して、婦女と生家との関係について考察する。また［陳 2004］では、筆記小説を主たる史料として、関連する課題に引き続き検討を加える。そして、上記二篇を［陳 2007a］の一篇に書き改め、その中で陳は次のように指摘する。すなわち、貴族の家族は規模も大きく構成も複雑であったため、いったん嫁いだ女性が夫亡きあとに帰宗（実家に戻ること）したり、またそれ以外の理由で長期間帰寧したとしても、その生家には何の支障もなかった。ゆえに婦女は自身の生活を考えて簡単に帰宗・帰寧を選択できたのであり、これが女性とその生家の密接な関係を促進する重要な要因であった、と。なお、陳には以上の他に［陳 2007b］があり、この論考でも小説「唐晅（とうけん）」——唐晅が亡き妻の亡霊に会うという物語——の分析を中心に、出嫁女性と生家との関係、また貴族の婚姻や家族の問題に関して言及がなされている。

　更に陳は、如上の実証的な研究だけでなく、台湾学界の女性史研究の方面における新たな方向性についても提言をおこなっている。［陳 2007c］の一文において、陳は二つの方向性を提示するのだが、その中の一つが家族史との関連性であった。女性にとって家族・家庭は最も主要な活動領域のはずである。にもかかわらず、これまで台湾の歴史学界ではそこでの婦女の生活について、積極的にメスを入れようとする意識が欠けていた。たとえば、婦女の家族内における役割の変化——母、妻、嫁、娘、婆婆（しゅうとめ）などでどのように役割が変わっていったか——や、これら役割の異なる婦女間の関係といった点に

関して、具体的に検討を加えることが今後取り組むべき研究の一つの方向性であろうと、陳は唱えるのであった。

かかる提唱を受けて、この方面に踏み込む若手研究者がやがて現れ、その研究はよりいっそう掘り下げられていった。史料上に「厳母・妬妻・烈女・孝女」[2]などといった婦女の類型を確認することができるが、［廖 2009］は、母子関係という観点から、これらの女性が身を置いた家族、彼女らの人的ネットワーク、あるいはそれを取りまく社会文化や歴史的環境に対して検討を加える。

［鄭 2001］もまた母子関係に注目する。東晋の成帝咸和五年（330）に、于氏なる女性が幼少の頃から養育していた夫の兄弟の子を、自身の実子として認定してくれるよう訴え出た。鄭はこの事件から説き起こして、父系制度下における母子関係について考える。また［鄭 2009］では、漢唐間の家族史研究の成果を回顧して、次のように指摘する。魏晋南北朝隋唐時代において、「父は至尊」とする観念はいまだ優勢な地位を占めておらず、「母は至親」という倫理感情も忽せにしがたいものと目されていた。仏教や北方遊牧民などに由来するさまざまな倫理的価値観が併存しせめぎ合っていた当時、礼法規範も相当程度に弾力性を有しており、それは各種の文化理念を折衷し調和したものであった、と。

［李 1999］は、漢魏六朝時代の乳母について論じる。当時の史籍に記される皇室・貴族の乳母を取り上げ、その出身階層、乳母に対する評価、および宮廷と貴族との政争中における乳母と乳子（乳母に育てられた子）との関係を考察する。［胡 2014］は、唐代初期の継母・継子関係に関して検討を加える。琅邪の王氏出身で京兆の韋氏に嫁いだ王婉と、夫である韋思謙が前妻との間でもうけた子（韋承慶）との関係を一つのケーススタディに、理念と実態[3]が複雑に入り交じった継母と継子の関係をリアルに描く。

継母・継子に関しては、［羅 2015a］も論及する。当稿で羅は、母子だけで

（2）　厳母とは、厳罰を以て子を教育する母、妬妻とは、嫉妬心から夫の異腹子の養育を断固拒絶する妻、烈女とは、夫死没後に実家からの再婚を迫る圧力にも屈せず、貞節を守って一人亡夫の遺子を育てる寡妻、孝女とは、行方知れずの父の遺骨を求めるため家庭を捨て子を置き去りにすることを辞さない娘、をそれぞれ指す。

なく、兄弟——継子と継母の実子との間の異母兄弟——の関係にも考察を加え、仕官や婚姻における彼らの利害対立について詳述する。更に羅には、嫁姑関係を扱った［羅 2015b］がある。墓誌では往々にして「姑慈婦孝」（姑は嫁に慈愛深く、嫁は姑への孝行心に厚い）と記される両者の間柄も、小説の如き民間文学の世界では互いに角突き合わす関係として描写されることが多いと指摘する。また、［羅 2015c］では、一族内部での救恤(きゅうじゅつ)体制について論じる中で、経済的支援に供する共有財産が確保されていなかったため、後世に比べると唐代における族内の救恤体制は組織化の度合いが低かったこと、しかも救恤の対象は父系親族に限定されず、母方親族や姻戚もその内に含まれていたこと、などを明らかにする。

　姻戚関係がもたらす効能に関しては、［鄭 2016］の事例研究が興味深い。鄭は天宝四年（745）の紀年を有する「陳照墓誌」に分析を加える。墓誌の主である陳照は、南朝の陳朝帝室に連なる女性で、最初東海の徐氏に嫁ぎ、後に范陽の盧氏に再嫁した。彼女は二度の婚姻で生家の窮状を救うと同時に、自ら備えた文化的教養によって夫家の女児教育にも大きく貢献していた。つまり陳照の結婚は生家と夫家の両方に裨益するところが多かったと鄭は説く。

　さて、上述したように陳弱水は前掲の［陳 2007c］において、今後の女性史研究が目指すべき二つの方向性を示したが、残る一つは生育・医療研究との連携であった。台湾の学界において医療史は新興の研究領域に属するけれども、今日この方面の研究に従事する研究者は着実に増え始めている。ただし、古代史の分野に限ると、それに精力的に取り組んでいるのは、李貞徳のみにとどまる。［李 2008］は、その研究成果をまとめたもので、生育文化（生育にまつわる諸事象）や、子宝祈願・懐胎・分娩の方法、更には避妊・堕胎の手段などについて紹介する。また、漢唐の間における中国婦人科医学の発展史、および当該の医術で女性が手腕を振るいえた分野に関して説明する。

　こうした研究は決して単純な医療史研究ではない。なぜなら、古代の婦人

（3）　具体的に説明すると、理念とは儒家的な礼教道徳、例えば「継母は継子を実子と同等に養育せよ」や「継子は継母に対して実の母のように孝順をつくせ」といった父系的な母子規範を指す。一方実態とは、継母による継子いじめ、または継子が継母になじまない、などの社会的風潮がこれにあたる。

科は出産との関わりが深く、そして出産と育児は家族の問題と密接不可分な関連性を持っているからである。しかも、その対象とする時代は、漢代から唐代までと比較的長期にわたる。この点においても李の研究は高く評価されなければならない。

3．礼制・法制研究と唐代の家族・親族

　この方面でまず紹介すべきは、［李 2001］である。同書は北魏時代を対象とするものであるが、簡明でわかりやすい文章、説明により、一般の読者を歴史研究の専門的な議論に導く、よいガイドとなっている。この王朝の時、女性皇族の蘭陵長公主（？-520頃）が夫の暴力によって流産し、その後死亡した。かかる事件をきっかけに巻き起こった皇太后胡氏（？-528）と大臣たちとの間の議論を通して、中国の伝統的な法律制度下における姦通罪、および家庭内暴力、婦女の地位について本書は検討を加える。

　唐代の研究に話題を移すと、礼制方面では、家廟の問題を扱った［甘 1991］がある。祖先を祀る宗廟の設置はかつて諸侯以上にしか認められていなかったが、唐朝において家廟制度が整備され、五品以上の官人にもその設置が許されるようになったと述べる。［張 2012］は家礼について論じる。唐代中期以後、礼学に関わる書物に重大な変化が現れた。その一つが家礼と通称される私撰の儀礼書(4)に関する現象で、科挙官僚たちが家族・親族の教養を向上させようという目的のもと、競ってその編纂に参入し始めたのである。こうした趨勢は宋代で一層顕著となったが、やがて朱熹の編纂した家礼（『文公家礼』）が現れると、それが広く流布するようになった。そして元・明の時代では、私撰である朱子の家礼が国家の礼教規範にまで影響を及ぼすようになり、その内容は国定の儀礼書にも取り入れられていったと説明する。

　次に法制史の分野について。早期の著作として［潘 1965］がある。唐律には礼教思想が色濃く反映されているが、それは血族を名分とする親族主義を

（4）　家礼とは、家庭レベルでの礼の実践に関わる細則を定めたもので、冠婚葬祭のマニュアルに相当する。

中心とした思想であったと論述する。この方面に関しては近年来、「唐律研読会」を主とするグループ研究、および当該研読会成員の発表した個人論著が、実り多い成果をあげている。以下それらを細かいジャンルに分けて紹介しよう。まずは家父長に関して。

　［高 2003］は父権家長制について検討し、父権家長という地位には国家が賦与した権利と同時に、それに対する義務・責任も伴っていたと説く。［桂 2005］は、「家人共犯」（一家が共同でおこした犯罪）に関する規定に検討を加える。唐律ではこうした犯罪の場合、「止だ尊長のみを坐す」（尊長一人を処罰する）と定めており、「一家の主」だけが懲罰の対象となされていた。これは家父長に「家内秩序」維持の責任を負わせようとする目的によるものだと桂は論じる。

　唐律には「一家の主」に相当する表現として「家長」「尊長」「戸主」などの表現が確認されるが、［羅 2015d］［羅 2015e］はこれらの違いを明確にしようと試みる。戸令の一条に「諸て戸主は皆家長を以て之と為す」とあり、羅はこの一条から「戸主」と「家長」は必ずしもイコールで結びうるものではないと説く。政府は大概の場合、家を実際取り仕切る能力のある「家長」の責任を問うだけで、「戸主」を論罪の対象とすることはほとんどなかった（以上［羅 2015d］）。また、「家長」と「尊長」に関しても、徴税・課役といった国家の利益に関わる事項では前者が、それ以外の対社会的・個人的な権益に属する事柄については後者が、それぞれ責任・義務を担うべき主体として法律上明確に区別されていた。尊長とは本来、一家内の上位世輩者を指し、たとえば父親が免税・免役の年齢に達していた場合、家内には家長（壮年の息子）と尊長（老年の父親）が同時に存在したことになる。こうしたケースでは、家長は必ずしも家内の最高権威を有せず、家長・尊長間の権力は複雑に交錯した状況を呈したはずであって、家内の権力構造は必ずしも「家長」を頂点としたピラミッド形をなしていなかった、と羅は主張する（以上［羅 2015e］）。

　羅には戸籍登録に関する論考もある。唐令では年齢に基づいて0〜3歳を「黄」、4〜15歳を「小」、16〜20歳を「中」、21〜59歳を「丁」、60歳以上を「老」と区分し、これを基準にして田土を授付し税役を課した。［羅 2015f］は西北地域で出土した簿籍類に分析を加え、そこで確認される女性の内、

「丁」の年齢に属し、且つ夫と死別するなどして実家に出戻ったと思われる女性（帰宗女性）に関して、彼女らが簿籍上で「寡」と注記されることはなく、また「丁女」と記載されるのも稀で、多くは「中女」などといった名義で登録されていたと指摘する。なお、同じく西北地域の出土文書を用いて［李 2005］は次のように述べる。吐蕃統治時代の敦煌手実（戸口や田宅の申告書）をみると、そこに記されている家族の規模は比較的大きい。その原因は複合型家族（父母妻子という直系親の他に、兄弟およびその妻子といった傍系親を含む家族形態）が増加したこと、および家ごとに奴婢などといった非血縁者が多く戸籍に附されるようになったことにある、と分析する。

次に家内秩序の方面について。［陳 2005］は、唐律と現代法の家族・親族に関する法規を比較して、前者は主に「父母子女関係」を軸としており、後者が「夫妻（婚姻）関係」を軸にするのと構造上明らかに異なっていたと論じる。［翁 2005a］は唐律の戸婚律に関して、それは宗法制度の原則に合致し、且つ礼教的色彩に満ちた家族秩序によって構築されているが、実際にそれらの規定がどの程度実行されていたかは非常に疑問であると指摘する。また［翁 2012］は姦淫罪に関する法規とその判例を分析して、唐から宋にかけての姦淫罪観念の変化について検討し、当該の研究が伝統中国社会における男女間の相互的な関係を理解する一助となるのみならず、それを通じて伝統中国社会の家内秩序をも復元できるであろうと強調する。

続いて家族・親族関係に関する研究を紹介しよう。まずは夫妻関係について。［向 1991］はこの方面の先駆的著作である。唐代社会は婚姻礼法を順守した社会であったが、一方で婦女に比較的自由な再婚の余地をも認めていたと総括する。唐律中の夫妻関係を専論したものとしては［劉 2003］がある。更にこれを増補した［劉 2007］では、律だけでなく礼の方面からも夫妻（妾を含む）の関係に考察が加えられる。夫と妻、夫と妾、妻と妾の関係はいずれも本来血縁関係でないが、唐律においてそれらはすべて父子や兄弟（長幼）などといった父系親族関係に擬制され、その枠組みの中に組み込まれていた。儒家の説く夫妻（妾）間の礼教規範は、唐律を通じて、家族の存続に大きく貢献していた女性たち（妻妾）を巧みに父系親族制度のもとへ包摂し、儒家的家族制の揺るぎない体制を形成させるに至ったと論じる。また［劉

2005a］は、賤民階層の夫妻関係を取り上げる。良民の女性が部曲（賤民の一種）に嫁いで妻となった場合、その身分は賤民階層に位置づけられたのであり、唐律は「妻は夫に従う」という理念に貫かれていたと指摘する。

　［李 2005a］は、今日でいうところのDVについて論じる。唐律において夫の妻妾に対する暴行は「殴傷」（殴打・傷害の罪）として処理され、暴力が虐待と見なされることはなかった。それは親が子供におこなう「しつけ」と同等の行為であると目されていたため、婦女が家庭内暴力から逃れようとするならば、離婚以外に道はなかったと説く。離婚に関しては［李 2010］がある。「七出」（夫方からの一方的な離婚）や「義絶」（役所の主導にかかる強制離婚）といった離婚規定は、政府が法によって公権力を行使し、民間の事柄に属する婚姻へ介入するための手段であって、それは究極的には特定の性別——すなわち男性——の利益維持を目的として設けたものであると説明する。また［頼 2011］は、敦煌文書中の「放妻書」（妻に対する離縁状）に分析を加える。当該文書は平和的に離婚手続きを完成させるべく、婚姻を解消しようとする過程で対立や衝突が起きないよう意図的に曖昧な書き方をしていると推論する。

　親子関係に目を転じよう。［黄 2003］は、礼や律の中にみえる「三父八母」[5]について検討をおこなう。実際の血縁関係は扶育の過程で培われる恩愛よりも重視され、それゆえ出母と継母、実父母と養父母とが衝突した場合、必ず前者が後者を凌駕したと述べる。［劉 2005b］も、唐律中の母子関係、とりわけ出母・嫁母とその実の子とのつながりに着目して、黄と同様の結論を導き出す。

　［羅 2015g］は、官人が親の喪に服さなければならない場合、その関係性（例えば実の父母であるか否か）によって喪の種類や長短、およびそれに伴う離職の期間に違いがあったと説く。［羅 2015h］は養子について専論する。文献中にみえる養子を羅は「一般」と「特殊」の二類型に分けて分析を加える。そのうえで収養（養子縁組）は迎える側の養家と送り出す生家双方の礼制上・

（5）　実の父・生みの母ではない「父母」を指す。例えば、継父や継母、出母（離縁された実の母）、嫁母（父の死没後に他家へ改嫁した母）、庶母（父の妾で子を産んだ者）など。

法制上における地位と権利義務関係に影響を及ぼしたのであり、それゆえ収養に関しては礼・法の両面において規制が設けられていたと指摘する。

その他の親族関係に関しては、[桂 2003]が唐律の「同居は相い隠すを為す」条（名例律）を取り上げて、次のように述べる。唐律では犯罪の隠匿を許容する範囲が「同居」の親族[6]にまで拡大されたこと、またその血縁関係の親疎によって本来科されるべき隠匿罪が不問とされる親族と減刑とされる親族の二種に分類されていたこと、重大犯罪ではこの規定が適用されなかったこと、等について解説する。[翁 2005b]は、親族同士のもめ事において訴訟に至った案件の内、上位世輩者（父・祖父など）や年長者（兄など）が原告となり、下位世輩者（子・孫など）乃至は年少者（弟など）を訴えているケースが多数を占めていたと概観する。そして、宋代に関してではあるが、こうした訴訟の場合、裁きを下す官人は通常律の罰則を厳格には適用せず、寛容な方式で処理したうえで、孝道や父子間の倫理を説くといった柔軟な勧告指導方式により和解へと導いた。その結果として、かかる事案が社会的な大事件に発展することはほとんどなかった、と論じる。[李 2005b]は、唐代の家族縁坐制が前代までのそれよりも至って寛大で、婦女に対しては死罪が科されず、「没官」[7]として処置するよう規定が改められたと指摘する。ただし、実際にはこれに抵触する事例も確認され、婦女が死罪に処せられているケースは依然として存在したと付け加える。

唐律では私属の賎民[8]も、非血縁者であるが、家長に所属する一家の構成員と位置づけられていた。[翁 2003]は、こうした賎民に関わる条文を分析して、「下」（賎民）が「上」（主人）を犯した場合の量刑はその逆よりも甚だ重かったことを明らかにする。[羅 2015i]は、唐律で「主」あるいは「家主」と表現される賎民の主について、それとして認定されるためには三つの法定要件を満たしていなければならなかったと説く。その三要件とは、賎民と同籍であること、良民であること、「財分」（家産分与に預かる権利）を有す

（6）　家計を同じくする者であれば、血縁の親疎は問わない。
（7）　官に人身を没収されて奴隷となること。
（8）　私的隷属民として唐律には部曲・客女と奴婢の二種が規定されている。賎民としての度合いは前者よりも後者の方が強い。

ること(9)であった。この三点を満たす者は家長一人に限定されず、また男性のみとも限らなかった。しかし、おおむねその範囲は家長を中心として、その期親（一年の喪に服すべき親しい親族）(10)までにとどまったと論じる。

最後に［高 2009］を紹介しよう。既述の如く唐律では役所による強制離婚を「義絶」と称した。これに対して男女が結婚している状態を「義合」という。かかる表現が用いられたのは、夫妻の関係というものが「義」を媒介とした結びつきであると考えられていたからにほかならない。高は唐律の分析を通じて、そこでは夫妻関係の他に君臣の関係、上官と部下の関係、師弟の関係、朋友の関係、僧道内の関係(11)が「義合」の関係として想定されていたと整理する。そのうえで、これらは血縁関係と異なる個人間・集団間の双方向的な関係なのだが、唐律では「不義」という規範が設けられ、しかもそれは「十悪」(12)の一つに加えられた。「義」を犯すという行為は、「仁」などの徳目、すなわち儒教社会の価値体系に背反する、この上なく重大な犯罪であると目されるに至った結果だ、と高は主張する。

おわりに

台湾学界における唐代の家族・親族に関する研究は、かつて門閥貴族研究の付属分野でしかなかった。1980年代に家族型態についての研究が現れ、独立した一つのジャンルとして認知され始めた。その後研究は途絶えた感があったが、2000年に至ってようやく再び類似の課題に論及する学者が見られるようになったのである。今日、唐代の家族・親族研究は「門閥貴族研究」、「女性史」、「礼制史・法制史」の三方面と連動して、研究を深化させている。医療史といった新しい方向性が切り開かれる一方、伝統的な門閥貴族研究においても、家族史・親族史的な観点から再検討がおこなわれるようになった

（9）「財分」を有さない家族員としては妾などが挙げられる。
（10）具体的には祖父・伯叔父・兄弟・子などが該当する。
（11）僧侶・道士間の師弟関係を指す。
（12）国家・社会の秩序を乱す犯罪として特に重く罰せられた行為。「謀反」「謀大逆」「謀叛」「悪逆」「不道」「大不敬」「不孝」「不睦」「不義」「内乱」の10項目からなる。

のである。従来の研究は、貴族という社会階層の確立と維持、婚姻ネットワークによる人的結合などの問題がもっぱら取り上げられたが、現在ではその家族・親族に関心が向けられるようになった。家族内部の様相、女性と家族の関係、家族・親族間の関係といった課題に取り組もうとする研究者は今後より一層増えるであろう。

　家族・親族研究において法律文献は基礎史料の一つであり、なかでも唐律は、当時の法体系をうかがわしめる一書としてとりわけ重要である。そしてこの方面からの研究も、2000年以降大きく進展したのであった。「唐律研読会」などといった学術団体の長期的かつ集中的な傾注の結果、豊富な成果を獲得しえたと同時に、研究は精緻化・細分化の方向へと向かっていった。家長と家内秩序に関する研究は、伝統中国における家族の特色を浮き彫りにしただけでなく、当該社会の家族秩序を復元することにも一役買った。また、家族・親族関係に関する研究では、法律の検討から研究を深化させ、夫妻関係・親子関係の位置づけを明確にした。これは、現代華人社会の家族問題を理解する手助けにもなっている。

　ただし、現時点においても解決されていない問題はなおも存在する。その一つが対象となされている階層の問題である。家族・親族史の分野はもちろんのこと、女性史研究の方面にあっても、主に扱われるのは貴族階層に属する人々・女性にとどまっているといわざるをえない。研究の範囲が特定階層に限定されるという印象を容易に生み出すであろうことは免れがたい。また、文献に記載された唐代の司法案例は決して多くなく、そのため法制方面からの研究は法典・法規を主要な考察対象とするものに限られている。法実務の観点より検討を加える必要があるが、現状ではそれを試みるだけの十分な材料は、残念ながら揃えるのが難しい。

　最後に是非指摘しておきたいことがある。以上で列挙した文献は公開された出版物および学術雑誌上で発表された論考のみであって、膨大な数の修士論文・博士論文はこの中に含まれてない。ただし実際は、紹介した専著・論文のうち、修士論文・博士論文そのもの、ないしそれらを基礎としてできあがった研究は少なくない。修士・博士論文で取り上げられているテーマは多様であり、そうした学究が学界に新機軸をもたらす動力源となりえることは

贅言を要すまい。筆者は、未来の修士・博士論文が、持続的にこの領域の新規な方向を切り開き、新たな研究のムーブメントを促すよう期待してやまない。

・参考文献・

翁育瑄（2003）「従唐律的規定看家庭内的身分等級――唐代的主僕関係」、高明士主編『唐代身分法制研究――以唐律名例律為中心』、五南図書
翁育瑄（2005a）「戸婚律与家内秩序――唐代家庭的探討」、高明士主編『東亜伝統家礼、教育与国法（二）：家内秩序与国法』、台湾大学出版中心
翁育瑄（2005b）「唐宋有関親属相犯案件的審理」、高明士主編『東亜伝統教育与法制研究（一）：教育与政治社会』、台湾大学出版中心
翁育瑄（2012）『唐宋的姦罪与両性関係』、稲郷出版社
王晶（2015）「唐代的房分与家族的分化」、『成大歴史学報』49
甘懐真（1991）『唐代家廟礼制研究』、商務印書館
甘懐真（1995）「唐代官人的宦遊生活――以経済生活為中心」、『第二屆唐代文化研討会論文集』、中国唐代学会
甘懐真（2012）「再思考士族研究的下一歩：従統治階級観点出発」、甘懐真主編『身分、文化与権力――士族研究新探』、台湾大学出版中心
桂斉遜（2003）「我国固有律関於「同居相為隠」的理論面与実務面――以唐律為核心」、高明士主編『唐代身分法制研究――以唐律名例律為中心』、五南図書
桂斉遜（2005）「唐律「家人共犯、止坐尊長」分析」、高明士主編『東亜伝統家礼、教育与国法（二）：家内秩序与国法』、台湾大学出版中心
胡雲薇（2008）「千里宦遊成底事、毎年風景是他郷――試論唐代的宦遊与家庭」、『台大歴史学報』41
胡雲薇（2014）「唐代的継母子関係――以王婉、韋承慶為中心」、『早期中国史研究』6（1）
黄玫茵（2003）「唐代三父八母的法律地位」、高明士主編『唐代身分法制研究――以唐律名例律為中心』、五南図書
高明士（2003）「唐律中的家長責任」、高明士主編『唐代身分法制研究――以唐律名例律為中心』、五南図書
高明士（2009）「義合与義絶――兼論唐朝律令的非血縁法制秩序」、曾一民主編『林天蔚教授紀念文集』、文史哲出版社
向淑雲（1991）『唐代婚姻法与婚姻実態』、商務印書館
張文昌（2012）『制礼以教天下――唐宋礼書与国家社会』、台湾大学出版中心
陳恵馨（2005）「『唐律』中家庭与個人的関係――透過教育与法制建構「家内秩序」」、高明士主編『東亜伝統家礼、教育与国法（一）――家族、家礼与教育』、台湾大学出版中心
陳弱水（1997）「試探唐代婦女与本家的関係」、『中央研究院歴史語言研究所集刊』68（1）
陳弱水（2004）「小説所見的唐代婦女与本家」、鮑家麟編『中国婦女史論集　六集』、稲郷出版社
陳弱水（2007a）「隋唐五代的婦女与本家」、同『唐代的婦女文化与家庭生活』、允晨文化

陳弱水（2007b）「従『唐甄』看唐代士族生活与心態的幾個方面」、同上
陳弱水（2007c）「台湾学界唐宋婦女史研究的課題与取向」、同上
陳捷先（1989）「唐代族譜略説」『第一届国際唐代学術会議論文集』、唐代研究学者聯誼会
鄭雅如（2001）『情感与制度：魏晋時代的母子関係』、国立台湾大学文史叢刊
鄭雅如（2009）「中古時期的母子関係――性別与漢唐之間的家庭史研究」、李貞徳主編『中国史新論：性別史分冊』、中央研究院／聯経出版事業公司
鄭雅如（2010）「「中央化」之後――唐代范陽盧氏大房宝素系的居住形態与遷移」、『早期中国史研究』2（2）
鄭雅如（2016）「唐代士族女児与家族光栄――従天宝四年「陳照墓誌」談起」、『中央研究院歴史語言研究所集刊』87（1）
杜正勝（1992）「伝統家族結構的典型」、同『古代社会与国家』、允晨文化
潘維和（1965）『唐律上家族主義之研究』、中国文化学院出版部
毛漢光（1988）『中国中古社会史論』、聯経出版事業公司
毛漢光（1995）「唐代婦女家庭角色的幾個重要時段――以墓誌銘為例」、鮑家麟編『中国婦女史論集 四集』、稲郷出版社
羅彤華（2000）「「同居」析論――唐代家庭共財性質之探討」、『大陸雑誌』100（6）
羅彤華（2015a）「唐代継室婚姻研究――兼論継母子関係与異母兄弟之争」、同『同居共財――唐代家庭研究』、政大出版社
羅彤華（2015b）「婆媳関係――唐人孝道倫理的另種考察」、同上
羅彤華（2015c）「帰宗与依附――唐人恤親思想研究」、同上
羅彤華（2015d）「「諸戸主皆以家長為之」――唐代戸主之身研究」、同上
羅彤華（2015e）「家長与尊長――唐代家庭権威的構成」、同上
羅彤華（2015f）「丁女当戸給田問題小考――兼論丁女与帰宗女的身分注記」、同上
羅彤華（2015g）「唐代官人的父母喪制」、同上
羅彤華（2015h）「唐代養子的類型及其礼法地位」、同上
羅彤華（2015i）「唐律的家主与主賤関係」、同上
頼亮郡（2011）「従放妻書看唐代的和離」、黄源盛主編『唐律与伝統法文化』、元照出版
李淑媛（2005a）「唐代的家庭暴力――以虐妻、殴夫為中心之思考」、高明士編『東亜伝統家礼、教育与国法（二）――家内秩序与国法』、台湾大学出版中心
李淑媛（2005b）「唐代的縁坐――以反逆縁坐下的婦女為核心之考察」、高明士編『東亜伝統教育与法制研究（二）――唐律諸問題』、台湾大学出版中心
李淑媛（2010）「休妻棄放――唐代離婚法「七出」、「義絶」問題再探」、『法制史研究』17
李正宇（2005）「従「吐蕃子年（公元808年）沙州左二将百姓氾履倩等五戸戸籍手実残巻」看吐蕃戸婚方面若干問題」、高明士編『東亜伝統家礼、教育与国法（一）――家族、家礼与教育』、台湾大学出版中心
李貞徳（1999）「漢魏六朝的乳母」、『中央研究院歴史語言研究所集刊』70（2）（のち修訂して（李貞徳2008）、第五章「重要辺縁人物――乳母」）
李貞徳（2001）『公主之死――你所不知道的中国法律史』、三民書局（大原良通訳『中国儒教社会に挑んだ女性たち』、大修館書店、2009）
李貞徳（2008）『女人的中国医療史――漢唐之間的健康照顧与性別』、三民書局
劉燕儷（2003）「従法律面看唐代的夫与嫡妻関係」、高明士主編『唐代身分法制研究――以唐律名例律為中心』、五南図書
劉燕儷（2005a）「唐律私賤階層的夫妻関係与実態之探討」、高明士編『東亜伝統教育与法

制研究（二）――唐律諸問題』、台湾大学出版中心
劉燕儷（2005b）「唐律中的母子関係」、高明士編『東亜伝統家礼、教育与国法（二）――
　　家内秩序与国法』、台湾大学出版中心
劉燕儷（2007）『唐律中的夫妻関係』、五南図書
廖宜方（2009）『唐代的母子関係』、稲郷出版社
盧建栄（1993）「唐代彭城劉氏宗族団体之研究」、『中央研究院歴史語言研究所集刊』63（３）
盧建栄（1997）「従在室女墓誌看唐宋性別意識的演変」、『国立台湾師大歴史学報』25

（訳出にあたって）
　台湾（大陸も含めて）と日本の学界では、学術上の用語に若干の違いがある。その一つが「貴族」である。台湾においては、六朝隋唐期の上層階層を「士族」と呼ぶ。日本ではこれは「貴族」と称するのが一般的で、今回の訳出では「士族」をすべて「門閥貴族」といい換えた。
　また、一般用語のうえでも日台（日中も）は相違する。本章との関わりでいうと、「家族」の語がこれにあたる。日本語でいうところの「家族」は、漢語では「家庭」と表現される。「家族」はそれよりも広い範囲の血族を指しており、言葉の力点は「家」ではなく、「族」にある。そのため翻訳にあたっては、「家庭」に「家族」の語をあて、原文の「家族」には「（父系）親族」の表現を用いた。
　こうした用語の差異に本来ならばより一層留意しなければならないのだが、本書の性格上、あえて大胆に言葉を置き換えた。この点について筆者には些かの責もないこと、最後に付言しておく。なお、本章の脚注も全て訳出の過程で付け加えたものである。

COLUMN 1

史料紹介
敦煌文書にみる妻の離婚、娘の財産相続

荒川正晴

1．敦煌の離婚に関する史料

　敦煌文書には、いわゆる離縁状といえるものが多く残されている。ただし、ほとんどは実際に作成された離縁状ではなく、書儀（模範文例）として伝存したものである。また、書簡などと同じように離縁状の「お手本」が多数作成されていたことは、当時の敦煌社会で離婚が決して珍しい話ではなかったことを示唆していよう。

　こうした書儀として伝えられている離縁状は、内容面から見て、大まかに以下の三つに分けることができる。

　①「放妻書」と呼ぶべき離縁状
　　P.3536; P.3730v（書儀）; P.4525; S.343v（書儀）; S.6537v（書儀）
　②「女人及丈夫手書」「夫婦相別書」と題された離縁状
　　P.3212v（書儀）; P.4001（書儀）
　③無題の離縁状
　　S.6417v（書儀）; S.5578（書儀）; S.6537v（書儀）

このうち①に掲げた「放妻書」とは、夫主導の離縁状であり、以下のようなものである。

　【史料Ⅰ】「放妻書　書儀（9世紀）」（P.3730 v.; TTDⅢ, p.155）
　1．厶郷百姓某專甲放妻書一道
　2．盖次伉儷情深、夫婦義長。幽懷合巹之歡、嗽同

3. □牢之樂。夫妻相對、恰似鴛鴦雙飛、並膝
4. 花顏、共坐兩德之美。恩愛極重、二體一心、死同棺
5. 槨於墳下。三載結縁、則夫婦相和、三年有怨、則
6. 來作讎隟。今已不和、相是前世怨家、販目
   　　　　　　　　　　　(想)　　　　　　(反)

7. 生嫌、作爲後代憎嫉。縁業不遂、見此
8. 分離、聚會二親。　　夫与妻物色、具名書
9. 之。已歸一別、相隔之後、更選重官雙職之夫、
10. 弄影庭前、美逞琴瑟合韻之態。解縡捨
    　　　　　　　　　　　　　　　　(縡)

11. 結、更莫相談。三年衣粮、便畜 獻 柔儀。伏
12. 願娘子千秋万歳。時次某年ム月日。
    　　　　　　(歳)

(和訳)［梅村 2007訳, pp.17-18］

(a) 某郷の百姓誰某の放妻書一通
(b) 夫婦というものは情深く義を重んじ、夫婦固めの盃を交わし、苦楽をともにするものである。夫婦が相対する様は、あたかも鴛鴦が連なって飛ぶのに似ており、膝を寄せ合い互いに顔を見合っている様子は、ふたつの徳が美しく並んだようである。互いに慈しみあい、一心同体として暮らし、死んでからは、同じ墓穴の中で同じ棺桶に眠る。(c) 前世で三年の縁があれば、今生で仲の良い夫婦になる。ところが前世に三年の憎しみあいがあると、今生で仇同士となってしまう。今、ふたりが不仲になったのも、想うにこれは前世の家同士の怨念であろう。互いに反目し合って嫌悪感を生じ、来世まで憎しみ合うこととなる。
(d) このような悪縁によって添い遂げることはできないから、お前を離縁する。(e) 双方の親が立会い、夫と妻の財産を調べ書き上げる。
(f) 離縁した後は、お前は高い官職を兼任するような夫を選び、小路や庭先で夫婦仲睦まじい様子でいてください。縁を解いたからには、今後話しかけることもないでしょう。(g) 三年間の衣食費を差し上げます。あなたがいつまでも幸あらんことをお祈りします。

　　　　　　　　　　　　　　　　(h) 某年　某月　某日

本史料は男性(夫)側が作成したものと見られ、その内容は(a)〜(h)の要素から成っている。

(a) タイトル…夫の居住地と氏名を記す。
(b) 前文…あるべき夫婦の姿を説く。
(c) 離婚理由…前世からの因縁により不仲に。
(d) 離婚の宣告
(e) 夫婦の財産処分について…親族立ち会いにより調査。
(f) 妻の再婚許可
(g) 扶養料の取り決め…今後三年間、妻の食費・被服費・医療費などを夫が負担。
(h) 結び…作成日時。

以上に挙げたうち、特に(f)(g)などの内容から、本離縁状は基本的には男性(夫)側が作成し、女性(妻)側が保管すべき文書となっていたと考えられる。

それに対して、②の「女人及丈夫手書」「夫婦相別書」とするグループは、①とその性格を大きく異にする。具体的には、以下のようなものである。

【史料Ⅱ】「女人及丈夫手書　書儀(10世紀)」(P.4001; TTDⅢ, p.154)
1. 女人及丈夫手書一道「押」
2. 竊聞夫婦、前縁不同樹者、易結婚親、數年不累、如貓鼠
3. 相諍。家中不肯貞順、夷相各各別意。思量六親情
4. 歡、要二夫妻、立此之前對問、相看如禽獸之累、更便相
5. 逐不得。今見父孃諸僥屬等、以各自當投取散、意逐歡
6. 便得開之門。今日虮歡、及便得離別如雲、遂合散
7. 諸、再與清明曉眼、後更不得侵恌逐情。今對六親
8. 放者。皆生歡喜、立此文書者。押指節為憑「押」

(和訳)
妻が夫にわたす手書[自筆の離縁状]一通　「押署」
竊に聞くところでは、夫婦の前縁において樹を同じくしないものが、安

易に婚姻関係を結ぶと、数年を重ねずして、貓と鼠のごとく、相争うようになる、と。家のなかでは、すなおに順おうとせず、（互いに）傷つけては、それぞれに思いを別にしている。近親のものたちの気持ちを思えば、再び夫や妻を迎える必要がある。これ［離縁状］を作成する前に、会って言葉を交わしたが、お互い相手を禽獣のように扱い、これ以上互いに受け入れられる状態ではない。今、父母や縁者たちを立会人として、それぞれ自ら離別の気持ちを表し、喜びを求めて（新たに）門を開くことができるようにする。今日歓びをもって？、雲（が流れる）ように離別することができ、遂に相手を離縁するに及んだので、再び立派な相手と結ばれても、以後さらに（再婚を）妨害したり嫉妬したりして、こちらの気持を押しつけるようなことはしてはいけない。今、（それぞれの）近親のものと相対して（互いに相手を）離縁するものである。皆な歓喜を生じ、この文書［離縁状］を作成した。指の節を押［画指］して憑とする。「押署」

　本史料は、その内容から見て、妻が夫と対等の立場で作成したものと見られる。当然ながら、「放妻書」にみえる（f）妻の再婚許可、（g）扶養料などの取り決め項目はない。

　これはタイトルから判断して、おそらくは妻側が作成した「署名付きの離縁証明書」ともいえるものであり、夫側がそれを保管していたと推測できる。また、「夫婦相別書」のタイトルをもつ離縁状も、（f）（g）などの項目はなく、全体の内容から見て夫婦が対等な立場で作成したことがわかる。

　最後に残された③のタイトルがない離縁状は、S.6417vのみ「扶養料の取り決め」項目があるが、その他は文飾に重点を置いた文例集となっている。

　そもそも唐律令においては、離婚については「棄妻」「義絶」「和離」の三種類が想定されている。①の「棄妻」は、夫による追い出し離婚であり、②の「義絶」は、国家による強制離婚である。「礼」に反する夫婦を認めない国家意思の表明（戸令31条）でもあったといわれる。また③の「和離」については、戸婚律41条にこの語がみえるのみであるが、夫の許可を得ての協議離婚であると考えられている。

敦煌での離婚の実態について、これまでは男性の立場から作成される①「放妻書」に主に焦点があてられ、離縁状＝放妻書と総称されてきたが、②の「女人及丈夫手書」などの書儀の存在から、敦煌では常に夫側が離縁状を作成し妻に渡すとは限らず、妻側が署名して夫に渡す離縁状もあったことがうかがえる。このことは、女性主導の離婚もあったことを示唆している［cf. 乜 2009：73］。

2．敦煌の財産相続に関する史料

　中国の漢人社会における女性の家産相続に関しては、女子に家産継承権が存在していたかどうかについて、これまで中国史上の大きな問題となってきた。これまでにも、多くの議論が重ねられてきたが、宋代「女子分法」をめぐる滋賀秀三と仁井田陞との論争は有名である。その後も、この問題は女子の家産継承権について肯定的な一派（仁井田・柳田節子・板橋真一・青木敦・B. Birge など）と、それに対して否定的な一派（滋賀・永田三枝・高橋芳郎・K. Bernhardt など）に分かれ論争が展開されてきた。それら議論の詳しい内容や経緯については、［青木 2003］などを参照されたい。

　ここでは、遺書の書儀ながら、敦煌における女子の家産相続の状況の一端がうかがえる文書があるので、以下に紹介しておきたい。

【史料Ⅲ】「遺書　書儀」　Дx.02333B［『俄蔵敦煌文献』9，p.153］
（前欠）
1．今共六親分割、
2．□念及**男女**數記。
3．右件分割、准吾遺囑、
4．分配爲定、□□五逆
5．之子、不憑吾之委囑。忽
6．有諍論、吾作死鬼、亦
7．亦乃不与擁護、若
8．有違此條流、但將此

9. 憑逞官、依格必當(星)
10. 断決者。

（和訳）

今、近親者と（家産を）分割するにあたり、（家産を残す）本人の「思い（意思）」と（家産を継承する）男［むすこ］と女［むすめ］について一人ずつ列記する。【実際の遺書では、ここに具体的に分割する家産の内容（田・園舎・畜牧など）と相続人（長男・次男・女など）が列挙される】

右件の分割は、私の遺言に基づいて取り決め分配する。□□や五逆［君・父・母・祖父・祖母を弑すること］の罪を犯したものは、私の遺言に依らせない。軽率に文句を言って争うことがあれば、私が死んでも、（家産分割の）「恵み」には与らせない。もしこの取り決め条文に相違することがあれば、この遺言状を官に提出し、格に依って必ず処断すべきである。

本文書から、9〜10世紀頃の敦煌では、少なくとも未婚の娘に家産の相続が認められていたのは明らかである。ただ、先に紹介した女性主導の離婚も含め、こうした具体的な事例を、どこまで当時の中国内地における漢人社会に投影できるかは、敦煌という地域と唐代という時代の状況を併せて考慮する必要がある。

ここに紹介した史料は、時代的には女性が社会的に「強い」存在であったといわれる唐代に属している。ただなによりもわれわれがまず考慮しなければならないのは、敦煌が漢文化を保持する漢人が多数を占める社会であるとともに、中央アジアに属すオアシスであるということである。例えば、先に紹介した離婚問題に関していえば、同じく中央アジアに位置するオアシスであるソグドの社会においても女性が主導する離婚が保証されていた［参考資料参照。吉田・荒川 2009：348-350］。特に見逃せないのは、敦煌のように限られた農地しか得られないオアシスでは、女性が大半の世俗戸の生活を支える重要な労働力として存在していたことである。もちろん、このことが女性の社会的な地位を上げることに直結するかどうかは、今後のさらなる検討課題であるが、いずれにしても敦煌の文書史料を広く歴史研究に活用するために

は、その内容の何がどのように「特殊」なのか先ずは明らかにする必要がある。

【略語】

TTD = Yamamoto, T. et al., *Tun-huang and Turfan Documents concerning social and economic history I - IV & supplements*, The Toyo Bunko, 1978-1987・2001.

『俄蔵敦煌文献』＝俄羅斯科学院東方研究所・聖彼得堡分所・俄羅斯科学出版社東方文学部・上海古籍出版社（編）『俄羅斯科学院東方研究所聖彼得堡分所蔵敦煌文献』1(17)、上海古籍出版社、1992-2001。

・参考文献・
［和文］
青木敦（2003）「南宋女子分法再考」『中国―社会と文化』18：152-172（増補改訂：同『宋代民事法の世界』、慶應義塾大学出版会、2014：137-159）
梅村恵子（2007）『家族の古代史　恋愛・結婚・子育て』（歴史文化ライブラリー227）、吉川弘文館
吉田豊・荒川正晴（2009）「ソグドの女性と結婚（八世紀初）」、歴史学研究会（編）『世界史史料3 東アジア・内陸アジア・東南アジアⅠ』、岩波書店、348-350
［中文］
乜小紅（2009）『俄蔵敦煌契約文書研究』、上海古籍出版社

［参考資料］
「タルフン王[1]の10年、マスウォーギーチ月のアスマンワーチの日（西暦710年3月25日）、通称ニーダンと呼ばれるウッテギン[2]は、ナウェカト[3]の領主チェルから、その後見の下にあるトゥグ↑ゴンチという名の女性を妻に迎

---

(1) サマルカンド王。709年、アラブ軍がソグディアナに侵攻した際に降伏した。翌年、サマルカンドの住民はタルフンを退位させて蜂起し、彼は自殺したとも後任の王グレクに殺されたともいわれる。
(2) テュルク語の名前、もしくは称号。「火の王子」の意。
(3) セミレチエにあるソグド人の植民都市。

える。この女性はウィーウースの娘で通称チャトと呼ばれている。そしてチェルは彼の被後見人（チャト）を伝統的な法どおりに、そして次のような条件で彼（ウッテギン）に与える。ウッテギンはこのチャトを敬愛する妻とし、彼女に食物・衣服・装飾を与え、全権を持つ妻として、愛情を持って、高貴な男性が高貴な女性を妻とするにふさわしいようにすべきである。そしてもし将来、ウッテギンがチャトの許可なしで他の妻または妾またはそれに類した女性を持ち、これによってチャトを都合の悪い状態におけば、夫ウッテギンは妻のチャトに対し、混じりけのない良質の銀貨を30ディルハム支払うべきである。そして、将来、もしウッテギンがこのチャトをもはや妻としないことに決すれば、彼は彼女に食物のほか彼女が結婚生活中に持った物品ともらった金額を与えて自由にすべきである。そして彼は彼女に対し、これ以上の補償の義務はなく、何も支払うことはない。その後彼は自分の気に入る女性と結婚することができる。そして同じようにチャトのほうがもはや自分がウッテギンの妻ではないとの決定をすれば、彼女は彼のもとから去るべきである。この場合彼女は着るに足る衣服と装飾品とウッテギンからもらった品物を彼に返すべきである。ただ自身の私物と働いた（?）ものは持ち去ってかまわない。そしてこれ以外に彼女は彼に対してなんらの補償の義務はなく、支払うべきものもない。その後彼女は自身の欲する男性を夫にして差し支えない。…（後略）…」

————ソグディアナにおける結婚契約書（ソグド語文書）

COLUMN 2

則天武后とその後

金子修一

一

　則天武后は漢の呂后（呂太后）、清の西太后と並んで中国の三大女傑として知られる。しかし、呂太后や西太后が皇帝の母親の立場で権力を握ったのに対し、則天武后が中国史上唯一の女性皇帝となり、正式の皇帝の立場で権力を振ったことは大きな違いである。太后は皇太后の略で、皇帝が崩御して次の皇帝が立つと、実子か否かに関わらず前の皇帝の皇后が皇太后となる。皇帝が幼少であれば直ちに親政することができないので、皇太后やその一族が政治を主導する場合がある。いわゆる外戚政治で、それが最も顕著に現れたのが後漢であるが、和帝の皇后の和熹太后は本人自身が政治を執り、後世の史料にもその執政を称える文言が散見する。順帝の梁皇后も沖帝や質帝の時に臨朝した。太后の兄の梁冀は質帝を毒殺し、梁氏一族は史上最大の外戚といわれた。そのため梁太后の評価は高くはないが、沖帝・質帝の朝廷では善政に努めた。前漢の呂太后の場合、恵帝・少帝恭・少帝弘の朝廷で称制したが、当時は漢の建国当初で、剛毅な為人（ひととなり）の呂太后のような人物でなければ安定した政治が維持できなかったとも考えられる。皇后制度自体が未発達、未完成であった漢代では、皇后が政治を執ることに後世ほど抵抗は無かったのかもしれない。

　臨朝や称制、併せて臨朝称制は、皇后が朝廷に臨席して朝政を指揮することをいう。称制の制は皇帝の命令で、皇帝に代わって命令を出すことを「制を称（とな）える」というのである。臨朝称制の語は呂后の時からあり、その点では

政治は皇帝が執るという建前は前漢からあった。儒教の経書『尚書（書経）』の牧誓篇に「牝鶏之晨」という言葉があり、夜明けのときを告げるのは雄鶏であるが、あるはずのない雌鶏がときを告げるのは凶兆であり、女性が口を挟んで政治を乱す喩えの成句として用いられる。また、垂簾の政という言葉もあり、朝廷では皇后は臣下の前には姿を現さず、簾を垂らした後ろから皇帝に向かって指示を出し、皇帝がそれを受けて臣下に命令を下すことをいう。中国では、女性が朝政に直接関わることは早くから忌避されていたのである。

　このような伝統の中で、則天武后は唯一の女性皇帝となった。彼女が皇后となったのは高宗が即位して6年後の永徽6年（655）であり、その後風疾（中風）に苦しむ高宗に代わって政治を執るようになったが、実際に皇帝となって唐に代わる周を建国したのは天授元年（690）で、皇后に立ってからは35年後、弘道元年（683）の高宗の崩御からでも十年近く経っていた。唐代では、先帝が崩御すると次の皇帝は数日間喪に服してから即位し、その間の政治の空白期間には形式的に摂冢宰を任命する。冢宰は天子を補佐して百官を統御するという周代由来の官名で、摂は臨時の官の意味である。高宗の崩御は12月4日、高宗と武后の子である中宗は7日後の11日に即位したが、その間の軍国の大事は天后（当時の武后の称号）が指図した。このことは高宗の遺詔に記されており（『唐大詔令集』巻11・大帝遺詔）、武后が権力を握る過程としては合理性がある。唐皇帝の即位儀礼において冢宰が制度化されるのはこれ以後のことになるが、新皇帝の喪服期間の政治的空白を避ける、という大義名分が武后の権力奪取に存していたことは知っておいてよいであろう。

二

　則天武后については、皇后になる過程の策略、唐室を中心とする反対派に対する弾圧、旧来の貴族に替えて科挙官僚を積極的に登用した事実、等々が多くの研究論文や著述に語られている。しかし、意外に注意されていないのが中宗を皇太子に立ててからの後半の政治過程と、中宗と弟の睿宗および睿宗の子で武后の孫の玄宗の、それぞれの治世における武后の扱いである。

　晩年の武后は、高宗崩御後に一度即位させ嗣聖元年（684）に廃位して房

州（湖北省房県）に流していた中宗を、聖暦元年（698）に洛陽に呼び寄せて皇太子とした。武后は中宗廃位後に睿宗を即位させたが、天授元年（690）に周を建国した際、それまで形式的に皇帝としていた睿宗を皇嗣、すなわち皇帝の後継ぎという地位に置き、武后が事実上の首都として神都と呼んでいた洛陽に留め置いていた。翌年の聖暦2年には、武后は皇嗣の睿宗に相王の爵位を与えた。皇嗣の称号はこの時に解消されたのであろう。翌年5月には武后は久視元年と改元し、その前の天冊金輪大聖皇帝を改めて皇帝とのみ名乗った。そして10月には、武周建国以後の11月を歳首とする周の暦（周正）を改めて、1月を歳首（正月）とする従来の暦（夏正）に戻した。中宗は武后の子であるが姓は李氏であり、中宗を皇太子としたことは李氏に政治を戻す武后の決意を表明したことになる。それ以後の武后の動きは、武周政治の特徴を次第に薄めて皇太子への政権委譲の地均しをしたものと理解できるのである。その点で注意すべきは、翌大足元年（701）10月の長安行幸と長安への改元とであった。

　高宗晩年の永淳元年（682）から、武后は洛陽に留まり続けていた。それから20年近く経ってから長安に行き、年号も長安としているのは、今回の長安行きの重要性を示している。武后は翌年11月に長安の南郊壇で天を祀っているが、長安の南郊壇は唐初からの天を祀る壇であり、南郊壇における祀天儀礼は唐のみならず漢以後の歴代王朝にとって最も重要な皇帝の祭祀であった。よって、この時の郊天儀礼には皇太子である中宗も参加し、中宗の立太子自体が昊天上帝や唐の祖先に告げられたことと想定される。興味深いのは、直前の10月に日本の粟田真人の第八次遣唐使が長安入りしていることで、彼等は遠来の蕃客として武后や中宗・睿宗の揃った南郊祀に参加したであろう。高宗の龍朔3年（663）の白村江の戦いで唐軍に大敗した後、倭国は669年の第七次遣唐使を最後に、唐との交渉を30年間停止していた。その間、新羅経由で唐の律令を学び、国号を日本と改め、律と令とを併せて制定した大宝律令の発布と同時に派遣されたのが第八次遣唐使である。わざわざ長安に行幸して唐の南郊壇で天を祀ろうとした武后にとって、第八次遣唐使の到着は自己の政治判断の正しさを証明する絶好の宣伝材料となった。

　武后に仕えた杜嗣先という人物の墓誌には「又た皇明の遠く被ぶに属たり、

日本来庭す」とある。杜嗣先は玄宗の先天2年 (713) に没しており、墓誌のこの部分は「日本」の国号が明記された最初期の史料として注目されるが、ここでは「皇明の遠く被ぶに属たり」、つまり「皇帝の明徳が遠くまで及んだので」、30年振りに日本が来朝した、と言っている点が重要である。皇帝の明徳の中に、中宗の立太子に関係して長安に行幸した武后が天を祀ることが含まれていると見て誤りない。粟田真人等を武后は長安3年に長安の大明宮麟徳殿で宴したが (『旧唐書』巻199上・倭国日本伝)、杜嗣先墓誌ではそこに彼の他に李懐遠・豆盧欽望・祝欽明の列席したことが明記されている。このうち、李懐遠・豆盧欽望はこの前後に宰相となっており、祝欽明はこの後に宰相となった。ここからも、武后の第八次遣唐使に対する厚遇振りを推測することができる。また杜嗣先墓誌からは、長安2年正月元日に朝賀の礼のおこなわれたことも判明する。朝賀の礼は、元旦に中央官や年次報告に上京した地方官、さらには異民族の使者が朝廷に参集し、皇帝に新年を寿ぐと同時に、皇帝の支配の広さ (「皇明遠被」) を実感する重要な儀礼である。墓誌の記述からは長安3年の朝賀の礼の有無は判断できないが、武后が洛陽に戻るのは同年の10月で、粟田真人達も長安に居たのであるから、長安3年の元日朝賀もおこなわれたと考えて良いであろう。杜嗣先墓誌は、武周後半の祭祀儀礼の実相を伝える得難い史料である。

三

神龍元年 (705) 正月に、武后は病臥中のクーデタによって退位させられ、中宗が帝位に即いた。武周朝の官名は唐朝の旧名に戻すなど唐朝への復帰が進められ、武后は同年11月に崩御した。しかし次第に武氏一族が盛り返し、それに不安を感じたのか、中宗の韋皇后は武氏一族に嫁していた娘の安楽公主と共謀して、景龍4年 (710) に中宗を毒殺した。韋后は中宗の末子 (韋后の実子ではない) の温王李重茂を皇帝とし、安楽公主を女性の皇太子という前代未聞の皇太女に立て、武后に倣って自身の政権を樹立しようとした。しかし、睿宗の四男の臨淄郡王李隆基 (玄宗) が韋后・安楽公主を倒して睿宗が即位し、玄宗が皇太子となった。すると今度は睿宗と玄宗との対立が顕在

化し、睿宗の姉妹で温王の退位にも一役買った太平公主が、軍政の大権を握った形での退位を睿宗に勧め、延和元年（712）に玄宗が皇帝となり睿宗は太上皇帝となった。ところがすぐに太平公主と玄宗との対立が激化し、翌年に玄宗は太平公主派の宰相を粛清し公主には自殺を命じた。睿宗は政治上の権限を返上し、玄宗が親政を開始した。太平公主も武氏に嫁しており、この時点で武氏一族は政治の表舞台から退場した。

そこで考えてみたいのが、中宗・睿宗と玄宗との武后に対する態度である。その目安となるのが詔勅である。唐代の詔勅で自分の前の皇帝のすべて——中宗であれば高祖・太宗・高宗と武后——に言及した例を見てみると、睿宗までは武后に触れるが玄宗になるとまったく触れなくなる。玄宗の次の粛宗以降になると、前代の皇帝は代数のみを挙げるようになるが、その中にも則天武后の存在を数えていると思われる例は見られない。つまり睿宗と玄宗とを境に、唐代詔勅中の武后の扱いは一変するのである。ただし、武后にも触れる中宗の詔2通、睿宗の詔1通のうち、武后を皇帝とするのは神龍元年の中宗即位赦一通のみであり、他の2通では武后は皇后扱いであるが、睿宗の太極元年（712）北郊赦には「大聖天后、受託従権」（『唐大詔令集』巻73）とあり、武后の政治は唐朝の危機を救う緊急性の高いものであった、と説明されている。従権は「権（かり）に従う」、便宜的な措置を取るという意味であり、このような武后の政治の正当化は中宗の二通の詔でも共通している。印象深いのは、神龍元年5月のものと思われる「答敬暉請削武氏王爵表敕」（『全唐文』巻17、標題は編者のもの、原文は『旧唐書』巻183・武延義伝）に「則天大聖皇帝……朕躬（みずか）らに在りては則ち慈母と為り、士庶に於いては即ち是れ明君」とあることで、武后は中宗にとっては慈母、臣民にとっては明君であったと述べられている。中宗や睿宗にとって実母の武后は、公けの場では決して否定できない存在であったのである。

ところが、玄宗は開元4年（716）に太上皇帝の睿宗が崩御すると、それまで武后の神主（しんしゅ）（位牌）に「天后聖帝武氏」とあったのを「則天皇后武氏」に改めた。翌開元5年には洛陽に行幸し、武后が神都の正殿としていた明堂を毀（こぼ）ち、改築して高宗朝までの乾元殿（けんげんでん）に戻したほか、武后が帝位に即くうえで自己の権威を高めるために立てた拝洛受図壇（はいらくじゅとだん）等を廃毀した。つまり、洛陽

における武后の権威顕彰に関係する構造物を抹消したのである。玄宗以後の詔敕から武后の存在が除外されることにも照らして、玄宗が即位当初から武后に否定的な態度を取っていたことは明らかであろう。ただ、それが睿宗崩御後に一気に始まったことは、玄宗にとって譲位後も睿宗の存在が大きかったことを示している。そうすると、中宗は房州に流した武后がなぜ睿宗を洛陽に留めておいたのか、中宗を毒殺した韋后の眼に睿宗の存在はどのように映っていたのか、等々の疑問も浮上してくるが、これらは今後の注意点としておきたい。本欄では、武后に対する姿勢が実子の中宗・睿宗と孫の玄宗以下との間で大きく違っていたことを指摘するに止めておきたい。

・参考文献・

金子修一（2009）「則天武后と杜嗣先墓誌――粟田真人の遣唐使と関連して」、『国史学』197

金子修一（2009）「唐代詔敕文中の則天武后の評価について」、『東洋史研究』68（2）

金子修一（2015）「則天武后――女帝と祭祀」、小浜正子編（2015）『ジェンダーの中国史』所収、アジア遊学191、勉誠出版

金子修一（2016）「玄宗の祭祀と則天武后」、古瀬奈津子編『東アジアの礼・儀式と支配構造』所収、吉川弘文館

第 II 期 宋〜明清 伝統中国 ジェンダー規範の強化

清・禹之鼎「双英図」(清華大学美術学院所蔵)

清代蘇州の街中で男女に分かれて芝居を
見る人々(「姑蘇繁華図」より)

はじめに

佐々木愛

1.唐宋変革論とジェンダー

唐宋変革期とは何か　唐から宋の間に中国社会は大きな質的変化を遂げた、とする大変良く知られた学説がある。内藤湖南(1866-1934)が初めて唱えたいわゆる「唐宋変革」論である。魏晋南北朝～隋唐期の貴族政治・貴族社会から、宋代以後の一君万民的な君主独裁政治および科挙官僚制に象徴される身分制のない社会へ。唐代以前の現物経済が優位な時代から、宋代の貨幣経済が発達し、都市化・商業化の進展する時代へ。唐代以前の貴族的・形式的な文化から、宋代以後の庶民文化、自由な文化へ。そして宋代における朱子学の誕生も、唐代以前の儒教が新説を立てることを許されない注釈学であったことから、経典の自由な解釈が可能になったことへの変化として湖南は位置づけた。そしてこういった変革の起こった宋代は、近世、つまり近代中国に連なる特質をもつ時代の起点という位置づけが与えられたのである。日本の中国

史学界では、たとえ宋以後近世説に立たない学者の間であっても、唐―宋の間が何らかの意味で変革の時期であるという理解は共有されているし、さらに90年代以降は Tang-Sung Transition として英語圏や台湾でも広く受け入れられ、そして最近では中国大陸でも知られるようになり、影響を与えはじめている。

唐宋変革とジェンダー　ところが、ジェンダーの問題を唐宋変革における"変革"の一つと位置づけて論じていこうとする日本における研究は、日本のジェンダー研究の立ち遅れにより、わずかな数しかない。妹尾達彦は、唐代九世紀において「恋愛（文学）」が誕生した理由について、当時門閥貴族ですらこぞって科挙を受験するようになり、知識や詩文の創作能力に自らの

恋愛の誕生　よりどころをもつ才子たちが、その才能を理解し機知のある詩の応答ができる佳人としての妓女を求めるようになったことから誕生したとする（[妹尾 2002] [妹尾 2003]）。大澤正昭は、唐代までの婚姻と家族の特徴を、族的結合の優勢と女性の行動の自由さ、家族結合の不明瞭さ、対偶婚的心

家族の変化　性としてとらえる一方、宋代には家族意識や小家族の情景と心性が誕生するとした。また嫉妬する妻（妬婦）の描かれ方を分析することによって、婚姻制度の変化、すなわち北朝の夫婦関係が対等な一夫一妻制から、宋代の一夫一妻多妾制への変化を読み取った（[大澤 2005]）。佐竹靖彦は、清明上河図にほとんど女性の姿が書かれていないこと、男外女内の観念と性別分業を、宋代における科挙体制の展開と広領域化のもとでの家族史の文脈との関連でとらえた（[佐竹 2007]）。木下鉄矢は、宋代の士大夫の間にみられる父権志向の態度は唐代以来の依然として強い母権社会への対抗として生まれたと説いた（[木下 2007]）。

　日本におけるジェンダー研究がわずかであるのに対し、中国、台湾、アメリカでは女性史・ジェンダー史の研究が

非常にさかんにおこなわれている。ここでは宋代のジェンダー状況のおおよその状況を理解するために、唐宋変革論を念頭においた総合的巨視的な近年の研究成果として、P. イーブリー『内闈――宋代の婚姻と女性の生活』[Ebrey 1993] を紹介したい。イーブリーは、唐代を女性の活躍した時代、清代を女性抑圧の時代とすると、宋代は変革の時代であると位置づけたうえで、科挙官僚制のもとで身分制が存在しなくなり、かつ都市化と商業化が進展する宋代、という時代相におけるジェンダー変動の状態を描いた。以下はイーブリー自身が終章でおこなった整理であり、必要に応じて説明を補ったものである。

P. イーブリーの所見

宋代におけるジェンダー変容

（1）宋代に女性が直面した変化
① （女性が主として生産に携わる）紡績品の商品化の進展
② 読み書き能力をもつ女性の増大
③ 婢女、妾、妓女、売春婦の市場の拡大
④ 男性らしさ、女性らしさについての観念の変化（男性は騎馬・強壮・狩猟から文人・典籍・骨董へ、女性はより小さく、より繊細に）
⑤ 纏足の広がり（宋代における女性らしさの表現として）

（2）新儒教の影響力拡大と関連して家族・婚姻とジェンダーについて語られたこと
① 男女の隔離について、より注目されるようになった
② 女性が一家の管理者としての役割を果たすことについて高く評価するようになった
③ 女性が子供を教育するに足る読み書き能力をつけることを奨励した、しかし詩作は奨励されなかった
④ 父系原則がより強調された
⑤ 寡婦の再婚について厳しい立場がとられた

（3）唐代から北宋に至る時期の婚姻の変化
① 将来官僚になることが有望な者を婿に選ぶことが重視され、家柄はあまり問題にならなくなった
② 嫁入り時の持参財の金額が高騰した
③ 姉妹婚（妻の死後、妻の妹を娶るという婚姻）についての史料が増加した
④ 入り婿についての史料が増加した

（4）北宋から南宋へ至る時期の婚姻の変化
① 遠隔地出身どうしの高位の官僚の家の間での婚姻が減少した
② 娘の持参財分を法律がより承認するようになった
③ 寡婦が持参財を自らの財産と主張することに対して疑問が呈されるようになった
④ 入り婿の財産権について、より承認されるようになった

　これらの項目はいずれも科挙官僚制の展開や都市化・商業化といった時代相と関連づけられて説明されている。項目どうしの間ではたがいに相矛盾するものもある。例えば父系原則の強調と、入り婿の事例増加やその財産権の承認・娘の持参財の高騰とは、表面上は相対立する事柄であろう。しかしそれは宋代が変革期であったことの表れと考えることができる。宋代という時代は、唐代から存在した要素と、明清以後になれば大勢を占めるものの宋代当時においてはまだ端緒的に過ぎなかったという要素とが、同時に併存しつつ、互いに化学反応を起こしているような、そういった時代であったのだ。

　また本書の第8章との関係という意味でも、（2）-① 「男女の隔離について、より注目がされるようになった」という点について、注目しておきたい。イーブリーは、司馬光

男女の空間的隔離

をはじめとする儒者たちの叙述の他、絵画史料を使うことによって、男女隔離は上層のエリート階層にみられるという認識を示したうえで、女性を家の内部に隠すのは、自らの一家が上層階層であることを目にみえるかたちにする手段だったと述べる。また、イーブリー自身は必ずしも明示的に述べていることではないが、科挙官僚制の全面的な施行に伴い階層流動が高まることによって、社会的な階層上昇や維持への関心が高まるというのはわかりやすい説明だろう。こういった視点からの研究としては、宋代に比して格段に階層流動性が高まった明清時代についてドロシー・コー、スーザン・マンが精力的におこなっており、その成果については第8章を参照いただきたい。

2. 中国女性史の「金字塔」・陳東原『中国婦女生活史』

陳東原——古典的な中国女性史研究

唐から宋への間に大きな変革を見るという見方は、こと女性史に関しては、中国女性史というものが語られ始めた頃以来の定説であり、実のところ特段目新しいものではない。中国女性史研究黎明期の著作である陳東原『中国婦女生活史』（1928年）は、今なお斯界に強い影響力を持ち続ける中国女性史の代表作であるが、本書で示された中国女性史は、まさに唐宋の間に大きな史的変化を設定するものであった。

同書は五四新文化運動の問題意識をうけて成った著作である。つまり、近代的個人を確立することを目指し、その障害であるところの封建礼教（儒教的家族倫理）の打破を目指すにあたって、中国女性が封建礼教によって歴史的にどのように抑圧されてきたのか、その歴史的淵源を探ろうとした著作である。同書では、隋唐時代は北方民族由来の王朝であったため、礼教に拘束されずに女性が闊達に活躍していたが、宋代ではそれが一変して女性への抑圧が開始され、明・清へ向かって抑圧が強められたものとして描かれた。

女性抑圧の起源をさぐる

そして女性の抑圧の元凶は、宋代における朱子学系の儒教の成立とその普及に求められた。北宋の程頤が「餓死事極小、失節事極大」と述べて、女性の再婚を批判し貞節の重要性を強調したが、元・明・清期と時代が下ると、各王朝は夫死後再嫁せず貞節を守った女性や、亡くなった婚約者に貞節を尽くして独身を貫いた女性、夫に殉死した女性を表彰するいわゆる旌表を盛んにおこなって、貞節観念を宣揚した。また纏足の習俗が一般に広く広がったのも明清期である。このように宋代以降明清期において男尊女卑の封建的名教に抑圧状態を深めていった女性は、近代になって解放されていく、として、中国女性史を抑圧と解放の歴史として描いたのである。

1980年代へ：
古典的研究の相対化

　中国女性史の「金字塔」と評される同書が出版されて以降、1940年代から1980年代までの間、女性や家族といったテーマは低調だった。しかし1980年代以降、中国大陸における「史学復興」や、欧米で進展したジェンダー論の影響により、中国・台湾・アメリカにおける中国家族史・女性史研究は空前の活況を呈している。そして近年の研究は、陳東原が描いた中国女性史像の相対化ないし深化の試みとして総括することができる。女性を抑圧した封建礼教―貞節という問題は、史料が多く残されているということもあって、研究が集中した。女性について描いた史料の少なさと、残された史料自体のバイアスの問題については第5章を、そして貞節をめぐる研究については第7・8章をご覧戴きたい。

　そして、陳東原の中国女性史像を相対化する視点としては「中国女性史上、唐―宋の間に大きな転換をみるのは正しいのか」そして「女性史を抑圧史として描くのは正しいのか」の2点があげられよう。前者については宋・元について、後者については明・清期について、近年の成果を紹介したい。

3. 宋代

唐—宋の連続的側面

宋代女性史に関する中国・台湾の学界動向・研究紹介については、すでに［陳 2003］［鄧 2004］［顔 2005］［程 2006］［鉄 2011］［王 2012］があり、いずれも中国語であるが多くの研究がコンパクトに紹介されているので、詳細はそちらに譲りたい。近年の研究の傾向をまとめるとすれば、宋代当時の女性や家族の状況は、女性が闊達に活躍していた唐代からの連続的な側面もかなりみられ、明清期でみられた女性抑圧の状況を無批判に宋代にまで遡らせてはならないことが明らかになってきた。例えば宋代においては再嫁が官民問わず普遍的におこなわれ唐代の状況とほとんど変化がなかったこと、再嫁が差別視されてもいなかったこと、程頤の「餓死事極小、失節事極大」という発言は当時社会的影響力を持っていなかったこと、については、多くの論者の間で共通認識となっている。

張邦煒はこのような研究潮流を牽引してきた人物であるが［張 1989］［張 2003］、彼は［張 2011］において、中国における宋代の社会史研究を広く紹介しながら唐宋変革論について論じている。張邦煒自身は女性の地位の問題と唐宋変革との関係の追求には消極的であるが、唐宋変革という視点からの研究［Ebrey 1993］については高く評価する。なお家族史の観点からのジェンダーに関する学界動向としては［大澤 2005］がある。

4. 元代

元代における女性の地位低下

先述したように、近来の研究において、女性抑圧の歴史的起点を宋代に置く理解に対しては否定的な見解が広がったことにより、モンゴル帝国下の元朝時代に対する研究がより重要性を増すことになる。元代に女性の地位の転換点をみる研究として、節婦の旌表の変化を論じた［Bossler 2002］

［酒井 2006］があり、元末明初期にみる研究として『元史』列女伝を論じた［大島 1997］［森 2005］がある。これらの時期における女性の地位低下の理由については、朱子学の普及とその影響とみるのが通説であるが、しかし Bossler や酒井は、元代において節婦への注目が高まり旌表申請が急増した理由を、科挙の停止・官途縮小という状況下における徭役免除特権獲得手段としてであったとする。Bossler や酒井の成果は、身分制なき時代における身分表象としてのジェンダーという第 8 章とも関連して注目されよう。

遊牧民の習俗の影響　また、金・元期の女性の地位の低下の原因を、北方遊牧民族の習俗の影響にみる一連の研究がある。［游 2003］［王 2005］［陳 2011］では共通して以下のことが指摘された。一、元代には収継婚の習俗（未亡人となった兄嫁を弟が娶り他家に改嫁させない）が漢族社会にも広がったが、これは女性を男方家族の財物とする見方の表れであること。二、こういった女性観によって女性の持参財の取り扱いが元代に変化したこと。宋代では女性の持参財はあくまでも女性個人の所有とされ再嫁する際には持ち出せたにも関わらず、元朝には持参財は夫家の家産とされ、再嫁時にも持ち出せないという規定を生んだ。

　金・元時代の専家の間では、遊牧社会における女性の位置の低さはすでに定論として、広く一般にも紹介されている［宇野 2014］。しかし、その一方、北朝～隋唐期にみられる女性の「強さ」と「自由」は、北方遊牧社会が礼教によって拘束されていないからだとする陳東原以来の通説とは矛盾し、かつその矛盾についての整合的な解説はなされていないようにみえる。さらなる研究の深化が望まれるところである。

5. 明清期

大交易時代に伴う社会変容とジェンダー

明代後期の十六世紀より、中国史は新しい段階に入る。大交易時代の幕開けに伴い国際商業が活発化し、日本銀ついで新大陸産の銀が大量に中国に流入して銀経済に変化していくなかで、社会階層の流動性はいよいよ高まり、かつ経済的・文化的拠点としての都市は空前の繁栄を迎えることになる。このような時代背景のもと、宋代時点では基本的に想定されていなかったほどの極端な貞節の行為——夫への殉死や、婚約者への守節をおこなうおびただしい女性たちが出現し、顕彰され、また纏足も普及した。貞節をめぐる問題については第7・8章で論じるほか、明代については［林 2005］、清代については［程 2003］が、女性史に関する中国・台湾の研究動向をひろく紹介している。

中国ジェンダー史研究の新機軸

アメリカではドロシー・コーやスーザン・マンが、陳東原の描いた抑圧中国女性史像を批判し、従来抑圧と解されていた事象をも女性自身の選択の結果として捉え直した新たな研究を生み出している（本書「はじめに（小浜）」および第8章参照）。さらに［Mann 2007］では、江南の張というエリートの家族の娘たちが、母から教育を受け、妻方居住婚をおこない、姉妹と母系親族と強く結束しながら、詩作活動をおこなう様が描きだされている（第16章参照）。中国の家族といえば歴史的に父系の家族原理が強烈でかつ一徹しているという従来のイメージを覆す成果といえよう。コーやマンの研究が基づいた史料は、女性たち自身の手になる詩文集

明清時代のジェンダー史史料

であった。女性たちの詩文集が家族によって編まれ、出版されていたこと、そしてそれが現在まで残っていたという明末以降ならではの状況とコーやマンの鋭い問題意識が相まって一連の研究は生まれた。このように明清時代には、第5章で論ぜられた唐宋時代とは異なる史料状況が存在している。清朝時代における売妻・一妻多夫状況という下層

社会の家族像・女性像を明らかにした大作 [Sommer 2015] は、裁判に関する档案史料を利用した研究である。大量の档案史料を活用した統計的研究として大陸では [郭 2000] [郭 2005] [王 2003] などもあり、前近代としては比類をみない史料状況において、それらをどう生かしてより豊かな歴史像の描出に結びつけるかが今後よりいっそう問われよう。

なお、〈コラム3〉は唐代限定のものとしてイメージされる傾向のあるキャリア官僚としての女官の制度は実は明代まで存在して機能していたことを示している。そして1980年代以降新たに研究の焦点として浮上した明清期の身体論については第17章を参照いただきたい。

・参考文献・

[和文]

宇野伸浩（2014）「モンゴル帝国の皇后とチンギス家の婚姻戦略」三成美保・小浜正子・姫岡とし子編『歴史を読み替えるジェンダーから見た世界史』、大月書店

大澤正昭（2005）『唐宋時代の家族・婚姻・女性——婦は強く』、明石書店

大澤正昭（2005）「唐宋時代の家族と女性——新たな視点の模索」、『中国史学』15

大島立子（1997）「『元史』列女伝を読む」『愛大史学』6

木下鉄矢（2007）『朱子学の位置』、知泉書館、第二章 「"母権"の現実」

酒井恵子（2006）「孝子から節婦へ——元代における旌表制度と節婦評価の転換」、『東洋学報』87（4）

佐竹靖彦（2007）『宋代史の基礎的研究』、朋友書店、第三章「《清明上河図》為何千男一女——広領域社会と男外女内」

妹尾達彦（2002）「恋をする男——九世紀の長安における新しい男女認識の形成」、『中央大学アジア史研究』26

妹尾達彦（2003）「恋愛——唐代における新しい両性認識の構築」、『唐代史研究』6

森紀子（2005）『中国転換期における儒教運動』京都大学学術出版会

[中文]

王曉清（2005）『元代社会婚姻形態』、武漢出版社

王 申（2012）「近10年唐宋婦女史研究的回顧与反思」、『婦女研究論叢』2

王躍生（2003）『清代中期婚姻冲突透析』、社会科学文献出版社
郭松義（2000）『婚姻家庭与人口行為』、北京大学出版社
郭松義（2005）『清代民間婚書研究』、人民出版社
顔汝庭（2005）「近二十年来両岸宋代婦女史研究概況（1985-2004）」、『史耘』11
張　風（2007）「近十年来宋代婚姻問題研究探述」、『甘粛聯合大学学報（社会科学版）』4
張邦煒（1989）『婚姻与社会 宗代』、四川人民出版社
張邦煒（2003）『宋代婚姻家族史論』、人民出版社
張邦煒（2011）「"唐宋変革"論与宋代社会史研究」、『中国経済史論壇』2011-8-3
陳高華（2011）『中国婦女通史・元代篇』杭州出版社
陳弱水（2003）「台湾学会唐宋婦女史研究的課題与取向」、『唐代史研究』6
陳東原（1928）『中国婦女生活史』、上海商務印書館（民国叢書編輯委員会編『民国叢書』第2輯、上海書店、1990年に収録。他にも影印版多数あり）
程　郁（2003）「近二十年中国大陸清代女性史研究綜述」、『近代中国婦女史研究』10
程　郁（2006）　朱瑞熙・程郁『宋史研究』、福建人民出版社、第五章「八〇年代后开辟的新領域——宋代社会研究」
鉄愛花（2011）『宋代士人阶层女性研究』、北京人民出版社
鄧小南（2004）「"内外"之際与"秩序"——宋代婦女　附録：宋代婦女史研究回顧」『中国歴史中的婦女与性別』、天津人民出版社
游恵遠（1998）『宋代民婦的角色與地位』、新文豊出版公司
　　　　（2003）『宋元之際婦女地位的變遷』、新文豊出版公司
林麗月（2005）「從性別發現傳統 明代婦女史研究的反思」、『近代中国婦女史研究』13

［英文］

Bossler（2002），Faithful wives and heroic martyrs, 中国史学会編『中国の歴史世界——統合のシステムと多元的発展』東京都立大学出版会

Ebrey Patricia（1993），*The Inner Quarters:Marriage and the Lives of Chinese Women in the Sung*, Berkeley: University of California Press.

Mann, Susan（2007），*The Talented Women of the Zhang Family*, Berkeley: University of California Press.

Sommer, M. H.（2015），*Polyandry and Wife-Selling in Qing Dynasty China:Survival Strategies and Judicial Interventions*, Berkeley: University of California Press.

第 5 章

唐宋時代の生業とジェンダー

大澤正昭

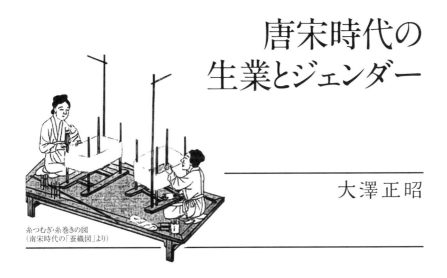

糸つむぎ・糸巻きの図
(南宋時代の「蚕織図」より)

はじめに

　以前、中国のとある国家重点大学で講義を依頼され、教養課程の学生を相手に中国史を講義したことがあった。講義の途中、ある受講生が手をあげた。質問があるようだ。日本の大学ではあまり経験したことのない状況だが、さすが中国と思って彼の発言に耳を傾けた。質問は、古代史の史料はとても少ないのに、どうして当時の社会全般が理解できるのか、という、歴史学にとって根本的な、そして鋭い質問であった。やはり重点大学の学生は違うなと感心し、また内心あたふたしながら次のように答えた。確かに歴史研究の史料は少なく、きわめて偏っている。しかし史料が多ければ歴史がわかるというものでもない。現代史などは史料が多すぎて、本質に迫るのはかなり困難である。要はその偏った史料をどのように深く読み、そこからいかに豊かな内容を汲み取ってゆくかである、と。彼からはそれ以上の質問は出なかったので、納得してくれたのであろう。

　改めて考えれば、中国史に限らず歴史を研究するための史料には多くの制

約があり、バイアスがかかっている。それは文字がほんの一部の人間に独占されていたことが最も大きな原因である。この一部の人間とは、上流階級の知識人であり、政治的支配者であり、大部分は男性である。そうして彼らの頭のなかは当時の価値観で染め上げられていた。中国の場合は例えば儒教的価値観が大きな位置を占めている。これが男性中心の視点となり、男尊女卑の出発点となる。さらにそれは儒教以前からあったであろう性別分業を権威づけることにもつながった［上田 1979］。この他、知識人の立場から一般庶民を善導の対象と見なす《愚民》観や頭脳労働を尊重し肉体労働を差別する労働観もある。中国の史料にはこのように幾重にもバイアスがかかっている。私たちはこうした史料を研究材料としているのであり、そのバイアスをいかに修正し、歴史の核心に迫るかが問われている。小論ではこの史料の偏りがどのようなものかを確認しながら、歴史的社会の現実を把握する道を探ってみたいと思う。テーマは生業とジェンダーであるが、女性の生業のありかたを考えれば、おのずと問題の所在が理解されるだろう。

ところで生業という概念はかなり幅が広い。売春婦や芸妓といった職種も生業であり、これは女性が単独で労働する場合である。しかし家族の一員として労働する場合も生業といえよう。小論では、生業を家族ないし個人が生活を支えるための労働ととらえ、なかでも生産や流通に関わるものに限定することとする。中国では古来、家の外での労働に女性が従事することは認められなかった。それが内と外の区別であり、男は外、女は内という性別分業のイデオロギーである。以下、唐宋時代を中心とする女性と生業との関わり方を、史料のありかたと関連させて考えてみたい。

1．唐宋時代の史料――限界と可能性

本章では絵画・文献史料に表われているバイアスの例と、にも関わらずそこから歴史の現実を読み取るための視点を例示してみよう。

まず、現実を写しているはずのヴィジュアル史料、絵画史料が格好の材料である。これらは絵画である以上、現実に忠実だと考えられがちである。けれども、女性の労働に関してはバイアスがかかっている。例えば宋代に描か

れた有名な『清明上河図』と『耕織図詩』という絵画がある。前者の絵巻物は、宋代の開封の様子を描いた作品とされ、世界史の教科書にも紹介されている。河港周辺の様子を中心に、繁華街から郊外の荘園に至るまでの風景と人々の生活の様子を生き生きと描いている。ときには虫眼鏡を使いながらじっくり観察していくと本当に飽きることがない。しかしこの繁華街の画面から女性を見つけ出すのは意外に困難である。佐竹靖彦が性別分業イデオロギーに注目しているように［佐竹 2003］、登場人物の性別は「千男一女」なのであった。つまり登場人物は男性が主体なのである。街で働いている女性はごく少数で、家のなかや荘園の中庭などに子供といっしょに描かれているだけである。ではこのような風景が当時の実際の様子として事実であったのかと問われれば、そんなことはない。具体的な例を挙げるまでもなく、いくつかの史料に当時の街なかにいる女性が記述されていた。とすれば『清明上河図』が描き出した風景にはある意図があったことになる。それは、女性は家のなかにしかいないことにするという、画家の暗黙の了承である。街で、つまり家の外で働いたり、出歩いたりしている女性は原則として描かないという明確な姿勢であった。画家は、女性は外に出るべきではないと考え、それを絵画として表現していたのである。

　さらに女性の農業労働を描かない絵画史料が楼璹（ろうしゅう）『耕織図詩』である[1]。これは文字通り、耕（農業）と織（養蚕・機織り）についての図と詩である。宋代の原画は失われているが、元代以降、清代まで模写され続けた図は残っており、原画の構図が継承されていると考えられている。それをみると、耕図の登場人物はほとんどが男性、織図は女性が主体である。織図はしばらくおき、耕図をもう少し詳しくみると、農作業に従事しているのはもっぱら男性で、少数ながら女性と子供が描かれている。例えば、除草と風選（もみ殻と穀粒のより分け作業）の図を見よう【図1・2】。ここでは清代の『耕織図』（復刻版）[2]を用いる。除草の図1には、女性と子供が、除草作業にいそしんでいる男性たちのために昼食を運んでいる様子が描かれている。風選の

（1）『耕織図』については渡部武の詳細な研究がある［渡部 1978］。また関連図版は［中国農業博物館編 1995］にも収録されている。
（2）康熙三五年序『佩文斎耕織図』東京、東陽堂（1892）。

図1　『耕織図』の除草の図（出所は注（4））

図2　同じく風選の図

　図2では、作業に従事する男性の後方で、女性と子供が穀粒に混じった藁などのごみを取り除いている。これらの図で女性は労働の主体となっておらず、あくまで男性への奉仕や補助的作業をおこなう存在である。『耕織図』の耕図は全部で23図あるが、女性が描かれているのはわずかに3図、うち2図がここに掲載したものであった。では現実の農作業ではどうかといえば、後述の通り、女性も主要な労働の一部を担っていた。けれども、そうした様子は描かれていなかったのである。ここから考えられるのは『耕織図詩』が、中

第5章　唐宋時代の生業とジェンダー　159

国古来の「男耕女績（織）」
の理念―生業における性別分
業―を絵画に表したというこ
とである。現実に女性が農作
業に参加していたことは明ら
かであるにも関わらず、宋代
の絵画史料には描かれていな
かった。

図3　嘉峪関壁画墓の犂耕―播種―覆土の図
　　　（出所は注（5））

これに対して、女性が実際
の農作業をおこなっていた様
子を示す、魏・晋代の絵画史
料がある。嘉峪関（現甘粛省）
の壁画墓に残された農作業図
である【図3・4】［甘粛省文
物隊ほか 1985］。そこには耕

図4　同じく風選の図

起後の種まき（図3）と風選の際の麦束の手渡し（図4）作業に加わってい
る女性が描かれていた。この図でみるかぎり、女性が主要な農作業を担って
いたとはいえないが、一連の労働過程のなかに組み込まれていたことは推測
できる。つまり嘉峪関の壁画からは、『耕織図詩』のような、明確な性別分
業の意図が読みとれないのである。この対比によって、時間の経過とともに、
現実とは異なる、理念に沿った情景が描かれるようになっていたことがわか
る。

こうして絵画史料のバイアスが明らかになった。それは文献史料であって
も基本的な違いがない。例えば正史である。唐代であれば『新唐書』『旧唐
書』、宋代であれば『宋史』など。これらはいわば王朝公認の歴史書で、権
威を持っていた。その内容は、皇帝ごとの歴史である本紀、儀礼・地理・経
済などのテーマごとに記述された志、個人別に記録された列伝などとなって
いる。これらの記事で女性が主体として記述されている部分はほとんどない。
唐代には則天武后の時代があったので彼女に関わる記録はあるが、その他で
は皇后や公主（皇帝の娘）に関する記録および道徳的に評価される女性の伝

記（列女伝）が収載されているくらいである。圧倒的大部分が男性主体の歴史記述であった。彼の活動に付随する形で母や妻・娘が登場することはもちろんあるが、あくまでも付随した記録であった。

　このような状況は他の〈正統的〉な史料でもほぼ同様であり、例を挙げるまでもない。けれども、逆に〈正統的〉でない史料に着目すれば、女性の活躍の様子をうかがうことができる。例えば後にあげる『太平広記』『夷堅志』のような小説史料がある。ここにいう小説とは言葉の本来の意味での「小説」で、「ちっぽけな、つまらない話」というジャンルである。具体的には神話・伝説、聞き書き、随筆およびフィクションなどが含まれている。『太平広記』は古代から唐・五代までの小説を集めた本として知られ、「婦人部」という項目も立てられている［塩卓・河村 2004］。また『夷堅志』は南宋時代の志怪小説（不思議な出来事を記した小説）として著名である[3]。これらには、あくまでも相対的に、であるが、女性の活躍が多く描かれている。それらの例は後に取りあげることにする。

　ともあれ、私たちが史料を読み込んで女性の活動を把握しようとする場合、大きな困難が待ちかまえていることは疑いない。けれども、この困難を乗り越えようとする研究もおこなわれている。研究の可能性を示す、若干の例をあげてみよう。

　例えば文献史料に登場する女性の割合を分析した研究がある。『夷堅志』と南宋の『名公書判清明集』（以下『清明集』と略称）に関する研究で、それぞれに登場する女性の割合を統計的に研究したものである。それを紹介する前に、あまり有名ではない両史料について触れておかねばならない。『夷堅志』は南宋・洪邁（1123〜1202）の著書で、当時彼が聞いた噂話などを書きとめたものである。いわば三面記事の集成であり、伝統的価値観による評価が高い正史とはまったく異なる性格の史料である。いわば取るに足りない書物である。そのため伝来の過程でまともに扱われず、当初発行された巻数の半分しか現存していない。しかしこうした性格上、知識人や上流階層だけでなく、庶民に関する話題も豊富である。一般社会を研究するための貴重な情

（3）　最近、『夷堅志』の詳細な訳注が刊行されつつある（［斉藤他訳 2014、2015］、以下続刊）。

報源である。一方、『清明集』は当時おこなわれた裁判の判決文や判決原案を切り貼りして主要テーマごとに分類したものである。編者は未詳。「名公」と評価された地方官（行政官であるが、裁判も担当した）の判決文を分類、整理することで、判決文を作成する際の役に立てようとしたものである。価値観からすれば『夷堅志』とは対称的な書物であるが、何らかの事情で散逸し、明版の完本が発見されたのは1980年代になってからであった。

　さて『夷堅志』については上悠紀が数量的統計をもとに研究した［上 2009］。それによれば、記事の全項目（タイトル）数は2,753話で、そこに登場する人物は5,470名、うち女性は339名であった。男性の数が圧倒的である。これだけを見れば、やはり史料の視点は偏っていたのだと結論を出してしまうかもしれない。しかしそこにはからくりがあった。ここで数えあげた人物はすべて具体的な名前が挙げられている人物なのである。当然〈名も無き〉庶民は含まれていない。著者はそれでは実態が把握できないと考え、〈名も無き〉女性も数え上げることにした。つまり名前は出ていないが、誰それの母とか何某の妻などと書かれている登場人物をも網羅してみたのである。その結果、全体の48.7%のタイトルに女性が登場しており、2,193名もの実在の女性を数え上げることができたのであった。男性数に比べると半数弱であるが、それでも他の史料にはみられない大きな数値で、『夷堅志』ならではのものといえる。〈名も無き〉男性の数は、残念ながら数えられなかったけれども、おそらく女性の数ほどではなかっただろうと予想された。男性は通称ではあれ固有名詞が与えられていたからである。つまり、著者が明らかにしたのは、『夷堅志』には他の史料よりもはるかに多くの女性が登場し、活躍していること、にも関わらず、史料の表面をみるかぎりでは男性が圧倒的多数を占めているという事実であった。このように相応の数の女性が描かれているという意味でも『夷堅志』は特殊な史料である。けれども、このような史料が存在するのは事実であり、これまで誰もその視点を持って読んでいなかっただけである。これをもとにして研究すれば、当時の社会のありかたが、ジェンダーによるバイアスをかなり減らした形で把握できると思われる。

　これより前、大澤は『清明集』を統計的に研究した［大澤1997］。その一部として、登場人物の名前を手がかりに女性の数を数え上げてみた。そうした

作業をおこなったのは判決文の性格上、原告・被告あるいは証人が、女性であっても特定の名前（通称の場合が多い）によって記されているという事情があったからである。統計をとってみると、全体の人名数は2,380名で、うち女性は284名、わずかに一割強である。これが当時の判決文という公文書における女性の地位であった。実際におこなわれた裁判の原文書にこの程度の女性しか登場していないのであるから、当時の裁判の現場はやはり男性中心であった。それは当然である。女性は原則として家の責任者とはされなかったから裁判においても主体となりにくかった。こうした現実を踏まえれば、前掲の数値はかなり大きいといえるのではないだろうか。さらに、この内訳を詳細にみると、また違った風景がみえてくる。

　『清明集』で分類された項目（○○門とよび全体で7門あった）ごとに見てみよう。そこには大きな差があった。女性数が最多の人倫門での割合は22.8％、次に多いのが戸婚門で14.4％である。人倫門は倫理道徳に関わる裁判の判決文で、「妻が夫にそむき舅に逆らったので断罪して離婚を許す」（巻十）とか、「嫁が舅に悪い評判をたて、罪を免れようと企む」（同前）といった題名を付けられた判決文が収録されていた。これらの裁判では、当時の道徳を守らない女性——妻や嫁——が処罰されていたのである。むろん、女性を処罰するような裁判だけではなく、男性が処罰されている判決も多く収録されていた。とはいえ人倫門は女性の占める割合が飛びぬけて高かった。このことは何を意味しているのであろうか。

　史料を詳細に見れば、そこに登場する女性はすべてが被告ではなく、原告や証人あるいは彼女らと関連ある女性もかなりいた。そのため女性の比率が高くなっていたのである。そうして人倫門の判決文は家内の問題を多く扱っていた。とすればここに登場しているのは家内の女性たちである。一般に家父長制の社会では、家内の問題は家父長によって解決されると考えられてきた。つまり家内の問題が裁判に持ち出されることは原則としてありえないのである。しかし宋代の裁判では家内・宗族（男系の親族）内の訴訟が頻発していた。この状況を端的にいえば、当時は家父長制の社会とされていながらも、家族内部において家父長が女性を統制できていない現状があったことになる。家父長は自分の手に負えない女性を、国家権力にすがって、つまり裁

判に持ち込んで抑えつけてもらわざるを得なかった。これが現実であった。人倫門の判決文にはそのような事情が反映されていた。

　同様に、戸婚門での女性の多さも説明できる。この項目は、家族・宗族内部での財産争い、あるいは家の後継者問題に絡む裁判の判決文を集めたものである。ここに女性が多く登場するということは、財産・後継者争いの当事者として女性が存在していた事実、あるいは彼女らの存在を無視できなかった事実を示している。もちろん当時の理念からいえば、基本的に女性には財産権が認められておらず、後継者の指名における決定権も限定的だったことになっている。けれども表に出ない部分では女性の圧力が強かったし、それがある程度まで法律にも反映されていた。例えば家父長が死んだあとは寡婦となった女性が家父長の役割を果たすことが認められていた。このような事情から、いったん遺産相続や後継者問題が起きた場合、女性が存在感を発揮し、判決文にも登場することとなったのである。

　以上のように『夷堅志』『清明集』に登場する女性を検討することで、史料の表面上には出てこない女性のありかたが理解できるのである。つまり一般的な文献史料では、女性が主体となった記述は少ないけれども、史料の性格を考え、また視角や読み方を変えることによって、女性の動きがみえてくる史料もあった。私たちはこのような史料を探し出し、あるいは視点を変えることで、女性の活動を知ることができるのである。

　本章で見てきたように、宋代の絵画・文献史料には明確なバイアスがかかっていた。それは唐代の史料でも同じである。私たちは、農業労働をはじめとする生業を研究する場合、女性が史料上に記述される機会はきわめて少なかったことをしっかりと踏まえておく必要がある。

2．女性が従事する生業

　史料にかけられたバイアスが大きかったとはいえ、生業に従事する女性の実態がまったくわからないわけではない。高世瑜が取りあげている唐代の詩［高 1999］や游恵遠［游 1998］・田嶋美喜［田嶋 1999］・寧欣［寧 2003］[4]が取りあげた唐・宋代の史料などからは女性の活動の様子がうかがえる。ただこ

れらの研究では史料の性格に注意しなかったため、記事の羅列に終始する結果になってしまった。惜しまれる点である。例えば引用史料が国家の法令なのか、あるいは小説史料なのかによって、記された実態の位置づけはまったく異なってしまう。また登場人物がいわゆる漢族なのか異民族なのかによっても、女性労働のありかたが異なるであろう。さらに女性の労働の家内での位置づけも考慮されるべきである。本章では、これらの点に注意して、限られた史料を紹介してみたい。ただし史料の性格を踏まえれば小説史料が中心とならざるをえない。

（1） 生業、家業一般について

　まずみておきたいのは生業一般についての史料である。南宋の人、袁采（えんさい）（12世紀後半）の『袁氏世範』という家訓がある(5)。そこには当時の現実社会における女性の活躍がうかがえる、次のような記述がなされていた。まず女性と「外事」の関わりについてである。ここにいわれる「外事」とは家の外での仕事であるが、生業とほぼ同意である。

> 巻上「婦人は必ずしも外事にかかわることはない（婦人不必預外事）」
> 婦人は外事にかかわるなというのは、思うに、夫と息子が有能であれば外事にかかわる必要がない、ということを言っているのである。もし夫と息子が有能でなく、婦人の耳目を覆い隠すなら、どうなるか知れたものではない。…だから夫が有能でない場合に、外事にかかわることを求めても何の益があろうか。…息子が有能でない場合に、外事にかかわることを求めても何の益があろうか。これこそ婦人の大不幸である。これをどうしたらよいのか。い

（4）　以上にあげた先行研究のうち、高・田嶋は非常に多くの詩を引用している。けれども詩を歴史研究に用いるのはかなり厄介である。詩は写実的な作品ももちろんあり、［古川 2008］のような詩を題材にして農業の現実を研究した成果もある。しかし一方では、古典からの典拠を多用している作品や、作者の想像で詠まれる作品もある。その詩句が現実の情景かどうか、にわかには判断しがたい。したがって、小論では詩を引用して論じることはしない。

（5）　『袁氏世範』に記された女性の問題については、［大澤 2015］第2部で詳しく論じている。また同「無能な夫を持つ妻は」（［大澤 2008］）は一般向けに書き直してみたものである。

やしくも夫たる者はその妻の憐むべきことを思い、子たる者はその母の憐むべきことを思い、ただちに反省して悟るのがもっともよいことなのだ。

多少まわりくどい言い回しであるが、男性中心の理念が行き渡っている時代であるからしかたがない。要は、家の生業の責任者であるべき夫や息子が無能である場合どう対処したらよいのかという問題である。もちろんそんな場合は女性の出番である。男性がそのことに気付かなければみんなが不幸になると言っているのである。これは袁采の身の回りにあった実際の事例であろう。というよりもかなり多かった事例ではなかろうか。男性であるというだけで家長となり生業を担当させられるのであるから、能力のない男性にとってはいい迷惑だった。かといって生業を放置すれば一家は食べてゆけなくなる。そこで女性の出番となる。厳しい情勢に後押しされた成果かもしれないけれど、立派に役割を果たした女性がいたというのである。その実例もある。袁采は「家業」について次のように記す。

> 同「寡婦が生業を他人に託すのは難しい（寡婦治生難託人）」
> その夫が愚かで意気地がないため、自分で家業を切り盛りし、銭や穀物の出入を計算し、他人に欺かれないようにしている婦人がいる。夫が無能なため、息子とともに家業を切り盛りし、破産を招かないようにしている婦人がいる。子供が幼いうちに夫が死んだのに、その子をよく教育し、内外の親族と親しく付き合い、家業を切り盛りして繁栄させた婦人がいる。これらはみな賢婦人である。…

ここではさらに具体的に家業——おそらく荘園などの経営——を切り盛りする女性について述べられている。無能な夫に代わって、さまざまな方面に目配りし、自分の家業を守っている彼女たちは立派な経営者であった。これが袁采のいう「賢婦人」であった。

これらの記事で袁采が突きつけているのは、当時の性別分業の理念に対する疑問である。理念とは無関係な、人々が直面する現実である。やや抽象的ではあるが、ここに上流階層の生業のありかたと、そこで女性が占めている現実的な地位をみることができる。結局、理念にあわせて社会が動いている

わけではなかったのだ。

　袁采に評価されるような女性がどれほどいたかは把握できない。しかし柳田節子などが研究した「女戸」という用語の存在は、かなりの割合で女性が財産を持ち、家長となっている家があったことを示している［柳田 1993］。現実社会で、女性を代表者とする家が無視できない程の割合であるからこそ、国家はこれを「女戸」と認定して税役の負担などを負わせなければならなかったのである。

　次に、女性の自立に関連して、離婚する女性の存在について考えてみる。大澤の研究では、唐・宋時代に自分から離婚を求めた女性の史料が、それなりの数で残されていた(6)。彼女らが離婚後の生活保障をどう考えていたか知りたいところであるが、史料には語られていない。実家に戻る者、条件のよい新たな嫁ぎ先を求める者、あるいは経済的に自立する者などさまざまあったであろう。しかし唐代の書家として知られる顔真卿（709〜786）の、若いころのエピソードは大いに気になるものである。そのエピソードとは、大意次のようなものである。

> 顔真卿が江南の県の官僚だったころ、貧乏知識人の妻が離婚を申し立てた。この訴えに対して、彼は判決を下した。妻のおこないは風紀を乱すものと認定してむち打ちの刑とする。その上で訴え出た離婚とその後の再婚を許可する、と。この結果、<u>江南ではその後十数年、あえてその夫を棄てる者はいなかった</u>。　　　　　　　　　　　　　　（『雲渓友議』巻上「魯公明」）

　私はここで最後の一文（下線部）が気になるのである。これを逆に読めばこれまでは「夫を棄てる」妻がいくらでもいたのだ。そうして妻たちは顔真卿の判決が出てからの十数年はおとなしくしていたが、その後は元に戻った、と解釈できるのである。つまり妻たちは何らかの理由で夫が気に入らなければ追い出すのが通常のありかたであった。ということは、夫がいなくても生活には困らなかったのである。彼女らは何らかの手段で自立しあるいは自立の見通しを持っていた。なかには何らかの生業を持っている者もいたと思わ

（6）［大澤 2005］第一章「婦は強く」参照。

れる。この史料は顔真卿の功績をたたえる意図を持っていたが、そこに映し出された現実を考えれば、妻たちの自由さ、自立度の高さがうかがえる史料でもあった。

同様に『清明集』にも離婚を訴え出た妻に対する判決がいくつか載せられている。具体例を挙げる余裕はないが、おおむね妻に罰が与えられるものの、結局、離婚が承認されるのである。この妻たちの経済的背景も、残念ながら述べられていない。ただ、彼女らはそれなりの自立の手段を確保していたものと見てよい。それは後掲の史料から理解できる。

このように限られた史料からではあるが、女性が担う生業の実態や自立の背景を理解することができる。次に零細な史料を読み解いて、もう少し詳しく女性と生業との関わりを見て行こう。

（2） 女性の農業労働

農業労働については、前述のような条件があって史料がきわめて限られている。ただ断片的な史料ではあるが、以下のような記述を見れば現実をうかがうことは可能である。

まず『太平広記』には田植え作業に従事する女性を描いた、次のような記述があった。

> 溧水県五壇村（現江蘇省）の史氏の娘は田植え作業に疲れたので、木の下に寝転んで休んでいた。すると鱗・角・蹴爪を持つ怪物が現れ、娘の上にのしかかってきた。… （巻四七一所引『稽神録』「史氏女」）

こうして不思議な話の本題に移ってゆくのであるが、その前提として女性の田植え労働が記されていた。このとき他に登場人物は出てこないので、彼女はひとりで田植えしていたのである。史氏の家は零細な農家であったのだろう。

また『夷堅志』にも男女が田植え作業に励んでいたことを示す話が載せられている。

> 鄱陽（現江西省）城下の東塔寺は城北の芝山禅院とともに崇徳郷に農地を

持っていた。境界が接しており、耕作を担う農民があたりに散居していた。慶元三（1197）年五月一日、農民の男女がみな水田に出て田植えをしていた。数歳の児童だけが老人と障害者に付き添って家にいた。その日中に雨が降って来て、雷鳴が天を震わした。東塔寺の四人の僕（召使）の家が狂風の損害を被った。…
（支癸巻九「東塔寺荘風災」）

黄州（現安徽省）黄陂県太公村の民、李氏は…初夏の日、その家の男女・子供が総出で田植えをおこなっていた。ただ少女が留守番をして昼食の準備をしていた。すると外から呼ぶ声がする。「宜哥はいるか」と。思わず少女は答えた。「彼も田んぼにいるよ」と。宜哥とは李氏の十二歳になる息子だった。外に出てみると…
（三志壬巻六「黄陂紅衣婦」）

前者は仏教寺院の荘園で僕（召使）の家が暴風雨の災害にあったという話がテーマである。文の最後に「この僕（召使）は好んで牛を屠殺していたので、その報いを受けたともいわれる」とある。したがって男女総出の田植えは因果応報の不思議な出来事の背景にすぎない。そのような話柄であるがゆえに女性の田植え作業について触れることができたのかもしれない。後者も同じように話の筋とは直接の関係がない農作業である。男も女もそして子供も総出で田植えをしていた。このように『夷堅志』からは田植え作業に従事する女性の様子が垣間みえる。同書には他に女性の稲作作業の例は収録されていないようである。ただ、『耕織図詩』で男性の仕事とされていた田植え作業は、実際の現場では男女の区別はなかった。

水田への灌漑や排水の作業で女性が重要な役割を担っていたことは田嶋美喜の前掲論文にも紹介されている。『夷堅志』には次のような話がある。

万春郷の農民朱七は、乾道七（1171）年の日照りの年に、妻とともに村の近くの城子塘へ出かけ、水田に灌漑する作業をおこなった。城子塘の広さは二十里（約10km）四方ほどで千頃もの広さの水田に灌漑していた。…
（三志辛巻七「城子塘水獣」）

ここでは灌漑用の農器具については言及されていないが、水田への灌漑作業を夫婦が共同でおこなったようである。日照りの年の緊急事態であるから

夫婦でいっしょに作業したのであろうか。

　他方、女性の担当分野とされた養蚕関連の作業、例えば桑の葉の採集作業に関してはいくつかの史料がある。まず『太平広記』には四篇の話がある。いずれも木に登って桑の葉を摘んでいる様子などを描写していた。一般に、桑の葉の採集作業は高い木に登っておこなっていたようである。現在、桑は手が届く範囲の高さになるように管理して栽培するが、当時は木が伸びるにまかせていたようで、かなりの高さがあった（四、五丈＝十数メートルの桑の木も登場する）。そのうちの一話に次のようなものがある。

> …（虎に変った男に）にわかに悪い心が湧いてきた。樹上を見上げたところ、一人の桑摘みをしている婦人を見つけた。彼は草の間からながめ、考えた。
> …
> （巻四三二所引『原化記』「南陽士人」）

　ここからわかるように、一人の女性が樹に登って桑の葉を摘んでおり、それを虎が見上げていたのであった。こうした例が多いとはいえ、桑摘みの作業は女性だけのものでもなかった。次のような話がある。

> 隋の開皇年間の初め（6世紀末）、冀州（現河北省）に接した村に十三歳の少年がいた。…村の南はもと桑畑だった。春耕が終わったが、まだ種は播いていなかった。…時に村人は畑に出て桑の葉を摘んでおり、男女がたくさん働いていた。村人はみな少年が大声で泣きながら、畑の中を走り回っているのを見た。…
>
> （巻一三一所引『冥報記』「冀州小児」）

とあるように、この村の桑畑では男女の別なく桑の葉摘みの作業をおこなっていた。この地域では養蚕が重要な産業となっており、そのような条件下では男女の別などなかった。性別分業の理念は、生業の現実を眼前にすれば、通用するはずもないのである。

　一方、『夷堅志』にも桑の葉摘みにまつわる話題がある。

> 紹熙二（1191）年の春、金渓（現江西省）の民、呉廿九は田植えをしようとしていた。…彼の家には十余株の桑の木があって、嫁と姑が半分ずつ所有し

ていた。姑は誤って嫁の桑の葉を摘んでしまい、このことを嫁は呉に告げ口した。彼は母親の部屋に入り彼女を引きずり出して言った。…

(支丁巻四「呉廿九」)

ここでは姑が嫁の所有する桑の葉を摘んだために、嫁と諍いになっている。同じ家の家族なのに嫁と姑で桑の木を厳格に分けあっているという事実は興味深いが、それはさておき、桑の葉摘みはこの家の女性が担当する農作業であった。

ところでこの家は水田を持つ農家である。呉廿九は田植え作業の人手を確保しようと手配をしていたし、その母と嫁はそれぞれの持ち分の桑の木を管理していた。つまりこの家は少なくとも稲作と桑の栽培をともにおこなっていた。おそらく養蚕もおこなっており、葉や繭を売ることもできたし、絹布に仕上げて売ることもできた。もちろん税の一部として徴収されることもあるが、農家にとっては貴重な収入源である。女性たちはこうして農家経営を分担していたのである。女性の生業を考えようとするならば、このような農家経営内部での女性の役割にも注目しなければならない。

（3） 農家経営と女性、商業

もとより国家が税と役を課する単位は戸であり、実質的には夫婦であった。隋の税制では明確に「十八歳以上の丁男は一牀（夫婦）を単位とし、租は粟三石を納め、調は桑の生産地では絹絁を、麻の生育地では麻布を納めよ」（『隋書』食貨志）とされていた。つまり国家の支配する単位は夫婦であり、夫婦を一体として把握していたのである。それは当時の農業が夫婦一体として維持されていたことが当然の前提であった。そこに性別分業の理念が持ちこまれただけである。したがって私たちが女性の生業を考える場合に、家族内の協業をになう存在として女性を位置づけなければならない。その唐代の事例は『太平広記』に見出だすことができる。

> 兗州（現山東省）に民家の嫁、賀氏がいた。村の人は彼女を織女とよんだ。父母は農業をおこない、夫は担ぎ売りをして町と村を往来していた。…夫はその稼ぎで他所に別の女を囲い、家には一銭も入れなかった。…（巻二七一

所引『玉堂間話』「賀氏」）

　ここに登場するのは二世代4人家族の農家である。父母が農業に従事し、息子は担ぎ売り、嫁は機織りの技術を生かして家計を支えていた。このように役割を分担して経営をおこなっていた農家が、当時の一般的な小農民であろう。そこには厳格な性別分業はなかったはずである。家族それぞれができる仕事を分担して農家の生活を維持していた。この現実においては必ずしも男性が主要な稼ぎ手であるということはできない。父母と息子の収入はどれほどの差があったのか、また嫁の機織りによる稼ぎはどれほどであったかはわからない。けれども家族の労働はどれも不可欠の重要な要素であったはずである。国家の法令では男性が家長であると定めており、あたかも家長がいなければ農業経営は成り立たないという印象を持ちやすい。しかしそれは男性中心の理念によって定められた制度であり、現実を反映したものではなかった。

　ここで注目しておきたいのが、息子が従事していた商売である。漢代の初め以降、国家は農本主義を宣言し、農業が本業で商業は末業であると位置づけてきた。本業にこそ集中すべきで、末業に手を出すべきではないと〈愚民〉を指導してきたのである。しかしこれは努力目標であり、現実ではなかった。逆にいうと、末業に走る農民が多かったために、本業を守れという指導をしてきたとみることもできる。むしろこちらの方が実態に近いと、私などは考えている。つまり農民と商業は切っても切り離せない関係にあった。前掲の農家は特殊な例ではなく、きわめて普通の農家であった。このほか農民が都市に出稼ぎに行き賃金を手に入れる例もかなり存在した。商売や賃労働は、貨幣を媒介にして物流と関係をもつ行為である。農家経営を、物流との関係から切り離すことはできなかったのである。

　このような商業の性格をおさえたうえで、女性との関わり方を見ておきたい。特に前に触れた、離婚した女性と商売の関わり方の例である。游恵遠はその具体例をあげているが、『夷堅志』には寡婦が商売を始めるに至った経過を書いた話がある。

　唐州比陽県（現河南省）の富人である王八郎は、毎年江淮地域に出かけて手

広く商売をしていた。一人の娼妓とねんごろになり、家に帰って来るたびにその妻に憎悪をぶつけ、すみやかに彼女を追い出したがっていた。妻は智恵のある人で、四人の娘を生み、三人はすでに嫁がせていた。しかし末娘はわずかに数歳なので、まだ家を出るわけにはいかないと考えていた。…妻は夫の袂を引っ張って県の役所に訴え出た。県は離婚してその財産を半分に分けることを認めた。…娘を引き取って別の村に住むこととした。壺やかめの類を買って門前に並べ、売り物とした。…娘は成人して方城県の田氏に嫁入りした。そのときすでに十万緡もの蓄えがあった。…（丙志巻一四「王八郎」）

王八郎の妻は離婚後、「壺やかめの類」を販売して娘を育て上げたというのである。彼女は離婚に際して夫の資産の半分を手に入れているから、かなりの余裕があったことは確かである。しかし日常生活の費用は商売によって賄ったのではなかろうか。「十万緡」という巨額の財産を娘に渡すことができたのであった。彼女は寡婦となってもしっかり自立できていたのである。この他にも寡婦が商売を始めて自活する例がある。

　鄱陽県（現江西省）東尉の弓手の妻は寡婦となり、酒を売って生活していた。陳逍遥はしばしば店にやって来て、つけで酒を呑んだが、妻は嫌がらずに呑ませた。…　　　　　　　　　　　　　　　（支庚志巻九「陳逍遥」）
　…永年監の兵隊であった方五が死に、寡婦が密造酒で生活していた。いつも夜中に漁船を雇って街の酒屋に運び、数日後に代金を受け取っていた。常に呉六を同行して手伝わせた。三年前、方の妻は八歳の息子とともに出かけた。十数貫を手に入れて船のなかに置いていた。…（支癸志巻九「呉六競渡」）。

これらの話からわかるのは、寡婦になった女性でも元手があれば手軽に商売を始められること、その商売を続けられること、また商売による実入りがそれなりにあること、などである。このような商業の特性は女性の離婚後の生活を保障し、自立を促す条件となる。同じように女性が一人で夫を養ってゆくこともできた。その例も『夷堅志』にある。

　董国慶は、…萊州膠水県（現山東省）の主簿となった。たまたま北辺で軍の動きがあり、家族を残して単身赴任した。その後、中原は陥落し、帰ること

ができなくなった。彼は官位を棄てて村里に逃げ、そこの旅館の主人としばしば行き来するようになった。主人はその事情を憐れんで、一人の妾を買い与えた。どこの女性かは分からなかったが、智恵が働き、美しい人であった。彼女は董の貧しさを見て生活を支えるのが自分の任務だと考えた。財産をすべてつぎ込んでロバ七、八頭と麦十斛を買い、粉を挽いた。粉ができた度にみずからロバに乗って町へ運んで売った。晩になれば銭を背負って帰るのである。おおむね数日に一度出かけたが、三年経って利益はいよいよ増え、農地と屋敷を買った。董は母・妻と長く離れており、消息は杳として知れなかった。… 　　　　　　　　　　　　　　　（乙志巻一「侠婦人」）

　ここでは買われた妾が一人で製粉業を始め、董国慶を養っただけでなく、三年で土地や家を買えるまでになったのである。これが事実であったかどうか確かめようがないが、製粉業は女性一人でも経営でき、かなりの利益が出る商売であったことはわかる。
　このように条件の良い生業が商業あるいは製粉業であった。とすれば、これに農民が手を出さないはずはない。前掲の養蚕、機織り、担ぎ売りなど、家族の誰かが物流に関わっていたであろう。私たちは農家経営という生業が、このように複合的なものであったことを視野に入れておく必要がある。その中で女性の果たした役割を考えたいと思う。そうすれば史料の表面には現れていない女性の姿を垣間みることができ、彼女が担った重要な役割を理解することができるであろう。

おわりに

　唐宋時代の史料論をふまえて生業とジェンダーの問題を考えてみた。史料の性格をおさえたうえで、それを深く読み込む作業の重要性と史料に隠された女性の生業の一端が明らかになったと思う。中国史の史料はある意味で奥が深く、優れた文章も多い。多くの知識人が長期にわたって鍛え上げてきた技術は感動的ですらある。しかし一方では陰に陽に理念的色彩が込められているのも事実である。それを読む私たちも、巧みに表現された色合いに惑わ

されることが多かった。しかし理念によって歴史の表面から覆い隠された人々の姿を見落としてはならないであろう。史料批判の眼を養い、たえず問題意識を鍛錬することが、私たちに求められている。

・参考文献・

［和文］
上田早苗（1979）「漢代の家族とその労働――夫耕婦績について」、『史林』62（3）
大澤正昭（1997）「『清明集』の世界へ――定量分析の試み」、『上智史学』42（のち、大澤正昭（2015）所収）
大澤正昭（2005）『唐宋時代の家族・婚姻・女性』、明石書店
大澤正昭（2008）『歴史家の散歩道』、SUP 上智大学出版
大澤正昭（2015）『南宋地方官の主張――「清明集」「袁氏世範」の世界』、汲古書院
上悠紀（2009）「『夷堅志』における女性」、『上智史学』54
高世瑜（1999）『大唐帝国の女性たち』（小林一美、任明訳）、岩波書店（原著：『唐代婦女』、三秦出版社、1988年）
斉藤茂他訳（2014、2015）『『夷堅志』訳注』甲志・上・下、汲古書院
塩卓悟・河村晃太郎（2004）『訳注太平広記婦人部』、汲古書院
田嶋美вики（1999）「宋代の小農経営における女性労働」、『論集中国女性史』吉川弘文館
古川末喜（2008）『杜甫農業詩研究』、知泉書館
柳田節子（1993）「宋代の女戸」、柳田節子先生古稀記念論集編集委員会編『中国の伝統社会と家族』、汲古書院（のち『宋代庶民の女たち』、汲古書院、2003年所収）
渡部武（1978）「『中国農書「耕織図」の流伝とその影響について』」（科学研究費研究成果報告書）

［中文］
甘粛省文物隊ほか（1985）『嘉峪関壁画墓発掘報告』、文物出版社
佐竹靖彦（2003）「《清明上河図》為何千男一女」、鄧小南編『唐宋女性与社会』、上海辞書出版社
中国農業博物館編（1995）『中国古代耕織図』、中国農業出版社
游恵遠（1998）『宋代民婦的角色与地位』、新文豊出版公司
寧欣（2003）「唐代婦女的社会経済活動――以《太平広記》為中心」、鄧小南編『唐宋女性与社会』、上海辞書出版社

第 6 章

伝統家族イデオロギーと朱子学

佐々木愛

朱熹(朱子)肖像
(台湾故宮博物院所蔵)

はじめに

　伝統中国、という表現がある。近代化・社会主義化による変化を被る以前の中国のありようを表現した語で、これは、近代なり現代なりという地点から見て、これこそ伝統的な中国だ、というふうに認識されたものをさしている。また本章題に掲げた「伝統家族イデオロギー」とは、その伝統中国において家族というものはどうあるべきだと考えられていたか、という意であるが、この「伝統」という言葉は不思議な力をもつ言葉で、ひとたび伝統と表現してしまうと、よくよく気をつけていないと、堂々と伝統であり続けていたような錯覚に陥ってしまいがちなことに留意する必要がある。伝統といっても、いったいいつからはじまる伝統なのか？　誰にとっての伝統なのか？　近代時点で存在している「前近代的」な習俗習慣が、実は誕生してからの歴史は浅く伝統とまではいえないものだという可能性はないのか？　といった、歴史学の立場に立つものであれば当然のように発すべき問いを、つい忘れて

しまうような、そんな作用が、伝統という言葉にはある。

さて、こんなことを書いたのも、伝統中国の家族イデオロギー（原理）を論じた名著・滋賀秀三『中国家族法の原理』にも、そしてそれを読むわれわれの側にも、上記のような罠にかかっていた面はなかったのだろうか、と考えるからである。

１．滋賀秀三『中国家族法の原理』

滋賀は同書序説で次のように述べる。

> いわゆる旧中国（traditional China）すなわち近代化の始まる以前の中国を、時間的にも地域的にも広大な拡がりをもった１つの社会体制として把握し、この体制の下における家族のありかたを、法学的な視点から分析し、概念構成し、そして体系的に叙述しようとするものである。……
> 春秋以前の古い時代を上代、民国以後を近代、そして中間の長い時代を、他に適当な言葉もないままに帝政時代と名付けておきたい。そして本書は、この帝政時代の家族法を扱おうとするものなのである。……漢から清までを１つの時代としてとらえるのは……如何ような発展があったにせよ、巨視的に見るならば、最も基本的な部面において、体制の一定の型が動くことがなかったことを言いたいがためである。

つまり滋賀は漢から清までを traditional China つまり伝統中国とみなし、基本的には変化がないものとして論じた。そして、家族の各成員の財産権と祖先の祭祀権という両面から、伝統中国の家族は強い父系（男系）の家族原理で貫かれている、と論じたのである。

ここで同書（以下滋賀『家族法』と略）で述べられている中国家族法の原理（以下滋賀「原理」と略）の内容をごくごく簡単に紹介したい。滋賀「原理」は、「父子一体」「兄弟一体」「夫妻一体」の三原則としてまとめられている。

①父子一体……息子は父から財産権と祖先の祭祀義務をともに継承する。息子は父の財産を受け継ぐとともに、祖先を祭り、死して生家の墓地に葬られ、子孫からは祭られる。

②兄弟一体……長男であれ次男以下の子であれ、財産は兄弟で均分される。なぜなら父祖を受け継ぐという点では兄弟は同等とみなされるからである。そして「父子一体」「兄弟一体」原則と相表裏する関係として、むすめは生家の財産を受け継ぐ権利はない。嫁入りの際には持参財が与えられるが、権利ではなく親の任意の額が与えられるにすぎない。そして未婚のままに死んだ場合生家の墓地に葬られることがなく、死後生家で祭られることはない。ゆえに、冥婚という習俗があり、未婚のままに死んだむすめには適当な配偶者を探してその者の家の墓に葬るということもおこなわれる。つまりむすめは生家においては社会的地位を得ていない。婿入り（贅婿）という結婚形態は、基本的には認められていない。

③夫妻一体……むすめは嫁にいき、妻となって、初めて社会的地位を夫の一族のなかに得る。妻は夫と一体の財産権を有し、特に夫死後寡婦となれば、夫にかわる財産権の保持者として全面にたちあらわれる。妻は夫とともに夫の一族の祖先を祭り、死んでは夫と合葬され、夫と一対の位牌で、母として子孫から祭祀を受ける。

つまり滋賀「原理」とは、非常に強い父系の親族原理であった。息子は両親の子ではなくあくまで父の子で、母は腹を借りただけのような存在にすぎず、娘は生家においては何の権利も持たず、嫁出して人の妻となって初めて社会的な存在になるということになる。

滋賀はこの家族原理が漢から清まで一貫すると論じた。しかし、戦後日本の中国史学の最大の課題は、中国史を発展段階的に捉えることであったから、滋賀『家族法』は学界の趨勢とは反することになるが、しかしそれが問題になることはなかった。なぜなら、時代区分するさいの指標はもっぱら生産関係や国制に求められており、そもそも家族原理などというものは、指標としてみなされていなかったのである。マルクス唯物史観による家族史／女性史の古典・エンゲルス『家族・私有財産・国家の起源』に基づくかぎり、父系か母系かといった家族原理の問題は、国家の発生以前―野蛮や未開―の時代を区分する指標にほかならず、古代文明発祥の地である中国の歴史年代において、家族原理が時代区分上問題になるとは考えられなかった。さらに当時はジェンダーという概念それ自体が存在していなかった。そして、なにより、

本書のもつ美しいまでの整合性・説得性は、日本の中国史研究者を沈黙させた。70年代以降ジェンダー概念が定着し、80年代以降、中国・台湾・アメリカにて女性史・ジェンダー史の研究が盛んになって以降も、日本の中国史研究において、女性史やジェンダー史に大方の関心は向かうことはなかった。

　ただ一点のみ、突出して研究が集中し、諸氏による論争が繰り広げられた論題がある。宋代女子分法というテーマであり、この問題だけは、日本は圧倒的な研究蓄積を誇る。最新の論争整理として［青木 2014］［小川 2015］を参照されたい。

　宋代女子分法論争とは、南宋時代の裁判判決文に登場する「法には、父母が亡くなり、男子と女子が家産分割するさいは、女(むすめ)は男(むすこ)の半分を得ることができるとある」という文言をめぐる論争である。本規定を、中国南方の慣習の反映として重視する仁井田陞と、そして仁井田説を論外として批判する滋賀との間で激しい論争となった。滋賀「原理」ではむすめは生家の財産権をもたないとされるから、むすめへの財産分与を認めるこの法は、滋賀「原理」にまったく反している。滋賀はこの法は「女子の地位を一般的に規定したものではない」等と否定的な評価を与え、論旨の一貫性を保とうとした。

　つまり、女子分法は滋賀『家族法』のなかにわずかにみえる破れ目ともいえる論題であった。1980年代に入り、女子分法が記載されている宋代裁判史料『名公書判清明集』の完本が北京において発見され、本史料に対する注目が高まるとともに、女子分法論争も再燃することになった。その研究動向も日本なりの特徴がある。海外では、未婚女子の財産権を積極的に認め評価する方向の研究者が比較的多い。一方、日本の研究者の間ではむすめが財産継承できるのは父母が死去し男子の承継人がいない場合に限られる、など、女子財産権に懐疑的な立場の研究者も比較的多く存在する。滋賀『家族法』の強い影響が看取れよう。

　ところで滋賀自身は、女子分法の存在を「原理」の破れ目とは全く考えていなかっただろう。なぜなら滋賀『家族法』とは、名文化された法典史の研究ではなく、滋賀自身の言葉を借りれば「中国人の脳裏に刻み込まれた当為」を明らかにしようとした著作だからである。滋賀『家族法』においては礼や法はすべてそのまま原理ではない。たとえ一時的に原理に沿わない規定

があったとしても、原理が原理であることを損なうようなものではない例外規定と位置づけられることになる。

　礼や法でさえ原理たりえないとみなされることもあるのだから、これが現実の事例となればなおさらである。滋賀「原理」にそぐわない現実がどれほどあったとしても原理を現実には実行できないことがあるのは当然ということになり、あらゆる現実の事例は「原理と現実」・「原理と例外」という枠の中に納められることになる。

　これは、現実から歴史像を組み立てるのを本業とする社会史研究者にとっては非常に困った、きわめて強力な構図である。いかに現実が滋賀「原理」と異なっていたことを明らかにしても、そしてたとえ現実のなかに時代による変化をみとったとしても、それら一切は単なる例外と位置づけられてしまうことになる。

　［大澤 2005］は、現実の事例が一概に「例外」扱いされる滋賀の論法に違和感を持ち、それらを収集し体系化することで滋賀説を乗り越えようと図り、家族や女性のありかたから唐宋変革を看取ろうとした研究成果である。これは社会史研究者としては当然の研究姿勢と言えよう。しかし滋賀の「原理」を、中国二千数百年にわたる中国家族法の原理として所与の前提としてしまえば、社会史的な研究手法による研究は常に「単なる例外事例の収集」と扱われる危険性を常にはらんでいる。第5章で明らかにされているように、中国ジェンダー史にはそもそも史料的な制約がある。その制約を超えて、滋賀「原理」におさまらないさまざまな歴史事象をもしつかんだとしても、例外とみなされて研究の意義すら認められにくいということになれば、今後日本において本分野の研究が進展する見込みは考えにくい。

　では、滋賀「原理」に対してわれわれはどう向き合うべきなのだろうか。滋賀「原理」を乗り越えるための方法の一つとして、思想史的な面からの研究も必要であろう。すなわち滋賀「原理」が超歴史的に中国の人々にとっての原理でありつづけたと想定することが思想的見地からして可能なのかを問い、歴史の各時代時代における滋賀「原理」的観念の有無とその位置づけを明らかにしていくという作業である。

　鉄壁にみえる滋賀『家族法』も、思想史という視角からすれば実は案外に

薄い面がある。滋賀『家族法』は財産権と祭祀権を一体のものとしてとらえるところに最大の特徴がある。財産権は中国法制史上の主要テーマである反面、祭祀権は従来中国哲学なり中国思想史畑の研究テーマであった。法制史家である滋賀の『家族法』では、財産権に比べて祭祀権についての論述は、挙げられている論拠も滋賀氏による検討も事実として圧倒的に少ない［佐々木 2015a/b］。財産権と祭祀権をいったん切り離し、祭祀権という面から滋賀「原理」を検証しなおすこと。そしてその検証次第によっては、滋賀「原理」の枠組みから社会史を解放するのが、われわれが滋賀「原理」を超えていくための近道なのではないだろうか。

2．「伝統家族イデオロギー」と朱子学

さて、思想史、ないし女性史あるいはジェンダー史の地点から、滋賀『家族法』の、漢代～清代までを１つの時代とする理解に相対したとき、基本的な点での不一致があることにすぐ気がつく。中国女性史の古典的名著・陳東原『中国婦女生活史』では、宋代が女性の地位の抑圧の開始時期とされ、それは宋代における朱子学の誕生と関連づけられた。そして明清期に深化した著しい女性への抑圧は、朱子学の普及に起因する礼教の強化として説かれたのである。近年の研究では、宋代当時においては朱子学者たちの言説は社会一般に浸透していなかったとして、宋代に歴史的な画期を求めるのには慎重な意見が多いが（第Ⅱ期「はじめに」参照）、しかしその後の女性抑圧の原因を朱子学に求めるのは現在でもかなり共有されている理解である。

その一方、滋賀は『家族法』において特に朱子学について言及することはない。滋賀『家族法』では、漢～清の二千数百年間にわたり基本的に不変とみなされているので、先秦から漢代にかけてまとめられた『儀礼』や『礼記』等の儒教の経書においてすでに父系の家族親族原理が規定されていることさえあげておけば、宋代に新たに誕生した新儒教である朱子学について特に触れる必要はない、ということになる。

しかし思想史的にいえば、当然のことながら、儒教は二千数百年の間常に人々の行動原理であり続けたわけではない。特に宋代の直近の時代―魏晋南

北朝・隋唐時期では、仏教・道教が圧倒的に優勢な時代だった。宋代に至って誕生した朱子学は、従来の儒教には欠けていた形而上の哲学理論を新たに構築したうえで、儒教由来の形而下の政治・社会についての教説と統合して体系化し、儒教に新たな息を吹き込み、いにしえの精神に回帰しようとした儒教の再生・革新運動だったのである。そして思想史家・木下鉄矢は、歴史書にもとづいて、宋代の現実社会においては前代にひきつづき母権の強さが存在していたことを明らかにした上で、そのような現実に抗し、男子の自立を求める思想史の系譜のうえに朱子学を位置づける［木下 2007］。

　本章では、滋賀「原理」をささえる柱の一つである祭祀権の問題について、朱子学ではどのように語られているのかをみてみたい。儒教の「理」に回帰しようとした朱子学系統の学者たちが構想しあるいは実践した祭祀は、滋賀「原理」といったいどのような関係にあるのだろうか？　これは滋賀「原理」で提示された祭祀論を再検証するためには必須な作業だろう。

（1）　滋賀「原理」と朱子学

① 　息子による祖先祭祀

　滋賀「原理」では、父と息子は同一人格であり、息子のみが父祖の祭祀権と財産権を継承する権利をもつとされ、その理由は「父子同気」と説明されている。「父子は気が同じである」「父からむすこへのみ気が継承されていく」「父の体の延長がむすこである」という観念から、財産権と祭祀権の父系継承の原則が生じているとするのである。

　父系の男性の子孫のみ祖先を祭祀できるということと、父子が同じ気を共有しているということとどのような関係があるのだろうか？　なぜ同じ気を共有していなければ、祭祀ができないのだろうか？

　このことについて論じたのが、まさに理気二元論の哲学朱子学の大成者・朱熹（朱子）その人だった。朱熹の説明をごく簡単にまとめれば次のようになる。万物は気によって構成されている。そして世界のありとあらゆるモノがそれぞれ違っているのは、それを構成している気が違うからだ。祖先の霊魂もつまりは気にほかならない。子孫がおこなう祭祀に父祖の霊魂が感応できるのは、父祖と子孫はただ同じ一つの気が代々相伝えられてきたという関

係にあるので、祭祀に感通するのだ。と。(『朱子語類』巻三、鬼神)

　しかしながら、この朱熹の説明は、理気論を大成した朱熹であってはじめてなしえた説明である。朱熹より以前に、このような明確な説明ができた者は存在しない。霊魂を気とする見方だけであれば、漢代頃には先駆的に存在しており、また宋代、朱熹の先駆・張載や二程らによっても説かれているが、祭祀の感応を気で説明できたのは朱熹が初めてである。

　だからこそというべきか、朱子学系の学者の周辺では、女系の祖先祭祀をしている例がみられる。程頤は自分の母が実家の父母を祭祀していることをあろうことか称揚しており、また程頤も母の父母を祭った可能性も高い。そして朱熹の弟子たちの間には妻方母方の祖先祭祀をおこなったりしている例もみられる。

　つまり、祭祀権の父子継承を「父子同気」で説明する滋賀「原理」の論じ方とは、実は南宋時代に成立した朱子学にほかならない。朱熹に至ってはじめて成立した祭祀論なのであるから、朱熹以前の時代に遡らせてはならないことはいうまでもない。また朱子学が普及するまでの間、このような説明が知識人の一般的な理解であったとみなすことはできない。朱子学の理気論から遠い庶民であればなおさらのことである。もちろん父系の親族原理というタテマエ自体は経書に記載があるものであり、タテマエの存在自体は長く続いているものである。しかしそれが「気」や「祭祀」で強化されるのは、南宋の朱熹がようやく最初ということである。朱熹以前の父系親族原理とは、それを支える形而上的な理論をもたない脆弱なものだった、として理解し直さなければならない。

② むすめの祭祀、むすめによる祭祀

　滋賀「原理」では、むすめは、実家の財産権も父祖の祭祀権もない。むすめは生家において社会的地位を得ることはできない。未婚のまま死んだ場合実家の墓に葬ることはできず、祭られることもない。むすめは嫁いで夫の親族関係に入って初めて社会的地位を得るものとされる。

　それでは、朱熹はむすめによる祭祀、むすめの祭祀についてどう考えていただろうか。結論からいえば、実のところ、朱熹は、むすめは生家で父祖を

祭るのが当然だと考えていたし、亡くなればこれまた当然、実家で葬るものだと考えていた。

　朱熹が書いた冠婚葬祭の四礼のマニュアル『家礼』の「通礼」（祠堂における通常の祖先祭祀）の章を見てみよう。祭祀は、男性が男性の祖先の位牌を祭り、女性が女性の祖先の位牌を祭るというかたちで儀礼が進行するので、特に男性が優位にあるということが強調されているわけではない。祠堂の前に、一族の男女が東西に分かれて整列するが、それぞれの最前列に立ち、儀礼の中心的役割を担うのは主人とその長男、そして主人の妻（主婦）とその長女かあるいは長男の嫁、である。つまり、次男以下の男子や傍系の叔父等が後列に並び全体にあわせて拝礼するだけであるのに比べ、未婚のむすめである長女のほうがはるかに重要な役が割り当てられているのである。また張載はむすめたちに祖先祭祀をきちんとさせたということで称賛されている（呂大臨「横渠先生行状」）。未婚のむすめが自家の祖先祭祀をおこなうことは正しい行為なのである。

　そして未婚のむすめが亡くなった場合、実家の墓地に葬るのが当然と考えられていた。程顥も程頤も、そして朱熹も、未婚のうちに亡くなったむすめを当然のこととして自家の墓地に葬っている。朱熹のむすめは婚約者が整いながら亡くなっており、滋賀「原理」によれば婚約相手の家の墓に葬らなければならないところであるが、朱熹はこのむすめを自らの妻（娘にとっては母）と合葬し、そして自身も死後この墓に合葬されている［佐々木 2015a/b］。

　また未婚のむすめを祠堂で位牌祭祀することを禁じる主張もみられない。朱熹『家礼』には、夭折者（未成年死亡者）の祭祀の規定があり、位牌をつくって、本人の父や母の位牌の隣において、祭祀が享けられるよう規定されている。そして位牌祭祀できる夭折者は男子に限るとは名言されていない。

　滋賀「原理」においては、未婚女子のみならず、男子であっても夭折者は正規の家族成員とは認められず、自家の墓地に葬られることも祭られることもないとされていた。つまり滋賀「原理」で提示されている規範は、明らかに朱熹『家礼』の規定や程頤・朱熹自身の行動をはるかに超えた抑圧的なものといわなければならない。

　滋賀氏のむすめの祭祀についての叙述の根拠は、1940年代に満鉄調査部が

おこなった『中国農村慣行調査』である。つまり、1940年代の華北農村での慣行はあくまで1940年代の慣行なのであり、漢代はもちろんのこと、宋代まで無批判に遡及させて考えてはならない。むすめは祖先を祭れないとか、未婚で亡くなったむすめを生家で葬り、祭ることが出来ないということが、もし朱熹以後の時代で一般化したというのであれば、その原因はどこにあり、そしていつ始まるものであるのか。今後改めて検討しなければならない課題である。

（２） 女性抑圧と朱子学

朱子学は女性抑圧の学問であるというのが陳東原以来の女性史上の通説である。それは程頤が、夫を亡くし幼い子を抱えた女性が再嫁することについて、「餓死事極小、失節事極大」と発言していることと、朱熹がその発言について支持したことをとりあげたものである。

では、さらに一歩進んで、その女性抑圧について程頤や朱熹の著作に即してより深く理解しようとする研究者は、彼らの著述を前におそらく途方に暮れるだろう。くだんの「餓死事極小」以外に、女性抑圧に直接関係する発言を見出すことが出来ないからである。

[Birge 1989] は朱熹の著作にもとづいて朱子学における女性の抑圧について真摯に論じた論文である。しかしバージが実際に分析対象にできたのは、朱熹が弟子たちとともに編纂した『小学』と、朱熹の手になる女性の墓誌銘だけだった。『小学』は子供向けに経書から礼議作法に関する語を選んで編纂した書であるが、なかには朱熹自身どこまで真に実践をすべきだと考えていたのか疑われる語も含まれるなど、編集方針は明確でない。墓誌銘は、遺族からの委嘱によって書かれるものであり、かつ称揚を旨とする文章だという性格があり、どちらについても朱熹の思想そのものを知るための素材としては弱い。

[鄧 2004] は、宋代における男女隔離の思想について論じたものだが、本論文中で朱熹の著述として引用できたのは、『周易本義』「家人」卦辞「利女貞」の注釈「利女貞者、欲先正乎内也、内正則外無不正矣」という短い一文だけであった。鄧小南も、この文章を「家の内部を正すことはわずかに家を

治めることに留まるものではなく、外の世界の正しさへ発展していくものとして認識されていた」と朱熹の文章どおりの解釈を付すに止めている。この朱熹の文章は、女性の隔離、抑圧の論拠にはなっているとまではいえない。もし朱熹が女性を隔離し抑圧したいと考えていたのであれば、「家人」卦辞の注釈は自説を開陳するのに格好な場であっただろう。しかし朱熹はそうはしなかったのである。

　また、女性抑圧の経文としておなじみの「不孝有三、無後為大（不孝には三つあるが、後を継ぐ子がないのが最大の不孝だ）」（『孟子』離婁上）に対して朱熹はどのような解説を附しているだろうか。『孟子』は朱熹が四書の一として重視し精力を込めて注釈した書であるが、実はこの経文について朱熹はまったく関心を払わず解釈をしていない。そもそも朱熹『家礼』では、夭折者のほか、子孫を残せなかった傍系親を位牌祭祀する方法の規定も作られている。つまり子供が産まれない、後継がいないことも当然あることを想定して朱熹は儀礼を作っていたのである。"後継となる子を儲けることこそが孝の本質であって何がどうあっても子を残さなければならない"というふうには朱熹は考えていなかった。

　程頤に至っては、良縁に恵まれずに「行かず後家」として生家に留まり亡くなっためい（兄・程顥のむすめ）の墓誌銘を書き、このむすめの実母への孝養が立派だったことを称え上げ、レベルの低い男と結婚させるぐらいなら、結婚しないほうがましだと断言している［佐々木 2015a/b］。この発言をしたのが、あの「餓死事極小、失節事極大」の発言で知られる程頤であることに留意すべきである。程頤は、自らの父が、伯母を再嫁させたことを義行として称揚してもおり、「たとえ餓死しても貞節を守れ」と考えていたとは筆者には到底思えない。程頤の餓死云々という極端な発言は、程家における一つの再婚事件が関係していると推察される。程顥の息子は若くして亡くなり、その妻王氏は亡き夫の友人章氏と再婚して程家を去ることになった。程頤は章氏に対し「友人の妻を奪った」と激怒しており「餓死事極小」という言辞の激しさと一脈通じるものがある。「餓死事極小」という発言は甥の妻の再嫁という事件に触発された個人的偶発的な性格をもつものであり、決して一般論ではなかったのではあるまいか。

朱熹も程頤の「餓死事極小」の発言に賛同したことで「同罪」とみなされてきた。しかし朱熹は経済問題があるばあいの再嫁は認めていて、誰もが守節できるわけではないとはっきり述べているし、こちらのほうが経書の義をふまえたオーソドックスな解釈である。朱熹が程頤の語に賛同したといわれるのは、朱熹の書いた手紙に、程頤の言を引いて守節を薦めたことがあるためであるが、勧めた相手は、経済的な問題はまったくない高官（の娘）であり、まったくの個別ケースにすぎない［佐々木 2000b］。結局のところ「餓死事極小」発言とは、程頤にせよ朱熹にせよそもそも個別のケースについて述べた片言半句にすぎなかった言辞が、全体の文脈から抜き出され、後世においてそればかり強調されていった、といえる。明清期において再嫁を非とする観念が普遍化したとすれば、その原因は朱子学の普及ではなく、再嫁を非としたい明清期社会側がその論拠を程頤や朱熹に求めたと解釈すべきであり、問われるべきは明清社会側の問題である。

　同様のことは、明清期において現出した、死去した夫への殉死（「烈婦」）や、死去した婚約者の家へ嫁ぎ、嫁ぎ先で守節する節婦についてもいえる。こういった節婦烈婦の行為は行き過ぎではないかという議論は明清期同時代的にも起きていたことであるが［湯浅 1981］［森 2005］、もし朱熹ら宋代の学者たちがこのような事態を知ったとしたら、驚き、そして批判したことであろう。程頤も朱熹も、婚礼の六段階の儀礼を順に踏みおこなうことによってむすめは妻となっていくと理解していた。婚礼をおこなっていないむすめが「死去した婚約者の家に嫁ぐ」といったようなことは彼らにとってはまったく想定外の非礼な行為であっただろう。さらに「死去した夫に殉死する」などということは、宋代の道学者たちにとってまったく想定外のことだったろう。彼らは夫に殉死する妻を称賛したようなことはない。

　イーブリーは「朱熹は地方官在任中、纏足を推奨した」という事実無根の話が近代になって流布されたことを指摘するなど、明清期に起こったことを以て宋儒を批判することの愚を述べる［Ebrey 1992］。イーブリーのいうとおり、婚約者に対する守節や夫への殉死といった行為が現出した原因を朱子学の教説やその普及に求めることはできない。明清期に起こった女性の抑圧的状況は、程頤や朱熹の所説をはるかに超えて起こったのである。なぜ、明清

期においてそのような現象が行ったのか、それは明清期の社会史の文脈に即した検討が必要である。そういった意味で、身分制がなく、かつ宋代に比して格段に階層流動性が高まった明末期以降、ジェンダーが実質的な身分指標の役割を果たしていたと論じ、また男女の隔離を治安問題から説明したマンの研究は興味深い成果である（第8章参照）。

（3）「宗法」と朱子学

　前節では、程頤や朱熹の発言が当人らの意図をはるかに超えて、著しく女性を抑圧する方向へ強化されていったこと、あるいは発言してもいないことが、朱子学的と思われるようになったことを見た。その一方、やはり家族に関して、朱子学者たちがくりかえし強調したにも関わらず、後世まったく実践されなかったこともあるということをとりあげてみたい。

　「宗法」という語がある。張載、程頤、朱熹といった宋代の朱子学の学統に属する人々は、宗法を復活して実践すべきだ、と説いた。そして、明清期に中国各地、特に南方で広く見られた父系親族集団・宗族は、自らの親族組織が「宗法」に則った組織であると自称していた。そのため、朱子学者らの宗法を復活実践しようという主張は、父系親族の広い結合と相互扶助を目的としたものと解されてきた［井上 2000］。

　しかし実のところ、宋代道学の学者たちが宗法復活の語によって復活しようとしたのは、嫡長子の優位と祭祀権の嫡長子一子継承を確立することだった。つまり親族観念・親族組織を周の封建制の時代のそれへ回帰させることを目指したものだったのである。ただ、兄弟均分（滋賀「原理」の用語でいえば「兄弟一体」）が完全に定着しているなかで、嫡長子だけが祭祀権を継承できる（次子以下は祭祀権がない）という親族観を普及定着させるということは困難だと彼らも考えていた。それゆえ張載は嫡長子に官位や経済上の優位も与えて嫡長子優位を実体化させようと考え、程頤は嫡長子優位を若干弱めることで実現させようとした。そして朱熹は「嫡長子のみが祭祀権をもった場合、兄弟が別居すると弟は祭祀ができなくなる」ということを根拠に、弟にも格を下げた形での祭祀を認めるべく、どのような形の祭祀がふさわしいのかをさまざまに構想していたのである［佐々木 1998］［佐々木 2000a］。

道学者の宗法復活の意が嫡長子一子継承の復活であるということを正確に理解していたのは、李氏朝鮮王朝の儒者たちであった。高麗王朝時代および李朝初期には子女均分であった財産相続法も、まず男子のみの均分へ、そして長子優待相続へと財産相続法自体を変化させた。そして祭祀権の嫡長子継承を基礎とした宗族をつくり、祭祀の実践とその継承を重んじた両班社会をつくりあげたのである［宮嶋1995］。このような変化の原因は社会経済的側面からの説明の試みもなされているが、朱子学は少なくともそれを正統化し牽引する役割を果たしたことは疑いようのない事実である。

　ところが、朱子学の本家本元の中国は、朱熹の所説をこのように真面目に受け取ることはしなかった。兄弟均分慣行が完全に普及した中国社会において、嫡長子のみに特別な地位を付与しそれを継承させる親族観念の普及など無理だと初めからあきらめたのである。明代・丘濬の『家礼儀節』は、朱熹『家礼』の改訂版で、朱熹オリジナル版の『家礼』とはくらべものにならないほど普及した書であるが、この『家礼儀節』では、宗法に関わる規定は実践が困難だとして、すべてまとめて棚上げの処置がされているのである［佐々木2009］。

　宗法の復活実践に関して、われわれが朝鮮と中国との比較のなかから学ぶのは、中国の場合、いかに朱熹が大声疾呼しようと、そして朱子学が体制教学化しようと、それだけでは社会は変化するものではないということである。受け手の社会の側にも変化を望む要因があって初めて教学は浸透することができる。つまり、明清期におけるジェンダー規範の強化とは、単なる儒教（朱子学）の浸透ではなく、社会の側が朱子学を選択した、あるいは朱子学をはるかに超えてジェンダー規範を強化した結果といえるのであって、社会の側の要因こそ探らねばならない。もし朱子学の単なる浸透ということであれば、彼らの主張の根幹であった嫡長子一子継承こそ復活実践されねばならなかったはずである。

　また、朱子学系の学者ではないが、宗族に関する宋代での規範と明清期のそれとの比較ということでいえば、范仲淹の范氏義荘の規定（文正公初定規矩）と明清期の宗族を対比するのも非常に興味深い。慶暦の名臣で士大夫の模範とされる范仲淹の創設した范氏義荘は、宗族結合の模範とされ続けたが、

その相互扶助規定をみると、基本の支給米は男女同一のうえ、出嫁していく女性への支給金は妻をめとる男性への支給金より十貫高い。また外姻でも飢饉等で困窮した場合は支援が受けられると規定されている。つまり宋代における初発の宗族結合の時点では相互扶助の対象から外姻は排除されておらず、また女子への支援も手厚かった。明清期における宗族の相互扶助が父系親族や男子のみに限定されていくとすれば、その時期と社会的背景を問うていく必要があろう。

おわりに

　最後に「伝統家族イデオロギーと朱子学」という標題に立ち返ろう。近代なり現代の地点に立って、これこそ伝統中国の家族イデオロギーだと考えられてきたものが総体として造られ機能するようになったのは、いつだと考えればよいのか。本章で見たように、朱熹は、父系家族原理の形而上的な理論化に初めて成功した人物であり、そういった意味で特記されるが、しかし朱熹本人は女性の隔離や抑圧という点にはほとんど関心がなかったうえに、さらに明清期に普及したジェンダー規範は朱熹自身の所説とは比較にならないほど変質強化したものであった。そのことを考えれば、近代という地点にて認識された伝統中国家族イデオロギーなるものが誕生したのは、滋賀のいうような二千年以上前の漢代でもなく、あるいは陳東原がいうような千年前の宋代でもなく、四百年ほど前の明代以降という可能性があるのではないか、というのが本章で提起した仮説的見通しである。

　しかしこれは、あくまで仮説にすぎない。現段階では朱熹や朱熹に先行する朱子学系の学者たち数名の所説を検討しただけで、朱熹以後の各時代の思索者たちがジェンダー規範はどのようにあるべきだと考えていたのか、時代を追った検証はまだおこなえていないからである。イデオロギーといえば建前で固く動かないものというイメージがあるかもしれないが、イデオロギーを生成構築する思想の現場まで降りてみれば、イデオロギーというものは案外と流動的で、かつ時代や地域の状況を映し出しているものなのである。滋賀「原理」や「朱子学＝封建礼教」といった、所与の前提だった見方をいっ

たん外してみれば、そこに中国ジェンダー史研究の「伸びしろ」は大きく開けている。

・参考文献・
［和文］
青木敦（2014）『宋代民事法の世界』、慶應義塾大学出版会
井上徹（2000）『中国の宗族と国家の礼制――宗法主義の視点からの分析』、研文出版
エンゲルス（1884）『家族・私有財産・国家の起源』
大澤正昭（2005）『唐宋時代の家族・婚姻・女性――婦は強く』、明石出版
大澤正昭（2005）「唐宋時代の家族と女性――新たな視点の模索」、『中国史学』15
小川快之（2015）「宋代女子財産権論争について」、『上智史学』60
木下鉄矢（2007）『朱子学の位置』、知泉書館、第二章「母権の現実」
佐々木愛（1998）「毛奇齢の『朱子家礼』批判――特に宗法を中心として」、『上智史学』43
佐々木愛（2000a）「張載・程頤の宗法論について」、『史林』83-5
佐々木愛（2000b）「程頤・朱熹の再嫁批判の言説をめぐって」、『上智史学』45
佐々木愛（2009）「明代における朱子学的宗法復活の挫折――丘濬『家礼儀節』を中心に」、『社会文化論集』5
佐々木愛（2015a）「墓からみた伝統中国の家族――宋代道学者がつくった墓」、『社会文化論集』11
佐々木愛（2015b）「むすめの墓・母の墓――墓からみた伝統中国の家族」、『アジア遊学』191
滋賀秀三（1950）『中国家族法論』、弘文堂
滋賀秀三（1967）『中国家族法の原理』、創文社
湯浅幸孫（1981）『中国倫理理想の研究』、同朋舎出版
宮嶋博史（1995）『両班――李朝社会の特権階層』、中公新書
森紀子（2005）『転換期における中国儒教運動』、京都大学学術出版会
［中文］
陳東原（1928）『中国婦女生活史』、上海商務印書館（民国叢書編輯委員会編『民国叢書』第2輯、上海書店、1990年に収録。他にも影印版多数あり）
鄧小南（2004）「"内外"之際与"秩序"――宋代婦女　附録：宋代婦女史研究回顧」、『中国歴史中的婦女与性別』、天津人民出版社
［英文］
Birge, Bettine（1989）, Chu Hsi and Women's Education, in *Neo-Confucian Education: The Formative Stage*, edited by William Theodore de Bary & John W. Chaffee Berkeley: University of California Press.
Ebrey, Patricia（1991）, *Confucianism and Family Rituals in Imperial China: A Social History of Writing about Rites*, New Jersey: Princeton University Press, 2014 rep.
Ebrey, Patricia（1992）, Women, Money, and Class: Ssuma Kuang and NeoConfucian Views on Women, in *Zhongguo jinshi shehui wenhua shilun wenji*. Taipei: Institute

of History and Philology, Academia Sinica.
Mann, Susan (2007), *The Talented Women of the Zhang Family*, Berkeley : University of California Press.

第 7 章

婚姻と「貞節」の構造と変容

五味知子

男児が続々と出生することを願う
吉祥図（清・冷牧「連生貴子図」）

はじめに

　前近代中国において、女性の「貞節」は婚姻の基盤をなしていた。中国の家族は、男系血縁を重視する。男系血縁の純粋性が担保されるためには、その家に嫁した女性が貞節であることが前提となったため、婚姻と貞節とは強い関わりを持っていた。

　女性の「貞節」は、古代中国においても、すでに重視されていた。『周易』には「婦人は貞にして吉。一に従いて終わればなり。夫子は義を制す。婦に従うは凶なり」（『周易』恆）とある。さらに、男性が妻を離縁できる七つの条件には、淫蕩であることが含まれていた[1]。中国においては、古代から、女性の貞操は重視されてきたということができるだろう。とはいえ、

---

(1) 『大戴礼』本命篇「七去」、『孔子家語』本命解「七出」、『春秋公羊伝』荘公二十七年、何休注「七棄」。

その「貞節」のありかたは単一ではない。夫のいる女性が他の男性と関係を持つことは古代以来、批判の対象となってきたとはいっても、中国における貞操の重視はそれにとどまらなかったからである。どのように、またいかなる程度に貞操が定義され、重視されてきたかは、本章の重要な問題である。

中国にとどまらず、広くそのありかたを考えてみた場合、例えばイスラーム世界や日本、キリスト教世界の多くの地域や時代では、寡婦の再婚は「貞節」規範に抵触するものとはみなされなかった。ところが、魯迅の小説『祝福』に見られるように、中国において、再婚した寡婦は周囲から貞操を守りきれなかった女性とみなされ、謗られることがあった。ただし、中国においても、時代差は大きい。唐代においては、公主であっても、再婚はごく普通のことであった［高 1999：318］。寡婦の再婚を忌むような厳格な貞節観念は宋代以降に現れたと考えられているが、宋代においては、まだ広く普及した観念ではなかったといわれる［湯浅 1981：150-156］。また、未婚女性の貞操についても、時代による違いは大きい。未婚女性が両親の意志に逆らって、亡くなった婚約者のために独身を貫くことは、不孝ともいえるものであったし、婚約者に殉じて死ぬことは、命を軽んじる行為とみなされることもあったので、単純に賞賛することはできなかった。以上のことから、本章では、時代差に着目しながら、貞節のありかたを婚姻とからめて見ていくことにする。

1．貞操観念と表彰の変遷

寡婦の再婚を忌む観念の出現は北宋の程頤の「餓死は事極めて小なり、失節は事極めて大なり」[2]という発言に象徴されるといわれてきた。しかし、この発言を貞節観念の浸透の流れの中にどう位置づけるかには大きく分けて二つの考え方がある。第一は、程頤・朱熹らが女性の再嫁に反対し、それが社会道徳として徐々に強まって、明清時代に最高潮に達したとするものである［合山 2006：166］。第二は、程頤の発言は再嫁が広くおこなわれ、再嫁を許容する現実の中でなされた「たてまえ」や「原理」の再確認であり［佐々

（2）『二程全書』巻二十五、遺書。

木 2000：127-128]、貞節観念が広まった原動力はむしろ旌表制度にあるとするものである [仙石 2011：14]。特に、元代の節婦旌表制度の転換によって、徭役免除特権獲得手段として節婦旌表が注目され始めたことと関係があるという [酒井 2006：49-50]。明代になると、表彰される女性の数は急増し、この流れは清代に至っても止まらなかった。総じていえば、命を失うことなく、貞操を守った寡婦（「節婦」）の表彰は、婚約者に殉死したり、婚約者のために独身を貫いた未婚女性の表彰よりも、葛藤なくおこなわれたといえよう。

次に、婚約者に対して貞操を誓った未婚女性（「貞女」）に関する観念と表彰の変遷についてみる。南宋は、未婚女性が亡くなった婚約者のために、一人身を通すことを明確に賞賛した [Lu 2008: 27]。婚約者への殉死は元代になってはじめて見られたが、政府はそれを表彰してほしいという要請に対しては慎重だった [Lu 2008: 28-29]。亡き婚約者のために独身を守った未婚女性や、自殺した未婚女性を表彰するようになったのは明代のことである [Lu 2008: 32-33]。明清時代の社会における貞節賛美の内容について見れば、明代の後半になると未婚女性が婚約者に殉じるようなドラマティックな貞節行為が称揚されるようになり、そのような女性に対する旌表数も増えた [Lu 2008: 32-36]。清朝の康熙帝、雍正帝は「軽生（命を軽んずる）」として殉死を禁止したが、この方針は一貫せず、実際にはしばしば殉死した女性が旌表されており、乾隆年間には殉死した女性の旌表が規定された [山崎 1967：50-51, 58-60, Lu 2008: 71]。

寡婦にしろ、未婚女性にしろ、貞操を守った女性たちを非常に数多く表彰していくことになるのは、明代以降のことといえるだろう。王朝による善行者の表彰は漢代より始まるが、元代になると、これまで重きを置かれてきた孝子（孝行息子）から、節婦烈女（貞操をまもった女性）、特に再婚せずに一人身を通す節婦へと重点が変化する [酒井 2006]。明代・清代には、その傾向はさらに強まり、その数は著しく増加したのであった。

貞操を守るために命を捨てるという行為は、たいていの場合賞賛されたが、どのレベルで貞操を守るかが問題となった。1753年、山西にて、ある男が兄弟の妻をからかった男を制裁しようとしてナイフを持って押しかけて行き、その家の女性を刺殺してしまうという事件が起きた [Theiss 2004: 167-175]。

知県はからかわれた女性の過敏さと周囲の鈍感さの双方を非難した。強姦されそうになって自殺した女性は賞賛されても、からかわれた程度で自殺することは不要であるという議論は根強くあった。命を守るという徳目と衝突する問題だったのである。しかし、乾隆年間になって、調戯や誘いかけ後の自殺は、表彰対象へと変化した。命を軽んじることへの非難を、賞賛が上回ったのであろう。

2．逸脱に対する処罰――性犯罪に関する規定の変遷

　清代には、性犯罪に関して、明代の規定をさらに詳細にしたような規定が多く出された。米国の研究者は、その意義を重く見て、集中的に研究を進めた［Ng 1984, ソマー 1997, Sommer 2000, Theiss 2004］。その代表的な研究者がマシュー・ソマーである。米国の研究者がこのような視点を持ったのは、法律に王朝ごとの政策の変化が表れると考えたためである。

　ソマーは清代の法律に重点を置き、セクシュアリティに対する規制を分析した。それによれば、雍正期を分水嶺として、セクシュアリティの統制方針は大きく変化した。それは身分によって性的行動を規制する唐代以来の「身分パフォーマンス」から、身分によらずジェンダーによって性道徳を課そうとする「ジェンダーパフォーマンス」への変化であった。唐代の懸案は奴僕が主人の妻を犯すことであったが、清代には家族秩序に属さないごろつき男性が家庭に属する女性や若い男性を犯すことが最も恐れられていたからである。清朝の繁栄による人口増加は、女児の間引きや女性の売買による性比の不均衡を拡大させ、結婚相手を見つけることができない男性の数を増加させた。18-19世紀に女性の貞節が極度に奨励されたのは、女性を「モラルの警察」に仕立て上げて、社会底辺で増加しつつあるごろつき男性の群れから家族の境界を守ろうとする努力の表れであり、すべての女性に「妻らしい」行動を求めたからだという。

　これをいかに評価するかは、判断の分かれるところであるが、筆者自身は現在のところ、次のように考えている。唐代の法律と明代の法律を比較してみれば、そこに大きな差異があることは事実であろう。しかし、雍正年間お

よび乾隆年間に出された一連の法規定のインパクトは、ソマーの強調するほど大きいものには思えない。考え方の変化自体は明代から徐々に進んでおり、そのような社会通念の変化は実際の裁判の場では考慮されてきたものと思われる。それが法規定として明文化されたのが、その時期だったということができるのではないか。むろん、それを法規定として確立したことの意義は小さくない。また、雍正年間・乾隆年間に、性犯罪に関する規定や表彰制度の改訂が積極的におこなわれたことは事実であろう。清朝の支配者は、自分たちが「文明的」と見られるように、積極的に貞節を守った女性を表彰し、それを犯した男性や、淫蕩な女性を処罰しようとしたとも考えられる。実際、満洲族女性に対する表彰が多かった。

　どのような状況が「貞操を失った」ことになるかを考えることで、「貞節」の多様性や時代による違いは鮮明になる。つまり、「貞操を守らない」とされる行為間の程度の差異である。先述のように、明清時代においては、寡婦の再婚も貞操を失ったかのようにみなされたが、もちろん、寡婦が姦通をすることのほうが、より厳しい批判の対象となった。このような「貞操を失う」行為のレベルの差異を示す一つの基準は法律であろう。

　まず、「和姦」（姦通）とみなされた場合の処罰の違いを示してみる。明清時代の中国においては、未婚の女性が合意のうえで男性と関係を持つことも、姦通と定義されるが、ただしその刑罰は、既婚の女性が夫以外の男性と関係を持った場合に比して軽い。すなわち、未婚であれば、杖八十、既婚であれば、杖九十である。注意すべきは、男性が既婚であるか、未婚であるかは処罰を左右しないことである。男性の罪は、他家の娘や妻妾に手を出したことにあり、自分自身の妻妾に背いたことにあるとは考えられなかったのである。夫が許した（「縦容」）状況での姦通は、夫、姦夫、妻妾はみな、杖九十に処された。夫が姦通を強要した場合、夫は杖一百となり、妻妾は罪に問われなかった。これらの規定は明代・清代ともに共通していた。

　強姦の罪は重く、明代では絞首刑に処された。女性は罪に問われなかった。清代になると、強姦した者は絞監候となり、女性は罪に問われない。ただし、清代には、強姦として罪に問うには、強暴の状、婦人が逃れられない状がなくてはならない。また、見聞きした人がおり、皮膚や体に傷が付き、衣服が

裂けた等の証拠があって、はじめて絞首刑になる、と記された。しかし、明代においても、万暦十五年に、以後強姦の犯人は、凶器を持って脅したり、縛りあげたり、逃れようとしても逃れられなかったりしたという状況があり、証拠がはっきりしてはじめて絞首刑にすると定められており、変化はすでに起こっていた。

　配偶者間殺人については、加害者の性別が処罰を左右した[3]。妻妾が姦通を原因として、共謀して夫を殺害した場合は凌遅処死、姦通相手の男性は斬（監候）となる。ただし、夫が姦通を許容していたのであれば、妻の処罰は軽減される。姦通相手の男性が夫を殺害した場合、妻妾はそのことを知らなくても、絞（監候）となる。一方、夫が自分の姦通を原因として、妻妾を殺害した場合や、姦通相手の女性が妻を殺害した場合については、特別な法律の規定は設けられていない。これについては、明代と清代の規定は同じであった。

　明代において、寡婦に再婚を強制した場合、女性の祖父母・父母、夫の祖父母・父母であれば罪に問われなかったが、それ以外の者は杖八十となった。ただし、期親であれば、二等を減じた。清代において、寡婦に再婚を強制した場合の処罰は重くなった。女性の祖父母・父母、夫の祖父母・父母などは杖八十に処され、期親はそれに一等を、大功以下はさらに一等を加えた。まだ成婚していない場合には、その寡婦は前夫の家に帰して、一人身を守ることを許し、財礼は返却させた。明代と比べて、清代のほうが寡婦の強制再婚に対する処罰は厳しさを増している。

　清末に領事裁判権回収のため、刑法典を修正する過程において、「無夫の姦」（未婚または寡婦の結婚していない女性の性行為）について、議論が起きた。大清刑律草案や第二次草案において、無夫の姦は採用されなかったが、反対を受けて、第二次草案に付された暫行章程では、無夫の姦が採用された［小野 1992］。加えて、無夫の姦は本来姦通した男女双方の罪を問うものであったが、審議の過程では、いつしか無夫の「婦」に限定されてしまい、相手方

（3）　配偶者間殺人について、詳しくは［喜多 2010］［合山 2006］［五味 2015］［佐々木 2008］を参照。

の男性は問題にならなかった［小野 1992：40］。中華民国になって袁世凱政権下で提出された暫行刑律補充条例では、無夫の姦を条件付きで復活させる一方、妾に妻に準ずる位置を与えた。妾は重婚にはあたらないだけでなく、無夫の姦にも相当しない［小野 1992：58］。つまり、清末になって、無夫の姦に関する規定が変化したとはいっても、女性にのみ貞操を要求し、男性には妾を持つことを許すというように、根本的な観念自体が変化したとはいえなかった。

3．女性の持参財産

次に、法制上にみる、女性の持参財産の変化について論じる。唐代や宋代の規定では、妻の実家から得た財産は兄弟の財産均分の対象にならないとされている[4]。持参財産は、夫婦の所有物として規定されていたのである。

元代に入ると、再婚時の持参財産の扱いについて、規定ができる。『元典章』巻十八、戸部巻四、夫亡、「奩田聴夫家為主」に、

> 今後、嫁ぐ女性は、夫が生きている間に離婚するにしろ、夫が死んで寡婦となっているにしろ、他人と再婚したい場合は、結婚時に持参した粧奩財産はすべて前夫の家が自由にできるものとし、以前のように女性が持ち出すことは許さない[5]。

とあり、再婚時に妻が粧奩を持ち去ることは禁止され、これを夫家に留め置くことと改められた。さらに明代に至ると「再婚する者について、夫家の財産およびもともと持参した粧奩は、前夫の家のものとする[6]」と規定され、以後清代まで、引き継がれる[7]。

女性の持参財産に対する権利が、宋代以降、徐々に弱まっていった傾向が見て取れる。では、このような変化が起きたのはなぜだろうか。前述のよう

---

(4) 『唐律疏議』巻十二、戸婚律、卑幼私擅用財、疏議「准戸令、応分田宅及財物者、兄弟均分、妻家所得之財、不在分限」。『宋刑統』巻十二、戸婚律、卑幼私擅用財、疏議「准戸令、応分田宅及財物者、兄弟均分、妻家所得之財、不在分限」。
(5) 『元典章』巻十八、戸部巻四、夫亡、奩田聴夫家為主「今後応嫁婦人、不問生前離異・夫死寡居、但欲再適他人、其元随嫁粧奩財産、一聴前夫之家為主、並不許似以前般随身」。
(6) 『大明令』戸令、「其改嫁者、夫家財産及原有粧奩、聴前夫之家為主」。

に、宋代以降には、再婚せずに一人身を貫く寡婦が賞賛されて表彰を得るようになり、逆に、再婚する寡婦は次第に批判対象になっていった。再婚時の持参財産に対する権利も、おそらく、この流れと歩調を合わせるようにして、弱まっていったのではないだろうか。女性の再婚に対する批判の高まりが、女性の権利の削減をもたらしていったものと推測する。

　法規定の変化とは別に、このような法規定が実際に裁判の場で適用されていたのかという点についても、分析する必要がある。明清時代において、再婚する女性は、実際に持参財産を持ちさることができなかったのであろうか。これについて、高橋芳郎は「南宋代に比べて妻の粧奩持ち去りはより限定されたであろうと推測しているが、しかし一方で人々の粧奩は妻のものだという意識はさほど変化しなかったのではないかとも推測する。とはいえ、明・清代の粧奩の扱いに関する多くの実態を私たちはまだほとんど知らない。今後の検討に委ねるほかない」と述べている［高橋2007：34］。頼城航平はこの点について、小説や各種の判牘におさめられた事例を検討したが、明代において、この法が裁判の場で有効に機能した事例も、さらには妻の再婚・帰宗にあたって粧奩が夫家に留め置かれた事例も見出すことはできなかった［頼城2013］。そのため、離婚して実家へ戻る際には、夫の家に持参財産を遺して行かねばならないという原理原則がありながらも、現実には妻が持参財産を持ち去ることがほとんどだったのではないかと推測している。清代についての検討はいまだなされておらず、明代についても、さらなる史料の分析が必要であるが、これらの研究からは、妻の持参財産持ち去り禁止は法規定としては成立しても、人々に共有された社会通念とはならなかった可能性が示唆されている。

おわりに

　本章では、特に婚姻との関わりや家における女性の立場に注意しながら、貞節観念の変遷を見てきた。その中で明らかになったのは、男性の妻妾に対

（7）　清律、巻八、戸律、戸役、「立嫡子違法」第二条例。

する忠誠は道徳上はともかく、公的にはほぼ問題にならなかったのに対して、女性の貞操は婚姻の基盤をなし、法規定や表彰制度の中で重視されたことである。それは宋代以降、時代を追って強化され、女性の財産権にまで影響をもたらした。ただ、再婚した寡婦の持参財産の持ち去り事例を見れば、法規定の変化は即座に社会通念や慣行にまで波及するものではなかったように思われる。

「貞節」であろうとする行動は、時として、他の徳目と衝突することがあった。例えば、孝行である［仙石 2015］。また、親から受けた自分の体を大切にすること、夫への従順などである。未婚女性が両親の意志に反して自殺あるいは独身を貫くこと、からかいに対する反応としての自殺、夫に売春を強要されて抵抗するなどのおこないは、これにあたる。王朝の表彰制度において、これらの女性をどうするかは、悩ましいところであったが、時代を追うごとに、貞節が他の徳目をしのぐ傾向が出てきたということができるだろう。

・参考文献・

[和文]

浅沼かおり（2005）「清代の女性像と社会——女性の再嫁をめぐって」、『共立女子大学総合文化研究所紀要』11

臼井佐知子（2007）「裁判関係文書から見た徽州社会の一側面——夫の死後、寡婦はいかにして生きたか」、『文書史料からみた前近代アジアの社会と権力』（東京外国語大学大学院　21世紀COEプログラム「史資料ハブ地域文化研究拠点」研究叢書：Web版）

翁育瑄（2006）「宋代の姦罪」、『お茶の水史学』50

小野和子（1992）『五四時期家族論の背景』、同朋舎

勝山稔（2007）『中国宋——明代における婚姻の学際的研究』、東北大学出版会

岸本美緒（1998）「妻を売ってはいけないか？——明清時代の売妻・典妻慣行」、『中国史学』8

喜多三佳（2010）「殺死姦夫の理——清律「殺死姦夫条」の淵源とその発展」、『法史学研究会会報』15

高世瑜（1999）『大唐帝国の女性たち』（小林一美、任明訳）、岩波書店　（原著：『唐代婦女』、三秦出版社、1988年）

合山究（2006）『明清時代の女性と文学』、汲古書院

五味知子（2008）「「貞節」が問われるとき——『問心一隅』に見る知県の裁判を中心に」、『中国女性史研究』17

五味知子（2011）「近代中国の夫殺し冤罪事件とメディア――楊乃武と小白菜」、山本英史編『近代中国の地域像』、山川出版社
五味知子（2012）「「誣姦」の意味するもの――明清時代の判牘・官箴書の記述から」、『東洋史研究』70（4）
五味知子（2014）「明清時代の鋼婢にかかわる社会通念」、『東洋文化研究』16
五味知子（2015）「清代の配偶者殺人の記録に見る女性像とその実態」、『史学』85（1-3）
酒井恵子（2006）「孝子から節婦へ――元代における旌表制度と節婦評価の転換」、『東洋学報』87
酒井恵子（2007）「明代後半期の旌表――規定改定をめぐって」、『名古屋大学東洋史研究報告』31
佐々木愛（2000）「程頤・朱熹の再嫁批判の言説をめぐって」、『上智史学』45
佐々木愛（2008）「不倫した妻は殺せるのか？――明清律・殺死姦夫律とその運用」、『上智史学』53
滋賀秀三（1967）『中国家族法の原理』、創文社
仙石知子（2011）『明清小説における女性像の研究――族譜による分析を中心に』、汲古書院
仙石知子（2015）「孝と貞節――中国近世における女性の規範」、『アジア遊学』191（ジェンダーの中国史）、勉誠出版
ソマー，マシュー・H（1997）「晩期帝制中国における売春――18世紀における身分パフォーマンスからの離脱」（寺田浩明訳）、『中国――社会と文化』12
高橋芳郎（2007）「粧奩は誰のものか――南宋代を起点にして」、『史朋』40
陳青鳳（1988）「清朝の婦女旌表制度について――節婦・烈女を中心に」、『九州大学東洋史論集』16
陳青鳳（1990）「清代の刑法における婦女差別――特に傷害殺人、姦淫罪における」、『九州大学東洋史論集』18
野村鮎子（2007）「中国士大夫のドメスティック・バイオレンス――出嫁の女の虐待死と父の哀哭」、『奈良女子大学文学部研究教育年報』3
森紀子（2005）『転換期における中国儒教運動』、京都大学学術出版会
夫馬進（1993）「中国明清時代における寡婦の地位と強制再婚の風習」、前川和也編『家族・世帯・家門――工業化以前の世界から』、ミネルヴァ書房
マン，スーザン（1985）「清代の社会における寡婦の位置」（岸本美緒訳）、『お茶の水史学』29
山崎純一（1967）「清朝における節烈旌表について――同期列女伝刊行の背景」、『中国古典研究』（早稲田大学）15
湯浅幸孫（1981）『中国倫理思想の研究』、同朋舎出版
頼城航平（2013）「明代粧奩考」、北海道大学大学院修士論文
鷲野正明（1995）「「貞女」の発見――帰有光の「貞女論」と節婦・烈婦伝」、『国士舘大学文学部人文学会紀要』27

［中文］
五味知子（2009）「「誣姦」與貞節――以晩明至清前期的判牘為中心」、『近代中国婦女史研究』17
［英文］

Lee, James (1990), Capital Punishment and Violent Crime in Late Imperial China: A Preliminary Statistical Analysis, 『近代中国史研究通訊』10
Lu, Weijing (2008), *True to Her Word: The Faithful Maiden Cult in Late Imperial China*, Stanford, California: Stanford University Press.
Meijer, Marinus J. (1991), *Murder and Adultery in Late Imperial China: A Study of Law and Morality*, Leiden, New York, København, Köln: E. J. Brill.
Ng, Vivien W. (1984), Ideology and Sexuality: Rape Laws in Qing China, *Journal of Asian Studies*, Vol.46, No.1.
Sommer, Matthew (2000), *Sex, Law and Society in Late Imperial China*, Stanford, California: Stanford University Press.
Theiss, Janet M. (2004), *Disgraceful Matters: The Politics of Chastity in Eighteenth-Century China*, Berkeley: University of California Press.
T'ien, Ju-K'ang (1988), *Male Anxiety and Female Chastity: A Comparative Study of Chinese Ethical Values in Ming-Ching Time*, Leiden, New York, København, Köln: E. J. Brill.

第 8 章

身分感覚とジェンダー

酒甕を運ぶ侍女たち
(清・禹之鼎「喬元之三好図」より)

岸本美緒

はじめに——「身分感覚」というコンセプト

　本章の課題は、「身分感覚」という言葉を切り口に、中国ジェンダー史研究の動向を論ずることである。「身分感覚」という語は、必ずしも一般的に用いられる言葉ではないが、ここでは、ジェンダー史研究における以下のような切り口を示すものとして、この言葉を用いることとしたい。

　第一に、「全体的」な視点である。個々の現象でなくそれを全体的世界像の一部としてとらえる見方は、アナール派の「全体史」といった主張（[二宮 1986] 参照）において強調されてきたが、ジェンダー史の場合にも、それは有効な視点といえよう。本書の「はじめに（小浜）」で述べられているように、ジェンダー史という呼称はもともと、他と切り離されたジャンルとして「女性の歴史」という領域を確保することではなく、また「男女関係」に視点を絞ることでもなく、むしろ従来の歴史像のなかで不可視化され、あるいは客体化されてきた人々の視点から歴史の全体を見直すこと、という含意

を持つものであったと理解される。「身分」というと、前近代の世襲的・固定的な社会階層のありかたがまず思い浮かぶであろうが、ここではより広く、社会秩序のあるべき姿として観念されている上下関係として、広い意味でとらえたい。伝統中国の語彙でいうと、「身分」というよりは「分」という語がよくつかわれるが、「主僕の分」「士庶の分」「良賤の分」「尊卑の分」など、人と人との上下関係を表すさまざまな「分」は、からみあいながら中国社会の全体を覆っているのである。

　第二に、「内在的」な視点である。従来のジェンダー史研究のなかでも指摘されてきたように、今日の眼から見て女性に対する抑圧とみなされる現象に対し、当時の女性自身が積極的に参与し、「主体的」判断によってそれらを選択していることがある。例えば、貞節といった儒教的ジェンダー規範が女性自身によって積極的に遵守される場合、彼女らの行為を導く動機は何なのか。その理解は、例えば家父長制イデオロギーといった現代の概念を用いた説明のみならず、当時の人々が彼女ら／彼らをとりまく世界をどのように思い描き、その中でどのように自己と他者を位置づけ、また社会的な上昇や生活の安定をめざしていたのか、といった問題を考えることなしには、表層的なものとなってしまうだろう。ジェンダー史研究が男性からの視点でなく女性からの視点で歴史をみることを目指しているという点については、大方の異論はあまりないであろうが、女性の視点といってもさまざまであり、今日の女性の視点か当時の女性の視点かという点は新たな問題を提起する。こうした問題は、われわれが当時の人々の社会観を本当に内在的に理解できるのか、といった難題[1]も含め、ジェンダー史研究の重要な未解決の課題をなしていると考えられる。

　第三に、「感覚的」な要素である。人々の選択・行動を導くのは、必ずしも明確に概念化された社会構造認識や道徳規範であるとはかぎらない。むしろ、エリアスが近世ヨーロッパについて述べたように（[エリアス 1977-78]参照）、ほとんど意識されないまでに身体化された感覚──「異常」「おぞま

（1）　例えば［ギアーツ 1999］は、我々はバリ島のサティー（夫が死んだとき妻が火に身を投じて殉死する風習）を「理解」できるのか、と問題を提起する。

しい」あるいは「上品」「文明的」といった感じ方――こそが、社会秩序を支える根本的な基礎となっているともいえる。

　本章では、「身分感覚」という切り口を以上のように設定したうえで、上記の問題関心に関わるような研究を、私の把握の及ぶ範囲で概観してみたい。本章で取り上げる研究のなかには、他の章でより詳細に論じられるものも多くあるが、「身分感覚」という視点からみることによって従来みえなかった側面がみえてくることもあるかもしれず、また「身分感覚」といった漠然とした受け皿を設定することによって、ほかの章で十分扱えなかった個別の論点を拾い上げることが可能になるかもしれない。

　なお、このような「身分感覚」視点に関わる研究はむろん宋～明清に限られるものではないが、本書の編別構成上、本章は「宋～明清」の部分に入っているので、宋～明清に限定して扱いたい。宋～明清が、儒教的ジェンダー規範の厳格化の時期であること、そしてその厳格化が、身分制全体からいうと「近世的」な階層的流動化と相表裏して起こっていることを考えると、この時期的限定には意味があるだろう。ただ、私の専門とする時代からいって、宋～明初が手薄になっていることをお許しいただきたい。

1．伝統中国の「身分」とは何か

　中国史において「身分」を論ずる場合、「身分」の定義はなかなか難しい問題である。一般に「身分」というとき、日本人は例えば、近世日本の「武士・百姓・町人」や、アンシャンレジーム期のフランスの「聖職者・貴族・平民」といった「身分制度」を思い浮かべるであろう。これらの身分は、生まれた家によってその社会的地位が決まってくるという、地位や職業の世襲性・固定性に特色がある。それに対し、帝政時代の中国では、皇室関係や「八旗」など統治集団関係を除き、一般社会にはそうした世襲的な身分制度が原則として存在しなかった。日本法制史家水林彪は、「身分制社会」という語を、「諸個人が生得的に帰属するところの団体（例えば家）によって、社会的分業が編成されているような社会」と定義したうえで、統治を家業とするところのイエが存在しなかった（同時に農工商を家業とするイエも存在しな

かった）宋代以降の中国社会は、すでに「個人主義的な脱身分制社会・国家」であった、と論ずる［水林 1987］［水林 1992］。

　一方、中国法制史の分野で「身分法」という場合、その関心の中核は、集団を単位とする社会全体の構造というよりは、帝政時代を通じて洗練され強化されてきた、血縁的（ないし擬制血縁的）結合内部の個人間の相対的地位関係に置かれていたように思われる。日本の学界において中国の「身分」を法制史的に論じた初期の大著である仁井田陞『支那身分法史』の内容をみると、ほとんど家族・親族関係に関わる問題（宗族法、親族法、家族法、婚姻法、親子法、後見法、および家族的尊卑関係のアナロジーとしての部曲・奴婢法）であったことは興味深い［仁井田 1942］。法的に定められた身分秩序という観点からいえば、最も強く意識されていたのが親族内の尊卑長幼の関係であったことは疑いないだろう。そして、こうした血縁的（ないし擬制血縁的）個人関係に関わる上下の厳しい規範をみるとき、水林のいわゆる「個人主義的な脱身分制社会」たる中国社会が、決して「個人間の平等」を原則とした社会ではなく、むしろ厳格な支配隷属関係の網の目に貫かれた社会であったことも明らかである。

　そして、このような親族内の人倫関係を根本としつつ、より大きな社会のなかの階層的上下関係を表すものとして、法制的にも規定されているものが「士・庶」と「良・賤」の身分関係である。家族・親族内のジェンダー問題については、本書の他の諸章ですでに論じられているので、本章では「士・庶」「良・賤」の二つの身分関係におけるジェンダー問題について考えることとしたい。まず、この両者について、ごく簡単に説明しておこう。

　「士庶の分」とは、知識人であることをその要件とする支配層と、被支配層である庶民との関係を指すものである。伝統中国における支配層の特質として常に指摘されるのは、それが、貴族や武士といった世襲的な階層ではなく、特に宋代以降は、科挙試験などによって民間から抜擢される官僚であったということである。この支配関係を「官―民」関係ということもできるが、官僚の支配力は、官職そのものに由来するというよりは、科挙試験に受かるようなその人の能力――単なる学力というよりは、儒教の学問を通じ正しい人の道を体得しているという道徳的な能力――に帰せられていた。従って、

科挙資格を持ちながら出仕しなかった場合や官僚をやめて引退した場合も、現職官僚類似の特権と勢力を持つことができ、また税制・法制上も官僚と同様の優遇を受けた。その点からいえば、こうした人々と一般民衆との上下関係は、「官民の分」というより「士（＝知識人）庶の分」といった方が、本質に近い表現だろう。中国でよく用いられた「紳士」「士大夫」などの語は、現職・退職を含む官僚経験者、科挙合格者、あるいはまだ合格していなくてもその能力があると考えられている人々など、このような支配層を広く指す語であった。女性は科挙を受けることが許されていなかったので、本人が「士」になることはむろんできなかったが、紳士家族に属することによって、相応の社会的尊敬を受けることができた。

　「良賤の分」でいう「賤」すなわち賤民の範囲は時期によってことなるが、明清時代でいうと、「奴婢」（代々主家に仕える隷属的な召使。男性は奴僕、女性は婢と呼ばれ、「奴婢」は男女の総称である）、「倡優」（俳優、歌手などの芸能者。女性の場合は娼婦の含みもある）、「隷卒」（役所で門番など身体労働をおこなう隷属的な使用人。男性のみ）の三者が、「賤民」の中心をなした。なぜ彼らが「賤」といわれるのかについては当時の文献にも明確な説明はないが、服役的な仕事に従事し、他人に意のままに使われる服役的性格が人格にもしみついているということが、当時の「賤」視の基準であったと思われる［岸本 2003］。「賤」でない人々が「良」とされるわけであるが、良民でも服役的な仕事に従事することはあるので、「賤」の範囲は曖昧であり、法的な賤民定義と社会的な賤視は必ずしも一致していなかった。法的に規定された「良・賤」差別としては、良民と賤民の間の傷害事件では処罰に若干の差等があること、良民と賤民との結婚は許されないこと、などのほか、賤民は科挙受験が許されないこと——すなわち「士」階層に上昇する道が絶たれていること——が重要である。

　「士庶の分」にしても「良賤の分」にしても、親子のような個々人間の相対的な関係とは異なり、社会的階層による区別である。しかし、これらの階層への所属は、世襲的生得的に決まっているわけではなく、科挙に合格して「士」になったり、あるいは賤業に従事して「賤民」になったりといった形で、後天的な実践によって決まる部分が多い。従って、社会的上昇競争（あ

るいは没落しないための競争）は相当に激烈である。また、社会的認知といった点からいうと、「それらしくふるまう」ことが大切である。紳士の家庭であれば、紳士家族の成員にふさわしい行動様式が求められる。また逆に、賤民であっても高潔な人格であることが認められれば、むしろ称揚の対象（賤民なのにこのような立派なことをした）となることもある。中国の「身分」のこのような競争的特徴は、中国の人々の社会的選択に特有の性格を与えており、例えば階層的流動性が高まるにつれて、ジェンダー規範が緩くなる代わりにかえって厳しくなるといったことも、こうした競争的特徴との関係で考えることができるだろう。

2．「士・庶」とジェンダー

（1）女子教育と上昇戦略

　法律上、士と庶の境界は個人の持つ科挙資格（ないし官僚経験）によって定められており、その点では科挙受験を許されていない女性ははじめから「士」の身分からは排除されていた。しかし、より一般的な感覚からいえば、地方社会における紳士家族としての認知は家族員のもつ教養や生活様式という比較的漠然とした基準に依拠しており、家族内の女性のありかたも、そうした認知基準の重要な一部をなしていた。従って、明末から清代にかけて階層的な流動性が高まるにつれ、女性の教養・道徳・立ち居振る舞いといった問題は、社会的な上昇競争や地位の安定のための戦略として、紳士家族（ないし紳士階層への参入を目指す人々）の注目を集めることとなった。このような問題に着目した初期の研究として、スーザン・マン（Susan Mann）の論文「結婚をめざし娘を仕込む」（1991）が挙げられる。本論文でマンは、主に文人男性の書いた女訓書や家訓の類を用いて、女性教育に関する彼らの言論が、競争に直面して「既存の身分的ヒエラルキーを守ろうとする」文人たちの努力を示していると指摘する。と同時に、女性の教育そのものが既存のジェンダー秩序をゆるがせてゆく側面に言及し、女性自身の著述に基づく清代女性史研究の可能性を展望する。

（2）上流階層の女性たち

　ここで予告された明清時代のエリート女性自身の著述に基づく研究は、ドロシー・コー（Dorothy Ko）『閨塾師』（1994）やスーザン・マン『宝録』（1997）によって実現されたといえる。ドロシー・コーの書物は17世紀すなわち明末清初の江南に焦点を当てた研究で、当時文筆で名声を得た「才女」たちが、つつましさを旨とする伝統的な「婦徳」を再解釈し、家庭を超えた広い活動空間において才華を発揮したことを指摘する。そして彼女たちの名声は、その家族にとっての文化資産にもなったという。本書のねらいを述べた序文において著者は、「旧中国の女性一般を犠牲者としてみなす」通説を、「五四新文化運動、共産主義革命、西洋のフェミニズム学問」の奇妙な一致によって作り出された見解として鋭く批判し、「中国社会全体のダイナミクス」のなかで時代状況に応じた女性たちの選択を理解すべきことを提唱する。このような姿勢は、その後の欧米における中国ジェンダー史研究の有力な一潮流をなしているといえよう。マンの著書は、コーの問題意識を共有しつつ、コーの研究に続く18世紀すなわち清代中期の江南を扱ったものである。マンはコーの指摘したような女子教育・女性文学の流れは清朝治下でも継続したとしながらも、清代中期の時代的特徴として、エリート女性たちがもっぱら家庭の中で彼女たちの文才を発揮し、自分自身をエンパワーしたことを指摘する。コーやマンのこれらの研究は、明清江南のエリート女性の活発な文化活動を明らかにしつつ、一方では、エリート女性とそうでない女性たちとの間に横たわる大きな社会的断層を示すものであるともいえよう。

　近年出版されたマンの『性からよむ中国史』（2015）の序章では、「閨秀」と「光棍」という当時の用語を用いた対比で、中国の伝統的な父系社会のジェンダーシステムを素描している。すなわち、外部から隔離された良家の娘たち（「閨秀」）の貞操と純潔は、このシステムの維持にとって核心的な意味をもつものであり、その対極には、政治的・ジェンダー的秩序にとって潜在的脅威とみなされ周縁化されている独身の男性貧民（「光棍」）がいる。このような描き方は、視点を家族内のジェンダー的支配関係に限定することなく、大きな社会階層の構図のなかでジェンダー史を描こうとするものである。そこでは、「士・庶」すなわちエリートによる庶民の支配とジェンダー関係

とは相互に組み合わさって立体的なシステムを形成しているのである。そしてこの「閨秀」と「光棍」という語が、それぞれの階層を客観的に示すというよりは価値判断を帯びており、このシステムの侵犯に対する生理的恐怖を伴った感覚的な用語であることも、感じ取れるのではないだろうか。

(3) 文化としての纏足

このような研究史的文脈のなかで、纏足についても、女性に対する抑圧といった見方とは異なる観点から研究がおこなわれるようになってきた。ドロシー・コーの『シンデレラの姉妹たち』(Ko 2005) は、副題に「纏足の修正主義的歴史」とあるように、纏足女性を無力な犠牲者とみなす通説に異を唱え、当時の女性たちの立場に立って——コーの表現によれば"in her shoes"——彼女たちの選択を理解することを提唱する。纏足をもっぱらみじめな被害者性においてとらえる見方は、纏足に対するイメージが大きく転換した清末以降の観点をそのままあてはめた一方的な見解である、という。明清時代において、纏足をとりまく状況は多様であったが、纏足は総じて彼女たちの社会的地位と自尊を象徴するものであったということを、コーは丁寧に論証する。本書の副産物ともいえる『纏足の靴』(コー 2001) では、当時の女性たちが作った多様な意匠をもつ纏足用布靴に焦点をあて、多数の美しい図版を掲載し、靴づくりが母親と娘の親密な関係のなかで受け継がれてゆく文化であったことを指摘している。

コーの纏足研究についてもう一つ述べておくべきは、中国国内の階層感覚を超えて「華・夷」的世界観のなかで纏足が持った意味についても言及していることである。[コー 1997] では、明清交代期において纏足が、満洲人に対する漢文明の象徴という意味を持っていたことが指摘される。男性が辮髪を強制されて従わざるを得なかったのに対し、女性の纏足は清朝によって禁止されたにも関わらず清代を通じて存続した。このいわゆる「男降女不降」の言説が清末の革命運動のなかで明清交代の記憶とともに新たに復活し、かつ纏足批判の運動とどのように矛盾なく整合させられていったのかということに関しては、[夏 2002] が論じている。

（4）節婦の表彰

　ジェンダー秩序に対する国家の政策に関連して、早くから注目されてきたのは、節婦や烈女に対する国家の旌表（表彰）制度である。婦女旌表制度については多くの研究があるが、ここでは社会的地位や身分の問題に着目した研究を挙げよう。寡婦の守節に関するスーザン・マンの論文［マン 1986］［Mann 1987］によれば、清代の後期には、人口増にも関わらず科挙資格の定員が増えないという状況のもと、科挙をめぐる競争が激烈となり、科挙に代わる家名発揚の手段として、節婦表彰の制度が庶民や下層紳士階級の間で熱烈な反響を呼び起こした。節婦表彰の申請が殺到したために、礼部が処理しきれず、1851年以降、申請処理が県に移管されるほどであった。マンによれば、寡婦の守節といった道徳は上層エリートの間ではすでにステータスシンボルの意味を失っていたが、むしろ下層社会集団の間で積極的に鼓吹されたのだという。

　これを別の面からみれば、貧しい下層紳士家族における寡婦は、家のプライドに束縛され、守節道徳の圧迫のもと、再婚しようにもできず、苦しい生活を強いられることになる。そうした士族の寡婦を救済するために設けられた善堂（「清節堂」「恤嫠会」などと呼ばれる）の経営実態については、夫馬進『中国善会善堂史研究』（1997）第七章が詳しい。援助は低額だが行動の自由のある「恤嫠会」に対して、施設は立派だが厳しい管理のもと不自由な生活を強いられる「清節堂」、といった相違は、社会的上昇戦略と生存要求との緊張が寡婦にもたらす苦境を示唆するものであろう。

2．「良・賤」とジェンダー

（1）士人と妓女

　ジェンダー規範の遵守が社会的上昇戦略として用いられるのに対し、ジェンダー規範からの逸脱は社会的地位の低下をもたらす。女性が家の外に出て仕事をするということ自体、良家の基準からすれば、ジェンダー規範の逸脱であった[2]。このような規範の侵犯の極点に位置づけられるのが妓女であったといえよう。売春をおこなうか否かを問わず、男性に対して芸能的サービ

スをおこなうということ自体が「賤業」であり、妓女は「閨秀」の対極にある存在として「賤民」と見なされた。ただ一般的にいって、身分として「賤」であることと、その人物が高邁な道徳や教養を持っていることとは両立しないわけではない。高潔な賤民もいれば、卑屈な士大夫もいる。こうしたアンビバレンスの生み出す身分感覚上の緊張は、特に社会的流動性の高まった明末時期に強く意識され、文学の好個の題材ともなった。ここでは、ジェンダーに関わる問題について若干の例を挙げてみよう。

明末における「ロマンティック・ラブ」の流行については、前述の［コー 1994］も論じているが、身分感覚という面で特に問題になるのは、士人と妓女の恋愛である。明末の江南では、陳子龍・銭謙益と柳如是［陳 1980］、冒襄と董小苑［大木 2010］をはじめとして、士人と妓女の恋愛が広く話題となった。妓女は身分上賤民に分類されるので、有名な官僚・文学者であった銭謙益が柳如是と恋愛の末結婚しようとしたときは、「良賤為婚」の禁忌に触れるということで、地方紳士層の猛反対を受けたという。しかし、下層の出身でありながら優れた教養を身につけた柳如是が男装して復社などの士人と詩をやりとりしたり時勢を論じたりしたこと、明清交代に際して明への忠義の立場に立って反清活動をおこなうよう銭謙益を説得しようとしたことなどは、佳話として語り伝えられたのである。そうした文献には「賤」に対する嫌悪感はまったく感じられない。

このような明末の妓女賛美をどのように考えるべきだろうか。儒教的ジェンダー規範の動揺という方向でとらえること（［McMahon 1988］など）も可能であろうが、こうした妓女賛美の背景として、当時「高潔な賤民」ともいうべきコンセプトが広範な人々の人気を集めていたことにも留意すべきだろう。例えば、士大夫以上に士大夫的な道徳をもつ義僕（正義感の強い忠義な奴僕）を主人公とする小説は、明末にかなり流行したものであった。明末の社会的流動化の趨勢のなかで、既存の社会的身分は「良・賤」の理念的基準と乖離

（2）当時の職業婦人ともいえるものとして、「三姑六婆」と総称される存在がある。三姑は尼僧、女性道士、占い師をさし、六婆とは口入屋、職業的仲人、呪符売り、やり手婆、薬売り、助産婦である。彼女たちは口八丁手八丁で、良家に出入りして箱入り娘をだますしたたかな女たちとして描かれ、文人たちの批判の対象であった［衣 2002］［勝山 2007］。

し、改めて問い直しの対象となった。義僕であれ義妓であれ、「高潔な賤民」というアンビバレントな存在は、その問い直しにおける核心的な形象をなすものであった（以上、明末の「賤民」観については、[岸本 2005] 参照）。この時期士人との恋愛が話題となった妓女のなかには、容貌の美しさや遊芸の巧みさがもっぱら称賛されている者も多いと思われるが、柳如是のように士大夫以上のその道徳性が称揚されている者もあったことに注目すべきである。紳士家族の子女どうしの恋愛に比べ、「賤民」たる妓女との恋愛はよりドラマティックな緊張を伴う形でその恋愛の高潔性を示しうるものであったともいえる。そうした志向は、儒教的規範のゆらぎというよりはむしろ、階層的流動化に即応して、より道徳的に純化された形で儒教的規範を再編しようとする動きであったということもできよう。

（2）売春と社会規範

　清朝の身分政策も、こうした流動化への即応という方向性を持っていたといえる。宋代から始まり、清代中期に明確な形をとるに至った性的規範の転換につき、マシュー・ソマー（Matthew Sommer）は「身分からジェンダーへ（from status to gender）」という語でまとめている。雍正帝（位1722-35）が賤民戸籍の廃止をおこない、従来世襲的な賤民集団として「賤業」従事を強制されてきた人々に対しその「自新」（賤業をやめることによる良民化）を許したことはよく知られているが、ソマーによれば、その政策は、従来「楽戸」などの賤民集団には許されていた売春を全面的に禁止する措置を伴っていた。すなわち、身分によって異なっていた性的規範が全人民を対象とするものへと統一されたのであり、それは同時に、エリート階層のジェンダー規範が社会階層の底辺にまで及んでゆくことを意味していたという [Sommer 2000]。

　ソマーのこの見解は、階層的な流動化につれて世襲的な賤民集団が解体されてゆくこと、それに伴い、売春の捉え方がいわば「賤民性」に基づく蔑視から「犯罪性」に基づく禁止へと変化してゆくことを指摘したものといえるだろう。ただ、ソマーも認めているように、清朝は貧民による売春を根絶することはできず、特に社会的問題を起こさないかぎり、雍正年間以降も売春は実質的に放任されていた。そして売春に対する社会的な「賤業」視も、消

ソマーはその最新作『清朝中国における一妻多夫と売妻』(Sommer 2015) のなかで、大量の中央政府・地方政府の檔案(とうあん)（公文書）を活用し、一妻多夫・売妻・売春など、当時「姦」の範疇で捉えられていた諸行為を、生存戦略という観点から整合的・内在的に捉えなおすことを試みている。そこでは、上流階層の一夫多妻と表裏をなす現象として、下層階級における女性の不足に基づく一妻多夫の盛行が指摘される。一妻多夫とは広くいえばすなわち、一人の女性に対し複数の男性が性的関係を持つことだが、その諸形態を著者は、女性がどの程度家族から切り離されるかを基準として一連のスペクトラムのうえに位置づける。そのスペクトラムの一極は、妻がその家に居住したまま他の男性を引き入れて援助を受ける「招夫養夫(しょうふようふ)」などと呼ばれる形態であり、他の一極は、妻が完全に家を離れて他の家に売られる「売妻」の形態である。そしてその中間に、夫が管理しておこなう売春や、借金のかたに妻を妓館に「抵押(ていおう)」して売春をおこなわせる形態など、売春のいくつかの類型が位置する。ソマーによれば、人々はこれらの連続する諸戦略のなかで、状況に応じて主体的な選択をおこなっており、妻の発言力も強かった。ソマーが強調するのは、こうした戦略の選択における女性のプラグマティックな態度であり、ロマンティック・ラブとは反対に、金銭に換算される男女の即物的な関係を保持することが女性の矜持を支えた、という。

　前節で述べたコーやマンと同様にソマーも、受動的犠牲者としての中国女性観を批判する立場から、女性の主体的選択を内在的に説明しようとする。ただ、コーやマンがエリート女性の著述からその声を読み取ろうとするのに対し、ソマーは裁判文書における証言などから下層女性の選択や態度を説明しようとする。いずれも家族内部の支配関係に止まらず、社会全体を視野に入れているが、上層・下層それぞれの女性の声を通じ、期せずして反対方向からジェンダーシステムを描く形になっていることは興味深い。

おわりに——比較史的視点

　以上の論点はそれぞればらばらにみえるかもしれないが、いずれも中国に

おける身分感覚のある側面を反映している。例えば、近世日本と比較してみよう。近世日本の身分制研究については、近年でもジェンダー的視点の欠落を批判されることがあるが、それに対し、日本における中国身分制研究の嚆矢ともいうべき前述の仁井田陞『支那身分法史』(1942)ではすでに、「婚姻法」の章でジェンダーに関わる問題を大きく扱っている。それは、日本史研究者に比べて中国史研究者がジェンダーに敏感だったということではなく、日本と中国とで「身分」というものの考え方が異なるということだろう。近世日本の「身分」は、もっぱらイエという集団を単位として考えられているが、中国の場合はむしろ、「身分」の根幹をなすのは人と人との間の人倫関係である（従って、日本的な「身分」を「身分」の定義とするなら、家職・家格をもたない宋代以後の中国はすでに「身分社会ではない」という水林彪のようないい方もできる）。このような人倫的「身分」関係においては、親子や兄弟と並んで、夫妻もその重要な一翼をなす。そしてこうした人倫関係を厳しく遵守することが社会的地位の上昇とも深く関わっている。中国のジェンダー規範は、固定的・世襲的な社会に対応した身分感覚というよりは、むしろ競争的で流動的な社会における上昇への焦慮や没落への不安と深く関わりあっているのである。

　中国のジェンダー史は、男女の関係のみならず、こうした身分関係の全構造のなかで考察される必要があろう。そうしてこそ、他の時代・地域との生産的な比較をおこなうことができるであろう。

・参考文献・
［和文］
エリアス，ノルベルト（1977 78）『文明化の過程――ヨーロッパ上流階層の風俗の変遷』、赤井慧爾ほか訳、法政大学出版局
大木康（2010）『冒襄と『影梅庵憶語』の研究』、汲古書院
勝山稔（2007）『中国宋―明代における婚姻の学際的研究』、東北大学出版会
ギアーツ，クリフォード（1999）『ローカル・ノレッジ――解釈人類学論集』、梶原景昭他訳、岩波書店
岸本美緒（2003）「清代における『賤』の観念――冒捐冒考問題を中心に」、『東洋文化研究所紀要』144
岸本美緒（2005）「明代の社会集団と『賤』の観念」、井上徹・塚田孝編『東アジア近世都

市における社会的結合』、清文堂
コー，ドロシー（1997）「中国・明末清初における纏足と文明化過程」、秦玲子訳、アジア女性史国際シンポジウム実行委員会編『アジア女性史——比較史の試み』、明石書店
コー，ドロシー（2005）『纏足の靴——小さな足の文化史』、(小野和子他訳)、平凡社（原著：Ko, Dorothy Y., *Every Step a Lotus: Shoes for Bound*. Berkeley and Los Angeles: University of California Press, 2001）
仁井田陞（1942）『支那身分法史』、東方文化学院（復刊、東京大学出版会、1983年）
夫馬進（1997）『中国善会善堂史研究』、同朋舎出版
二宮宏之（1986）『全体を見る眼と歴史家たち』、木鐸社（平凡社ライブラリー版、1995年、『二宮宏之著作集』第一巻所収、岩波書店、2011年）
マン，スーザン（1986）「清代の社会における寡婦の位置」、岸本美緒訳、『お茶の水史学』29
マン，スーザン（2015）『性からよむ中国史——男女隔離・纏足・同性愛』小浜正子他監訳、平凡社
水林彪（1987）『封建制の成立と日本的社会の確立』、山川出版社
水林彪（1992）「比較国制史・文明史論対話」、鈴木正幸他編『比較国制史研究序説——文明化と近代化』、柏書房

[中文]
衣若蘭（2002）『三姑六婆——明代婦女与社会的探索』、稲郷出版社
夏暁虹（2002）「歴史記憶的重構：晩清"男降女不降"釈義」、陳平原他編『晩明与晩清：歴史伝承与文化創新』、湖北教育出版社
陳寅恪（1980）『柳如是別伝』上中下、中華書局

[英文]
Ko, Dorothy Y. (1994), *Teachers of the Inner Chambers: Women and Culture in Seventeenth-Century China, 1573-1722*, Stanford: Stanford University Press.
Ko, Dorothy Y. (2005), *Cinderella's Sisters: A Revisionist History of Footbinding*, Berkeley and Los Angeles: University of California Press.
Mann, Susan (1987), Widows in the Kinship, Class, and Community Structures of Qing Dynasty China, *Journal of Asian Studies*, 46.1.
Mann, Susan (1991), Grooming a Daughter for Marriage: Brides and Wives in the Mid-Qing Period, in R. Watson and P. Ebrey, eds., *Marriage and Inequality in Chinese Society*. Berkeley and Los Angeles: University of California Press.
Mann, Susan (1997), *Precious Records: Women in China's Long Eighteenth Century*, Stanford: Stanford University Press.
McMahon, Keith (1988), The Classic 'Beauty-Scholar' Romance and the Superiority of the Talented Woman, in Angela Zito et al. eds., *Body, Subject, and Power in China*, Chicago: University of Chicago Press.
Sommer, Matthew H. (2000), *Sex, Law, and Society in Late Imperial China*, Stanford: Stanford University Press.
Sommer, Matthew H. (2015), *Polyandry and Wife-Selling in Qing Dynasty China: Survival Strategies and Judicial Interventions*, Berkeley and Los Angeles: University of California Press.

COLUMN 3

宮廷女官とジェンダー

小川快之

　中国の歴代王朝の後宮には、皇帝と婚姻関係にある后妃（皇后や妃など）以外に文書物品・衣食住等の管理や処理などの実務を担う女性の官僚である女官（宮官・宮女・内人）もいて、彼女たちは后妃とは別の機構により統率されていた。女官というと広義では后妃を含む場合もあるが、ここでは后妃を含まないこうした狭義の女官について見てみたい。

　彼女たちは宮廷（後宮）においてどのような仕事を担っていたのであろうか。どれだけ公的な仕事（政治に関する仕事）に携わっていたのであろうか。男性官僚や宦官の仕事との相互関係はどうなっていたのであろうか。そして、その役割には、王朝ごとの違いや時代的な変化はみられるのであろうか。こうした問題を考えることはジェンダー史に関わる重要な論点の一つになると思われる。

　ところで、日本の古代から近世の朝廷の女官については、近年研究が活発になっており、これらの問題についても研究が進んでいる（［黒田ら 2013］［伊集院 2013］［伊集院 2014］等参照）。それらの研究によれば、古代日本では唐の制度に倣い内侍司を筆頭とする後宮十二司が設けられ、豪族出身の女性たちが出仕していたが、もともと男女の社会的格差が乏しかった当時の日本の社会状況を反映して、女官と男性官僚の日常的な共同作業も多く、また、内侍司の女官が天皇の命令を男性官僚に口頭で伝えて文案を起草させることもおこなわれていたとされている。

　そして、平安期以降、男性官僚に職掌が移ってゆく傾向もみられるが、明治維新後の解体まで、女官制度は維持されていたとされている。では、中国ではどうなっていたのであろうか。日本には宦官がいないが、中国では宦官

との関係も重要になってくると思われるが、その点はどうなっていたのであろうか。

中国における女官制度の歴史は古いが、隋唐時代になると外廷の尚書省（中央行政機構）の官制にあわせて六局二十四司の官制が整備された（唐代の女官については［高 1999］［朱 1998］［愛宕 2002］等参照）。この制度は後の時代や日本・朝鮮半島の女官制度にも大きな影響を与えた。

六局とは、尚宮局・尚儀局・尚服局・尚食局・尚寝局・尚功局のことである。尚宮局は全体の財務管理等を、尚儀局は礼儀や教学等を、尚服局は衣服等を、尚食局は食事等を、尚寝局は寝具等を、尚功局は裁縫仕事等をそれぞれ担当していた。その下に二十四の司が設けられ、尚宮局の尚宮（正五品）が全体を統括し、皇帝と男性官僚との間で文書伝達（宣伝啓奏之事）を担当する司言・典言・掌言、典籍の管理や教学などを担当する司籍・典籍・掌籍などの官職も置かれていた。唐代には、尚宮となって活躍した宋若昭（761〜828）などのように、学識が評価されて女官に登用される者もいた。また、宮正（宮中における違法行為の処罰を担当する官職）も設けられていた（『大唐六典』巻一二、宮官）。

宋代になるとさらにこの制度は改良されて、尚書内省という機関が設けられ、尚書内省の長官である知尚書内省公事（官品未詳）のもとで、尚宮（正五品）が六局の女官を統率していた（宋代の女官については［朱 1994］［龔 1997］［朱 1998］［徳永 1998］［鄧 2009］［陶 2013］等参照）。また、宋代には、高級女官に国夫人・郡夫人・郡君などの封号が与えられていた。

さらに、各局に女史（書記官）が置かれるだけではなく、尚字直筆・司字直筆・典字直筆（記録などを担当する官職。この官職から知尚書内省公事に昇進する者が多くみられる）も設けられた。

また、徽宗朝（1101〜1125）には尚書内省に外廷の尚書省各部の上奏文をそれぞれ専門に取り扱う部局（吏部担当→司治、戸部担当→司教、礼部担当→司儀、兵部担当→司政、刑部担当→司憲、工部担当→司繕。各司の長官は内史）が整備されるなど（『宋大詔令集』巻二一、妃嬪一、内職等）、女官を文書行政に積極的に関与させる傾向、女官の「皇帝秘書官」化ともいえる傾向が見られた。

このような「皇帝秘書官」的な役割を担う女官たちは内夫人・内尚書など

と呼ばれていた。彼女たちは、男装をして、皇帝の側に仕え、上奏文の確認や整理仕分け、皇帝の批答の原案づくり、皇帝の命令書の代筆などをおこなっていた（［徳永 1998］［鄧 2009］参照）。男装をした女官の姿は山西省の晋祠聖母殿にある宋代の彩色塑像からうかがい知ることができる。

　国家の最高機密を扱う内夫人の宮廷での影響力は大きく、例えば、哲宗朝（1086〜1100）から高宗朝（1127〜1162）にかけて活躍した張夫人は「嘗て哲宗（1076〜1100）・道君（徽宗）（1082〜1135）に読書を教え、朝廷の文字は皆その手を経る。禁中の事預かり知らざるはなし」（『建炎以来繫年要録』巻二一、建炎三年三月戊子の条）といわれるほどであった。

　なお、宋代の宦官の役割について見てみると、宋代は唐代に比べ、全般的にさまざまな規制が加えられ、基本的に文書行政に関しても伝達程度の役割しかなく、その職務は制限されていた（［余 1993］［徳永 1998］等参照）。

　遼朝・元朝の女官のありかたについては、北方民族的な風俗の影響を受けていたようであるが詳細は未詳である。なお、元朝では、契丹・女真・高麗などさまざまな出身の者が宮女になっており、自身も高麗出身の宮女であった奇皇后（順帝の皇后）のもとには多くの高麗出身の宮女がいたようである（元代の宮女については［陳 2008］参照）。一方、金朝は基本的に唐の制度である六局二十四司制を採用していたことが確認できる（『金史』巻五七、百官志、宮人女官）。

　明朝は、洪武朝（1368〜1398）に唐の制度に倣い女官制度を整備したが、規模を縮小し、六局一司（一司は宮正司）とし、六局を尚宮（正五品）が統率していた（明代の女官については［王 1997］［朱 1998］［胡・王 1999］［前田 2009］［邱 2012］等参照）。

　しかし、永楽朝（1403〜1424）以降、宦官の影響力が強くなり、皇帝の詔勅に係る仕事も、（宮中の内書堂で教育を受けた）司礼監の宦官が担うようになってゆき（［野田 1993］等参照）、明末まで明初の女官制度は維持されるもののその機能は低下していったようである。

　ある意味で、宋代には尚書内省の女官が担当していた仕事が、明代の永楽朝以降になると、司礼監などの宦官によって担われるようになっていった、つまり、「皇帝秘書官」の担い手が尚書内省の女官から司礼監などの宦官に

移ってゆく傾向がみられたようである。

ところで、明代の女官は、礼部が、容姿は問わず、民間の15歳前後以上の未婚女性、または、40歳以下の夫がいない婦人で、読み書きができる者の中から選抜して出仕させていた。容姿が重視される后妃とは違う選抜基準である点が注目される。

出仕後は、宮中の教育機関で『論語』『大学』『中庸』や『礼記』内則などを学び、成績優秀者は女秀才・女史などに登用されていた。例えば、湖州府烏程県の挙人（科挙の第一段階の試験の合格者）沈安の娘の沈瓊蓮は、幼くして経典史籍に通じているということで、天順朝（1457～1464）に出仕し、13歳で女秀才に抜擢されている（崇禎『烏程県志』巻七、宮壺附女学士）。

このように識字が重視されていたということを考えると、彼女たちは主に知識人階級出身者であったと思われる。彼女たちは、一定期間の就労後は実家に帰って結婚しても残留してもよく、女官の家族には金銭や徭役免除の特権も与えられていた。

ところで、後宮にはこうした女官（宮女）とは別に宮人（宮娥婢女）と呼ばれる多数の使用人たちもいた。その中には皇帝の乳母も含まれていた。彼女たちの中には、宦官の魏忠賢（？～1627）と結託して悪事をなした天啓帝（1605～1627）の乳母客氏（？～1627）などのように、宦官と結託するなどして権勢を得るものがいる一方、過酷な境遇に置かれるものも多かったようで、（事件の真相は不明であるが）就寝中の嘉靖帝（1507～1566）を宮人の楊金英（？～1542）らが絞め殺そうとした事件（壬寅宮変・宮婢の変）も発生した。

清朝は、明代以前の各王朝と大きく異なり、唐の制度（六局二十四司）に基づく女官制度を採用せず、内廷の使用人である宮女は内務府（皇室の事務を担当する官庁）が管理していた（清代の宮女については［朱1998］［趙2006］［趙2008］［邱2014］等参照）。なお、宦官も内務府の管理下におかれていた（［余1993］等参照）。

宮女は内務府がおこなう秀女選抜（選宮女）により、皇帝に直属して家政に従事する内務府三旗（包衣三旗）と呼ばれる組織の女子の中から選抜されることになっており、対象はかなり限定されていた。彼女たちの多くは10年ほど宮中で仕事をすると出宮して、結婚することも許されていた。

以上、主に宋代から清代の女官・宮女のありかたを見てきたが、大きな流れとしては、唐代から宋代にかけて、六局二十四司からなる女官制度が整備され、文書行政に女官を積極的に関与させる「皇帝秘書官」化の傾向がみられたが、明代永楽朝以降になって宦官の勢力が拡大するとその役割が低下していったことが確認できる。

　また、女官は、后妃とは違って、実務ができる知識人であることが重視されており、知識人階級出身の女性たちが結婚経験を問わず採用されていたことがわかる。

　冒頭で述べたように古代日本でも女官の文書行政への関与が見られるが、女官の文書行政への関与が強まっていた宋代と比べて類似点や相違点はみられるのかどうかという点については今後さらに検討する必要がある。

　ただ、清朝は、基本的に以上のような唐の制度的な女官制度や漢民族の知識人女性の登用はおこなわず、宮女を内務府の管理下におくなど、宋代や明代に比べて、宮女の役割は限定されていたこともわかる。

　なお、以上、文書行政との関連を中心に女官（宮女）の仕事・役割についてみてきたが、女官が担っていたその他の職務（料理や医療、音楽、服飾などに関する仕事）が各時代においてどの程度のもので、宦官や男性官僚との役割分担は具体的にどのようになっていたのかということについては、明代の宮廷料理関連の職務について考察した［邱 2004］などがあるが、まだ明らかになっていない部分も多いと思われる。これらの問題を明らかにすることにより、宮廷内の人々の女性の役割に対する意識も浮き彫りにできるのではないかと考えられる。

　さらに朝鮮王朝の女官のありかた（尚宮（サンクン）以下の女官は、基本的に出宮せず、結婚も許されない。［金 2008］等参照）とは違って、宋代から清代においては、どの時代も、女官・宮女は、一定期間を経ると出宮し、結婚することもできたようである。

　宋代の宮女について考察した［陶 2013］において、宮中の気風の民間への伝播が見られたのではないかとの指摘があるが、これらの出宮した女性たちが社会にどのような影響を与えたのかという点についても今後検討してみる余地があると思われる。

また、日本や朝鮮半島、ベトナムと宋代から清代の女官制度の関連性・相違性について考える作業も東アジアのジェンダー史を考えるうえで意義がある作業であると思われるが、あまり進んではいないので、今後の研究に期待したいところである。

・参考文献・
[和文]
伊集院葉子（2013）「女性の「排除」と「包摂」──古代の権力システムのなかの女官」、総合女性史学会編『女性官僚の歴史──古代女官から現代キャリアまで』、吉川弘文館
伊集院葉子（2014）『古代の女性官僚──女官の出世・結婚・引退』、吉川弘文館
愛宕元（2002）「唐代における後宮の女性たち」、『京都大学総合人間学部紀要』9
金用淑（2008）『朝鮮朝宮中風俗の研究』、（大谷森繁監修、李賢起訳）、法政大学出版局（原著：『朝鮮朝宮中風俗研究』、一志社、1987年）
黒田弘子・早川紀代・兼江明子（2013）「序文「女性官僚の歴史」をふりかえる」、総合女性史学会編『女性官僚の歴史──古代女官から現代キャリアまで』、吉川弘文館
高世瑜（1999）『大唐帝国の女性たち』、（小林一美、任明訳）、岩波書店（原著：『唐代婦女』、三秦出版社、1988年）
趙令志（2006）「清代の秀女選抜制度について」、『大東アジア学論集』6
徳永洋介（1998）「宋代の御筆手詔」、『東洋史研究』57（3）
野田徹（1993）「明朝宦官の政治的地位について」、『九州大学東洋史論集』21
前田尚美（2009）「明代後宮と后妃・女官制度」、『京都女子大学大学院文学研究科研究紀要・史学編』8

[中文]
王雲（1997）「明代女官制度探析」、『斉魯学刊』1997年第1期
邱仲麟（2004）「皇帝的饕桌：明代的宮膳制度及其相関問題」、『臺大歴史学報』34
邱仲麟（2012）「陰気鬱積──明代宮人的採選与放出」、『臺大歴史学報』50
邱仲麟（2014）「庸人自擾──清代採選秀女的訛言與社會恐慌」、『清華学報』44（3）
龔延明（1997）『宋代官制辞典』、中華書局、13～25
胡凡・王偉（1999）「論明代的選秀女之制」、『西南師範大学学報・哲学社会科学版』25（6）
朱子彦（1998）『後宮制度研究』、華東師範大学出版社
朱瑞熙（1994）「宋朝的宮廷制度」、『学術月刊』1994年第4期
趙令志（2008）「論清代之選秀女制度」、中国第一歴史档案館編『明清档案与歴史研究論文集：慶祝中国第一歴史档案館成立80週年』、新華出版社
陳高華（2008）「元朝的宮女」、『文史知識』326
陶晋生（2013）「宋代宮女初探」、同『宋遼金史論集』、聯経出版事業公司
鄧小南（2009）「掩映之間──宋代尚書内省管窺」、『漢学研究』27（2）
余華青（1993）『中国宦官制度史』、上海人民出版社

人民公社のもと豊作を祝う男女（1959年のポスターより）

第Ⅲ期 近現代中国

変容するジェンダー秩序

喫茶店で語らう若い男女（民国期のタバコの包装より）

はじめに

高嶋　航

伝統衣装の「不在」　　中国の伝統衣装はなにかと聞かれて、どのような衣装を想像するだろうか。チーパオや少数民族女性の華やかな衣装を思い浮かべる人も多いだろう。しかし、そこに「漢族」や「男性」などの限定をつけたとき、歴史ドラマではなく現実の世界で着られている具体的な衣装をどれくらいの人が想像できるだろうか。近現代中国において、伝統的は封建的とイコールであり、したがってそれは撲滅の対象であった。そして、その運動の中心にいたのが漢族の男性であり、その周縁に位置したのが少数民族の女性だった。洋装化、特に男性のそれは非西洋地域が近代化する過程で必ず経験するものではあったが［ロス 2016］、近現代中国ほど徹底されたところは珍しいのではないだろうか。伝統衣装の「不在」は、近現代中国が人々の身体やジェンダーに及ぼしてきた生–権力の結果であった。もっとも、中国が名実ともに世界の超大国となったいま、中国人（の圧倒的多数を占める漢

族）の間で伝統衣装への希求が高まっている。今世紀に入って、唐装や漢服が新たに「創造」され、若者を中心に支持を広げつつある。現在、大きな転換点を迎えつつある中国を理解するために、第Ⅲ期ではジェンダー秩序の変容という視点から、近現代中国を概観してみたい。

中国の近代は西洋との非対称な遭遇から始まる。そして、近代化を推進した明治日本が清朝を打ち破るに至り、西洋は異質な他者から、目指すべき目標に変わった。一方で、西洋や日本は中国にとっての脅威であり続けた。近代以降の中国は、この両義的性格を持つ西洋・日本といかなる関係を取り結ぶかについて模索を続けた。李沢厚の言葉を借りるなら、啓蒙（＝目標）と救国（＝脅威）という二つの主題が織りなす二重変奏が近現代の中国の歴史を構成しているのである［李 1989］。

伝統的ジェンダー秩序の変容　　このような状況のもと、伝統的なジェンダー秩序は、西洋近代的なジェンダーとそのバリエーションともいえる軍事主義・民族主義的なジェンダーがせめぎ合うなかで、変容していった。スーザン・マンの簡にして要を得た概括によれば、それは中国のセックス／ジェンダーシステムの変化——帝政時代の女性の隠匿を真髄とするものから、20世紀の「女性たちを家の外の公的空間へ出ていかせる」ものへの変化——であった［マン 2015：41］。その起点は、陳東原によれば、「戊戌時期の不纏足運動と女学振興運動」であった［陳 1928：316］。前者は身体、後者は精神の解放に相当するだろう。この運動の主唱者であった梁啓超にとって、女性を強くするのは、男性を強くし、国家を強くするためであった。こうして、新しい国家とそれにふさわしい国民（梁が「国民」を使用するのは日本亡命後の1899年である）を創る基礎として、新しいセックス／ジェンダーシステムが必要となった。

女性の隠匿から外の公的空間へ

はじめに 229

救国とジェンダー

　まず前面に出たのは救国の主題であった。日本の留学生の間で尚武が叫ばれ、軍国民が流行語となった。政府も軍人＝国民を基礎とする国家体制づくりに着手し、科挙を廃止し、男女の初等教育を整備し始めた。女性を「国民の母」と位置づけて国民から排除する男性知識人主導の議論に対

「国民の母」から「女国民」へ

して、女性の側から「女国民」という概念が提出されるが、それとて救国と無関係だったわけではない。そして救国が優先された結果、女性の権利はその後もずっと後回しにされ続けた。新たに成立した中華民国が「五族共和」を掲げて男性同士の団結を優先し、女性の参政権を認めなかったのはその最初の事例といえる（第9章、第10章参照）。

啓蒙とジェンダー

　第一次世界大戦の勃発で西洋諸国が東アジアを顧みる余裕がなくなったことで、西洋の脅威は減退し（その分、日本の脅威は増した）、啓蒙の主題が浮上する。中国の知識人の関心は袁世凱の帝政運動や軍閥の抗争のような国内情勢に向けられた。当時の中華民国はもはや彼らが清末に「想像」し滅亡から救おうとしたものから大きく乖離していた。こうして国家と国民の関係が改めて問題化され、多様な国家像や国民像が想像された。いまだ強く中国の社会関係や家族関係を規定していた儒教も批判を免れることはできなかった。儒教の批判はジェンダーをめぐる想像を活性化さ

儒教の批判と愛・性をめぐる議論

せた。愛や性、あるいは家族について、おそらく中国史上で最も多様な議論が提出され、論争が交わされたのは、ほかならぬこの時期であった。愛情＝結婚＝性関係＝生殖の一致を求める西洋的近代家族が提唱されただけでなく、そこに潜む問題点が指摘され、それを乗り越える努力がなされた（第11章参照）。男女のありかた、特に女性のありかたは、こうした言説だけでなく、実態としても多様化しつつあった。女性の経済的自立が提唱され、従来の女工や娼婦に加えて、一部の女性は弁護士や医師、記者、公務員などホワイトカ

ラーの職種にも進出していた（第12章参照）。ただし、こうした啓蒙運動の基礎にある「人」が無性の存在ではなく、男性であったことは注意しなければならない。女は男となることで初めて「人」として認められた。こうした思考は外見のうえでも現れた。男性と同じ服装をすることが女性解放であると考えた一部の女性は、断髪をしたり、（男性知識人の着用していた）長衫を着たりした［髙嶋 2010］。

ナショナリズムとジェンダー

1920年代後半以降、ナショナリズムが高揚し、救国が啓蒙を圧倒していくにつれ、五四の遺産は救国に沿う形で継承されていった。1928年に刊行された陳東原『中国婦女生活史』は古代から1920年代までを対象とする最初の中国女性史の著作である。彼は中国人女性を「世界で最も苦しんでいる人類」であるとして被害者あるいは救済の対象として措定し、その解放を基本的構図として中国女性史を描いた［陳 1928］。五四運動以降の叙述は、歴史というよりは政治、あるいは運動理論であり、中国国民党が女性を解放する主体であった（陳は国民党員だった）。このような女性解放史観は、主体が中国共産党に代わるものの、近年に至るまで中国の女性運動を規定し続けた。

女性を救済し解放する女性史

満洲事変に始まる日本との長期にわたる戦争は、軍事主義的・民族主義的なジェンダーを前面に押し出した。南京政府は徴兵制の実施や新生活運動の発動を通じて、軍人・労働者の育成を図り、セックス／ジェンダーシステムをその目的に沿うものに改めようとした。軍服や中山装は国民党が創出しようとした国民を可視化した（共産党が創出しようとした人民も外見上は大差がなかった）（第10章参照）。一方で、女性解放運動は譲歩を強いられ、モダンガールは批判され、「女は家に帰れ」という主張がなされた。20世紀以降、女性はときには家を出ることを奨励され、ときには家に帰るよう促された。そのたびに女性は一人の人間または女性であ

ることと母であることの矛盾・葛藤に直面しなければならなかった。女性と家との関係は、そのときどきのジェンダーのありかたを示すバロメーターであった（第9章、第11章参照）。

戦争とジェンダー　　戦時性暴力の問題は、軍事主義的・民族主義的でそれゆえ家父長的な二つの国家・民族の対抗のなかで生じた。女性を守れるか守れないかはそれぞれの国家・民族の男性性にとって死活問題となった。この文脈でレイプは国家・民族の男性性の優位を示す象徴的行為となった。「慰安婦」はそれを組織的かつ恒常的に実践する制度であり、戦闘が膠着状態にあった山西省のようなところでは、女性は同胞の男性の手によって日本軍に送りこまれることもあった。

戦時暴力と民族主義

社会主義とジェンダー　　1949年に成立した中華人民共和国では、強力な共産党政権が社会主義の立場からジェンダー秩序の再編を推し進めた。新中国のもとで女性は解放され、男女は平等とされた。女性の地位の変化は、婚姻と労働の面で顕著に現れた。1950年5月1日に公布された中華人民共和国婚姻法は婚姻の自由、一夫一婦制、男女平等、女性と子供の利益の擁護を原則とする「近代的」な婚姻法だった。それは土地改革

家族改革の諸側面　　と相俟って、封建制の基盤であった伝統的家族を解体し、新中国の基盤としての家族を創出するための施策であった。しかし婚姻法は伝統社会と新中国の受益者であった男性の利害と衝突し、その貫徹を目指した運動は途中で終息を余儀なくされた。共産党は彼らの抵抗を「封建的陋習」として弾劾するよりは、彼らの支持を取り付けて国家建設の基盤とすることを選んだのである。婚姻法は婚姻の自由を謳ってはいたが、婚姻の多様性を認めたのではなく、むしろ性・愛・結婚・生殖の四位一体の「近代家族」を強制するものであった。妓女・売買春廃絶運動はそのまさに裏返しであったし、共産党は同性愛にも非寛容な立場を取った（第13章、コラム5参照）。

女性の解放と労働参加

　1943年に共産党が女性の解放は生産活動による経済的自立によってもたらされるという方針を決定したことは、新中国における女性解放のありかたを大きく規定することになった（本書第13章参照）。共産党の公式見解によれば、新中国の成立、すなわち階級闘争の勝利は、女性の解放を自動的にもたらすはずであった。もちろん、現実にはそうならなかったのであり、女性解放の実態を作り上げていく必要があった。四三年決定の論理によれば、女性の解放は女性の生産活動への参加の程度によって示されるはずだった。大躍進を契機に、都市でも農村でも、女性は生産労働に大量動員されたが、そのさい政府と末端の女性を結んだのが婦女連であった。大橋が挙げる「銀花賽」キャンペーンの経緯が示すように、当初は男女の同一労働同一賃金が宣伝され、女性たちが男性の職場に進出したが、やがて男性は

男性優位の温存

女性と同じ仕事をするのを止め、より労働点数の多い職業に流れていった。男女平等の理想は男女の役割分担という結果に終わり、男性優位の構造は温存された（第14章参照）。

　女性の労働に対する共産党のスタンスは一定しなかった。大衆動員の時期（「紅」路線）には男女平等への要求が高まり女性の社会進出が顕著となるが、経済的実用主義の時期（「専」路線）には女性を家庭に押し込める圧力が高まった［マン 2015：72］。こうして、女性は常に不利で不安定な立場に置かれた。

女性が男性に合わせる男女平等

　新中国の男女平等は女性の負担――男性に合わせることを女性に求める（女性の男性化）――によって成り立っていた。女性は家事労働を担いつつ（多くの場合それは生産活動とは見なされなかった）、男性と同じ働きをすることを求められた。このことは女性の立場を向上させたが、多くの負担を押しつけもした。階級闘争の重視と表向きの男女平等は、ジェンダーにまつわる多くの問題を隠蔽することになった（第12

文革とジェンダー

文革は「紅」路線の絶頂期であり、激しい階級闘争の前に、ジェンダーの差異は否定された。女性を問題化するのはブルジョア思想であると批判され、婦女連も活動停止を余儀なくされた（第14章参照）。ジェンダーの差異の否定は、女性に一方的に男性化を強いるという形で実施された。それだけではない。女性は最も男らしい男性に同化することが求められた。「鉄の娘」はその典型であった。このようなジェンダー観が、強制の面があったとしても大きな抵抗なしに「受容」されたのは、五四時期以来の女性解放運動が、女に男の特権を享受させる代わりに女が男になることを求めてきたことが背景にあった（西洋では女に男の特権を認めない代わりに女が男になることを求めなかった）。毛沢東は「男の同志にできることは女の同志にもできる」と語ったが、王政は「女の同志にできることは男の同志にもできるだろうか」との問いかけをしたことがなかったと、その問題点を指摘している［王 2016］。

ジェンダーの画一化

このようなジェンダーの画一化が最も顕著に現れたのが衣服であろう。男女とも同じ人民服を着用するようになり、洋服や伝統的な衣服は象徴として人民の敵（資本主義、封建）の象徴となった。例えば、劉少奇夫人の王光美は批判大会でつるし上げられたさい、わざわざチーパオを着せられている。

小浜も指摘するように、文革期を対象とする研究は、ジェンダーに限らず、まだあまり進展していない。文革を否定したり逸脱として片づけたりするのではなく、なぜこの時期の中国で文革がそのような形で起こらねばならなかったのかについて考えていく必要があろう。文革はある意味で、清末以来追求された軍国民の究極の姿であったといえるかもしれない。しかし一方で、文革に女性を解放する側面があったことは確かであり、また当時世界の女性解放運動に

与えたインパクトも見逃すべきではない。小野和子による『中国女性史』が公刊されたのはまさに文革の直後であった。小野の先駆的研究に代表されるように、中国女性史の本格的研究はまず中国国外で展開した（コラム4参照）。

改革開放とジェンダー　文革の終了後、中国は階級闘争から経済建設へ舵を切り、いわゆる改革開放政策のもとで市場経済化が進展した。これまで社会を一元的に支配していた国家権力は後退し、「体制外」の空間が広がり、自由な経済活動、そして社会活動がおこなわれるようになり、社会の多様化が進んだ。文革で極小化したジェンダーの差異は拡大しつつある。それは、

女性の主体性の自覚　これまで階級闘争のもとで隠蔽されてきた矛盾を表面化させもした。こうした背景のもと、李小江は「女」であることを自覚し、女性の主体意識問題を提起するに至った。「わたしたちの世代のように「男役」を演じた経験をもつ知識階層の女性にとっては、「女性」との一体化を認識するのはなまやさしいことではな」かった［李：1998］。李は研究と運動を結びつけ、新しい社会におけるジェンダーのありかたを切り開いていった（第18章参照）。

社会が全体として自由度を増すなか、「一人っ子政策」がスタートした（計画出産そのものは1950年代から断続的に実施されていた）。自由という点からは逆行にみえるが、この政策はそもそも近代化を実現するために構想されたという点で、共産党の政策全般と矛盾するものではなかった。この政策

一人っ子政策の影響　は大きな反発を伴いつつも、一世代にわたって持続し、現在は「二人っ子政策」に移行したが、国家による生殖統制は続いている。その結果、性比失調や少子高齢化などがもたらされて中国のセックス／ジェンダーシステムは大きな影響を受けている（第13章参照）。

自由の拡大は、政治的には学生の民主化要求をもたらした。しかし、1989年の天安門事件以後、政治面での統制が強まっ

改革開放と男女格差の拡大

た。1992年、鄧小平の南巡講話を機に、市場経済化が加速し、以後中国は急速な経済成長を遂げた。内陸部の貧しい農村から大量の農民工が沿岸部の都市に出稼ぎに出た。この人口の大移動は都市と農村それぞれの社会構造を根本から揺るがし、農村における子供の置き去りなど社会問題が噴出した。国有企業の改革なども相俟って、労働市場は競争が高まり、出産や伝統的家庭役割に束縛された女性の労働は周縁化され、男女の賃金格差は拡大していった（とはいえ男女の賃金格差は日本のほうが大きい）（第12章および［金 2016］参照）。

女性学からジェンダー学へ

1990年代以降、中国の女性学は大きな発展を見た。欧米の学者との交流が始まり、各地の大学に女性研究センターが設立され、20世紀中国婦女口述史のようなプロジェクトが開始された。1995年に婦女連が主催した世界女性会議はこうした「女性ブーム」のピークであった。その後、女性学（女性史）はジェンダー学（ジェンダー史）へと展開していく（第18章参照）。

1989年の天安門事件への反省から、共産党はいわゆる愛国主義教育キャンペーンを実施する。共産党の正統性の根拠はマルクス・レーニン主義から反欧米日本的なナショナリズムへと変わった［ワン 2014］。1996年には『中国可以説不（ノーと言える中国）』がベストセラーとなった。それは高まりつつある中国人の大国意識の反映だった。1997年に香港、翌々年にマカオが中国に返還され、中国は植民地の回収を完了した。2001年7月に IOC 総会で北京オリンピックの開催が決定、同年10月に上海で APEC が開催された。APEC では開催地の民族衣装を着て参加者が記念撮影するのが恒例となっていた。しかし誰もが納得するような中華民族の民族衣装なるものはなく、唐装が「創造」されねばならなかった。中華民族意識の高揚を受けて、唐装は漢服ととも

に新しい民族衣装の地位を獲得しつつある。

「中国夢」とジェンダーの行く末

共産党が「中華民族の偉大なる復興」を唱え始め、「慰安婦」問題が中国で大きく取り上げられるようになったのも同じ頃だった。宋小鵬が指摘するように、男権文化のもとで「慰安婦」が貞節を失った恥を、民族主義が救済したのだ［宋 2016］。しかしそれは「男権文化」が弱まったことを意味するのではない。現在の中国の「慰安婦」問題は民族主義に原動力を提供する役割を果たすものであり、日本社会のみならず山西で日本軍に女性を差し出した中国人男性（社会）に反省をうながすものではない。「中華民族の偉大なる復興」というスローガンは習近平政権のもとで「中国夢」となった。この間、中国は国際社会における経済的、軍事的プレゼンスを高めてきた。こうした一連の傾向は、伝統的道徳の復活、フェミニストの弾圧などの形で、セックス／ジェンダーシステムに多大な影響を及ぼしつつある。ナショナリズムは常に男性性と結びついてきた。中国もまた例外ではなかろう。

・参考文献・

［和文］

王政（2016）「〈女性意識〉と〈社会性別意識〉——現代中国フェミニズム思想の一分析」、小浜正子・秋山洋子編『現代中国のジェンダー・ポリティクス——格差・性売買・「慰安婦」』、勉誠出版

金一虹（2016）「中国社会の変容と女性の経済参画——北京会議から二〇年」、小浜正子・秋山洋子編『現代中国のジェンダー・ポリティクス——格差・性売買・「慰安婦」』、勉誠出版

宋小鵬（2016）「メディアの中の「慰安婦」ディスコース——記号化された「慰安婦」と「慰安婦」叙述における記憶／忘却のメカニズム」、小浜正子・秋山洋子編『現代中国のジェンダー・ポリティクス——格差・性売買・「慰安婦」』、勉誠出版

高嶋航（2010）「1920年代の中国における女性の断髪——議論・ファッション・革命」、石川禎浩編『中国社会主義文化の研究』、京都大学人文科学研究所

陳東原（1928）『中国婦女生活史』、上海商務印書館（民国叢書編輯委員会編『民国叢書』第2輯、上海書店、1990年に収録。他にも影印版多数あり）

マン，スーザン（2015）『性からよむ中国史——男女隔離・纏足・同性愛』、(小浜正子・グローブ，リンダ監訳、秋山洋子・板橋暁子・大橋史恵訳)、平凡社

李沢厚（1989）『中国の文化心理構造——現代中国を解く鍵』、(坂元ひろ子ほか訳)、平凡社

李小江（1998）「公共空間の創造——中国の女性研究運動にかかわる自己分析」、秋山洋子・江上幸子・田畑佐和子・前山加奈子編訳『中国の女性学——平等幻想に挑む』、勁草書房

ロス，ロバート（2016）『洋服を着る近代——帝国の思惑と民族の選択』、(平田雅博訳)、法政大学出版局

ワン，ジョン（2014）『中国の歴史認識はどう作られたのか』、(伊藤真訳)、東洋経済新報社

第 9 章

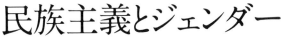

民族主義とジェンダー

坂元ひろ子

往診拒否の「名医」に女工
が集団抗議

はじめに——近代のナショナリズム

　「ナショナリズム」の語が一般に定着するのは19世紀末のことである。ましてナショナリズム研究が本格化し、優れた成果が集中的に現れだしたのはそう古いことではない。たとえば「ナショナリズムとは、第一義的には、政治的な単位と民族的な単位とが一致しなければならないと主張する一つの政治的原理である」［ゲルナー 2000：1］、そしてそれは「産業化」に起因すると定義したアーネスト・ゲルナーの代表的な研究をはじめ、1980年代になってからのことだという［大澤 2002：編者まえがき］[1]。1980年代末には中国の天安門事件の衝撃からまもなくして東欧革命が起こり、1991年にはソ連の崩壊、それに伴うアメリカ単独覇権が拍車をかけたグローバル化への大変動が

（1）［大澤2002］では19世紀以来の代表的ナショナリズム論50冊を編者を含む40数人の論者が
　　分担、紹介しており、参照した。

生じたこととも無縁ではないのであろう。グローバル化の今なお各地でナショナリズムが形を変えながらも終焉する気配はなく、その逆なのであるから。

　しかもナショナリズムとはその生成過程にも関わって多義的で、どこの分析にでも通用するような概念ともいえないところに難しさがある。アジアとも関わる80年代の代表的なナショナリズム研究では、東南アジア研究を手がけつつ第二次大戦後の諸戦争のありようを見て、「ナショナリズムはマルクス主義理論にとって厄介な変則であり続けてきた」として、その「変則」解釈の試論提供を目的としたというベネディクト・アンダーソン『想像の共同体――ナショナリズムの起源と流行』［アンダーソン 2007］がある。ナショナリティやナショナリズムを「文化的人造物」であるとし、「国民」を「イメージとして心に描かれた想像の政治共同体である――そしてそれは、本来的に限定され、かつ主権的なもの〔最高の意思決定主体〕として想像される」［アンダーソン 2007：24］と定義する。また、それは先行する「宗教共同体と王国」という文化システムとは異なり、現実はどうであれ、しばしば自己犠牲的な、そして「常に、水平的な深い同志愛として心に思い描かれる」［アンダーソン 2007：26］とみなす。それを可能にし、促進したものとして、「時計と暦によって計られる」ような「均質で空虚な時間」の観念や俗語化・宗教改革をも推し進めた「出版資本主義」が重視されている。

　またエリック・ホブズボウ（ー）ムは国民統合を求めるナショナリズムのイデオロギー構築に重要な役割を果たしたものとして、実は多くが近代になって人工的に創られた「伝統」を指摘した［ホブズボウム、レンジャー 1992］。

　以上のような近代主義的ナショナリズム論に対して、アントニー・D・スミスは前近代にもネイションに類似した、基礎・起源があるとして、神話・シンボル・記憶を共有するエスニックな共同体を「エトニ（ethnie）」と呼んだ［スミス 1999］。この「エトニ」の実在性についてはともあれ、スミスの研究は「過去へと回帰することで、自らの革新を実現していく、ネイションのこうした屈折に光をあてた」［大澤 2002：312］といえよう。

　これらへの批判的な議論として、エティエンヌ・バリバールはイマニュエル・ウォーラーステインとの共同研究において、アンダーソンにあっては不

十分に提示されるに留まっていたナショナリズムと人種（「人種」も人造物である）主義の関係の考察を深め、社会や民族についての不可視の原因を可視化するものとして人種主義を位置づけ、ナショナリズムとの相補性を強調した［バリバール、ウォーラーステイン 2014］。さらにアジア民衆史においては、インドに即したコロニアル／ポスト・コロニアル研究、サバルタン学で知られるパルタ・チャタジーが、インドの反植民地主義のなかで生まれたナショナリズムもまた「理性と資本との婚姻という正統性」と闘うイデオロギー手段を欠き、資本と人民－国民との矛盾は国家に回収されたと分析し、「第三世界」のナショナリズム研究に新たな道筋を開いた［Chatterjee 1986］［大澤 2002：崎山正毅 292-293］。

　だが、サバルタン歴史学においてすら変革主体を男性に限定しがちなジェンダー差別から逃れられていないという指摘も現れる。批判的フェミニズムでも知られるガヤトリ・スピヴァクの議論がそうである。スピヴァクは歴史家ではないが、「サティー」と呼ばれるようになる、18世紀初にはほとんど消えていたものの世紀末の英植民地時代以降にむしろ盛行するようになった、ヒンドゥー教徒女性における亡夫の火葬時に我が身を犠牲に供するこの儀式を、人種－階級－ジェンダーにより重層決定されたものとして考察する［スピヴァク 1998］。

　しかとしたヒンドゥー典拠があって長く続いた「伝統」とさえしばしば誤解されるこの儀式としての「サティー」は、原義は存在についての高次の意味を内包しつつもその女性形では「良き妻」を意味し、その儀式はどこでもいつでもおこなわれたわけではなく、カースト・階級に限定されたわけでもないとしたうえで、スピヴァクはことにこの儀式における二つの企てを論評する。一つには、19世紀以降の東インド会社や宣教師ら「白人の男性たち」が言語誤認を重ねつつ、「茶色い女性たちを茶色い男性たちから救い出そう」と儀式の非合法化を企てたこと。二つ目として、インドの土着主義者が「女性たちは実際に死ぬのを望んでいた」とみなしたこと。スピヴァクはこの両者を次のように批判する。白人男性は「良き妻」という原語の意味と欧米からの見方、つまり夫に殉死する自己犠牲とを絶対同一視し、結果として女性により大きなイデオロギー強制を課した。一方インド土着主義者は儀式

を自死願望だとみなして女性主体たちあげの「巧妙な操作」をおこなった。かたや良き妻としての殉死（遅れた風俗）、かたや女性の主体的（勇敢な）自死という見方で、実は相互正当化していることになり、いずれも「女性たちの声—意識」に出会うことがない、そういう意味で彼女たち性的なサバルタンは「語れない」（相手に声が届かない）のだ、と。中国の「節婦烈女」や纏足／放足を考えるうえでも示唆に富む。

　植民地研究の流れでジェンダー軸を明確にナショナリズム研究に組み込んだものに、インドネシア北スマトラ・プランテーションベルトの19世紀後半からの歴史に取り組んだアン・ローラ・ストーラーによる興味深い研究がある。「白人」経営者と現地人・中国人クーリー・ジャワ人移民の重層性からなるプランテーションの労働管理戦略を理解するために資本・階級・人種・民族・ジェンダーをめぐる諸矛盾を詳細に分析した［Stoler 1995］うえで、「子育てと植民地権力、育ての親と文化的境界、使用人と感情、是認されないセックスと孤児と人種、こうした結びつきが国家の中心的関心事となり、いかに植民地政策の中核に位置しているのか」を明らかにしている［ストーラー 2010：11］。

　このようにみてくると、ナショナリズムがジェンダーと深く結びつけられて研究された歴史はそう長くない。典型的な植民地ではジェンダー問題が顕著に現れがちであることから先駆的研究がなされえたともいえる。そういう意味では中国近代の歴史研究にあって、コロニアルな租界や租借地がむしろ異質な部分として含まれ、全体として地域間格差も大きい広大な地域でのそうしたアプローチが容易ではなかったことがわかる。

1．中国近代「民族主義」研究

　かくして中国の民族主義もまた難しいテーマであるというほかない。非漢人支配による清朝にあって、明代より格段に版図を拡大して多元的エスニック支配がなされるとともに、「華(華夏)－夷(蛮夷)の区別」問題が複雑化した。それは清末に排満革命派と立憲君主派に分岐した政治運動で増幅し、さらに辛亥革命の結果、排満どころか清の領土と人口構成を引き継ぐ「五族共和」

中華民国建国に至るという込み入った歴史・政治・文化的背景もあった。しかも列強による侵略の危機に面した19世紀末には、18世紀以来、西欧から広まった「白・黄・紅・褐・黒」色の五人種説も流入していて、複雑さが重層化する。

　こうした問題を意識したうえで、異質性と同質化の動態的関係の中で中国と中国の政治文化を理解する方法を模索する汪暉は、その規模壮大にして「未完の探求」たる長年の研究成果において、中国という「「想像の共同体」とそのアイデンティティは、まったく新しい近代的創造というよりも、ネイション形成の長い歴史の中で絶えることなく派生してきた言説や制度、信仰、神話、生活スタイルから生まれてきたものである。それは、民族的戦争と近代的政党政治が民族運動の中でローカルな文化をナショナリズムへの希求においてまとめあげていく方法であり力であった」［汪 2011：149］とみなす。ヨーロッパ・モデルのネイション・ステイトとは異なり、「構造的には、近代主権国家としての中国と中華帝国の間には、はっきりと連続性が存在している」［汪 2011：169-170］。そのような歴史からみて、「ネイションという「想像の政治的共同体」を純粋な近代的現象であると考えることによっては、中国が経験してきた転化を説明しようがない」［汪 2011：151］、と。

　中華民国も中華人民共和国も「革命」で誕生しながら、清の領土とエスニックな人口構成をほぼそのまま引き継いだのであるから、「まったく新しい近代的創造」とはいいづらく、世界に類がないのも確かである。だが、「領土」といっても長城で囲まれたわけでなし、ことに辺境のボーダーは時に流動的であった。例えば清朝が満洲発祥の地として移住を禁じていた延辺（間島）に朝鮮農民が開墾に入り、やがて漢人の移住が認められて以降、中朝でここの土地領有、境界問題が生じていたところに韓国を保護国化した日本が介入して問題が紛糾していた（1909年に間島協約を締結）。清末の革命運動で日本亡命中の宋教仁は延辺地方へ危険を冒して向かい、敵対する清朝の側にたち、延辺の「国境」線の確定を求め、古地図・文献で流れの変わる川や境界碑地点等を考証し、「間島問題」(1908) を著した。宋教仁は中華民国成立時の事実上の国民党党首となるとはいえ、当時は一介の亡命民間人として、想像の国境を描き出すナショナルな営為に熱情を傾けたのであった。

汪暉は、構造的には「ナショナリズムの知的フレームワークとは異なる」エスニシティ・宗教・言語・文明の横断的な政治政体、「システム横断的社会」、社会的ネットワークとしての中国観を提起する［汪 2011：xix・299］。だが「帝国」において「天下」をなす人民自身は「外部」を意識するまでもなかったが、「国民」のほうは時間をかけてではあれ、「中華民族」を想定し、他「国」はもとより「女国民」まで強く意識せざるをえなくなっていった。その想像を「近代的創造」として考察することはやはり解明の手がかりにはなるだろう。

　現在規模の「中国」全域に一体感なり、帰属意識がにわかに生まれたとは考えられないが、一体感の形成を注視しつつ、「これを「国民主義」「国家主義」「民族主義」などといい換えても、大して明晰な議論をすることはできない」ところから、清末から多く使われた「愛国主義」と称して近代史議論の出発点とする吉澤誠一郎の研究もある［吉澤 2003］。

　中華人民共和国のナショナル・ヒストリーでは、学界でさまざま議論がされつつも、列強との不平等条約締結・開港の端緒となるイギリスとのアヘン戦争を近代史の起点とし、その時点で侵略に対する抵抗的民族主義をみてとり、「愛国主義」として想定してきた。だがその時点では朝廷・大官僚およびその幕僚あたりを超えて、そういう民族意識が広範に共有されたわけではなかったと学界ではおおむねみている。

　それが日清戦争で小国日本に敗北してからはさすがに知識人たちに滅亡の危機感を覚えさせ、科挙で全国から北京に集まった無冠の幹部候補生たちが上書請願を企図するという実践活動に踏み出したことから、沿海部の大都市のみならず、内陸でも湖南の長沙などの主要都市にまで政治変革に関わる運動が新聞・雑誌の刊行を伴って広まった。

　この19世紀末には社会進化論が本格的にとりこまれ、「五人種」分類の受容に伴い、「黒色」を最下、「白色」を最上として明確に人種の序列化がなされ、「黄種」という自己認識とともに、その「劣敗」への危機が説かれることになる。このあたりから、さらにドイツの山東省の支配、義和団運動を契機とする八カ国連合軍の北京攻撃を経て、広範かつ強烈な「民族」意識がさまざまな面で芽生えていった。

これ以降、章炳麟のように清朝改革を見限って辮髪を切る読書人も現れ、1903年あたりには各地に反清の革命結社ができ、「黄帝」を始祖とする言説がその肖像化、紀年にまで及ぶかたちで「伝統」が創造された。革命派の排満革命論では、「黄種」の主体もしくは先導者を「漢族」として、満洲等のエスニックグループとは区別し、満洲人を「羊臭」の「韃虜」とか「胡虜」と呼んだ。それに対抗して例えば立憲君主論の梁啓超は中国史において漢族が一祖なのかも断定しがたく、すでに通婚によって混血していて種の区分は難しいとしつつ、「黄帝の子孫」説を一応は認める。「漢種とは、現在、全国津々浦々にいる、われわれいわゆる文明の後裔、黄帝の子孫がそうである。黄帝は崑崙の大山脈からでて、パミール高原から東に向かって中国に入り、黄河の沿岸に住んで次第に四方に繁殖してゆき、数千年来、世界に輝かしい名声を博してきた。いわゆるアジアの文明はみなわが種族が自ら種蒔き、自ら収穫したものなのだ」［梁 1901：6］と。そのうえで、強いて区分すれば、「〔国外の〕白・桜（棕櫚色）・紅・黒の諸種に対してわれわれははっきりと黄種である。〔国内の〕苗・図伯特（チベット）・蒙古・匈奴・満洲の諸種に対しては大まかに漢種だとして、四億の同胞と呼んでも誰に不都合があろうか」［梁 1901：7］と、黄種はつまりはグレーター漢族、同胞とみなしてよいと唱えている。その後、革命派が勝利したとはいえ、この梁啓超モデルとでもいうべき「グレーター漢族」が中華民国における「中華民族」のモデルともなるといってよいだろう［坂元 2004］。

　同時期に、伝統学のほうでも明治日本で nationality の訳語として当てた「国粋」を用いて「国粋」学としたり、『周礼』あたり以来の学校・講学所を示す語「国学」を転用して称したりするようになる。西洋の学を知ったうえで対抗的に伝統学を改めて重視し、「保存」対象とし（国学保存会の結成）、『国粋学報』も刊行された。「国学の人師」とも称される革命家、章炳麟にあっては、反英運動で日本に亡命したインド人の民族思想からも刺激されている。そしてそれは日本の幸徳秋水やインド、ベトナムなどからの亡命者との反帝国主義、被抑圧民族の独立連帯を掲げるインターナショナルな可能性をもつ亜洲和親会の形成（1907）にまでつながった［坂元 2001］。

　吉澤の研究［吉澤 2003］でも、戊戌変法（1898）から辛亥革命（1911）にか

けての時期の社会思想の急速な変化に歴史的意義を認め、多様なナショナリズム思想をみてとる。同書では、「満洲」支配集団による清朝の統治構造をおさえたうえで、日清戦争敗北後の康有為・梁啓超らの政治改革運動（戊戌変法）以降、清末の社会進化論において「生存競争という発想」をえて、「団結して生存競争に勝つべき主体を求めて「中国」などの集団が想定され」［吉澤 2003：34］、政変で日本に亡命した梁啓超ら立憲君主派と孫文らの革命派を中心に多様な主張を含みつつ論争がされるなかで、「中国」に帰属意識をもつようになり、愛国主義が強調されるようになって、情報への需要（新聞・雑誌発行）が喚起されたとみる。清朝では満洲アイデンティティと国家体制の正統化に矛盾をはらみ、その内在的緊張こそが「華夷」問題であったが、革命運動では清朝を夷狄とする排満革命論が出され、おおむねその方向で清朝は軍事的に打倒される。列強による領土分割、「瓜分の危機」を議論するなかで、「切られる前の瓜＝「中国」が外形の定まった実体性をもっていたかのように人々に思い込ませる効果をもっていた」［吉澤 2003：117］のであり、「中国を不可分の一体とみる観点は、むしろ清朝に対抗する運動の中で力強く形成された」［吉澤 2003：118］とみる。

　吉澤は「軍国民と体育」についても一節を割き、「愛国の理念が地域自衛と相まって、身体観の変化を推進したということを示し」た体育社などに言及し、「身体への注目は、人種論や軍事意識を背景としつつ、性別の役割分担を再構築していったものと考えられる」［吉澤 2003：43］と指摘はする。だが、剪髪論や「愛国の死」をとりあげながらも、「性別」構築からの分析はない。その点、本書で高嶋航が男性性を論じている（第10章参照）。

　吉澤も「愛国」形成としてとりあげた1905年からの反帝ボイコット運動、国貨〔国産品〕運動について、カール・ガースは消費文化の側から考察し、それを中心として清末から1930年代までの中国においてナショナリズムと消費主義がいかに相たずさえて創られたかを検証した［Gerth 2003］。資本主義を消費の面からみたということができるにせよ、剪髪や服装などの男性の外形、女性の消費におけるジェンダーと結びつけたナショナリズムの現れも分析している。30年代、ことに国民政府が布告した「婦女国貨年」1934年におけるモダンガール批判についての議論や使用された漫画や広告などの図像も

興味深いものがある。

「物」とは対極的に、政治シンボルの側から、だがあくまで国旗、国歌と党歌、記念祝日、暦といった具体的事例に即して検証するナショナリズム論を示したのが小野寺史郎の研究である［小野寺 2011］。こちらはジェンダー的な視角に無自覚ではないにせよ、発揮されてはいない。「国旗・国歌・国慶」はもっぱら男性政治家が執着したことによるのかもしれないが、それならそこにもジェンダー問題として切り込む余地があろう。

日本で20世紀中国ナショナリズムを注視した研究群がある。例えば、西村成雄は「今までの天下的国家観念が近代国民国家観念の衝撃のなかで新たな適応をとげ、一つのネイションとしての中華民族を内容とする国民国家形成への起点を構成した」［西村 2003：27］ことからも、中華民族的ナショナリズムと国民国家としての凝集力とによる政治空間を二大要素とみなし、その時代による変動を跡づける。同編著収録の各論は近年さかんになった民国研究の蓄積を集約する一つといえる。それを深化させたものといってよいシリーズ［飯島・久保・村田 2009］ではやはり清末からナショナリズムをとらえようとし、ことに村田雄二郎「中華民族論の系譜」は先に言及した「五族共和」中華民国の複雑な交渉関係について、要領よく整理したうえでの考察といえる。

だが残念ながら、政治に重点をおくと、これらの研究も含め、どうしてもジェンダーの視角が希薄になる。中国内外の理論を広く検討する上述の汪暉にせよ、無視するわけではないが、その「システム横断的社会」にもジェンダー軸が明示されていない。革命や戦争にジェンダーなど無関係だという主張は長く歴史家（とりわけ日本男性の）のあいだでも続いてきた。ジェンダー史研究が、欠如を補うための女性史研究、かつ史料的制約からも「女性解放史」的傾向に偏りがちなスタンスから切り開かれたという経緯とも関係するのかもしれないが、「女性」論が「ジェンダー」論だという誤解もなかなかとけなかった。

なにより政治からの女性の排除が単性的思考に追い込みやすいことはあろう。社会文化史面ではさすがにジェンダーをまったく無視した研究は少なくなりつつある。だが、例えば中華民国における「国民国家」を論ずるには「国民」が問われるわけだが、「共和」といいつつ女性を排除する意味・構造

が突き詰められていない。革命運動には女性も動員され、当時希有な女医の張竹君に至っては武昌起義（1911）の現場に赤十字医療班を率いて赴き、その後も女性参政権運動に加わった。それでも女性を排除したからには「統合」の質が問われるというものである。政党をたちあげるため、旧革命派が守旧派との統合を求めて妥協し、女性を排除したというのなら、新たな共和国建設にイデオロギーなり権勢欲の「力」学だけしか働かないものなのか。当時における歴史的制約はそれとして、社会主義やリベラリズム研究でもあわせてジェンダーからの考察が求められる。

2．「国民の身体」とジェンダー──纏足／放足

「正統性の起源としての、再生産〔生殖〕をめぐる異性愛規範にナショナリズムが関連している」［スピヴァク 2011：15］。中国近代の「国民の身体」と生殖をめぐる問題群もナショナリズムと密接に関連する。その最大のトピックとして、幼少時から足を折り曲げ縛り付けて骨まで変形させるほど強く身体を加工し、重労働を免れる「良き結婚」のための最大の武器としてジェンダー規範化さえしていた女性の纏足の解除問題ははずせない。

纏足は宋代ころ始まり、美しい専用靴を着け上流階層のファッションとして流行りだし、明代社会には漢族女性の風習と化して広がりをみせ、清代には最初の禁令もとりさげられ、肉体労働が必要でないかぎりでより下層にまで普及し、ことに都市部では「大足」の女性は「村女蛮婦」と見下げられさえした。よい結婚には小脚がまずは必須で、「先に泣けば後で笑う、泣くは一時、笑いは一生、ゆえに「小脚一双、眼涙一缸」（一対の纏足で一瓶の涙）とはいうが実はむしろ「大脚一双、眼涙一缸」のほうが常だった」（鄒英「蒟菲閑談」［姚 1936b：271-272］）という。

にも関わらず、この纏足に関わる研究がオリエンタリストの好事家によるものでなければ野蛮・グロテスク視、もっぱら被害者中国女性を象徴する「痛史」扱いから抜け出したのはそう昔のことではない。中国前近代の「封建的、家父長的、抑圧的な「中国の伝統」」女性像が五四新文化運動・共産党革命・西洋フェミニズムの交差で創られたものと指摘してきたドロシー・

コウ（一）が、儒教世界において「女性の努力と誇り」を示し、女性性を獲得するなかで生み出した女性文化として纏足および纏足靴の作成を再評価した［Ko 1994］［コウ 2005］。スピヴァクからも啓発されつつ、現在の纏足観は19世紀以降の宣教師や人類学者・医者・啓蒙家たちの記した文献に依拠し、「帝国主義によって精神的外傷を受けた男性のアイデンティティの探索と分かち難く結びついた、近代の目的論的なものの見方を通して得られた」「不具」視だとするのである［コー 1997］［コウ 2005］。

　近代纏足・放足研究史[2]の概要についてはイギリス人女性による天足会と中国人知識人たちの不纏足会についてその記録の問題ともども考証した高嶋航の論［高嶋 2003］［高嶋 2004］に譲るとして、上述の視点があってこそ、「女性美の象徴」から「畸形・廃疾の典型」へ、「国粋から国恥へ」という清末の文人の目からの纏足観の推移を、資料の博捜によっておさえた夏暁虹の論［夏 1995］がより意義をもつものとなる。

　19世紀後半からミッション系の『教会新報』（のち『万国公報』）などで纏足と女児の間引きの風習批判がなされ、西洋医師により纏足の害も説かれたが、中国知識人からは例えば幕僚にして企業経営を手がけた鄭観応が批判をしていた。都市に纏足は多く、「肢体を損ない、筋骸を拘束し、天賦の質を傷つけ、慈幼の道を失う」、世界でも中国にしかない悪習（鄭観応『易言』1880）で、「西洋人に嘲笑される」（鄭観応『盛世危言』1895）、と。

　康有為・梁啓超らの変法運動以降、「不纏足」が「女学」とともに課題とされ、不纏足会も結成される。梁啓超の有名な「変法通議」では女性の教育の必要性をこう論じる。中国女性は生産をせずに「分利」（消費）するだけの存在で、「無才」が徳とされてきた。母が子を教えるからには女性の教育は「天下存亡強弱の大原」で、各国は軍備に努めて婦人はみな体操を学び、それで健康強壮な子を産むことができる。「保国」には「強国」化、「保種」には「進種」（民族改良）が必要だが、男子は婦人（母）に導かれるので「婦学」が「保種」の起点となる。よって「婦学」が急務だが、中国女性は家に

（2）　主要な史料として［姚 1936a］［姚1936 b］。また研究者ではないが、医者で著名な纏足靴のコレクター、柯基生による纏足絵画（春宮画など）・清末民初の台湾を含む各地方の靴・道具その他の証書や関連物の収集採録［柯 2013］も史料として貴重といえる。

閉じこもって孤立して実学を学びようがなく、さらには纏足で「廃疾」つまり「障害者」にされている。女性教育は纏足を変えないかぎりなしえず、「外では異族に笑われる」［梁 1897］、と。かくして中国女性は「分利」の存在にして無知、それも纏足で「廃疾」の身となり、「保種」の責を果たせず、また「国の恥」としてとらえられることになる(3)。

　つまりは、「「労働力／剰余価値生産者」、「人間の再生産者」という二重の人力資源価値」としての女性を実現するため、一部の男性知識人たちが女性の活用に着眼、纏足禁止と女性教育を主張し始めたのだ、ともみなしうる［喬・劉 2010］。

　ついで、女性は「分利者」から「国民の母」へ、「負の価値」から「正の価値」へと再定義される。「国民の母」説は1903年、上海の革命運動のなかでミルやスペンサーの「女権」論にも触発され、男性エリート金天翮（金一）の『女界鐘』で用いられた(4)頃から広まった。やはり同時期の『女子世界』(1903-1906)でも蔣維喬は、「わが国人は病人として地球万国で笑われる」ような「弱種」であり、人口では少ない「白種」のほうが強く、「同種」の日本からも野蛮扱いされるが、「なぜ劣種なのかといえば、もちろん知識の不振からくるが、実は身体脆弱なためでもある。身体脆弱なのは国民

（3）　もちろん中国女性が全員「分利」の存在などというのは要変革を強調するための誇張である。当時の言論界において、女性の身体の問題として纏足問題が突出してとりあげられるようになってきていたが、山西省太原出身で1886年から省内の富裕商人の家塾の教師となって清末を過ごした劉大鵬（1857-1942）の日記（抄録）［劉 1990］には、見られる限りにおいて、清末の部分では、女性にも関連するトピックとしてアヘン吸引の害関連の記述が際だって多い。家で婦女一人が吸うと夫や子に伝染し、機織りも進まず、家庭の窮乏化がより進むと嘆く（1891年10月4日）。故郷の老人の話として郷里のアヘン吸引者は七、八割に上り、婦女も五、六割、飢え寒さをしのげるのは200余戸のうち一、二割、他はみな貧困家庭だとする（1894年2月2日）。アヘン吸引を身体・経済の惨状の主因とみている。山西は纏足が盛んだとされているが、あるいはアヘン吸引と纏足とが現実的に相関関係にあったのだろうか。

（4）　金は人気小説『孽海花』の最初部の作者（全体の作者として知られるのは曾樸）でもある。［王・高・劉 2004］では、『女界鐘』というよりむしろ『男界鐘』というべきもので、中国男性の危機意識が欧米白人男性でありたいという焦慮となって表出し、「西洋に植民化・征服されたことのある社会では類似の心理」がみられ、中国女権主義の先駆と位置づけられているが、むしろ大国から「二等公民」にまで成り下がったのは女性が悪いからだと責め立てる。「男女平権」を提唱しながら、たえず男優女劣の思想を複製している、と論評する。男性の立場から男性の国家アピールを描いたユートピア文学作品だ、と。

の母がみな纏足するためではないか」［蔣 1904：3・5］と嘆じる(5)。明らかに、「国家の恥」という体面レベルから、さらに国家の命運を左右する「強種」「優種」を産むべき「国民の母」、つまり生殖の主体という、優れてナショナルな問題に纏足／反纏足は位置づけ直された。同時により「弱種」としての先住民、少数民族へのあらたな差別を喚起していた［坂元 2004］。

　だがこの頃には男性による「女権」啓蒙に対して、女性の側から、『蘇報』発行者の娘で自らも『女報』改め『女学報』（1902-1903）を手がけた陳擷芬などは、女学・女権を興せというが、「あいかわらず男子に都合のいい女学・女権で、必ずしも女性の身になっての言ではないのではないか」、やはり「独立だ！」と自覚していた［陳 1903］［喬・劉 2010］。「国民の母」論は基本的に文字通り、「国民」を産む「母」としての女性の認知であって、ナショナリズムの資源となりえたが、権利をも有する「国民」としての認知を意味するものではなかった。

　この生物学的な性別に基づく「国民の母」論からさらに「正の面」での身分定義がされて「女国民」説となる［喬・劉 2010］。1907年には「女」「婦」を冠する男性知識人たちの雑誌より遅れながらも、中国女性たちによる女性雑誌が留学生を中心に続けて刊行された。女性解放と無政府主義を説く何震の『天義報』（東京）や纏足解除・女子教育と国家の革命を唱える秋瑾の『中国女報』（上海）が出た。同年に出た燕斌の『中国新女界』（東京）では「女国民」が論じられる。この『中国新女界』の論者からは北米で議論された白人中流階級以上の女性の立場からの「女権」、すなわち植民地支配・民族問題などは考慮外の「女権」論への憧憬がみられる。同雑誌の主宰者、燕斌らも「中国には多数の女国民の身体はあるが、多数の女国民の精神はなく、これでは民がいても民なきに等しい」［燕〔煉石〕1907a：2］として、「女国民」を得るためにと女性新学説・新文明と道徳の教育を唱えている。中国社会の

（5）　下田歌子が下田の息がかかった上海、作新社刊『大陸報』第1期（1902年12月9日）掲載演説において国家主義、そして日中、「アジア黄種」の観点から女子教育の重要性を力説するなかで、同様の説を唱えている（寄書：「日本華族女学校監督下田歌子之論興中国女学事」）。下田のこの論は梁啓超らの論と相互参照関係をもったと考えられるが、蔣維喬、そして後述の秋瑾や燕斌もそれぞれ下田説を参照している可能性は高い。

図「女界風尚之変遷」『図画日報』12（1909）：女性の好みは昔、纏足、今は読書、将来は兵士か。この男性画家の揶揄のうちにも、女性のナショナル化の展望の表出を見てとれる。

女子に対する「世界に例をみない最も不仁の行為」である纏足が「少女の生涯を悲境に陥れ」、そのため歩行困難から全身の「気血」が滞り病気になる。「この時の病女は将来、病婦となり、病体の遺伝はきっと病気の子孫を再生産する」。二億の女性がみなそこまで墜ちて改革されないとなると、「その人種の健全は得られず、かの東方の病夫のあだ名は本当であって、ゆえなしとはしない」［燕〔煉石〕1907b：3］と。コロニアルかつナショナルな「東方の病夫」言説［高嶋 2016］も纏足女性からくるのだと、両者はしっかり結びつけられている。そしてこの頃から今度も都市部からはやり始めた「天足」が「進歩」の象徴とされていく［図］。

「女国民」は想像されたが、中華民国が成立すると憲法たる臨時約法では「中華民国の人民は種族、階級、宗教の区別なく一律に平等である」として「男女平等」ははずされた。女性参政権論は「無夫（独身）主義」で中華民族を根絶やしにする（『民立報』1912年3月9日）という論調もあるなかで、女性参政権運動の女性たちが議院にまで「乱入」すると、欧米にもない女性参政権を要求して「野蛮な手段」に訴えるとは、恥知らずで、「民国に汚点を残し、外国人に嘲笑われる」と報じられた（夢幻：『大公報』1912年3月30日）。清末には纏足女性が「国恥」とされ、民国で放足が決まるが、今度は参政権運動の「女国民」が「汚点」だと非難されたのであった。

民族主義が高まった五四運動以降、学生運動・労働運動、国民革命に女性が参加する過程で、1924年の国共合作以降、男女平等原則がその実体化はともかくも（抗日戦後までの真に立憲主義的な政治の実現要求において何度も女性の落胆は続く）承認されていく。それでも身体が国家に回収されることで、女性はさらなる問題に直面することになる。纏足を解けと命令されても、身体の変更はその速度においつかず、そのタイム・ラグによってこそ女性の身体にはもう一度、その心ごと、切り裂かれるような苦痛がもたらされることに

なる［坂元 2000］。ことに南京国民政府期は各省で纏足禁止大キャンペーンがはられ、所によってはいわば「纏足狩り」的様相をも呈した。骨折変形してしまった纏足は無理にほどいても苦痛を増すばかりで回復しないのに即座の放足が強制される理不尽さで、「重ねて生きながらの苦しみを受ける」。もとには戻らず、別の変形に至る足を、女性は「落伍の足」と自己卑下し、自ら「心理の改革」、癒しを欲する。そうした足をだが男性は容赦なく「ロバでもなく馬でもなく、得体の知れない奇怪な形で見るに耐えない」と酷評した（「品評」［姚 1936a：148］）。

　中国での本格的な纏足研究は長年の「陋習」視のために少ないが、そのなかで楊興梅がドロシー・コウらアメリカ系の研究に刺激をうけつつ、一方で中国における「女性解放」史観との間で折り合いを付けつつ、「纏足と反纏足の争い」という研究成果を示している［楊 2012］。各地の新聞・雑誌・檔案史料に博くあたった実証研究である点では貴重である。

　楊が注目しているのは反纏足運動における「禁」か「勧」かという方式上の違いである。確かに清末から民国建国期は「禁・勧」結合方式、北京政府は知識人の要求をおしとどめて「勧」方式に向かうが、政権が不安定で地方軍閥による「禁」方式が突出した所もあった。南京国民統一政府が成立すると、1928年に婦女纏足禁止条例を出し、国家が主導して「禁」方式をとり、多くの省で実践された。だが政府と民間との連携がなく、纏足女性の実際の必要にあわず、効果はそれほどあがらなかった。反纏足観念が「野蛮」「落伍」から「国恥」へと「政治化」したことから、運動は国家富強・栄誉、革命の達成、封建との抗争、抗日戦時の参戦動員、生産力の発展などの困難な重大責務を負わされることになる。同様に、禁止罰則も罰金・強制放足・拘束強制労働・引き回しなどあからさまな暴力的強制性を帯びるようになった。それでも結婚と関連する小脚をよしとする一般大衆の審美意識は少なくとも抗日戦前夜までは変わらず、多くの女性が罰則を受けても放足になかなか応じず、纏足女性は長く「落伍」を代表させられ、「失語」状態を強いられた。しかし、「女性解放」と「社会進歩」の観点から纏足女性を「野蛮落伍」と認定してその発言権を奪ってはならない、と。楊のいう「政治化」の問題はジェンダーとナショナリズム観点から研究のさらなる深化が可能となるだろ

う。

3．五四新文化運動期から抗日戦争期まで

　以上にみたように、清末からの列強の侵略への危機意識のもとでの社会進化論的な民族主義言説は、多くが反纏足の「国民の身体」ポリティクスと結びつき、「強種」「合種」「通種」「優（種）」「善種」「保種」「留種」「進種」「伝種」として表現された。それは「種」の生殖主体を喚起してジェンダー化され、そして容易に想像されるように、五四新文化運動以降には欧米の新マルサス主義と親和的なフェビアン派的な改革思想と共振しながら、「良種」を守り「悪種」を断とうとする優生学（「善種学」とも称した）・優生思想と結びつく。

　この優生思想は産業化などに伴う人口問題、産児制限という国家の生殖コントロール問題に直結することになるのはいうまでもない。そればかりでなく、新文化運動で恋愛結婚・小家族の近代モデルが浮上するや（第11章参照）、従前の家制度を支えてきた「子孫繁栄教」に抗おうとした知識人、ことに女性解放を求める女性たちにも、人口の「量より質」を重んじる優生思想がその思想的武器たりうると考えられた。恋愛結婚こそ優生思想に合致するとさえ唱えられる（周建人）［坂元 2004］。

　だが最先端の優生学を中国に「正しく」伝えたのはアメリカで本格的に学んだ潘光旦で、遺伝を重視する潘光旦はこう説いた［潘 1924］。人間は近代文明化すると文化的・社会的淘汰が自然淘汰以上にはたらき、生物的に適者生存できずに種族滅亡に至りかねない。その点で、生物学的には西欧的個人主義、都会近代主義的な独身主義・晩婚・少子・女性の社会進出・弱者延命のための衛生医療などは反優生学的だ、と。アメリカで実践され始めていたような「不適者」と認定された人たちへの「断種」といった消極的優生学を潘光旦は主張したわけではなかったが、人類均等を前提とする個人主義・社会主義・デモクラシー・フェミニズムの論調、広くいえば新文化運動に反対する「科学」的言説武器とした。潘光旦は30年代の民族復興論や戦後40年代にも相変わらず「民族優生学」的見地から女性の社会進出に批判的で、黄碧

遙ら女性論者から批判された（黃碧遙：「読潘光旦先生婦女問題的論文後」、『観察』5巻8期、1948年）［野村ほか 2011：7巻］。

　両大戦間期、南京統一政権下での資本主義が発展した「黄金十年」（1927～37）において、大都市には中間層的な大衆の登場もあり［岩間 2012］、モダンガール（摩登女郎・小姐・姑娘）現象がコロニアル・モダンと濃淡のある関わりをもちながら現れる［坂元 2010］。その女性性・近代性の生活スタイルによる誇示により、憧憬の対象ともなったが、ジェンダー規範の侵犯を恐れる男女、「進歩」性を自認する知識人層によって時に清末後の纏足女性同様に揶揄・嘲笑の対象ともされた。まして満洲事変・上海事変以降となると戦時色に伴い、役立たずかつ、おしゃれで浪費すると非難される。

　1934年開始の、不規則な生活・不潔な心身・「野蛮な生活作法」を「礼義廉恥」の儒教道徳に基づき訓育、改良しようという「中国固有文化の復興運動」としての「新生活運動」や民族復興議論などを背景に、「女は家に帰れ」論が強まるとモダンガール攻撃は強まる。

　民族戦争・革命時に「ジェンダーは関係がなくなった」わけでも後景化したのでもない。抗日民族主義においても国共両党サイドで女性動員と女性性抑圧とによるジェンダー・ポリティクスは強化された（第13章参照）。婦女総動員計画が練られ、部分的には女性兵士も参戦するが、戦場・銃後の性別役割分担のための「新賢妻良母」創出も企てられたのである。

　さらにいえば、日本占領下で日本軍により「慰安婦」化されるなど、残忍凄惨な性暴力にさらされ、からくも生き残った多くの中国人被害女性たちの問題に通じる。被害女性たちは「わが子や両親のために自殺せずに堪え忍んで生き延びたものの、心ない郷里の隣人たちに嘲笑され、「日本人と男女関係をもったモダンガール」と呼ばれ、戦後もなお人々の冷笑、嘲笑にさらされ」［並 1940：8］てきた。この重層的に深い傷が刻まれた歴史と向き合うにあたっても、その加害・被害の深刻さを明らかにするためにこそ、民族主義とジェンダーの観点は不可欠といえよう。

・参考文献・

[和文]

アンダーソン，ベネディクト（2007）『定本 想像の共同体——ナショナリズムの起源と流行』（社会科学の冒険 2-4）、(白石隆・白石さや訳)、書籍工房早山（原書：Anderson, Benedict. *Imagined Communities: Reflections on the Origin and Spread of Nationalism*, 1983, London: Verso）

飯島渉・久保亨・村田雄二郎編（2009）『シリーズ20世紀中国史』、東京大学出版会

岩間一弘（2012）『上海大衆の誕生と変貌——近代新中間層の消費・動員・イベント』、東京大学出版会

汪暉（2011）『近代中国思想の生成』、(石井剛訳)、岩波書店（原書：『現代中国思想的興起（重印本）』、生活・読書・新知三聯書店、2008年［抄訳]）

大澤真幸編（2002）『ナショナリズム論の名著50』、平凡社

小野寺史郎（2011）『国旗・国歌・国慶——ナショナリズムとシンボルの中国近代史』、東京大学出版会

夏暁虹（1998）『纏足をほどいた女たち』、(藤女省三監修、清水賢一郎・星野幸代訳)、朝日新聞社（原書：『晩清文人婦女観』、作家出版社、1995年［抄訳]）

ゲルナー，アーネスト（2000）『民族とナショナリズム』、(加藤節監訳)、岩波書店（原書：Gellner, Ernest. *Nations and Nationalism*, 1983, Ithaca, NY: Cornell University Press）

コー，ドロシー（1997）「中国・明末清初における纏足と文明化過程」、(秦和子訳)、アジア女性史国際シンポジウム実行委員会編『アジア女性史——比較史の試み』、明石書店

コウ，ドロシー（2005）『纏足の靴——小さな足の文化史』、(小野和子・小野啓子訳)、平凡社（原書：Ko, Dorothy. *Every Step a Lotus: Shoes for Bound Feet*, 2001, Berkeley: University of California Press）

坂元ひろ子（2000）「足のディスコース——纏足・天足・国恥」、『思想』907（のち［坂元2004]に収録）

坂元ひろ子（2001）「章炳麟における伝統の創造」、狭間直樹編『西洋近代文明と中華世界』、京都大学学術出版会（改訂版は坂元ひろ子（2009）『連鎖する中国近代の"知"』、研文出版に収録）

坂元ひろ子（2004）『中国民族主義の神話——人種・身体・ジェンダー』、岩波書店

坂元ひろ子（2010）「漫画表象に見る上海モダンガール」、伊藤るり・坂元ひろ子・タニ，バーロウ編『モダンガールと植民地的近代——東アジアにおける帝国・資本・ジェンダー』、岩波書店

ストーラー，アン・ローラ（2010）『肉体の知識と帝国の権力——人種と植民地支配における親密なるもの』、(永渕康之・水谷智・吉田信訳)、以文社（原書：Stoler, Ann Laura. *Carnal Knowledge and Imperial Power: Race and the Intimate in Colonial Rule*, 2002, Berkeley: University of California Press）

スピヴァク，G・C（1998）『サバルタンは語ることができるか』、(上村忠男訳)、みすず書房（原書：Spivak, Gayatri Chakravorty. "Can the Subaltern Speak?", in Cary Nelson and Lawrense Grossberg eds. *Marxism and the Interpretation of Culture*, 1988, Urbana: University of Illinois Press）

スピヴァク，ガヤトリ・C（2011）『ナショナリズムと想像力』、(鈴木英明訳)、青土社

（原書：Spivak, Gayatri Chakravorty. *Nationalism and the Imagination*, 2010, London: Seagull Books）

スミス，アントニー（1999）『ネイションとエスニシティ』、（巣山靖司他訳）、名古屋大学出版会（原書：Smith, Anthony D. *The Ethnic Origins of Nations*, 1986, Oxford: B. Blackwell）

高嶋 航（2003）「天足会と不纏足会」、『東洋史研究』62(２)

高嶋 航（2004）「教会と信者の間で——女性宣教師による纏足解放の試み」、森時彦編『中国近代化の動態構造』、京都大学人文科学研究所

高嶋 航（2013）「「東亜病夫」とスポーツ——コロニアル・マスキュリニティの視点から」、石川禎浩・狹間直樹編『近代東アジアにおける翻訳概念の展開』、京都大学人文科学研究所、2013

高嶋 航（2016）「「東亜病夫」と近現代中国」、村上衛編『近現代中国における社会経済制度の再編』、京都大学人文科学研究所

西村成雄（2003）「序章　二〇世紀史からみた中国ナショナリズムの二重性」、西村成雄編『現代中国の構造変動　３　ナショナリズム——歴史からの接近』、東京大学出版会

野村浩一・近藤邦康・並木頼寿・坂元ひろ子・砂山幸雄・村田雄二郎編（2010-11）『新編原典中国近代思想史』１-７巻、岩波書店

バリバール，エティエンヌ、ウォーラーステイン，イマニュエル（2014）『人種・国民・階級——「民族」という曖昧なアイデンティティ』、（若森章孝・岡田光正・須田文明・奥西達也訳）、唯学書房（原書：Balibar, Étienne et Wallerstein, Immanuel. *Race, nation, classe: les identités ambiguës*, 1990, Paris: La Découverte）

ホブズボウム，E、レンジャー，T編（1992）『創られた伝統』、（前川啓治、梶原景昭他訳）、紀伊國屋書店（原書：Hobsbawm, E. J. and Ranger, T. O. *The Invention of Tradition*, 1983, London and New York: Cambridge University Press）

吉澤誠一郎（2003）『愛国主義の創成——ナショナリズムから近代中国をみる』、岩波書店

[中文]

燕斌〔煉石〕（1907a）「女権平議」、『中国新女界』1

燕斌〔煉石〕（1907b）「女界与国家之関係」、『中国新女界』2

〔鼎談〕王政・高彦頤（Ko, Dorothy）・劉禾（Liu, Lydia）（2004）「従『女界鐘』到"男界鐘"：男性主体、国族主義与現代性」、杜芳琴・王政編『社会性別』2、天津人民出版社

柯基生（2013）『金蓮小脚——千年纏足与中国性文化』、台北：独立作家

喬以鋼・劉堃（2010）「晩清"女国民"話語及其女性想像」、『中山大学学報（社会科学版）』50巻（総233期）

蔣維喬〔竹荘〕（1904）「論中国女学不興之害」、『女子世界』3

宋教仁（1908）「間島問題」、のち陳旭麓主編『宋教仁集』上、湖南人民出版社、2008等収録

陳擷芬（1903）「独立篇」、『女学報』2(１)

潘光旦（1924）「中国之優生問題」、『東方雑誌』21(22)（のち『優生概論』1936等収録）

彭慧（1948）「抗日戦争中戦区婦女的遭遇」、『現代婦女』12(１)

楊興梅（2012）『身体之争——近代中国反纏足的歴程』、社会科学文献出版社

姚霊犀編（1936 a）『采菲録』、天津時代公司（復刻版）

姚霊犀編（1936 b）『采菲録続編』、天津時代公司（復刻版）

劉大鵬（1990）『退想齋日記』、喬志強標注、山西人民出版社
梁啓超（1897）「変法通議」（女学）、『時務報』25
梁啓超（1901）「中国史叙論」第五節「人種」、『飲冰室文集』6、中華書局（1936）
［英文］
Chatterjee, Partha（1986/1993）, *Nationalist Thought and the Colonial World: A Derivative Discourse?*, London and Minneapolis: Zed Books/ University of Minnesota Press.
Gerth, Karl（2003）, *China Made: Consumer Culture and the Creation of the Nation*, Cambridge, M. A.: Harvard University Asia Center.
Ko, Dorothy（1994）, *Teachers of the Inner Chambers: Women and Culture in Seventeenth-Century China*, Stanford: Stanford University Press.
Ko, Dorothy（2005）, *Cinderella's Sisters: A Revisionist History of Footbinding*, Berkeley: University of California Press.
Stoler, Ann Laura（1985/ Reviesed 1995）, *Capitalism and Confrontation in Sumatra's Plantation Belt, 1870-1979*, New Haven and London: Yale University Press.

第 10 章

近代中国の男性性

筆を執り「司令部を砲撃
せよ」と呼びかける毛沢東
(1960年代のポスターより)

高嶋　航

1. はじめに——男性性とは？

　「男性性 (masculinity/masculinities)」とはなにか。ジェンダーが「性差に関する知」として社会的に構築されたものであることは本書の読者にとって周知のことであろう [スコット 2004]。世の中には男と女がいる (とされ)、ヒトはそのいずれかであると自認する。実際には、ヒトは生まれたとき (今では生まれる前) から周囲の人間によって男または女として育てられ、性別を自認するに至る。しかし自認するだけではヒトは男や女になれない。社会は男と女に対してそれぞれ「どうあるべきで、どうふるまうべきか」を要求する (したがって、それはイデオロギーの問題でもある)。この社会の期待に応えることで、初めて社会から男や女として認知される。この社会的な期待こそ男性性、女性性である。あるいは、個々の人間が男や女という社会的カテゴリーの構成員になっていくプロセスそのものを男性性、女性性ということもできる。男性性と女性性は非対称な関係にあり、男性性は、男の身体をもち、男

のアイデンティティをもつものに権威と力を付与する。

「男は女より攻撃的である」「男は女より合理的である」——このように女性と対比して語られる男性性は決して本質的なものではない。異なる社会、異なる時代には異なる男性性が存在する。男性性は「つくられるもの」であり、文化、人種、階級などによって異なり、また歴史的に変化する。さらに一つの社会のなかにも複数の男性性が存在し、その間にはヒエラルヒーの関係がある。当該社会で最も優位に立ち、他の男性性を従属化、周縁化、女性化するような男性性を覇権的男性性（hegemonic masculinity）と呼ぶ。一般に「男らしさ」と呼ばれるものが覇権的男性性に相当しよう［多賀 2001］［多賀 2006］［Bederman 1995］［Connell 1995］。

2．男性史とは？

男性史＝男性性の歴史とは、ジェンダー化された存在としての男を対象とする歴史研究のことである。男性性は政治、経済、文化、社会と不可分の関係にあり、人種、階級、セクシュアリティ、宗教、エスニシティなどのカテゴリーと複雑にからみあっている。したがって、男性史は歴史の一領域を対象とするのではなく、歴史全体を貫くものとして研究されねばならない［Sinha 1999］。

キューネによれば、男性史は①文化的イメージ像、②社会的実践、ジェンダー体制の実践的再生産、③主体的感知、経験、アイデンティティという3つのレベルで同時に研究されねばならない［キューネ編 1997: 26］。①は男性性の歴史的変遷、具体的にいうと、ある特定の男性性がいかにして構築され、変化し、解体していくのか、そしてそれはなぜなのかを明らかにすることである。規範、イデオロギーとしての男性性を扱う①に対して、③は実態としての男性性を対象とする。男の身体は規範としての男性性を再現する無地のキャンバスではない。規範と現実のズレを認識しつつ、どのように男としての主体性を確立するのか。この社会と個人の相互に依存しつつも緊張した関係を明らかにするのが③である。①と③が主として男性に焦点を当てるのに対して、②は男性と女性の関係に焦点を当てる。ジェンダー史は、男／女が

文化的カテゴリーというよりも、(男の内的差異にもかかわらず、全体として)男に権益を付与する政治的カテゴリーであることを明らかにしてきた。女性史が女性の側からジェンダーにアプローチするのに対して、男性史はこれを男性の側からアプローチする。

男性史は1970年代に女性史・ジェンダー史の描く加害者としての一枚岩的な男性像に対する反省から生まれ、英語圏を中心に多くの研究が積み重ねられてきた。日本の男性史研究は1990年代に開始され、2000年代に入って多くの研究が公刊された。2006年公刊の論文集、『男性史』全3巻は画期的な企画であったが［阿部ら 2006］、規範よりも「男性という実体の実態（存在）」を検証するという姿勢やジェンダー視点の欠如が批判されている［加藤 2008］［小野沢 2008］。その後、日本の男性史研究はあまり進んでいない。

中国に関して、中国語圏では、台湾や香港では1990年代後半から、中国大陸では2000年代後半から男性学研究が始まった［方 2008］。男性史はさらに遅れており、大陸ではいまだにみるべき著作がほとんどない状態である。一方、英語圏では［Louie 2002］が文／武のダイアッドから中国の男性性を、［Song 2004］と［Huang 2006］がともに文学史の立場から前近代中国の男性性を論じた。各時代の研究蓄積はまだ多いとはいえないなか、［Hinsch 2013］は男性性の通史を試みた。同性愛の研究は非常に盛んで、主な研究として［Hinsch 1990］［呉 2000］［Kang 2009］［Vitiello 2011］などがある。現代の男性性への関心も高く、［Zhong 2000］［Louie and Low 2003］［Chou 2009］［Moskowitz 2013］［Song and Hird 2014］［Louie 2015］が代表的な著作である。少数民族の男性性については、［Dautcher 2009］がウイグル族、［Hillman and Henfry 2006］がチベット族を扱う。少数民族の男性性は、鄧が指摘するような漢族を中心に北に離れるほど男性的（モンゴル、女真）で、南に離れるほど女性的（苗、タイ）という民族とジェンダーの関係をからめて考えると面白いだろう［Teng 2004］。近代を主な対象とする著書は英語圏、中国語圏を通じても［王 2011］［許 2015］くらいで、概説としては［Hinsch 2013］の第7章がある（筆者は未見だが、［Louie 2016］［Schillinger 2016］もぜひ参照されたい）。実証研究がきわめて少ないという状況をふまえ、本章ではLouieの提示した文／武の観点から、近代中国（とくに漢族）の男性性の全体像を素描することに努める。

そのさい、上記の①〜③のレベルのうち、①が中心となることをお許しいただきたい。

3．ナショナリズム、帝国主義、植民地主義

　中国の男性性を論じる前に、西洋における近代的男性性の特徴を簡単に紹介しておこう。

　モッセは近代的な男性性の起源をナポレオン戦争期に置いた。それはちょうどヨーロッパでネイションが形成されようとする時代でもあった［モッセ 2005］。近代的男性性とナショナリズムは当初から不可分の関係にあった［Enloe 1990］。バナジーはこのようなナショナリズムを「筋肉的ナショナリズム」と呼んだが［Banerjee 2012］、男性性のネイション化、軍事化とも呼べよう。勇敢で強健で規律化された身体を持ち、武器を手にしてネイションに身を捧げる英雄的な市民＝兵士が覇権的男性性だった［Nagel 1998］。このような力強い男性性は社会進化論によってさらに強固なものとなる。社会進化論は男性性を生物化し、身体的な強さを特権化した。生存競争という考え方はネイション間の競争にも適用され、帝国主義を正当化した（第9章参照）。

　植民地では支配者は被支配者の男性性を従属化・女性化することで、自らの優位を維持した。これに対して、被支配者は男性性の回復（再男性化）を図る。再男性化の方法には、スポーツで支配者を打ち負かすことから、政治的独立を獲得することまで、多様な形態があった。植民地における支配者と被支配者の男性性をめぐるせめぎ合いを「コロニアル・マスキュリニティ」という［Sinha 1995］。帝国主義列強の半植民地となった近代中国の男性性もコロニアル・マスキュリニティの一種として考えるべきである。なぜならそれは常に自己より優位な男性性の存在を前提にして構築されたからである［高嶋 2013］。近代日本も西洋コンプレックスに悩まされたが、肯定的な自画像を持っていた。これに対して、近代中国は「東亜病夫」のような否定的自画像を通じて国民形成を図ろうとした［高嶋 2016b］。

4．伝統的男性性——文の覇権

　中国の伝統的な男性性は文と武で構成される。文武は排他的なカテゴリーではなく、文武双全、文武兼備が最高の理想像であった。歴代王朝は、文や武の資質をもつものに対して、科挙を通じて権力と地位と富を付与した。女性は科挙に参加することができなかったので、科挙は文と武を男性の理想として制度化する装置として機能することになった。文と武は対等ではなく、文が武に優越した。科挙といえば一般に文挙を指した。武挙ですら筆記試験が課された（文挙に実技試験はない）。

　文武の格差が決定的になるのは宋代のことである（近年の軍事史は文治主義国家としての宋のイメージを覆しつつあるが、劣勢な軍事国家であればこそ、他の軍事国家との対抗上、文の権威が増したと考えられよう）。武の地位の低下は、「よい鉄で釘はつくらないし、よい人は兵にならない」という当時はやった諺にうかがうことができる。この時期、纏足が上流階級の女性に広まった。弱々しい女性は、文人のパートナーにふさわしかった。文人たちが多くの女性を囲う一方、女性や権力から疎外された男たち——無頼、光棍、盗賊ら——は『水滸伝』の好漢に男らしさを見出した。それは、過度の飲食飲酒、暴力、浪費によって示されるものだった［Huang 2006］。19世紀の天津を独特のファッションで闊歩した恐れ知らずの混混児は好漢の末裔であった。これに対して武廟に祀られた関羽は、支配階級の武を示していた。自制心がなく、まったくといっていいほど文が欠如していた『水滸伝』の武松とは対照的に、神格化された関羽には文の男性性が色濃く見られる。ただ、武松も関羽もミソジニーという点は共通していた。女性はホモソーシャルな関係（武松の場合は梁山泊、関羽の場合は桃園結義）を掘り崩す危険があったからである［Louie 2002］［セジウィック 2001］。女性は文の男性性を高めたが、武の男性性は女性を遠ざけることで高められた。宦官は「第三の性」とみなされることが多いが、武と同じく従属的男性性として理解すべきである。貧困にあえぐ下層社会の男たちにとって、宦官になることは、権力と富を得る手段の一つでさえあった［三田村 1963］［猪原 2014］（第9章参照）。

図1　清末の官僚たち
（文様は大柄で色彩は豊かである）［王編 2003: 25］

明清交替は漢族の男性に大きな屈辱をもたらした。軍事的な敗北もさることながら、服従の印として辮髪を強いられたからである。武を誇る満洲族に対して、漢族はますます文へと傾斜していった。満洲族に逆らわず、科挙に合格して官僚となるのが権力と地位と富への近道であり、髭のない繊細で学者的な男性が漢族の覇権的男性性となった。女性はさらに繊細であることが求められた。女性の隔離が強化され、纏足が上流階級以外にまで広まった。才子佳人小説に見えるように、清代の漢族社会では男性性と女性性は決して対立するものではなかった［Edwards 1994］。

満洲族の社会は行政的、職業的、空間的、社会的に漢族の社会から隔離されていた。圧倒的多数の漢族に対して満洲族が優位に立つためには、武によるほかない（「文」化＝漢化はすなわち女性化を意味した）。歴代の皇帝は満洲族の国語と騎射の能力に強い関心を寄せた。満洲族の場合、文挙ですら弓射の試験が課された。満洲族と漢族の上に君臨する皇帝は、文武の資質を誇示することで支配を正当化した。しかし、武の気風は廃れる一方で、嘉慶帝がそれを食いとめようとした最後の皇帝となった［Rhodes 2000: 52-63］。

5．日清戦争の衝撃——武の台頭

日清戦争の敗北は、中国の男性性に大きな衝撃を与えた。海軍はほぼ壊滅し、中国はほとんど丸腰の状態で列強に対峙しなければならなくなった。これまでの対外戦争は、中華世界秩序の外部の他者が相手であったが、日本はそうではなかった。日本の勝利は、中国を中心とする中華世界秩序だけでなく、それを支える儒教的秩序、ひいては文の男性性を内部から打ち砕いた。文武両面の男性性の喪失により、中国の知識人たちは中国の去勢、女性化を認識し、再男性化の道を模索し始めた。

日清戦争の休戦直前、厳復が「原強」を発表し、中国を再男性化する方法として、民智、民力、民徳の向上を提言した。厳は「原強」のなかで、北京に来た西洋人が貢院（科挙の試験場）を見て、牢獄にも及ばず、家畜を飼えないぐらい汚れた場所で士を選んでいるのかと嘲笑した話を、きわめて不遜だが事実を示していると書かざるをえなかった。中国で最高の男性性を体現する士大夫（厳の言葉では「秀民」）が囚人や牛馬にも及ばない——まさに中国の女性化を象徴するような逸話ではないだろうか。

　康有為は再男性化の手段の一つとして断髪を提起した。1898年の「請断髪易服改元摺」で康は、欧米人も以前は辮髪をしていたが、機械や軍事の進歩により、辮髪を切った、だから中国人も断髪して柔弱の俗を改めなければならない、と論じた。辮髪のために中国は弱く、また中国が弱いために辮髪が笑いものとなる。辮髪は中国の女性化の原因であり結果であった。中国が再男性化を果たすには、欧米人にならって辮髪を切り、富国強兵を達成しなければならない。こうして中国の男性性は否定され、西洋の男性性が目指すべきものとなった。同じことは、女性の纏足にもいえる。このように植民地的な状況のもとでジェンダーやセクシュアリティが再構築されていった。

　康有為や梁啓超らが戊戌変法で重視したのは科挙の改革であった。それは新しい時代にふさわしい文を再構築する試みであった。1894年の状元である張謇がまもなく官を辞して実業に転じたことは、文の動揺を示す象徴的な出来事だった。文を再構築する試みは思想の変化、すなわち百年来の公羊学、諸子学、仏教の復興、西学との出会いなどと連動していた［島田 1967］。康ら公羊派人士の仏学への傾倒は、仏教を奉じる人びとの生死を顧みず、利欲を超越した気風の評価とつながっていた［森 1999］。「任俠」の再評価はこのような文と武の新しい関係を示すものだった。韓非子は儒（文）と俠（武）を対立物ととらえたが、両者は例えば譚嗣同のような人物のなかでは矛盾なく統一された。章炳麟は『訄書』で「儒俠」を論じ、梁啓超は『中国之武士道』で武士道の起源を孔子に求めた。文と武の結合は、革命派と秘密結社の協力を正当化するものでもあった。

　日清戦争後、それまで沿岸部に限られていた列強の勢力が汽船や鉄道を通じて、内陸へと進出した。王桂妹はその様子を「暴力的なやり方で東方の大

地に踏み込み、龍旗の中国はたちまち処女のように神経と静謐を失った」と表現したが［王2008］、それはまさしく男性性をめぐる西洋と中国の関係を示していた。義和団はこのような西洋の男性性に全面対決を挑んだものだったと理解できる。鉄道は破壊の対象となり、大砲は紅灯照のような女性の前で威力を失った。義和団の失敗後、中国の男性性は西洋の男性性との対決ではなく、交渉を通じて構築されていくことになる。

　戊戌変法に失敗し、日本に亡命した梁啓超は、国民性改造の問題に取り組んだ。『新民説』は中国が目指すべき男性性のマニフェストだった。義務と権利の関係で国家と結ばれた新民は、自由で独立し進取の気象に溢れ、強い精神と身体をもつ国民である。それは、イギリス、アメリカ、ドイツ、日本などの男性性の混淆物だが、全体としてイギリスやアメリカの市民＝兵士よりも、徴兵制を介して国家と強く結びついたドイツや日本の軍人＝国民に近かった（梁は「軍国民」と呼んだ）。軍国民は中国の再男性化のために（男子）国民を動員するべく構築された新しい男性性だったが、なかでも日本の影響は大きかった［吉澤 2014］。留学生たちは日本で子供たちから「チャンチャン坊主」と冷やかされるなど、数多の屈辱を味わった。こうした体験は彼らに中国の女性化を実感させた。軍国民主義が他ならぬ日本で興ったのも不思議ではない［高嶋 2016b］。革命派は軍国民の路線をさらに推し進め、1903年に結成された軍国民教育会は華興会、光復会、中国同盟会へと発展していった。革命派がなぜ孫文という伝統的な中国知識人とはまったく異なるタイプの人間のまわりに結集したのか、なぜ（立憲派と違って）多数の女性が参加していたのか、男性性の観点から考えてみる必要があろう。後者については、国民党が政権の座につくと一転して女性の参政権を拒否したことを想起するとよい。王朝が滅んでも家父長制は消えなかったのだ。

　戊戌変法で始まった文武の再構築は、光緒新政のもとでも継続した。1901年には武挙が廃止された。武挙で課された騎射は、満洲族の男性性の最後の砦であった。西洋式の新軍は「よい人は兵にはならない」という従来の兵士像を打破し、軍人は男らしい存在へと変貌しつつあった。知識人にとってさえ従軍はもはや忌避すべきものではなかった。実際、日本へ留学した学生には軍事を専攻するものが少なからずいた。蔣介石もその一人だった。1905年

から一部の省で徴兵制が導入され、中国でも国民皆兵が実現しようとしていた［高嶋 2015b］。文の方面では、1904年に近代的学校制度が導入され、翌年に科挙が廃止され、伝統的な文の男性性は覇権を喪失した。ただし科挙の廃止は、清朝に忠実な国民をもたらすよりも、漢族エリートの離反をまねくことになった。

　女子教育は従来、家庭の領分と考えられ、新学制でも対象外だった。しかし、私立女学堂の急増という事態を受け、清朝は女子教育を正規の教育体系に組み込み、進歩的な女子教育を是正する必要を認め、1907年に女学堂に関する章程を頒布した。女子教育の目的は、女徳の養成、知識技能の習得、健全な身体の発達にあり、国家の基礎である家庭を預かる賢母の養成にあった。男女別の教育制度は徴兵制とあいまって、ジェンダーをネイション化、軍事化する試みだった［高嶋 2015b］。

6．共和国の誕生と五四運動——文武の相克と失墜

　中華民国の時代にはさまざまな面で近代と伝統の葛藤が見られた。日本と違って中国の場合、伝統の意味するところは決して明瞭ではなかった。このことは男性性にも大きな影響を及ぼした。

　1912年1月1日夜、南京で臨時大総統の就任式が挙行された。参加者の多くはフロックコートか軍服に身を包み、辮髪は皆無だった。3月5日の大総統令で人民の一律断髪が命じられ、断髪は「新国の民」の義務となった。多くの男性にとって、辛亥革命は断髪を通じてのみ実感されるものだった。それはしばしば暴力的になされ、戸惑いや屈辱をともなう経験であった。張勲のように辮髪に固執するものもいたが、現実には辮髪は覇権的男性性との結びつきを失っていた。満洲国皇帝でさえ辮髪を復活させようとはしなかった。明朝以前の髪型に回帰しようという人もいなかった。

　辛亥革命の直後には漢の衣冠を回復する試みが広く見られた。それはまるで舞台から役者が飛び出してきたかのように人びとの目に映った。というのも、そのような衣服は演劇のなかでしか見ることができなかったからである［李 2014］。一方、北京政府の閣僚たちはみな洋服（燕尾服）か軍服を着ていた。

図2　中華民国の閣僚たち
(洋服はほぼ黒で統一されている)［王編 2003: 93］

新しい政治文化は新しい政治体制の到来を示していた。洋服か軍服かの選択は、その政治家が演出したい自己のイメージと関わっていた。袁世凱は革命前、清朝の官服か西洋式の軍服を着用し、革命後はもっぱら軍服だった。帝制を唱えたさいには、漢の衣冠を復活しようとした。辛亥革命のさいに近代と（漢族の）伝統は矛盾するものではなかった。袁が帝制を復活し、伝統が帝制に読み替えられるにいたり、両者は両立不能となった。軍服はいわばこの対立を止揚する役割を果たした。北京政府では袁世凱、黎元洪、馮国璋と軍人出身の大総統が続き、広東では孫文までもが軍服を着用していた（ただし、孫はのちにこれを後悔する［Epstein 1993］）。軍服が権威の象徴となったのは、清末以来のネイションの軍事化も一因である。清朝、革命派、立憲派のいずれもが軍国民の支持者であった。第一次世界大戦の勃発は、ますます軍国民創出の必要性を高めていた。

　1915年9月、陳独秀が『青年雑誌』を創刊した。戊戌変法に失敗した梁啓超が『新民説』で国民改造を訴えたように、第二革命に失敗し政治権力から疎外された陳は青年の改造を通じて（21か条要求受諾で女性化した）ネイションの再男性化を達成しようとした。陳は弱々しい白面の書生を民族の衰微の元凶とみなし、「獣性主義」の教育を提唱した[1]。鍛えられた身体は男性性に不可欠の要素となった。例えば、湖南第一師範学校でおこなわれた「人物互選」（学生の人気投票）では、徳育（敦品、自治、好学、克己、倹朴、服務）、体育（胆識、衛生、体操、競技）、智育（才器、言語、文学、科学、美術）の各項目で学生を評価した。衛生やスポーツ、科学など西洋的なものと儒教的徳目が併存しているのが目を引く。ちなみに1917年の最多得票者は毛沢東だった［李 1993］。同年、毛は『新青年』に「体育之研究」を発表した［Uberoi 1995］。

（1）　陳独秀「今日之教育方針」『青年雑誌』1（2）、陳独秀「新青年」『新青年』2（1）。

彼が引用した「その精神を文明にし、その体魄を野蛮にする」という言葉は、蔡鍔の「軍国民篇」から引用したものだった。毛は軍国民主義に強く感化されていた。

『新青年』は武を提唱する一方、文の根幹である儒教への批判を展開した。孝や貞節など三綱五常を批判することで、人を儒教の束縛から解き放ち、新しい人間関係に基づく社会の構築を目指した（これには儒教の国教化や復辟への対抗という政治的側面もあった）。新しい社会の新しい男性性が「新青年」だった。『新青年』が文学革命を提唱したことは銘記されるべきである。男性性から見れば、それは伝統的な文の脱構築だった。これは梁啓超が小説革命を唱え、「新民体」と呼ばれる新しい文体を実践したことに通じるであろう。

この時期、（男子）青年たちは家族の改革に熱心に取り組んだ。家族と離れ、都市で暮らす青年たちが直面したのは結婚の問題だった。彼らにとって理想的な家庭とは、愛情によって結ばれた夫婦と子供からなる「小家庭」であった。小家庭は個人を幸福にし生産性を高めることで、社会の進歩と国力の増大に貢献するはずであった。しかし、小家庭は、たとえ実現したとしても、女性の解放に直結するものではなかった。なぜなら、小家庭は、男性は生産、女性は生殖というジェンダー役割を変えるものではなかったからだ［Glosser 2003］（第11章参照）。

とはいえ、新しい家族倫理の提唱は、男女それぞれのありかたや両者の関係に変化をもたらした。結婚相手を選ぶには、男女の交際が自由にできる環境が必要である。こうして社交の公開が叫ばれた。公園や映画館、博物館など近代的な空間が、これまで隔離されていた若い男女が一緒にいることのできる場を提供した［Hinsch 2013］。北京大学など一部の大学も女性に開放された。図書館は最初、婦女閲覧室を設置したり、女性の閲覧日を設けたりしたが、やがてそれらは廃止された［黄 2007］。毛沢東らの新民会、周恩来らの覚悟社、勤工倹学運動のように男女がともに参加する組織や運動が出現した。男性のふるまいは、女性の視線を意識したものに変わり、恋愛が青年たちの大きな関心事となった。

都市と農村の関係は根本的に変化していた。資本主義の発展は都市と農村

の格差を広げ、科挙の廃止は都市と農村の人的循環を断ち切った。その結果、農村から都市へと一方的に人や資本が流出していった。都市の優位は男性性を変容させた。そもそも儒教的な男性性は、調和を尊ぶ農村的な価値観に基づいていた。都市化、資本主義化した社会は競争や物質的成功により高い価値を置くようになり、伝統的男性の美徳を無価値なもの、非生産的なものにした。成功したビジネスマンは男らしいだけでなく、愛国的で、性的にも望ましい存在となった［Hinsch 2013］。スポーツの発展もやはり競争を重視する新しい価値観を反映したものだった。YMCA の体育主事たちは軍国民的要素の濃い学校の体操を民主主義的なスポーツに置きかえようと努力した［高嶋 2016a］。伝統的な武術でさえ、科学化（体系化、普遍化、標準化）、都市化、近代化、国際化を図り、従来の基盤であった農村を離れ、都市の環境に適応しようとしていた［Morris 2004］［程 2012］［高嶋 2016b］。

　中国で最初の YMCA が設立されたのは1895年、くしくも中国の男性性の再構築が始まった年であった。従来の教会が下層階級の間に広がり、多くの女性の成員を含んでいたのに対し、YMCA は都市中産階級の男性を主とした組織であった。個人の魂の救済より社会の変革を重視した YMCA は中国の進歩的な男たちを魅了した。YMCA 会館には、ジム、シャワー、講演室などが備えられ、宗教にとどまらない多様な活動が繰り広げられた。YMCA が創出したホモソーシャルな空間は、近代都市の新しい男性性の象徴となった［Dunch 2001］。

　文人は科挙の廃止により権威とのつながりを失い知識分子として周縁化していくが［羅 1999］、士大夫意識は近代を通じて根強く残り、学生が文系（なかでも法科）に集中するという形であらわれた。例えば、1918年の北京大学在学生の内訳は、法科が42％、文科と理科がそれぞれ21％、工科が4％で、文系と理系の比率は2.5：1であった[2]。伝統的教育の影響により、学生たちは人文学科中心に知識を構築し（毛沢東や胡適は数学がまったくできなかった）、

（2）　同じ時期の東京帝国大学は法41％、医16％、工15％、文9％、理5％、農13％で、文系と理系の比率は1：1だった［東京帝国大学編 1919］。文系に集中する傾向は1920年代も続き、例えば1931年の大学入学者のうち文系は9511人、理系は4222人だった。南京政府が文系の入学者数や文系の学部数を制限し、自然科学系の人材養成を重視した結果、1936年の入学者数は文系5430人、理系6204人と逆転したが、文系の人気は根強かった［張 2005］。

政治的責任を重視する一方、現代社会に必要な分業の具体的工作を軽視した。軍事、政治領域への学生の集中は、社会のニーズとの不一致を引き起こし、大量の失業者を生みだしただけでなく、近代化に必須の全面的人材養成を阻害した［朱 2000］。

　清末以来の30年で、「科学」は立場の違いを越えて広く支持された唯一の名詞だった［胡 1923］。科学は富国強兵を通してネイションの再男性化を可能にする男性的な事業であった。五四新文化運動の旗手であった陳独秀と胡適はそれぞれの科学を追求した。胡適は国故整理を提唱した。否定された伝統を科学的に再評価することで、中国の再男性化を図ったのである。陳はマルクス主義を受け入れた。マルクス主義は西洋に従属することも伝統に回帰することもなく中国を再男性化するオルターナティブな道を提示した。

　第一次世界大戦でのドイツの敗戦は、軍国民主義を凋落させた。また軍閥の対立や相次ぐ内戦は軍隊に対する評価を押し下げた。1922年から翌年にかけて新たに制定された学校制度で兵操が廃止され、かわってスポーツが導入された。教育は日本式からアメリカ式に転換し、民主主義精神をそなえた国民の養成が目指された。とはいえ、国民に軍事的資質が求められなくなったわけではない。北京大学校長の蔡元培は、学生に軍事訓練を勧める一方、連省自治と兵員削減を主張し、権威を失墜した中央政府と軍隊を省単位の自治政府と民兵に変えようとしていた。軍国民主義は凋落したが、それに変わる新しいネイションのありかたはまだ手探りの状態だった。五四新文化運動の諸言説は家族や村のような緊密な共同体から青年たちを解き放ったものの、彼らを受け入れるべきネイションは現実には存在しなかった。こうして煩悶する青年が出現した。科学が人生観の問題を解決できるかについて1923年に著名な知識人たちの間で交わされた論争はこのような方向喪失感を背景にしていた。

7．中国国民党と中国共産党――武の時代

　内憂外患は中国の青年たちが煩悶し続けるのを許さなかった。煩悶から逃れるために、青年たちはさまざまな主義（イデオロギー）に傾倒していった

［王 2013］。とりわけ1925年の五三〇事件は青年たちを煩悶から解き放ち、ナショナリズムへ結集させるうえで大きな役割を果たした。こうした青年の受け皿となったのが、国民党と共産党が推進する国民革命だった。新民学会や覚悟社のメンバーも共産党に傾斜していった。黄埔軍官学校のような「学問があり主義をもつ軍隊」は、軍閥の軍隊とは異なる新しい軍事的男性性を提示した［王 2011］［髙嶋 2015a］。国民革命軍が中国を席巻するなかで、それまで政治的主体となることから疎外されてきた農民や労働者、女性たちも国民革命に参加していった。こうして伝統から解放された「個人」は「国民」として国家に結びつけられた。もっとも、武漢国民政府が婦女協会より農民協会の活動を優先したように、同じ国民でも女性の地位は男性より低かった。

　国民政府は内部抗争や共産党との対立、さらに日本の侵略という状況で国家建設を進めなければならなかった。政府が国民に軍事的貢献を強く求めただけでなく、（一部の）国民も軍事的貢献によって国家建設に参加することを求めた。1928年の高級中学以上の学校における軍事訓練導入がその一例である。政府は1933年に兵役法を公布し、18歳から45歳の男子に兵役の義務を課し、学生以外の一般男性に壮丁訓練を実施した。初級中学以下の生徒に対する訓練は、童子軍（ボーイスカウト）を通しておこなわれた［髙嶋 2015a］［Culp 2006］。しかし、南京政府にはこれらの措置を社会の末端まで浸透させる力はなかった。

　日本の侵略と共産党の脅威は、国民党に独自の男性性を目指させることになった。新生活運動は、深町英夫によれば、「身体の躾」を通した近代的国民の創出であり、「国民国家の軍事的・経済的潜在力を最大化すべく、勤勉かつ健康な兵士・労働者の育成を企図した、社会編制の一環だった」［深町 2013］。それは中国の青年男子を「幾千幾万の蔣介石」に作り替える試みであり、形を変えた軍国民主義であった。そのなかで女性は国民を産み育てるという間接的な形で国家に貢献することを求められた。「ボタンをきちんと留めること」「商売は公平にすること」「所かまわず痰を吐かぬこと」などの要求は、清末以来の身体改造の系譜に連なり、さらに儒教的伝統、日本の軍学校の習慣、YMCAの社会改良運動などの要素を織り込んだ新しい男性性の表現であった。しかし、男性性を軍事化、ネイション化しようとするこの

試みはかけ声倒れに終わった。時を同じくして、文語の復活運動とそれに対する反対が起こっていたことは、文と男性性の関係からみて興味深い。

　国民政府が列強の支配する租界を周縁化するために推進した大上海計画、北京に代わる新しい首都を創り出そうとした南京首都計画はネイションの男性化を演出する装置であった。新たな建築物は伝統と近代の折衷様式を採用していたが、それは後述する中山服と同じ原理であった。同時期には満洲国の首都新京でも和洋折衷の壮麗で威厳のある建築物が次々と建てられていた。こうして近代都市の景観を通じてネイションの正統性と男性性が誇示されたのである。

　国民党が都市の近代的市民の男性性を覇権化しようとしたのに対して、共産党は労働者や農民の男性性を理想化した。五四新文化運動の時期に実践された勤工倹学や新村運動は、文にかわる男性性探索の試みであった。それを引き継いだ共産党にとって、労働者や農民は理想であると同時に解放の対象であった。国民党と共産党の違いは衛生に対する態度によく現われている。衛生は新生活運動の中心的課題であったが、延安ではブルジョアの標識であった。この違いは、それぞれの指導者の資質（蒋介石の潔癖と毛沢東の衛生への無頓着）を反映したものでもあった。伝統を封建的と批判した共産党であったが、根拠地では農民の伝統に妥協せざるをえなかった。共産党の求める理想の男性性を示す模範的人物は「状元」と呼ばれた。共産党は伝統的な文の男性性を利用して自らの男性性を高め、政治動員を可能にした［丸田 2013］。一方で文の後継者――救国の夢を抱いて都市から延安に赴いた学生――は「知識分子」に分類され、政治改造の対象となった。彼らは努力して農民のふるまいを学ばねばならなかった［雷 2011］。

　とはいえ、国民党と共産党には共通する点も多い。両者はともに近代化を通じた中国の再男性化を目指していた。それを視覚的に示すのが中山服である。中山服は孫文が創案したとされ、西洋的でも伝統的でもない独特のデザインであった［張 2014］。ただし、中国的要素は国産の生地に認められるだけで、若干のアレンジによりわずかに洋服一般と区別されるにすぎない。それはまさしく中国的近代、すなわち中国人による若干の中国的アレンジを施した西洋＝近代化を表現したものだった。また、それは中国人でありながら

図3　重慶談判のさいの蒋介石と毛沢東
(ともに中山服を着ている)[王編 2003: 152]

西洋的教養やふるまいを身につけた孫文自身の姿に重ね合わせることもできよう。中山服は、自由や個人主義よりも規律や忠誠を示す点でも、両党の求める国民像に合致した。それゆえ、国民の模範であることを求められた党員(国民党、共産党を問わない)や政府や学校の関係者の間で中山服の着用が広まっていった。中山服は男性用のみであったが、それは「国民」の含意を考えれば当然のことであった[3]。

1936年12月に約5万人が兵役に就き、中国でも徴兵制が始動した。しかし、翌年に日中戦争が勃発、中国は男性性の軍事化、ネイション化を果たせないまま、戦争を戦わねばならなかった。その結果、赤紙一枚で召集できた日本と違い、兵力の調達は困難を極めた。日本では「非国民」とみなされることへの恐怖が多くの青年を軍隊に駆り立てたが、「漢奸」にそのような力はなかった。兵士は、拉致や買収など強制的な手段で集められることも多かった[笹川・奥村 2007]。

戦争は男性性の軍事化、ネイション化を促進した。リウが蕭紅の小説『生死場』の鮮やかな分析で示したように、ナショナリズムは戦う男性に国民=主体の資格を付与する家父長的なイデオロギーであり、村の貧しい男たちでさえ日本との戦争に参加することで、国民=主体という新しいアイデンティティを獲得し、自らの男性性を高めることができた(逆に漢奸とみなされれば男性性を失う)。足の不自由な(それゆえ男性性の欠如した存在である)「二里半」という農夫でさえ例外ではなかった。これに対して、農村の寡婦は女性のアイデンティティを捨てて戦争に参加するか、強姦や搾取の対象となるかの選択肢しかなかった。たとえ戦争に参加しても、本当の男たちのように国家との結びつきを通して自分の地位が向上したことを感じることはできなかった。

(3) 中山服が日本の戦時中の国民服に酷似しているのは偶然ではないだろう。中山服に女性版はなかったが、日本では国民服の女性版である標準服が何通りかデザインされた[井上 2001]。日中ともに、衣服の点でも、女性は「国民」から排除されていた。

蕭が告発するように中国人女性は日本軍だけでなく中国人男性からも苦しめられた［Liu 1995］。ナショナリズム（そして軍事化、ネイション化された男性性）は、このように女性への搾取・支配と男性の分断（国民と漢奸）のうえに成立していたのである。

　最後に京劇を題材に同性愛と男性性の関係に触れておこう。女形の男優（「旦」）は、それをひいきにするエリート男性と同性愛関係にあることが多かった。旦との同性愛は挿入する側のエリート男性の男性性を高めた。旦が流行した18世紀末から19世紀初は、ちょうど京劇が勃興した時期でもあった。しかし、19世紀末以来の中国の危機、さらに西洋の性道徳、同性愛概念の輸入は、男性の同性愛を男らしくない慣行、国家の恥に変えた。巴金は、厳格な道徳者でありながら京劇の旦に熱を上げる祖父の姿を描いたが、それは西洋化された巴金の感覚にとって矛盾したものだった。

　梅蘭芳は舞台での芸術的女性性のペルソナと、舞台外での社会的地位のある男性的異性愛的な近代的市民のイメージを区別することに努めた。強い国家を建設するためには、旦も含めて、すべての中国人男性が男らしくなければならなかった。日本軍による香港占領後、香港にいた梅は口髭を生やした。梅は日本の支配下で女形を演じることの意味を十分理解していたはずである。こうして梅は役者ではなく一人の中国人としてふるまうことを選択した。日本の敗戦後、梅はただちに口髭を剃り、舞台に登った［Hinsch 1990］［Kang 2009］［Vitiello 2011］（コラム5参照）。

おわりに

　日清戦争の敗北は、中国の知識人たちに男性性の喪失を痛感させた。女性化した中国をいかに再男性化するかは近代中国の中心課題となった。この課題に取り組む過程で、伝統的な男性性であった文武が再構築され、文武の関係は文高武低から文低武高に移行した。近代中国の知識人は一貫して軍国民タイプの国民国家の理念をきまじめに追求したが［小野寺 2011: 328］、近代的軍事的男性性としての武が覇権的地位を獲得したかというとそうではなかった。人びとがアイデンティティや忠誠の対象とするネイションは、明確な形

では存在しなかった。中国には、国民党、共産党、軍閥など複数の権力が並立し、それぞれに異なる男性性を主張していた。加えて中国は複数の帝国主義国家の圧力に対処しなければならなかった。インドやベトナムのような植民地では宗主国の男性性に対抗する形で男性性が構築された。しかし、複数の多様な目標を追いかけた半植民地の中国では、対抗軸の曖昧さゆえに西洋近代に対抗する特殊中国的な男性性が構築されにくかった［高嶋 2016b］。

とはいえ、中国の男性性が文武の再構築を軸に展開したことは間違いない。毛沢東は、紅衛兵を通して自分の分身で中国を満たそうとした。紅衛兵は軍国民のなれの果てであった。なぜならそれは国家建設の真摯な努力ではなく、個人的な権力闘争の過程から生まれたものだったからである。毛は知識分子から文を奪い取る一方、自ら詞をつくり、書をかいて、文を独占しようとした。さらに、農民や労働者の武を称揚することで、文の権威を低下させつつ、農民や労働者を指導する自らの武を強化した。建国後の毛がしばしば水泳する場面を公開したのは、親しみやすさとともに、武を誇示するためでもあった。毛はかつての皇帝のように、文武を兼ね備える存在として、中国に君臨した。毛以降の歴代の中国の指導者がこぞって水泳やスポーツをするのは、文武の男性性がなお中国で有効であることの証ではないだろうか。

・参考文献・

［和文］
阿部恒久・大日方純夫・天野正子編（2006）『男性史』全3巻、日本経済評論社
井上雅人（2001）『洋服と日本人――国民服というモード』、廣済堂出版
猪原達生（2014）「コラム　宦官」、小浜正子編、『ジェンダーの中国史』、勉誠出版
小野沢あかね（2008）「女性史から「男性史」への問い：『男性史』全3巻によせて」、『歴史学研究』844
小野寺史郎（2011）『国旗・国家・国慶――ナショナリズムとシンボルの中国近代史』、東京大学出版会
加藤千香子（2008）「「男性史」と歴史学」、『歴史学研究』844
キューネ，トーマス編（1997）『男の歴史――市民社会と＜男らしさ＞の神話』、（星乃治彦訳）、柏書房
笹川裕史・奥村哲（2007）『銃後の中国社会――日中戦争下の総動員と農村』、岩波書店
島田虔次（1967）「清朝末期における学問の情況」、『講座　中国』第2巻、筑摩書房
スコット，ジョーン・W（2004）『ジェンダーと歴史学』増補新版、（荻野美穂訳）、平凡

社
セジウィック，イヴ・K（2001）『男同士の絆——イギリス文学とホモソーシャルな欲望』（上原早苗・亀澤美由紀訳）、名古屋大学出版会
多賀太（2001）『男性のジェンダー形成——＜男らしさ＞の揺らぎのなかで』、東洋館出版社
多賀太（2006）『男らしさの社会学——揺らぐ男のライフコース』、世界思想社
高嶋航（2013）「「東亜病夫」とスポーツ——コロニアル・マスキュリニティの視点から」、石川禎浩・狹間直樹編『近代東アジアにおける翻訳概念の展開』、京都大学人文科学研究所
高嶋航（2015a）「軍隊と社会のはざまで——日本・朝鮮・中国・フィリピンの学校における軍事訓練」、田中雅一編『軍隊の文化人類学』、風響社
高嶋航（2015b）「辮髪と軍服——清末の軍人と男性性の再構築」、『アジア遊学』191
高嶋航（2016a）「なぜbaseballは棒球と訳されたか——翻訳から見る近代中国スポーツ」、『京都大学文学部紀要』55
高嶋航（2016b）「「東亜病夫」と近代中国（1896-1949）」、村上衛編『近現代中国における社会経済制度の再編』、京都大学人文科学研究所
程美宝（2012）「近代的男性性と民族主義」、辛亥革命百周年記念論集編集委員会編『総合研究　辛亥革命』、岩波書店
東京帝国大学編（1919）『東京帝国大学一覧 従大正七年至大正八年』、東京帝国大学
深町英夫（2013）『身体を躾ける政治——中国国民党の新生活運動』、岩波書店
丸田孝志（2013）『革命の儀礼——中国共産党根拠地の政治動員と民俗』、汲古書院
三田村泰助（1963）『宦官——側近政治の構造』、中央公論社
モッセ，ジョージ・L（2005）『男のイメージ——男性性の創造と近代社会』、（細谷実・小玉亮子・海妻径子訳）、作品社
森紀子（1999）「梁啓超の仏学と日本」、狹間直樹編『共同研究 梁啓超——西洋近代思想受容と明治日本』、みすず書房
吉澤誠一郎（2014）「清末中国における男性性の構築と日本」、『中国——社会と文化』29
［中文］
王桂妹（2008）「中国文学中的"鉄路火車"意象与現代性想象」、『学術交流』176
王詩穎（2011）『国民革命軍与近代中国男性気概的形塑：1924-1945』、国史館
王東霞編（2003）『百年中国社会図譜——従長袍馬掛到西装革履』、四川人民出版社
王汎森（2013）「「煩悶」的本質是什麽——「主義」与近代中国私人領域的政治化」、『思想史』1
許維賢（2015）『従艶史到性史——同志書写与近現代中国的男性建構』、中央大学出版中心
呉存存（2000）『明清社会性愛風気』、人民文学出版社
胡適（1923）「科学与人生観序」、『科学与人生観』、亜東図書館
黄少明（2007）「関於我国早期公共図書館的部門設置」、『福建図書館理論与実践』28（1）
朱宗震（2000）「士大夫伝統対"五四時期"新青年的影響」、『上海行政学院学報』1
孫文（1985）「建国方略」、広東省社会科学院歴史研究室・中国社会化学院近代史研究所中華民国史研究室・中山大学歴史系孫中山研究室編『孫中山全集』第6巻、中華書局
張羽（2014）「民国男性服飾文化研究」、博士論文、上海戯劇学院
張于牧（2005）「民国自然科学与民族主義」、修士論文、武漢大学
方剛（2008）『男性研究与男性運動』、山東人民出版社

羅志田（1999）『権勢転移――近代中国的思想、社会与学術』、湖北人民出版社
雷祥麟（2011）「習慣成四維――新生活運動与肺結核防治中的倫理、家庭与身体」、『中央研究院近代史研究所集刊』74
李競恒（2014）「衣冠之殤：晩清民初政治思潮与実践中的"漢衣冠"」、『天府新論』5
李鋭（1993）『早年毛沢東』、遼寧人民出版社

［英文］

Banerjee, Sikata (2012), *Muscular Nationalism: Gender, Violence, and Empire in India and Ireland, 1914-2004*, New York: New York University Press.

Bederman, Gail (1995), *Manliness & Civilization: A Cultural History of Gender and Race in the United States, 1880-1917*, Chicago: University of Chicago Press.

Chou Wahshan (2009), *Tongzhi: Politics of Same-sex Eroticism in Chinese Societies*, London: Routlege.

Connell, R. W. (1995), *Masculinities*. Cambridge: Polity Press.

Culp, Robert (2006), Rethinking Governmentality: Training, Cultivation, and Cultural Citizenship in Nationalist China, *The Journal of Asian Studies*, 65（3）: 529-554.

Dautcher, Jay (2009), *Down a Narrow Road: Identity and Masculinity in a Uyghur Community in Xinjiang China*, Cambridge, MA: Harvard University Asia Center.

Dunch, Ryan (2001), *Fuzhou Protestants and the Making of a Modern China, 1857-1927*, New Haven: Yale University Press.

Edwards, Louise (1994), *Men and Women in Qing China: Gender in the Red Chamber Dream*, Leiden and New York: E. J. Brill.

Enloe, Cynthia (1990), *Bananas, Beaches and Bases: Making Feminist Sense of International Politics*, Berkeley: University of California Press.

Epstein, Israel (1993), *Woman in World History: Life and Times of Soong Ching Ling (Mme Sun Yatsen)*, Beijing: New World Press.

Glosser, Susan L. (2003), *Chinese Visions of Family and State, 1915-1953*, Berkeley: University of California Press.

Hillman, Ben and Henfry, Lee-Anne (2006), Macho Minority: Masculinity and Ethnicity on the Edge of Tibet, *Modern China*, 32（2）: 251-272.

Hinsch, Bret (1990), *Passions of the Cut Sleeve: The Male Homosexual Tradition in China*, Berkeley: University of California Press.

Hinsch, Bret (2013), *Masculinities in Chinese History*, Lanham, MD: Rowman & Littlefield.

Huang, Martin W. (2006), *Negotiating Masculinities in Late Imperial China*, Honolulu: University of Hawai'i Press.

Jing Tsu (2005), *Failure, Nationalism, and Literature: The Making of Modern Chinese Identity, 1895-1937*, Stanford: Stanford University Press.

Kang, Wenqing (2009), *Obsession: Male Same-Sex Relations in China, 1900-1950*, Hong Kong: Hong Kong University Press.

Liu, Lydia H. (1995), *Translingual Practice: Literature, National Culture, and Translated Modernity-China, 1900-1937*, Stanford: Stanford University Press.

Louie, Kam (2002), *Theorising Chinese Masculinity: Society and Gender in China*, Cambridge: Cambridge University Press.

Louie, Kam, and Low, Morris (2003), *Asian Masculinities: The Meaning and Practice of Manhood in China and Japan*, London: RoutledgeCurzon.
Louie, Kam (2015), *Chinese Masculinities in a Globalizing World*, London and New York: Routledge.
Louie, Kam (2016), *Changing Chinese Masculinities: From Imperial Pillars of State to Global Real Men*, Hong Kong: Hong Kong University Press.
Morris, Andrew D. (2004), *Marrow of the Nation: A History of Sport and Physical Culture in Republican China*, Berkeley: University of California Press.
Moskowitz, Marc L. (2013), *Go Nation: Chinese Masculinities and the Weiqi in China*, Berkeley: University of California Press.
Nagel, Joane (1998), Masculinity and Nationalism: Gender and Sexuality in the Making of Nations, *Ethnic and Racial Studies*, 21 (2): 242-269.
Rhodes, J. M. Edward (2000), *Manchus & Han: Ethnic Relations and Political Power in Late Qing and Early Republican China, 1861-1928*, Seattle: University of Washington Press.
Schillinger, Nicholas (2016), *The Body and Military Masculinity in Late Qing and Early Republican China: The Art of Governing Soldiers*, Lanham, MD: Lexington Books.
Sinha, Mrinalini (1995), *Colonial Masculinity: The 'Manly Englishman' and the 'Effeminate Bengali' in the Late Nineteenth Century*, Manchester: Manchester University Press.
Sinha, Mrinalini (1999), Giving Masculinity a History: Some Contributions from the Historiography of Colonial India, *Gender & History*, 11 (3): 445-460.
Song Geng (2004), *The Fragile Scholar: Power and Masculinity in Chinese Culture*, Hong kong: Hong Kong University Press.
Song Geng, and Hird, Derek (2014), *Men and Masculinities in Contemporary China*, Brill.
Teng, Emma Jinhua (2004), *Taiwan's Imagined Geography: Chinese Colonial Travel Writing and Pictures, 1683-1895*, Cambridge, MA: Harvard University Press.
Uberoi, Patricia (1995), Body, State and Cosmos: Mao Zedong's 'Study of Physical Education (1917), *China Report*, 31 (1): 109-133.
Vitiello, Giovanni (2011), *The Libertine's Friend: Homosexuality and Masculinity in Late Imperial China*, Chicago: University of Chicago Press.
Zhong Xueping (2000), *Masculinity Besieged?: Issues of Modernity and Male Subjectivity in Chinese Literature of the Late Twentieth Century*, Durham: Duke University Press.

第 11 章

近代中国の家族および愛・性をめぐる議論

江上幸子

理想の家庭像(1930年代のカレンダーより)

はじめに

　清末から1920年代にかけての中国では、家族に関する論議が盛んにおこなわれた。その背景には、アヘン戦争後の国家存亡の危機、家族単位の小農経済から近代的経済構造への転換、儒家の権威失墜と西洋文化の流入などが挙げられている［林 1999］［李 2008］。救国が急務とされた清末には、国家改革の基礎として家族改革が唱えられ、「伝統的家族制度」（第6章参照）に起因する諸欠陥が指摘され、その改革のために女性にも新たな役割が求められた。こうした論議は、辛亥革命を経て五四新文化運動期に至ると頂点に達し、近代国家建設の基礎となる新たな家族について複数の像が提起され、それに伴って女性解放・結婚・恋愛・性道徳などについても活発な論争が起こった（第13章参照）。

　これらの論議に関しては少なからぬ先行研究があり、「伝統的家族制度」の打破と「近代的家族制度」の構築に貢献した主張に対し、総じて高い評価

が与えられてきた。本章ではその成果を整理紹介するとともに、先行研究で軽んじられてきた論議に焦点を当ててみたい。近代の西洋や日本で主流となった「近代家族」イデオロギー[1]（本書「はじめに（小浜）」参照）が、五四期以降の中国でも「小家庭」として新たな家族像の中心をなしていく中で、その形成期に異を唱えた主張を見直す必要を感じるからである。その見直しは、近代エリートの国家・社会観やジェンダー・セクシュアリティ観を逆照射することになろうし、また、現在まで種々の努力がなされてもジェンダーギャップを解消しきれずに存続する「近代家族」イデオロギーに対して、その改変を模索するうえでの啓発を与えてくれることにもなろう。

そこで本章第1節ではまず、「伝統的家族制度」の打破や「近代的家族制度」の構築を提起した、清末から1920年代に至る論議を概観する。続いて第2節において、「近代家族」イデオロギーへの多方面からの異議を、1920年代の女性の声を中心に取り上げる。そして第3節では婚姻制度廃止論について、辛亥革命直前に唱えられた主張をおさえたうえで、1920年代の論議を中心に当時の史料によって紹介する。この婚姻制度廃止論は、「近代家族」イデオロギーに対する最も顕在化した異議でありながら、これまでほとんど正視されずにきたためである。

1．新旧家族制度に関する論議

（1）「伝統的家族制度」への批判

清末から1920年代に至るまで、「伝統的家族制度」に対してさまざまな批判が繰り返された。その批判はむろん時代や論者により論点に違いはあるものの、ほぼ共通して指摘された主な問題点は次の通りである。

（1）「近代家族」については落合恵美子『近代家族とフェミニズム』（勁草書房、1989年）、上野千鶴子『近代家族の成立と終焉』（岩波書店、1994年）参照。落合（18頁）は①家内領域と公共領域の分離②家族成員相互の強い情緒的関係③子供中心主義④男は公共領域・女は家内領域という性別分業⑤家族の集団性の強化⑥社交の衰退⑦非親族の排除⑧核家族の特徴を挙げ、上野（79-80頁）はこれに修正すべき点ありとして、①家族を統括するのは夫②近代国家の基礎単位をなすという追加意見や、①ロマンス革命②母子の情緒的絆③世帯の自律性という別の定義を紹介している。

まず婚姻の成立について、当事者の意思でなく父母の取決めで顔も知らぬまま結婚することが批判され、一夫多妻や納妾や売買婚や早婚、および煩瑣な儀礼や媒酌人も非難を浴びた。そしてこうした結婚は、人の価値を否定し、個人の自由を束縛し、個性の発展を妨げるものだとされた。さらに、これが人の依存心を生み、経済的自立を挫き、国家経済の発展を妨げ、専制統治の基礎にもなってきたとして、家族革命の目的は政治革命であるともされた［張 1992］［梁 1994］［梁 1998］［梁 2011］［陳・李 2003］。

　また、「伝統的家族制度」は男系制で継嗣（けいし）重視のため、女性の人権が奪われ、貞操観念が女性を抑圧し、女性には相続権も離婚の自由もないと批判された。そして、この男尊女卑のもとである儒教の秩序・道徳の打破が叫ばれた［沈・陽 1999］［李 2008］。

（2）「近代的家族制度」の提唱

　こうした批判を踏まえて「近代的家族制度」が模索されたが、主に提唱されたのは以下の4案とされる。第1案は中国の伝統的家族の良さも残しつつ、伝統的な家族関係や生活様式を変えようというものである[2]。第2案は伝統的な「大家庭」に代わり、それぞれ別居し財産も独立した「小家庭」を提唱するものである。第3案は「小家庭」に賛同するが、それへの改革は社会改造――すなわち私有制・階級の消滅の中で達成されるとした。第4案では「小家庭」もが否定され、婚姻・家族の廃止が主張された。この4案のうち、当時主流となったのは第2案である。第1案は家族成員の平等・人格の自立・浪費の廃止などの主張を取り入れたものの、当時から否定的な評価を受けがちだった。第3案に対しては、現在も大陸の論者の多くが「正しい」提唱だったと首肯している。本章第3節で扱う第4案は、最近でも偏った幼稚なユートピアなどとされることが多い［梁 1991］［梁 2009］［陳・李 2003］。

　主流となった第2案「小家庭」制の内容は、およそ次のように説明された。恋愛を前提とし、当事者の意思により結婚する一夫一婦と、未婚の子女とで構成される。貞操観念を男女平等に求め、女性にも離婚・再婚の自由を認め

（2）　ラング［ラング 1953：148］はこうした考えの代表に潘光旦を挙げている。

る。家父長の専制でなく家族成員はみな平等とし、夫婦は育児や養老を共同で負担する。女性は男性の私有物ではなく、また、妻は夫に依存するのでなく自立すべきであり、経済的自立も必要である。そして、「小家庭」制提唱とともに、その妻・母たりうる女性を生み出すべく、纏足廃止・女子教育・男女社交の実践が始められ、女性の法的権利・参政権・就業を求める声も高まった。これらに対して当時から現在に至るまで、「愛」を中心とし自由平等に立脚した倫理道徳の基礎をつくったもの、女性解放・個人解放を推進したもの、と高い評価が与えられている［張 1992］［沈・陽 1999］［陳・李 2003］。

確かに「小家庭」制の提唱は、女性を伝統的家族制度の束縛から解放した側面をもっている。ここでの近代男性エリートによる主張が、やがて1930年代に「新たな蓄妾の禁止」「男女平等の姦通罪」「女性の相続権」の法制化という、女性たちによる解放運動の成果を生む基礎ともなった。しかしながら、「小家庭」制は決して「男女平等」ではなかった。邰光典・宝貞は「新しい家庭」について、「父母と子女」からなる「小家庭」であり、「婚姻は男女の恋愛で成立」し、家長が「子孫の自由を束縛」する伝統的「大家庭」と違って家族成員は「平等」で、父が「家を代表」し母が「家事を主管」すると説明している(3)。つまり、「小家庭」制とは前述の「近代家族」イデオロギーに共通するものであり、そこでの女性に対しては、家事育児という「天職」や「母性愛」を重視する「新賢妻良母」が求められた。

中国ではすでに清末に、「夫を助け子を教える」女性の新役割が唱えられており、明治日本で形成された「良妻賢母」思想を受容したものとされている。伝統家族を前提とした清末の「賢妻良母」と区別すべく、「小家庭」での役割は「新」を冠して称されることが多いものの、「男は外、女は内」という中国の伝統的な性別役割規範の改変には至っていない。こうした「小家庭」制の提唱は、「男は公共領域、女は家内領域」というジェンダー分業を固定化し、同時に、「家族を統括するのは夫」とされて、妻が下位に位置づけられてしまうのである［江上 2013］。

（3）　邰光典・宝貞「新家庭」、『婦女雑誌』7（1）、1921年（［梅生 1923：第三冊］所収）。

(3) 「小家庭」制に伴う愛・性についての論議

　「小家庭」制の提唱に伴い、その構築の前提とされた愛や性についての論議も活発になされ、やはり現在に至るまで、その多くは女性解放をもたらしたと評価されている［江上 2014］。まず1918〜19年におこなわれた「貞操論争」では、男性の性的放縦を認めながら女性に貞操を強制してきたことが批判され、愛情の伴わない性欲や結婚は不道徳とされ、貞操と愛情が結びついた「霊肉一致」が必要だとされた。この論争を通して、愛情に基づかない結婚と性道徳の男女不平等とが否定された意義は大きい。しかし一方で、愛情の精神的な面を偏重し、愛情に伴う貞操を道徳視し、恋愛を結婚につながるべきものと見なす結果を生み、新たな規範として制約をもたらす側面もあった。続く1922〜23年の「恋愛討論」では、恋愛は猥褻・神秘なものではなく、真の恋愛とは精神的に高尚なもので、両性関係には種族保存の目的があり、種族の進歩や優生学にかなうのは恋愛結婚であって（第９章参照）、恋愛が破綻しながら性関係をもつのは貞操・道徳に反するとされた。

　これらの論議で「霊肉一致」が主張されながら、「肉」の面については十分論じられなかったことから、1923年には「性教育論議」が展開された。ここでは、性欲は猥褻でなく自然なものであり、抑圧と隠蔽はともに正しくない。しかし中国では理解が不足で、女性の性に対する男性中心主義の抑圧も著しい。ゆえに性教育が必要であり、それによって淫乱と禁欲の弊害を防止しなくてはならない。恋愛は淫欲と異なって神聖で、相手の人格を尊重するものであり、金銭や地位のための結婚は恋愛ではなく、肉体と精神の愛であるべきだとされた。しかしそのうえで、性欲を人間化・聖化・霊化させて高貴で純潔な恋愛にせよと論じられ、性欲が尊重されるものの、やはり精神が肉体の上位に置かれていた。セクシュアリティへの着目が始まったわけだが、論議においては個人よりも国家や種族が重視され、セクシュアリティの多様性もまだ否定されたままだった。

　1920年代半ばに至ると、これまでの論議に修正を加える「新性道徳論争」（1925年）が起こった。『婦女雑誌』の編集者たちが、「配偶者双方の許可があれば、一夫二妻・二夫一妻のような不貞操の形式があったとしても、社会や他の個人に害さえなければ、不道徳とは見なせない」と論じ、男性は「相手

の欲望にも心を配り彼女が十分な満足をえられるようにすべきだ」としたのである。前の時期とは異なり、結婚に結びつかない恋愛と性関係も承認する新たな見解だったが、これに対しては支持する声もあったものの非難が勝り、中国では今も時期尚早の主張だったと見なされている。

　同じ頃、張競生の主張をめぐって「愛情法則討論」（1923年）と「『性史』論争」（1926年）もおこなわれた。しかし、張の論は近代男性エリートから激しい批判を浴び、長く猥褻視され排斥されて、見直しが始まったのは20世紀も終わりに近い頃だった。彼がまず主張したのは、愛は感情・人格・才能・容貌・名誉・財産などの条件を比べて選択されるもので、移り変わりえるものであり、夫婦は勉励しあって向上し愛情を進化させるべきだ、ということだった。恋愛に対する過度の神聖視が新たな形の束縛、つまり近代的な形の貞操要求となることを警告した論だったが、支持よりも批判の声が圧倒的に多く、愛は高尚で純潔で無条件なものとの反論が主流だった。

　さらに張競生は『美的人生観』（1925年）や『性史』（1926年）などの著で、セクシュアリティに関する論議の深化を図った。「生殖のため」の性行為よりも精神的・身体的な「性の快楽」の重要性を主張し、男性の淫乱・性交強制に反対し、女性の性的満足さらには性行為における女性の主体性を重視し、その実現のための方法も具体的に提唱した。また、婚姻制度は女子を抑圧しており、やがて女子の社会的地位ができれば、婚姻制度が消滅して「情人制」となるはずであり、男女結合の条件は「情愛」だとして、伴侶は固定しないままでよいともした。

2．「近代家族」イデオロギーへの女性の異議

（1）　清末の日本留学生

　前述したように、「小家庭」制が論議され「新賢妻良母」が求められる以前に、清末の中国で伝統家族批判が起こり、「夫を助け子を教える」という新たな「賢妻良母」役割も提唱されていた。こうした動きの中、燕斌はじめ明治日本に留学した中国女性からは、「良妻淑女」教育に反対し、軍事・法律・工業などすべての面で男性と同等の教育を主張し、女性の政治参与を求

める声が挙がっていた。その留学生たちの声はやがて中華民国初期には、高素素の「賢妻良母」を拒否する論や、唐群英らの女性参政権獲得運動に繋がっていった。しかし、1912年の民国成立時には女性たちの要求にも関わらず、臨時約法（暫定憲法）で男女平等が規定されることはなく、女性参政権も一夫一婦制も実現しなかった［末次 2009：33-36］［江上 2013］［夏 2014］。

（2）　独身主義の主張

　第1節第3項で述べた1922〜23年の「恋愛討論」では、鳳子がその中心論者の一人となり、「独身主義」を主張した。彼女の論は、人は恋愛だけに生きるのではないとし、恋愛するも自由だが、恋愛しない、つまり独身でいる自由もあり、それは私の自由だというものだった。結婚して家族をもち私産ができると、女子は父・夫・息子の娘・妻・母という私産にされてしまい、結婚は「万悪の源」である。性欲のための恋愛であれ精神のための恋愛であれ恋愛重視に変わりなく、その結果は女子を「人形の家」に閉じ込めてしまう。だから自分の主張する「恋愛の自由」とは、恋愛よりも自由を重視し、婚姻結合に反対するものだというのである。鳳子は同時期に「私の離婚」という文で、何度も訴訟を起こしてやっと離婚ができた体験を語ってもいる。

　しかし、彼女の主張は理解を得られず、他の論者からその「恋愛の自由」解釈は誤りだとして否定されることとなった。彼らは、「恋愛の自由」とは男女の「自由意志」による霊肉の結合であって、恋愛による結婚は「万悪の源」ではありえないと説いた。そして、恋愛が成立したのちは恋愛が破綻するまで夫婦であるべきで、第三者との恋愛は許されず、家庭をつくり子供に責任をもつべきだとして、独身は「恋愛の自由」とは別物で正しくないとした。鳳子の論は自身の苦痛体験のうえに、独身の自由や女性自身の決定権を主張したものであり、愛情に基づくという前提のもと男女の上下関係が是認される「小家庭」制への批判となっていたが、その後の中国で彼女の名はほとんど忘れ去られた［江上 2014］。

　また、天津覚悟社のメンバーだった張若名は、「真に「女子解放」を提唱するなら、それを終身の事業とする人が必要であり、（中略）「女子解放」の急先鋒になろうとすれば、独身主義になるのが最も相応しい」と述べてい

る[4]。当時、結婚による束縛を嫌ったり、さらには解放をめざして独身主義をとる女性は決して少なくなかった。例えば1919～27年の金陵女子大学卒業生105名の内、結婚したのは16％に過ぎず、特に高学歴女性の独身率が高かったという。こうした現象が問題視されて論議を呼んだが、言論界では、女性は「頑固に独身主義を貫くべきではない。(中略) 独身を貫くとしても、相応の出産義務を果たしてから実行すべきである」、「独身主義は社会を不完全にするだけでなく、個人も不完全になる」といった声が強かった［虞 2010：188-196］。

（3）　女性作家の作品から

　1920年代に至っても、言論界で女性の主張は軽視されがちだった。そんな中、女性にとってジェンダーをめぐる自己の苦悩が表現できるのは小説という虚構の場だった。「小家庭」制に伴う問題点を描いた小説には、『傷逝』『小学教師』などの男性作品もあるが、それらには夫から見た妻の「遅れ」を描くものが多い。いっぽう女性作品では、まず「母性愛」の神話化に対して、娘の立場から馮沅君の『隔絶』(1924年) が異議を唱えた。

　次に描かれたのは、恋愛結婚によって「小家庭」を築いた女性の、「新賢妻良母」役割に対する懐疑・苦悶・拒否である。女性作家の多くは北京女子高等師範学校や燕京大学などに学び、精神の自由、独立人格、伝統的婚姻打破、神聖な愛情、男女平等、社会活動などの理念を追求した。ところが自己意思による愛が結実するや、家に囚われ理念は崩れて「時代の落伍者」とされることを免れない。いち早くこれを扱ったのは廬隠『海辺の友』(1923年)で、結婚によって女子学生のネットワークまで失われる不安・悲哀・虚無感を描いた。さらに彼女は『勝利のあと』(1925年) などで、「小家庭」の妻となった後悔・焦燥・孤独を描いている。大胆率直なこれら廬隠作品は、広く若者の心を捉えながらも、「題材が狭い」「人生を弄ぶもの」と文芸界の評価は厳しかった。

　北京大学で中国初の女性教授となった陳衡哲の『ロイスの問題』(1924年)

---

(4)　張若名「「急先鋒」的女子」、『覚悟』(天津) 1、1920年 (人民出版社、1980年影印)。

では、ヒロインが家事・育児負担の学問研究への影響を怖れて、恋愛相手との婚約を破棄してしまう。しかし、陳衡哲には母役割も重視することからの葛藤があり、寡婦が子供のために新たな恋を諦める作品も書いている。女性役割に対する筆鋒がさらに鋭いのは沉櫻(ちんおう)である。『祝宴の後』(1929年) に描かれた妻は、「小家庭」でも「結局は旧式の夫のやり方」と同じだ、と寂寞を抱え込んでいる。やがて『旧友』(1934年) に至ると、結婚後に昔の学友と再会したヒロインたちが「家は女の墓場」と嘆き、次のように語り合う。「男は結婚しても何の支障も生まれないのに、女は結婚すると囚われたように、何も語れず、心も傷めつけられて死んだようになる」。かつては近代男性エリートとともに理念を追求した女性たちは、再び周縁に追いやられてしまい、長い間これらの作品も高い評価を与えられてこなかった［白水 2001］［白水 2003］［江上 2013］。

「小家庭」の前提となる愛と性への困惑を表明したのは丁玲である。彼女は『ソフィ女士の日記』(1928年) をはじめとする初期作品において、ジェンダーのみならずセクシュアリティの面でも懊悩する女性を描いた。五四期から「霊肉一致」や男女平等が説かれ、夫婦が結ばれる際の新たな前提とされた「神聖」な愛・性について、女性の立場から問い直して疑問を提起したのである。「性としての女性」を見つめ、女性の性欲を大胆に描き出し、性行為における女性の主体性を主張し、結婚に結びつかない恋愛や性関係をも承認した。しかしながら、当時の文壇はこれを高く評価したものの、のちになると丁玲は「男を弄ぶ作家」だとして批判され粛清されてしまった［江上 2014］。

（4）「家庭派」女性への拒否

「小家庭」制の提唱が進むにつれ、最も議論を呼んだのは妻の経済的自立である。中国では清末に「賢妻良母」が唱えられた時期から、女性が経済力をもつことが重視された。そして1920年代になると、「新賢妻良母」であると同時に経済的にも自立することを求める声が強まった（第12章参照）。「職業女性」を望む声は女性たちからも強く、共産党婦女部長の向警予(こうけいよ)は「中国知識女性の三派」の一つに「小家庭派」を挙げ、その性別分業は永遠に女子

を生き埋めにする墓場であるとして、「職業派」女性のほうに価値を見ている(5)。しかし当時の中国では、中等教育を受けた女性が増加する一方で女性の職業は限られ、かつ、「職業女性」と「小家庭」との両立は至難だった。男性の中には「新賢妻良母」を求める一方で、経済的に自立しない妻を「寄生虫」と非難する者も少なくなかった。中国において「新賢妻良母」に職業獲得も求められたことは、「近代家族」イデオロギーの修正であり、日本とは差異がある。しかしながら、これにより女性は二重負担を負うとともに、両立できないことが劣位の根拠ともされてしまった。国民党系女性運動家の談社英はこうした不当視に対し、女子は「家庭責任」を負わされており、就業機会もまた男子と同等ではないのだと反論している［江上 2013］。

このような中で1920年代半ばから30年代半ばにかけ、「モダンガール」と呼ばれる若い女性が増え、社会問題視された。自由を好み物質的・性的満足ばかりを求め、恋愛至上主義で新式結婚さえ望まないなどと、社会の四方から指弾されたのである（第9章参照）。しかし「モダンガール」とされた中には、教育レベルも高く、国家や家庭よりも個人の自由・自立やセクシュアリティを尊重する、「近代家族」イデオロギーから逸脱した女性が少なからずいた。向警予はこれを「三派」のうちの「浪漫派」と呼び、覚醒すれば「女性解放・社会改造の先鋒」になると期待を寄せた。

その一方、談社英らの編集する『婦女共鳴』誌は30年代半ばに、「モダンガール」を「女性運動の障碍」とし、女性に母性や民族の重視を求めるとともに、「新賢夫良父」を提唱した。この提唱は、男女がともに家庭役割を果たすと同時に社会参加もすべきという主張であり、この面でやはり「近代家族」イデオロギーに修正を加えるものだった。だが当時これに賛同する声はほとんどなく、逆に共産党系からは、「女は家に帰れ」という「反動的」主張だとして激しい批判を浴びた［江上 2007］。そして、この批判は現在の中

---

(5) 向警予「中国知識婦女的三派」、『婦女週報』15、1923年（［中華全国婦女連合会婦女運動歴史研究室 1986］所収）。

(6) その後も、馮剣侠「女報人與現代中国的性別話語――以20世紀30年代「新賢良主義」之争為例」（『山西師大学報（社会科学版）』41（5）、2014年）以外にこの提唱を評価する論は見当たらず、劉人鋒「抗日救亡時期頑強而有力的婦女刊物――『婦女生活』」（『山東女子学院学報』118、2014年）は「男子にまで家庭に入ることを要求する」と批判している。

国でも基本的に引き継がれたままである［中国女性史研究会 1995：289］[6]。

　ちなみに日中全面戦争期に至ると、「小家庭」や「新賢妻良母」をめぐる論議は「民族主義」（第9章参照）優位のものへと変質していった。

3．婚姻制度廃止論の提起

（1）　辛亥革命期のアナキスト

　辛亥革命の直前、東京とパリを拠点とするアナキストが、それぞれ『天義』と『新世紀』（ともに1907年創刊）で「家族／婚姻廃止論」を唱えた。彼らは、「家は万悪の最たるもので、家があって人は利己的になり、女子が日々男子の束縛を受け、無益有害の瑣事が生じ」、「公共で育てるべき子供が、女子ひとりの肩に負わされる」ので、「家を毀せば、人類は公民となって私民がなくなり、男子が女子を虐待する根拠がなくなる」とし、「社会革命」は「家の破壊から」と主張した[7]。また、「家族は人類の生理に従って自然発生したのではなく、私産強権に基づいてできた」もので、「専制政体の胚胎」「社会の厄介者」である。女子が「経済的自立」をすれば「男子の圧制」を受けずにすみ、それには「教育普及が必要」だが、家は「教育を私するもの」だと論じて、「家族革命」が必要だとした[8]。

　そして、より具体的な主張もした。「夫婦の居室は不平等の牢獄」であるから「夫婦の関係をまず廃せ」といい、性交は回数を限って好い環境で男女ともに楽しむべきことや、「育嬰所」「養老所」「士女行楽所」を設けることを提案している[9]。また、「人類はもともと平等」であり「自立」「博愛」が必要だと語り、婚姻を破壊して、情に従い男女が相集う場や、「生養疾病老死」のための「協助公会」を設け、慈善事業——産婦院・養病院・娯老院・育嬰院・幼稚園などの公共事業——を起こすべきだとの論もある[10]。

（7）　漢一「毀家論」、『天義報』4、1907年（［張・王 1963］［陳 1984］所収）。
（8）　「家庭與教育」、『天義』11・12、1907年（［中華全国婦女連合会婦女運動歴史研究室 1991］所収）。
（9）　高亜賓「廃綱論」、『天義』11・12、1907年（［中華全国婦女連合会婦女運動歴史研究室 1991］所収）。
（10）　鞠普「毀家譚」、『新世紀』49、1908年（［張・王 1977］［陳 1984］所収）。

さらに、中心的人物である劉師復は、「婚姻制度は強者が弱者を抑圧する具」であり、出産育児の負担が女子の経済力に影響して、男子に抑圧される原因となっているとする。そのうえで、「一夫一婦」の主張も「内実は不平等」であり、「欧米の女性」も「男性の玩具」にすぎない、としている。そして、婚姻制度とそれに関する法律は愛情とは無縁なもので、愛情があれば夫婦の名などは不要であるとし、「自由恋愛（＝金銭・強権によらず愛情・生理に基づき、性交も男女二人の自由で、強制でなく双方の愉悦であるもの）」を唱えている。彼はまた、「世界の進化で、国界・種界はまもなく消滅」するが、家の存在は「進化の障碍」であって、「私産ばかりを考えて」「独立の人格を失わせる」ゆえ、「まず家を廃せ」と主張した。「父子・男女は平等」であり、人々が「自立し自由」なら家族はいらず、それが「幸福の進化」だというのである[11]。

　これらアナキストたちの論は、家族制度の存在が弱者や女性への抑圧をもたらし、人々の人格を損ね、有害な瑣事を生じさせるとして、諸々の弊害を生む家族制度を廃止しようと主張するものである。伝統的な家族制度を否定するだけではなく、「近代的」なそれをも乗り越えようとしており、女性の経済的自立や教育の必要性も説いている。また、夫婦関係を改善し家族機能の代替をするために具体的な提案もし、さらに、第1節第3項で紹介した愛・性の論議を先取りしてもいる。そして、「国家富強」を求めるナショナリズムとは異なって、資本主義の私有制を否定した「社会革命」を唱えており、独自な点が少なくない［中山 1983：98-107］［嵯峨 2001：120-127］。しかし、中国では長く「幼稚な妄想」、「現実に合わない」、「空想そのもの」と評されており［梁 1994］［中国女性史研究会 1995：38-39］［李 2008］、2010年代に入る頃からやっと再評価が始まった［劉 2012］［劉・陳 2012］。

　東京で『天義』を、「女子復権会」の機関誌として編集・発行したのは何（殷）震である。日本では「清末の社会に忽然としてあらわれたウーマン・リブ」と評価されてきたものの、彼女が中国で注目されたのはやはり21世紀

---

(11) 劉師復「廃婚姻主義」・「廃家族主義」（1912年）、『師復文存』、革新書局、1928年（［陳 1984］所収）。

を迎えた頃からだった［小野 1978：96］［劉 2006］［夏 2006］。その何震はしかし、家族の廃止を自ら主張してはおらず、上述の男性アナキストたちの論とは異なる点のあることが指摘されている。家族に関わる彼女の論の特徴としてまず挙げられるのは、男女の「絶対平等」を求め、そのためには男子に対する「暴力的」手段をも肯定したことである。一夫一婦を主張して、「淫」を非難し、初婚同士・再婚同士で結婚すべきとさえ提起した。性の自由については慎重で、「自由な婚姻」よりも平等を重視したとされている［夏 2006：326-333］［扎羅 1989］(12)。そして、妻は夫の姓に従わず、子女は父・母の双姓とし、アナキズム革命後には廃姓すべきことも提起した［夏 2006：344-350］。

　何震はさらに、女性の就業や参政権なども主張しなかった。女性の「職業自立」が近年いわれているが、それは「少数の富民が独占する」社会に奉仕するだけであり、また、少数女性が議員に選ばれたとしても、下層女性にとっては「女性社会の中にまで不平等な階級差別」をもたらすだけだと述べている。そして、近年の女性解放の動きも「男性の私利私欲から発したもの」であり、彼らは女性に「自立」や「文明」を与えるといいながら、「女子を日に日に労苦へ追いやる」と断じている。何震は欧米の性別平等にも失望を示し、それは「偽の自由・偽の平等」でしかないとした。また、男子の女子教育提唱にも批判的であり、「野蛮女子」に代わる「文明女子」が「治家」や「子の教育」に当たることを、男子が望んでいるがゆえの提唱だとしている［夏 2006：340］(13)。同様の女子教育批判は『天義』13・14巻（1907年）の志達「女子教育問題」（未見）にもあり、「近日の女子教育」は女子の「愛国」を励まして「国の奴隷」にし、「夫を助け子を教えよ」として「家の奴隷」にすると論じている［夏 2006：341］［劉・陳 2012］。これらの女子教育批判には、前節で扱った女性たちによる「賢妻良母」への拒否との共通点をみてとることができよう。

---

(12) 何震（震述）「女子復讐論」、『天義（報）』2～5・8～10、1907年（『中国資料叢書6 天義（影印）』、大安、1966年に一部所収）。「女子復権会簡章」、『天義報』1、1907年（［中華全国婦女連合会婦女運動歴史研究室 1991］一部所収）。「簡章」、『天義』8～10、1907年（『中国資料叢書6 天義（影印）』所収）。

(13) 何震（震述）「女子解放問題」、『天義』7～10、1907年（［張・王 1963］所収。西順蔵編『原典中国近代思想史 第3冊』、岩波書店、1977年に邦訳所収）。

こうした男性アナキストとの違いについて、男性の論では私有制廃止という理想の提唱に力点があり、かつ、女性問題の提起も男性自身が家庭から自由になるためという嫌いが強いのに対し、何震の論では現実問題における女性の利益が尊重されていたとする考察がある［劉 2006］［劉 2013］［劉・陳 2012］。何震の独自性を、「女子が男子と同等の権利／権力をもつこと」でなく、男子が女性抑圧の権力をもたなくなることを主張した点にあるとし、多くの女権主義者との違いを指摘する論もある［宋 2016］。また、「フェミニズム」が「ナショナリズム」の範疇で唱えられがちだったのに対し、何震はその両者の別を重視したともされている［扎羅 1989］。さらに、何震は「資本主義化し近代化した社会でも男性による女性支配はなくならないこと」を指摘したとして、これを「重要」だとする日本の評価があり、近年アメリカでも何震の思想が注目されている［末次 2009：56-57］［劉ら 2014］。

（2） 1920年代の婚姻制度廃止論

前項で言及した劉師復の影響で、五四新文化運動期には、アナキズムの組織と出版物がそれぞれ70余りあったという［梁 1999］。そして1920年代前期になると、上に見たように家族・愛・性をめぐる論議が活発化し「小家庭」「新賢妻良母」の提唱が進む中、婚姻制度廃止の主張が改めて展開されることとなった。前項の辛亥革命期は外国からの限られた人々の声だったが、この時期には、国内の少なからぬ人々によって是非が論議されたのである。以下に1920年代前期の婚姻制度廃止の論を、辛亥革命期との違いを中心に見てみよう。

1919年には『新青年』『星期評論』などで家族の廃止が提起されていたが[14]、1920年に入ると『民国日報』副刊『覚悟』で「婚姻制度廃止問題の討論」が繰り広げられ、広く注目を浴びた。この「討論」は、馬哲民が「婚姻制度の廃止」を提起したのに対して、賛否両論の投書が数十件寄せられたものである。馬は提起の理由を、婚姻は自由であり不満なら解消すればよいというが、実際には夫妻は不平等なため解消できないからだ、としてい

---

(14) 華林「廃除家庭」、『民国日報・覚悟』1919年7月25日。劉大白「女子解放従那裏做起？其五」、『星期評論』8、1919年。沈兼士「児童公育」、『新青年』6（6）、1919年。

る$^{(15)}$。同時期にはさらに、『少年中国』『家庭研究』『婦女雑誌』『批評』『奮闘』『民鐘』などでも論議がおこなわれた$^{(16)}$。これらは、例えば論議に多出する「自由恋愛」「経済制度改革」などの定義が各自不統一のため、必ずしも明確でない部分が残るものの、整理をすると主な論点は次の通りである。

　最も根本的な論点は、「小家庭」で満足してよいのかという問題である。婚姻制度廃止への反対者は、「一対の男女」が「交際によって好感をもち」、それが恋愛となって「双方の同意」で結婚すれば「自由」の束縛にはならず、今はそうした「自由婚姻」に勝るものはなく、嫌なら「独身主義」を選べばよいと論じている$^{(17)}$。また、家族制度の「罪悪」は認めつつも、その「廃止」は難しいため「大家庭」を「小家庭」に変えるべきで、「男女に教育・職業があれば」束縛はなくなる、と主張する者もいる$^{(18)}$。これに対して廃止賛成者は、そうした「自由婚姻」による一夫一婦の「小家庭」でも自由が束縛されるとして、主に二つの面の束縛を挙げている。一つ目は女性への束縛である。多くの論がこれに言及し、「小家庭」でも「男は外、女は内」のままで「賢妻良母主義」が求められており、そのために女性の社会進出や自立が妨げられていると述べている$^{(19)}$。そのうち最も具体的で鋭いのが、次のような向警予の論である$^{(20)}$。

---

(15) 馬哲民「「廃除婚姻制度」底討論」、『民国日報・覚悟』1920年5月8日。[梁 1999]によれば、「討論」の期間は1920年5〜6月、参加者は20人余、関連文章は50〜60篇で、ほぼ『民国日報・覚悟』に掲載された。[中国女性史研究会 1995：90-91]にも言及がある。

(16) 主なものは次の通り。陳顧遠「家族制度底批評」、『批評』2、1920年（『家庭研究』1（1）、1920年も掲載。[梅生 1923：第三冊]所収）。陳徳徴「家族制度的破産観」、『婦女雑誌』7（5）、1921年（[梅生 1923：第三冊]所収）。朱謙之「自由恋愛主義」・陳顧遠「理想方面的廃除夫妻制度」・夢良「実行自由恋愛的機会」・盧慧根「我対於自由恋愛与自由結婚的意見」、『奮闘』3、1920年3月10日（未見）。建民「廃除婚姻制度的我見」、『民鐘』1（1）、1922年。太一「家庭革命」、『民鐘』1（1・2）、1922年。[中山 1983：247-248] [張 1992] [梁 1999]。

(17) 关仏「廃際婚制問題的弁論（一）」、『民国日報・覚悟』1920年5月22日。

(18) 林振声「家庭制度的罪悪和改革的方法」、『家庭研究』1（2）、1920年。

(19) 李綽「婚姻可以当廃」・「廃除婚制問題的弁論」、『民国日報・覚悟』1920年5月22日（[梅生 1923：第四冊]所収）・1920年5月26日。陳徳徴「家族制度的破産観」、『婦女雑誌』7（5）、1921年。易家鉞「家庭制度滅亡論的一個引子」、『家庭研究』1（4）、1921年。

(20) 向警予「女子解放與改造的商権」、『少年中国』2（2）、1920年（[中華全国婦女連合会婦女運動歴史研究室 1981]所収）。『新編 原典中国近代思想史 第4巻』岩波書店、2010年に抄訳）。

女性解放は参政権・財産相続権の獲得だけではだめである。「小家庭は男性を主体としており、彼自身は決して手を出さずに、一切のことを、おおむね女性に対応させ、自分は社会のために働き、ひたすら指図する地位におさまっている」。「女性が家族のために働くのは、まるで夫の委託をうけて（中略）もっぱら衣食住、養老、育児などの多くの雑用をやっているようなものである」。つまり「旧家庭」と実質は変わらず、「小家庭」の提唱者は「女性をもう一つの新しい囲いの中に送りこもうとしている」。「衣食住、養老、育児などの諸事は必ず付随的に発生するので、たとえ女性が万能であっても、社会での活動を減らさざるを得」なくなる。「家族制度が完全に打破されなければ、女性はいつまでも解放されない」。

　二つ目は「真の愛情」や「正当な性欲」への束縛である。婚姻制度廃止賛成者はこう語っている。まず、結婚という形を取らない恋愛は「正当」「神聖」でないとみなされてしまう。また、愛情は「移り変わりえる」のだが、いったん結婚すると「一夫一婦」を通すべきという「束縛」が生じる。愛情がなくなれば「離婚の自由」があるとはいうが、現実に離婚は難しい。愛情のないまま夫婦を続けることになって正当な「性の満足」も欠き、やむなく「独身主義」を選んでも同じく性の満足を欠くことになる、と[21]。つまり廃止賛成者は、恋愛および男女の結びつきにもっと自由があってよいのではないかとして、劉師復の提起した「自由恋愛」を支持しているのである。そうして彼らは、「大家庭」はむろん打破すべきだが「小家庭」でも愛・性への束縛を生じやすい、実際に「西洋の家族制度」でも多くの支障が出ている、家族をさらに改革するには婚姻制度を廃し「夫婦の名目」をなくしたほうがいい、そうすれば女性抑圧が減って「真の愛情」も成り立ちやすい、一対の男女の「自由な結合」は「法律」で守られる必要はなく、家族は「弾力性」のある「組み合わせ」でよい、と論じている[22]。

　しかし、この二つ目の束縛の打破に関しては、多くの反論と懸念とが出た。

---

[21]　祝志安「「廃除婚姻制度」的討論」、『民国日報・覚悟』1920年6月12日。施存統「廃除婚制問題的討論（五）」・「廃除婚制問題」、『民国日報・覚悟』1920年5月23日・1920年5月25日（[梅生 1923：第四冊] 所収）。

まず婚姻制度廃止反対者が、「人の欲望は無制限」のため廃止したら「色欲に耽溺」する、性欲は「正当」だが「節制は必要」だ、さもないと性による「争い」も増える、「乱交状態」になり「獣性衝動」が増える、と反論したのである(23)。これに対して廃止賛成者は、廃止の主張は「性欲満足」のためではない、「貞操」を重んじて「自由恋愛」を「危険」視するのは誤解だ、「自由恋愛」とは「愛情であって肉欲ではなく」、「性交を恋愛の主要条件とするのは疑問」だ、「肉欲が快楽」なのではなく「真摯な愛情が快楽」だ、と主張した(24)。とはいえ、廃止に反対でなくとも懸念を表明する者は少なくなかった。すなわち、「旧い社会・習慣」の現状を考えないと社会が「激動」してしまう、「若者が実行したら悪結果になる」と心配する声も多い、「公妻」「婦女国有」……等々の誤解」を生みやすい、との懸念を抱いて、性急な自由恋愛の主張を戒めたのである(25)。

　次の大きな論点は、婚姻制度廃止がすぐに実現可能か否かであった。邵力子や施存統は、今すぐ廃止は実現できないとした。「社会の経済組織が根本的に変わらねば」不可能であり、また、「性欲の満足により子供ができ」て「児童公育」がなければ家族が必要だ、としたのである(26)。これに対し

---

(22) 陳顧遠「家族制度底批評」、『批評』2、1920年。施存統「廃除婚制問題」、『民国日報・覚悟』1920年5月25日。祝志安「「廃除婚姻制度」的討論」、『民国日報・覚悟』1920年6月12日。李綽「婚姻可以当廃」、『民国日報・覚悟』1920年5月22日。黄石「家庭組合論」、『婦女雑誌』9(12)、1923年。

(23) 贅平「廃除婚制問題的討論」、『民国日報・覚悟』1920年5月28日。葆華「廃除婚制問題的討論（二）」、『民国日報・覚悟』1920年5月11日。

(24) 施存統「廃除婚制問題的討論（一）」、『民国日報・覚悟』1920年5月29日。李綽「告主張「小家庭」反対「廃婚制度」者」、『民国日報・覚悟』1920年7月10日。以太「廃除婚制問題的討論（二）」、『民国日報・覚悟』1920年5月29日。ちなみに、論者の性別ははっきりしないが、反論・懸念する者には女性が含まれるように見受けられる。前項の何震と同様に、現実的な女性の利害を重視したのかもしれない。しかし「私は女性」という輩英は、「人々は自由恋愛を自由性交とみなし、(婚姻制度廃止の)提唱者が性欲を提唱している、と思い込んでいる」とし、「性交は愉快」だが「義務」も必要だとしたうえで、恋愛が「結婚の手段」とされて「真摯・高尚」な「自由恋愛」でなくなり、「結婚は苦悩の根源」となっているのに、なぜ若者は「打破しないのか」「自由を求めないのか」と論じている。輩英「廃除婚制問題的討論（一）（二）」、『民国日報・覚悟』1920年6月1日。

(25) 静廬「廃除婚制問題的討論（六）」、『民国日報・覚悟』1920年5月23日。邵力子「「廃除婚姻制度」底討論」・「廃除婚制討論中的感想」、『民国日報・覚悟』1920年5月8日・1920年5月21日。

て輩英
はいえい
・李緯
しゃく
・馬哲民らは、「経済革命が根本解決」ではあるが、婚姻問題はそれと「相互に補助し並行させるべき」だとした。そして、「社会に衣食住の公共機関がなければ」実現不可能だとされるが、それでは「惰性」をもたらし進歩がないので「決意」が重要である。また、「婚姻制度廃止を言わなければ児童公育も生まれない」ので、われわれは「自立」「就業」を図りながら廃止を主張していく、としている(27)。

　この婚姻制度廃止の実現をめぐる論議においては、児童公育が「最も重要な鍵」とされ、その他に「公厨房」「清掃専門家」「託児所・幼稚園」も必要だとされた。しかし児童公育についても、「平民」にはその金もないし、かつ私有制下の公育機関だと「人格が蔑視される」ので、やはり私有制打倒後でなければ不可能だ、との意見が出た。そんな中で向警予は、「養老・育児および各人の衣食住」は「社会全体で共同で組織すべき」だとし、「具体的」にはまず、「女性の問題を研究・宣伝する機関」「婚姻自決を支援する同盟」「女子教育経費を貸与する銀行」をつくるべきであり、また、児童公育も「10人以上が集まれば行える」ので「速やかに組織すべきだ」と述べている(28)。

　1920年代の婚姻制度廃止の主張は、今なお束縛を続ける「近代家族」イデオロギーの問題点を明らかにし、それを乗り越える道を模索した点で再評価すべきものであろう。また、当時は廃止に先行するとされた私有制打倒が非現実的になり、当時は非現実的とされた諸公共機関が部分的ながら実現した現在では、この主張を見直す価値も高まっていよう。実際に、婚姻制度廃止

---

(26)　邵力子「廃除婚制問題的討論（二）」・「廃除婚制問題的討論（一）（二）」、『民国日報・覚悟』1920年5月20日・1920年5月23日。施存統「廃除婚制問題的討論（一）」・「廃除婚制問題底弁論（一）」、『民国日報・覚悟』1920年5月20日・1920年5月25日。

(27)　輩英「廃除婚制問題的討論（一）（二）」、『民国日報・覚悟』1920年6月1日。李緯「廃除婚制問題的弁論」・「告主張「小家庭」反対「廃婚制度」者」、『民国日報・覚悟』1920年5月26日・1920年7月10日。馬哲民「廃除婚制問題的討論（二）」、『民国日報・覚悟』1920年5月23日。

(28)　邵力子「廃除婚制討論中的感想」、『民国日報・覚悟』1920年5月21日。黄石「家庭組合論」、『婦女雑誌』9(12)、1923年。施存統「廃除婚制問題底弁論（一）」、『民国日報・覚悟』1920年5月25日。向警予「女子解放與改造的商権」、『少年中国』2(2)、1920年。児童公育については［小野　1978：141-142］［中国女性史研究会　2004：58-61］［中山　1983：251-254］参照。

がすでに歴史の潮流となってもいる。しかしながら中国での研究は、最近でもこれを「非現実的」「極端」「幼稚なユートピア」と簡単に結論づけることが多い［中国女性史研究会 1995：90-91］［沈・陽 1999］［林 1999］［陳・李 2003］。ごく一部の見直しを図る論でも、「態度は真剣・真面目」で淫らな主張ではない、との強調にとどまっている［梁 1999］。これでは、現有の婚姻制度やジェンダー構造の見直しにはつながらず、また、家族やセクシュアリティへの統制を通した国家権力の強化にも加担しかねない。「小家庭」や「新賢妻良母」をめぐる論議とともに、婚姻制度の廃止論に対しても、定説的評価を再検討する研究の深化がまたれる。

・参考文献・
［和文］
江上幸子（2007）「中国の賢妻良母思想と「モダンガール」――一九三〇年代中期の「女は家に帰れ」論争から」、『東アジアの国民国家形成とジェンダー――女性像をめぐって』、青木書店
江上幸子（2013）「丁玲――近代中国のジェンダー秩序への抗い」、『講座 東アジアの知識人 3』、有志舎
江上幸子（2014）「1920年代中国のセクシュアリティ論議――張競生、丁玲らによる異論」、『中国――社会と文化』29
小野和子（1978）『中国女性史――太平天国から現代まで』、平凡社
虞萍（2010）『冰心研究――女性・死・結婚』、汲古書院
嵯峨隆（2001）『中国黒色革命論 師復とその思想』、社会評論社
白水紀子（2001）『中国女性の20世紀――近現代家父長制研究』、明石書店
白水紀子（2003）「中国文学にみる「近代家族」批判」、『東洋文化研究所紀要』143
末次玲子（2009）『二〇世紀中国女性史』、青木書店
中国女性史研究会編訳（1995／原書1989）『中国女性運動史1919-49』、論創社（原書：中華全国婦女連合会編『中国婦女運動史』、春秋出版社）
中国女性史研究会編（2004）『中国女性の100年――史料にみる歩み』、青木書店
中山義弘（1983）『近代中国における女性解放の思想と行動』、北九州中国書店
ラング，O.（1953）『中国の家族と社会Ⅰ』、（小川修訳）、岩波書店
［中文］
夏暁虹（2006）「何震的無政府主義「女界革命」論」、『中華文史論叢』83
夏暁虹（2014）「晚清女報中的国族論述與女性意識――1907年的多元呈現」、『北京大学学報（哲学社会科学版）』51（4）
扎羅，彼徳（Peter Zarrow）（1989）「何震與中国無政府主義女権主義」、（張家鐘抄訳）、『黃淮学刊（社会科学版）』1989（4）
沈紹根・陽三平（1999）「五四時期新式知識分子的家庭変革思潮」、『求索』1999（2）

宋少鵬（2016）「何殷震的「女界革命」――無政府主義的婦女解放理論」、『婦女研究論叢』133
中華全国婦女連合会婦女運動歴史研究室編（1981）『五四時期婦女問題文選』、中国婦女出版社
中華全国婦女連合会婦女運動歴史研究室編（1986）『中国婦女運動歴史資料1921～1927』、人民出版社
中華全国婦女連合会婦女運動歴史研究室編（1991）『中国婦女運動歴史資料1840～1918』、中国婦女出版社
張玉法（1992）「新文化運動時期対中国家庭問題的討論、1915～1923」、『近世家族與政治比較歴史論文集 下』、中央研究院近代史研究所（台湾）
張枏・王忍之編（1963）『辛亥革命前十年間時論選集 第 2 巻下』、生活・読書・新知三聯書店
張枏・王忍之編（1977）『辛亥革命前十年間時論選集 第 3 巻』、生活・読書・新知三聯書店
陳敬編（1984）『無政府主義在中国』、湖南人民出版社
陳文聯・李桂梅（2003）「論五四時期探求家庭変革的社会思潮」、『社会科学輯刊』146
梅生編（1923）『中国婦女問題討論集第三・四冊』、新文化書社（『民国叢書第一編一八』、上海書店、1989年所収）
李桂梅（2008）「略論近代中国家庭倫理的嬗変及其啓示」、『中国家庭研究（第 3 巻）』、上海社会科学院出版社
劉禾（Liu Lydia）ら（2014）「一個現代思想的先声――論何殷震対跨国女権主義理論的貢献」、（陳燕谷訳）、『中国現代文学研究叢刊』2014(5)
劉慧英（2006）「従女権主義到無政府主義――何震的隠現與『天義』的変遷」、『中国現代文学研究叢刊』2006(2)
劉慧英・陳燕谷（2012）「反民族国家的話語的崛起――無政府女権主義的歴史意義」、『南開学報（哲学社会科学版）』2012(6)
劉慧英（2013）『女権・啓蒙與民族国家話語』、人民文学出版社
劉人鋒（2012）「辛亥革命時期的婦女刊物『天義報』與無政府主義思想」、『船山学刊』2012(2)
梁景和（1991）「論五四時期的家庭改制観」、『遼寧師範大学学報（社科版）』1991(4)
梁景和（1994）「論清末的「家庭革命」」、『史学月刊』1994(1)
梁景和（1998）「戊戌維新派的婚姻文化観」、『江海学刊』1998(6)
梁景和（1999）「五四時期的「廃婚主義」」、『二十一世紀双月刊』53
梁景和（2009）「五四時期社会文化嬗変論綱――以婚姻・家庭・女性・性倫為中心」、『人文雑誌』2009(4)
梁景和（2011）「論辛亥革命與民初時期婚姻文化的変革」、『明清論叢』11
林吉玲（1999）「五四時期家庭観念的重構及其体現」、『済南大学学報』9 (3)

第 12 章

近現代の女性労働

リンダ・グローブ
田中アユ子 訳

近代上海の大会社で働くキャリア・ウーマン

はじめに

　中国での女性の労働をとりまく状況は、20世紀を通じて大きく変化してきた。農村、小都市・大都市を問わず、1900年の時点で家庭の外で働く女性はほとんどいなかった。だが、こうした状況は20世紀の終わりになると一変し、女性が家の外で働くことは当り前のことになった。今や専業主婦になろうと決めた女性は、その選択についていい訳をせねばならないように感じているほどだ。本章では、女性の労働のありかたやそれにまつわる規範に生じた根本的な変化、そしてそれが女性の生活をどう変えたかを考察していく。後述するように、こうした変化の背景としては人々の考え方の変化、また経済状況・社会組織の変化の両方の因子が挙げられる。
　伝統的な性別による役割分担では、女性は家のなかで働くのが普通だった。しかし20世紀後半から21世紀初頭になると、女性の大半は家事の大部分を引き続きこなしながら、外でも働くようになった。こうした変化は三つの段階

を経過して生じてきたが、本章では順次これを検討していきたい。

　第一段階にあたる19世紀後半から1950年代は、社会階層の上層、下層の双方において緩やかな変化が生じた時期である。この時期には組織化された女子教育の導入により、社会の上層では、自らのキャリアを切り開こうとする新たな女性たちが登場した。他方、軽工業が発達し工場が設立されると、安い労働力に対する需要が生じ、貧しい家庭では娘を外で働かせる場合が出てきた。

　続いて、第二段階にあたる1950年代半ばから80年代にかけての時期には、女性の労働のありかたやそれをめぐる規範に急激な変化が起こった。都市部では、女性は労働力の一翼を担うようになり、安定した雇用環境と大幅に改善した労働条件のもとで働くようになった。一方、農村部では人民公社や集団労働体制が登場した。この体制のもとでは女性の労働力が動員され、「経済上生産的」とされる労働への参加が強制された。

　結尾では、改革開放期における労働をめぐる状況の変化を簡潔に考察する。人民公社の解体やいわゆる「第二の産業革命」とともに始まった第三段階では、それまでの社会主義的な内向きの経済が「世界の工場」へと姿を変え、低賃金労働力に対する高い需要を生み出すようになった。その結果、何百万人もの若い女性が、沿海地域の工場で働こうと農村を離れていった。同時に、都市部では国家による仕事の割り当てがなくなったことで、リスクとチャンスの両方をはらむ競争的な労働市場が登場した。高等教育の普及や製造業・サービス業の急速な発展は、高学歴の女性に新たな機会を生み出すことになり、今では男女ともに、以前には考えられなかったような世界を舞台とする仕事に就くようになっている。しかし最近では、家族制度が変化したこと、また改革開放後に登場してきた中間層も従来なかった難題に直面していることから、高等教育を受けた女性のなかには働くことの難しさに背を向け、専業主婦になることを選択する者も現れている。

　20世紀を通じて、労働は農村・都市部を問わず、女性の日課の大部分を占めてきた。しかし、女性の労働生活に関する研究はあまり多くなく、ことに20世紀初めの数十年間についての研究は少数に留まっている。しかも、この分野に関しては、英語圏の研究者の方が日本や中国の研究者よりも強い関心

を示してきた。このことは意外に思える。中国における近代産業の興隆についての日本での研究では、女性の役割が大きい繊維工業が重視されてきたからだ。しかも、明清時代の伝統的綿業についての先駆的研究において、西嶋定生は綿農家で女性がはたす役割に多くの関心を払っていた［西嶋1966］。こうしたことからすれば、日本における中国近代産業興隆の研究では、女性の役割に関心が払われてよさそうにも見えるのである。しかし、実際には女性の役割への関心は低調であった。日本での研究に限ったことではないが、近代産業の発展に関する研究では、研究者の関心は多くの場合、市場の発達や企業家史、経営手法、あるいは国際競争といった側面に注がれてきた。一方、労働史の専門家はストライキとか、労働運動の組織化と共産党の台頭といった問題を扱い、また共産党史の専門家は革命運動で女性が担った役割といった問題に注目することが多かった。つまり、いずれの分野の研究者も女性の日常の労働生活にはあまり関心を払ってこなかったのである。そのため、第一期、第二期における女性労働の研究には意外にも大きな空白が存在する。これに対し、第三期つまり過去数十年間については、社会学者や人類学者によるルポルタージュや研究のおかげで、女性労働の実態がずっと良く描き出されている。とはいえ、こうした業績はアメリカや中国の研究者によるものがほとんどで、日本人研究者によるものは数少ない。

1．変化の第一段階——外で働き始めた女性たち

　本節では、女性労働に変化の兆しがみえ始めた19世紀後半に目を向けていくことにする。すでに多くの章で論じられてきたように、伝統的な中国社会では「男は耕し、女は機を織る」といった性別に基づく分業が規範となっていた。明代後期に至るまで、税は男女双方の労働生産物に対して現物で課されていた。各戸は穀物で課される地租と、女性の生産物に布で課される税を支払った。著書 *Technology and Gender: Fabrics of Power in Late Imperial China* のなかで、明清時代の女性の労働パターンについて包括的な叙述をおこなったフランチェスカ・ブレイによれば、織物生産は宋代後期から次第に商業的におこなわれるようになっていった。その結果、市場に出す高級絹織

物の生産は男性の織工が担うようになり、その一方で自家消費用の平織絹織物（また明末清初以降は自家用の綿織物も含め）は引き続き女性が手がけるという新たな体制ができ上がった。こうした変化（織物業の一部が専門化し、また税制の変化で布による現物課税が廃止されたこと）が組み合わさったことで、女性労働の持つ社会的な意味は大きく変わった、とブレイは指摘する。家という「内」の領域はもともと生産の現場と見なされ、女性が機を織ることはすなわち国家への貢献であると考えられてきた。ところが明末清初になるとこの「内」は再生産活動、すなわち家庭を育むことには寄与するが、収入はもたらさない活動の場と考えられるようになった。そのため、ブレイによれば、布の生産にたずさわる女性の労働の物質的価値は「覆い隠され」ることとなり、女性の価値は生産活動よりも倫理的な美徳や、子供に施す徳育の面に求められるようになったという［Bray 1997］。

　だが、たとえ女性の生産活動の物質的価値が「覆い隠され」たにせよ、女性が身分の上下に関わらず家族の衣服を作るために糸を紡ぎ、機を織り続けたことは紛れもない事実である。織物が盛んだった一部の地域では、こうした生産物は市場にも出回った。西嶋定生の先駆的研究が最初に発表されたのは1940年代後半（1966年に再版）であるが、この研究ではさまざまな史料を入念にさらうことで、明代後期の江南地域で女性が家でおこなっていた綿布生産の様子が浮き彫りにされている。西嶋が発見したその当時の詩には、家族を支えるために長時間糸を紡ぎ、機を織らねばならない女性の生活苦が綴られている。近年、ケネス・ポメランツ（その著書『大分岐（*the Great Divergence*）』は、いつ西洋が東アジアを経済発展の面で引き離したのか、という問題についてグローバル・ヒストリー研究者の間に激しい議論を巻き起こした）は、18世紀初頭に女性が機織りで得た収入は、夫である男性が農作業で得る収入を超えていた、と論じている［Pomeranz 2013］。しかし1750年以降に、それまで江南産の織物を買っていた地域に綿花栽培が徐々に広がり、紡織がおこなわれるようになると、市場が冷え込み、織物業から得られる収入も落ち込んだ。収入の低下にも関わらず、女性は家庭用に糸を紡いで機織りをし、衣類を縫った。だが、国内市場向けに大量の織物を生産する地域で働く者を別とすれば、こうした女性の生産活動の物質的価値は（ブレイが指摘する通り）「覆い隠され」、

再生産活動の一部と見なされるようになった。郷紳の妻や娘といった立場の女性であっても、この事情は変わらなかった。彼女らは夫（父）の不安定な収入を支えるため、収入を稼がねばならなかったが、それでもその活動の物質的価値は覆い隠されていた。スーザン・マンの著書 *The Talented Women of the Zhang Family* には、張という郷紳の家の娘たちが見事な刺繍の請負仕事を手掛ける様子が活き活きと描かれている。張家の女性は、父や夫が遠く離れた場所で学問を修めたり、裕福な家で教育係を務めたり、あるいは科挙の試験を受けたりしている際に、こうした刺繍を売って家計を支えていたのだ［Mann 2007＝近刊］。

　性別に基づく伝統的労働パターンの転換が始まったのは、19世紀半ばのことである。アヘン戦争での敗北（第一次アヘン戦争：1840-1842、第二次アヘン戦争［アロー戦争］：1856-1860）の結果、中国は条約で定められた港を開き、内陸部での宣教師の活動を許可することになった。その影響で清国には外国製品や新しい考えが入ってくるようになり、特に社会の上層と下層において、さまざまな変化がもたらされていった。社会の上層では、女子のための正式な学校が開校され、開明派エリートのなかには女性の社会的役割について新たな見方を提唱する者が出てきた。新しい学校を卒業した少数のエリート女性は仕事を持つことを望むようになり、その数は1910年代から20年代にかけて増えていった。一方、社会の下層における変化の背景としては、条約港が外国貿易のために開かれたことで、綿布や綿糸の輸入が急激に拡大したことが重要である。この影響により、19世紀後半までには国内の布生産体制が再編された。イギリスやアメリカの工場を手本とする紡績・織布工場が沿海地域に設立されると、各地で家で機織りをしていた人々は糸紡ぎをやめ、紡績糸を使うようになった。当初工場は男性労働者を雇っていたが、すぐに女性も労働力として参入し、紡績・織布工場、製糸・絹織物工場、タバコ工場、マッチ工場を含め、さまざまな軽工業品製造企業で働くようになった。

2．初の女性専門職

　20世紀初頭になって、新たに設立された女学堂の卒業生が増えるにつれ、

より多くの女性が外で働くことを望むようになった。高学歴の女性が就く職業として最も多かったのは教職と看護職である。教職に就いた女性の大半は小学校や女学校で教え、大学レベルで職を得る者はほんの一握りであった。しかし1920年代までには、銀行、商業、出版社での編集業、ジャーナリズム、官公庁での事務職といったホワイトカラー職種に参入する者も現れるようになった。また、上海女子商業銀行や天津にできた女性用デパートのように、女性のために設立された機関で働く者もあり、電話交換手といった職種は特に女性に適していると考えられた。

　辛亥革命の頃より、男女の平等は進歩派にとって大きな目標の一つであった。国民党は結党当初から女性の権利を重視していたが、その力はそれほど強いものではなかった。そのため、保守的な北洋政府（1912-1928）が、女性が財産を自ら管理し、商売を営む権利を認めない法律を制定した際にも、これを阻止するにはいたらなかった。だが1927年に国民党が南京に樹立した新政府は、平等の権利を実現することを誓い、女性が公務員その他の専門職に進出する門戸を開いた。1933年には、中央政府で公務員として働く女性の数は、１万6990人中457人（全体の2.7％）となった。また上海市政府は、1927年に国民党の支配下に置かれると女性公務員を採用するようになり、1934年時点では全体の6.1％に当たる214名が女性であった。一方、北京市には1931年に最初の婦人警官が登場し、中国各地の大都市でも少数ながら役所や民間企業で働く女性が現れるようになっていた。

　1930年代の上海は中国で最大かつ近代化が最も進んだ都市であった。そのため、当時新たに登場した中間層に関する研究の多くはこの街を対象としている。上海は活気に満ちたメディア・出版文化の中心地でもあったから、こうした中間層の生活の様子は、この地で出版される新聞や雑誌の紙面でしばしば伝えられた。日本上海史研究会は民国期の上海に関する書籍を何冊かまとめており、目まぐるしく変化する街とそこに暮らす人々の様子を伝えている。菊地敏夫と同研究会による編著『上海職業さまざま』（2002）には、1930年代の上海に見られた職業50種類が簡潔に紹介されている。こうした職業のうち、ダンサー、娼婦、製糸女工といったものは女性限定の仕事であったが、弁護士、医者、ジャーナリスト、あるいは郵便労働者、公務員といっ

たその他多くの職業は男女双方に開かれていた。挿絵に富んだこの本は、当時の上海に存在したさまざまな雇用機会を知るのに最適である。同研究会のメンバーの一人である岩間一弘は、民国期の上海に登場した新中間層について何冊かの研究書を発表している。そのうちの一冊である『上海近代のホワイトカラー——揺れる新中間層の形成』(2011) の第5章では、主婦と職業婦人を中心に「ホワイトカラー」の女性のことが論じられている。

1930年代には国民党が支援する女性団体の後押しを得て、一部の女性が新しい職業に参入するようになっていたが、保守勢力はこれをよしとせず、あらゆる機会を捉えて伝統的な男女の役割を復活させようとした。1920年代末から30年代初めは、女性がようやく専門職に進出し始めた時期であったが、当時の中国経済は折悪しくも世界恐慌の影響にさらされていた。保守派はこの機会に乗じて、女性に「家庭に戻る」よう呼びかけ、家族を養わねばならない男性に職を譲るよう促した。女性が労働人口から退出し、家で働く生活に戻るべきかという問題をめぐる議論は、前山加奈子［前山 1993］や江上幸子［江上 2007］によって紹介されてきた。

女性の労働をめぐる議論の第二幕は、日中戦争初期に始まった。日本軍が沿海地域の各省を占領したことにより、高学歴の人々が多数この地域から内陸部へと逃れる事態が生じ、労働市場への大きな圧力となったのだ。この事態を受け、女性は男性に職を譲るべきだという声は再び高まりを見せた。国民党政府はそれまで一貫して職業婦人の進出を支援していたが、省レベルの政府は女性公務員の数を制限し、多くの既婚女性公務員は職を退くことを余儀なくされた。女性を排除しようとする動きは、1939年3月に、上海の郵便局が女性による採用試験の受験を禁じたことで頂点に達した。この出来事は、女性の社会進出を支持してきた人々に衝撃を与えた。郵便局は電話局とともに、女性雇用の面で公共機関を牽引してきたからである。女性団体はこれに抗議して立ち上がったが、戦時中だったこともあり、この決定を覆すことはできなかった。

3．第一世代の女工たち

　すでに論じてきた通り、伝統的な男女の分業においては、機を織り、家族のために衣服を作ることは女性の役目とされていた。しかし中国が近代世界に仲間入りすると、そうしたパターンは崩れていった。機械生産された安価な糸や布が輸入されたことで、国内市場では手織り製品が熾烈な競争にさらされ、家内生産に代わって機械化された紡績工場、織物工場、製糸工場が登場した。こうして繊維品の生産は家の内から外へと移っていくこととなった。当初、近代的な工場は男性労働者のみを雇用することが多かったが、次第に女性も工場の仕事に参入した。日中戦争前夜の1930年代半ばには、紡績・製糸工場や織布工場の労働力の半分以上を女性が占めるようになっていた。ここからは、紡績工場で働く女工についての研究に焦点を当てていくが、機械制製糸工場で女性がはたした重要な役割（このことについては、製糸業に関する曽田三郎の研究［曽田 1994］を見よ）や、食品加工工場、マッチ・タバコ工場その他の軽工業品生産において女性が担った役割にも留意する必要があろう。

　このような第一世代の女工に関する研究は、いくつかの重要な問題に焦点を合わせてきた。工場はいつ、なぜ女性を雇用し始めたのか。労働者はどのように募集され、管理されたのか。第一世代の女性労働者の生活や、女工としての経験はどのようなものだったか。中国資本工場と外国資本工場での労働条件の比較、といった問題がそれである。

　近代的な紡績工場や織物工場が中国に初めて登場したのは1890年代のことである。初期の工場は中国資本のものであったが、下関条約（1895）締結後には、外国人が製造業に投資する権利を得たため、1920年代までには外国資本の工場が数多く設立された。綿織物生産の中心地は上海その他の揚子江流域の都市、および華北では青島・天津といった都市であった。当初はどこの工場でも男性労働者のみを採用していたが、上海・揚子江地域の工場では次第に女性も募集するようになった。30年代初頭になると、上海の紡織工場では労働力の70％ほどが女性となっていた。同時期には、製糸工場では労働者の95％、タバコ工場では60％弱、マッチ工場では55％ほどが女性労働者で占

められていた。研究者たちは、工場所有者が女性を多く採用するようになったのは、男性労働者と比較してストライキに加わる可能性が低く、より従順で、賃金も安く済んだためである、という見方で一致している。

だが、工場所有者にとって女性労働者を集めることは必ずしも容易だったわけではない。伝統的なしきたりが、女性が外で働くことの制約となっていたからである。一般に、女性が守られた環境である家庭を出て、男女入り混じった職場で働くことは、自身の評判を傷つけかねないことだと考えられていた。実際、初期の女工の身の上話には、さまざまな性的いやがらせについての話が登場する。そのため、工場での仕事に最初に参入してきたのは農村の貧しい家庭出身の娘であり、評判云々よりも収入を得られる見込みを優先させた者たちであった。その多くは年季奉公のような形で工場に入ってきた。斡旋業者（把頭）が女性の家族に前金を支払い、女工は工場で働くことでこれを返済したのである。労働時間は長く、ほとんどの工場は12時間ずつ２交代のシフトで運営されていた。通常の場合、女工は工場か斡旋業者が用意した寮に住んでいた。

ここで第一世代の女工に関する既存研究に目を向けてみよう。初期の研究の一つには岡部利良の業績が挙げられる［岡部1992］。1932年から37年まで若手調査員として東洋経済新報社で働いていた岡部は、綿紡績業の分析を担当した。紡績業で働く女工についての岡部の研究が発表されたのは1942年のことだが、このなかでは、工場で働く労働者が男性から女性へとシフトしていった理由が、そうした変化の生じた時期や人材募集面での地域ごとの違いに注意しつつ考察されている。岡部は、性別に基づく役割観念など女性労働者の雇用を難しくした文化要因も考慮しており、纏足の慣習が工場で働く女性にどういった制約を課したかについて論じている。岡部が得た結論は、初期の女工の多くは纏足をしていたが、それでも現場での長時間労働をこなすことができた、というものだった。女性は纏足をしてはいたが、長江流域の農村地帯の纏足のやり方は比較的ゆるいものだったので、割合と動きまわることができ、そのため工場での労働にも耐えられたのだという。

1930年代から40年代の新聞雑誌には、女性労働者について多くの報道がなされていたが、中国でこの問題に関する学術的研究がおこなわれるように

なったのは50年代、60年代になってからのことだった。この時期になると歴史学者や社会科学者が第一世代の女工の経験を記録するようになったのである。初期の研究は50年代に上海や南通で始まったが、南通には、大生という中国初の近代的紡績工場の一つが立地していた。聞き取り調査の結果のほとんどは出版されなかった。しかし、60年代に大生で働いていた労働者から集められた口述史料が、穆煊と厳学熙によって1994年に発表されている［穆・厳編 1994］。口述史料は簡潔なものだが、その数は200以上にもおよんでいる。こうした伝記からは、女工たちのほとんどがまだ子供の時分に働き始め、結婚して、子供を産んでからも工場で働き続けたことがわかる。時には、子連れで働くこともあったようだ。このような史料が穆らによって収集・分析されたことで、われわれは当時の女工の「声」を聞けるようになった。家族、労働環境、職場での上下関係、その他日常生活のさまざまな面について、彼女たちが何を語っていたかを知ることができるのだ。
　第一世代の女工に関する最も優れた学術研究としては、エミリー・ホーニッグの *Sisters and Strangers: Women in the Shanghai Cotton Mills, 1919-1949* が挙げられる［Honig 1986］。この研究は1980年代初頭の上海でおこなわれたもので、上海社会科学院が収集していた未発表の聞き取り調査、公刊・未公刊のものを含む文書史料、元工場労働者やYWCAの労働組合勧誘員に著者自身がおこなった聞き取り調査からの情報に基づくものである。ホーニッグは上海の紡績工場で働く女工の生活を多面的に描き出し、地域差別によって彼女たちが苦しめられたことも明らかにしている。女工の多くは江北地方（江蘇省のうち揚子江北側の比較的貧しい地域）の出身者であった。江北地方を蔑む上海出身者からの差別に苦しんだ女工たちは、日系の工場で働くことを好んだという。日系工場の現場監督はそうした偏見を持っておらず、大抵は労働条件も良かったからである。ホーニッグの指摘にある1930年代、40年代の上海の紡績工場で見られた地域差別に類する現象は、現在の中国南部で女工として働く女性を扱った研究書にも描き出されている。こうした南部の工場では広東語を話す現場監督が、「普通話（北京語）」を話す出稼ぎ労働者を監督しているのだという。（後で紹介するレスリー・T・チャンの研究書を参照のこと。）

最後に、華北における工業の一大中心地・天津で働く女工に関する研究についても簡単に触れておきたい。ゲイル・ハーシャッターの先駆的研究書 *The Workers of Tianjin, 1900-1949*には、紡績工場で働く男女の労働者に関する章がある［Hershatter 1986］。ハーシャッターが記しているように、恒源は1930年代初頭に天津で女性労働者を起用した最初の工場であった。この工場が所蔵する史料は数年前に公開されており、私自身もこうした史料（人事部の日録や寮の日記を含む）を用いて、30年代後半の天津での女工の生活を研究してきた（［グローブ 2009］を参照）。

4．工場以外の場所で働く女性労働者たち——娯楽産業を中心に

　中華人民共和国成立後の女性労働者の状況に触れる前に、工場以外の場所で働く女性について手短に述べておきたい。ここでは性産業を含む娯楽産業を中心に考察を進めていく。19世紀後半から20世紀初頭は、娯楽産業に足を踏み入れる女性が急激に増加した時期であった。条約港都市が発展し、男性の出稼ぎ労働者が流れ込んでくると、あらゆる種類の性・娯楽サービスへの要求が高まったのである。1920年代の上海その他の開港場では、実にさまざまな娯楽が提供された。モダンなダンスホールの踊り子や、高級娼婦（選りすぐりの客の相手をし、あれこれ楽しませたり、性的サービスを提供した）、中級娼婦（都市の娼館街で雑多な客の相手をした）、および「野鶏」と呼ばれる下級娼婦（貧しい独身男性を相手に、簡単なサービスを提供した）などがその例として挙げられよう。フランスの研究者クリスチャン・アンリオがおこなった上海での売春に関する研究によれば、抗日戦争前の上海には3万人ほどの娼婦がいたが、戦争が始まってからはその数が5万人にも達したという。一方、清朝末期の天津では許可を受けて営業している娼館が少なくとも500軒あり、広州では娼館から徴収した税が地方歳入の30％を占めていた［Henriot 2001］。

　1920年代から30年代には、売春は開港都市や大都市だけでなく内陸部の小都市へも広がった。商業や産業が発展しているところならどこでも、働きにきている商人や労働者を相手に性サービスを提供する女性が存在した。当然ながら、こうした性労働は非難され、1949年に共産党が権力を掌握すると、

女性を性産業から救出する試みが全国レベルでおこなわれるようになった。この試みは、女性に仕事のスキルを身につけさせる（場合によっては、結婚させることもあった）ことで、新しい社会の生産的な一員となれるよう取り計らうものであった。それから数十年の間は、売春は少なくとも公には中国社会から消滅したことになっていたが、80年代初頭に経済改革が始まると急速に復活していった。現代中国では、羽振りの良い官僚やビジネスマンの「愛人（二奶）」となっている高級コールガールから、「小都市のマッサージ店や幹線道路沿いのレストランなどで性サービスを提供する女性まで、どこにでも性サービスが存在する。性労働が今でも非難されていることに変わりはない（このことは、郷里で性労働をする者がほとんどいないことからも明らかである）が、若い女性のなかには金持ちの愛人という立場や、有閑階級の暮らしを選んだ見返りを見せびらかす者がいることが示すように、新たな意識も生まれている。

　女性と性産業というテーマについてはすでに数多くの研究がなされている。クリスチャン・アンリオは社会史の観点から上海の売春を研究し、ゲイル・ハーシャッターも上海での売春をめぐる言説について優れた考察をおこなってきた［Henriot 2001］［Hershatter 1997］。また、先に触れた岩間一弘その他の上海史研究会メンバーがおこなった研究からは、ダンスホールといった上海の娯楽産業の実態を垣間みることができる。加えて、『上海職業さまざま』はそれ以外の娯楽産業についても短い章を立てて論じている。一方、エリザベス・レミックの著書 *Regulating Prostitution in China* では、中国の各都市が娯楽産業をどう取り締ってきたのかが検討されている［Remick 2014］。過去数年の間には、中国の社会・文化史家の間でも解放前の性労働の問題が大きな関心を集めるようになっており、売春の歴史に関する研究が数多く発表されている。現代中国での性労働については多くの研究があるが、その一つとして人類学者鄭田田（Zheng Tiantian）による *Red Lights: The Lives of Sex Workers in Postsocialist China*（2009）を挙げておきたい。この本は大連のカラオケバーのホステスを対象とした現地調査を基に、貧しい農村出身の女性が改革開放期を生き抜こうとする姿を描き出している。

5．毛沢東時代における女性の労働

　大橋史恵による第14章「改革開放期のジェンダー秩序の再編」では、共産党が男女平等についてどう考え、またそうした方針を上意下達式の政策を通じてどう実施しようとしたかが論じられている。本節では、そうした政策が女性の労働にどのような影響を与えたかを考察していくことにする。政策面で大きな転換が訪れたのは、大躍進が始まった1958年のことである。この年、戸口登記管理条例が制定されると、中国公民は都市ないし農村住民という地位を与えられた。これ以降、都市住民に仕事を与えることは国家の責任となり、国営の工場その他の組織での職は都市住民だけのものとなった。その結果、農村から都市の工場への労働力の流入は途絶え、大橋が触れているように、農村女性の労働力は農業生産のために動員されることになった。

　都市部では1950年代初頭から半ばにかけて商工業の社会主義的改造が進められ、民間企業は国営化されていった。これによって以前よりもはるかに安定した雇用環境が実現され、中国人がいうところの「鉄飯碗（食いっぱぐれがないという意味）」の状態ができ上がった。ひとたび職を得れば、労働者には「終身雇用」が保障されたも同然となったのである。（どこで働くかを問わず）都市部の労働者は「単位」と呼ばれる職場組織に属し、この組織が人々に仕事、年金を含む各種社会保障を供給した。工場で働く女性にとって、最も安定した雇用環境が得られたのはこの毛沢東時代であった。職場が住居、産休、託児所などを用意してくれるので、仕事と家庭生活を両立しやすかったのである。また1950年代初頭より、国家は模範労働者を表彰するようになった。20年前なら外に出て男女入り混じった環境で働くような女性は、その貞操を疑われたことを考えれば、このことは大きな変化であった。

　北京大学で教鞭を執る社会学者佟新はジェンダー研究や、女性と労働に関する研究を専門としているが、その著書『異化与抗争——中国女工工作史研究』（2003）には、1950年代初めから21世紀初頭にかけての女性労働者たちの肖像が活き活きと描かれている。著者は工場で働く女性に着目し、さまざまな世代の女性たち40名の詳細な生活史を収集している。聞き取り対象者の

大半は華北や東北地方の国営企業で働いており、ほとんどは10代後半から20代初めで働き始め、45歳か50歳で退職するまで長期間にわたり働き続けた人々であった。そのため調査では、働き始めの独身時代から、新婚・子育ての時期を経て熟年・退職後の時期に至るまで、女性たちの仕事や生活に生じた変化が明らかになっている。佟は、女性労働者の経験は世代によって大きく異なっていると指摘しているが、その理由は工場内での労働環境が変わったためだけではなく、（おそらくより重要なこととして）女性やその家族の期待するものが変わってきたことにも求められよう。

　調査対象者のうち最も古い世代は、1949年以前に工場で働き始めた女性である。その大半は、女性が外で働くことが当たり前ではなく、しかも工場での労働が社会的に評価されていなかった時期に、家計を助けるために仕事を始めた者たちであった。この世代は1949年に起きた革命を「解放」として身をもって経験した世代である。それまで社会の底辺に位置していた貧困層が社会の主人公（主人翁）とされ、新しい地位とともに、より安定した労働環境を得たからである。労働時間は短縮され、安全にもより配慮がなされるようになった。また、労働と家庭生活の両立をはかるため、託児所や産休、その他の支援が提供されるようにもなった。1949年以降に女性労働者の生活が大幅に改善されたことに疑いの余地はないが、改善された理由としては性別よりも階級の方が重要であった、と佟は指摘する。女性労働者はなによりも労働者階級の一員と見なされ、そのことに伴うさまざまな特権を享受するものとされた。その一方で、男女平等の問題は90年代に再び登場するまで「その陰に隠れ」てしまい、大きな関心を引かなかった。

　それより下の世代、つまり1949年以降に大人になった女性労働者は、家族が生計を立てるうえで女性が外で働くことが欠かせなくなった新しい社会状況のなかで育った。佟は生活史に関する聞き取り調査を用いて、女性の仕事に対する主体的な態度を考察している。具体的には、彼女たちがどうキャリア形成をはかろうとし、スキルアップに取り組んだり、見習い工員からより責任のある地位に昇進したのか。また、その過程を通じて、仕事のなかに人生の生きがいをどう見出していったのかを明らかにしている。外で働くことは女性の経済的自立につながっただけではない。聞き取り調査の対象者が

偏ったサンプルでないとすれば、女性が仕事を持つことは家庭内での人間関係をより平等なものとすることにもつながっていったといえるだろう。このことを如実に示しているのは、研究のなかで紹介されている、男女平等の理想を実現したかにみえたある夫婦の事例である。この夫婦は共働きで、夫は料理、洗濯、子育てなど家事を積極的にこなしていた。ところが90年代の後半になって、妻の働いていた国営工場が縮小されると、妻はリストラ（下崗）され、次の仕事を見つけることができなかった。すると夫は家事の分担をやめただけでなく、妻に相談することなく大きな買い物をするようになった。妻はもはや家計に貢献していないと考えたからである。

　この研究で明らかになった興味深い事実の一つは、仕事を持つ女性が工場での仕事と再生産活動の関係、つまりわれわれがワーク・ライフ・バランスと呼んでいる難しい問題にどう向き合っていたかという点である。聞き取り調査の対象となった男女は、仕事と再生産活動を相反するものとは捉えておらず、むしろ両者を含む生活構造の一部をなすものと考えていた。佟によれば、このような考えが広まったのは、中国が西洋とはまったく異なる社会発展を遂げたからだという。西洋では、経済発展により中産階級が登場し、それに伴い中産階級の女性はほとんどの場合専業主婦であるという時代が訪れた。これに対し、中国では社会主義革命が起きたため、女性は賃金を得る労働者となる権利を得ることとなったが、この賃金は夫の収入同様、家計に欠かせないものとなった。そのため男性も女性も、女性が外で働くことを当然視するようになった。先に触れたように、人々は「単位」を通じて仕事だけでなく、育児支援を含む社会保障を得ることができたため、仕事と再生産活動を対立するものとする発想が生じにくかったのである。だが、家父長制やそれを支えた考え方が完全に消え去ったわけではなかった、と佟は指摘する。労働者の家庭で、夫のキャリアと妻のキャリアの間に衝突が生じた場合、聞き取り調査対象の人々のほとんどは、夫の昇進を妨げるくらいなら、妻の方が昇進を諦めるのが自然なことだ、と答えたというのである。

6．改革開放期における女性労働と今後の課題

佟の研究からは、計画経済のもとでの女性の労働と、改革開放以後の状況の間に明らかな違いがあることがわかる。変化はすぐに訪れたわけではなかったが、1990年代中盤から後半までには、かつて工業の中心地であった東北地方の大きな国有企業の多くは倒産し、多数の労働者（その大半は女性）が解雇されることになった。かつての工業地帯が衰退する一方で、中国南部では民間投資をベースとした新しい工業地帯が急速に発展した。それに伴い、新世代の出稼ぎ女性労働者が内陸部の農村を離れ、沿海部の工場に押し寄せた。佟の研究に登場する女性たちは自身を労働者階級—毛沢東時代には敬意を払われるべきとされた地位—に属していると考えていた。これに対し、新世代の出稼ぎ労働者はほとんどの場合「打工妹」と呼びならわされている。社会学者潘毅（Pun Ngai）はC・ライト・ミルズ賞に輝いた著書 *Made in China: Women Factory Workers in a Global Workplace*（2006）のなかで、この呼び名についてこう記している。「これまでの中国社会主義の歴史にはなかった新しい概念である。労働、ことに疎外された労働は30年以上も前に解放されたはずであったのに、今日では再び、しかも今度は国家のお墨付きで、資本家に売られるようになっている。「工人」という言葉は毛沢東時代のレトリックでは最高の社会的地位を表すものだった。それとは対照的に、「打工」という新しい言葉は、労使関係においても、社会階層においても市場が大きな役割をはたすようになった新たな状況のもとで、雇われ労働、という低い地位を指し示す言葉となっているのだ」。[Pun 2005: 110-111]

レスリー・T・チャンによる『現代中国女工哀史（*Factory Girls: From Village to City in a Changing China*）』（2010）は、こうした新しい世代の女性労働者に焦点を当てて、次のような問題について考察している。彼女たちはなぜ農村を離れたのか、厳しい服務規律の支配する民間の工場で長時間労働をこなす体験はどのようなものなのか、スキルアップをはかり、上を目指すために彼女たちはどのような努力をしているのか、また郷里に残してきた家族との関係はどう変化していったのか。著者であるチャンはこの研究を始めた

時には、ウォール・ストリート・ジャーナル紙の記者であった。チャンがこの本で取り上げているテーマの多くは、もっと早い世代の工場労働者の体験にも類似した面がある。新世代の工場労働者は農村に生まれ育ち、中学か高校卒業後に仕事を求めて中国南部へとやってきた者たちである。農村出身の女工の第一世代は家庭の貧しさゆえに、両親によって工場に働きに出されることが多かったが、新世代の女工は何もない郷里での退屈な生活を見限って、自らの意志で都会での仕事を探し、より刺激的な生活を求めようとしている。先に触れた佟の研究では毛沢東時代の女性労働者がスキルアップをはかって、工場での上の地位を目指そうとしていたことが紹介されていたが、チャンの研究でも、若い娘たちがスキルや容姿を磨くことで、生産ラインを抜け出して事務や管理職の仕事へ移ろうと努力する姿が描かれている。だが、現代の女工が働く工場の状況は、計画経済時代というよりむしろ1949年以前の工場に類似したものとなっている。長期勤続を促すような保障や給付を与えてくれるような工場はほとんどなく、向上心の強い娘たちはより高い賃金、より良い労働条件、同郷人の働く工場での仕事を求めて工場から工場を渡り歩いている。

　改革開放政策が始まってからの40年という月日は、中国の女性労働者の生活や、仕事にのぞむ態度を大きく変えてきた。一人っ子政策の結果、中国の労働人口は頭打ちとなり、減少を始めている。賃金水準は上昇し、南部の工業地帯で働く労働者は自己主張を強め、ストライキを組織し、労働条件の改善を求めるようになっている。こうした新しい状況が労働市場にどういった変化をもたらし、新世代の女性たちが仕事と家庭生活の間でどういった選択をしていくのかは定かではない。

　一ついえることは、近年の変化が、毛沢東時代に高らかに謳われた「天の半分は女性が支えている」という言葉に疑問を投げかけている、ということである。労働市場の上層では、高い教育を受けた女性たちが仕事と家庭の間で難しい選択を迫られている。両親や義父母が子供の面倒を見てくれるため、仕事を続けられるケースもある。専門の保育サービスを利用する者もおり、こうした保育サービスに従事する労働者の生活は、大橋史恵によって検討されてきた。しかし、なかには仕事を辞めて育児に専念するという難しい選択

をする女性もいる。こうした選択をする女性の抱える問題は、高い教育を受けた専門職のアメリカ人女性が「マミー・トラック（お母さんコース）」を選択した場合に直面する問題と同様である。中国の場合、育児に専念することを選んだ女性の動機には、たった一人のわが子の将来が有利になるように、できるかぎりのことをせねばというプレッシャーがあるが、3歳以下の子供に対する公的保育制度が崩れてしまったために、こうした選択をせざるをえないという事情も見逃せない。この世代の女性の大半は、生涯専業主婦でいることを望んではいないが、自分の技能を活かしてフルタイムで労働市場に復帰できる保証はない。

　一方、労働市場の下層には別の問題がある。長時間労働や雇用の不安定に加え、仕事を持つ母親を支える支援が不足しているのだ。農村出身の労働者をとりまく現代の労働環境が引き起こした結果の一つは、子供が「置き去り」にされるという問題である。中国では何百万人もの子供が、都会で働く親の元から祖父母の住む農村に送られてきた。計画経済時代には、外で働く女性のための制度が入念に整えられていたが、改革開放以後、こうした制度は崩れ去り、1949年以前の中国に類似した労働環境が復活してきた。このようにポスト社会主義時代の現実は、社会主義時代の政策に潜んでいた問題を明るみに出すこととなった。社会主義時代には女性労働者は労働者階級の一員と捉えられ、男女間の基本的平等という問題は等閑に付されていた。このため、改革開放とともに男女間の不平等が復活するようになった。男女の平等を実現し、女性が仕事と再生産活動をうまく両立させる手助けをする新たな制度を築いていくことは、新しい世代に残された課題となっているのである。

・参考文献・

［和文］

岩間一弘（2011）『上海近代のホワイトカラー――揺れる新中間層の形成』、研文出版

江上幸子（2007）「中国の賢妻良母思想と「モダンガール」――一九三〇年代中期の「女は家に帰れ」論争から」、早川紀代他編『東アジアの国民国家形成とジェンダー――女性像をめぐって』、青木書店

大橋史恵（2011）『現代中国の移住家事労働者——農村-都市関係と再生産労働のジェンダー・ポリティクス』、御茶の水書房
岡部利良（1992）『旧中国の紡績労働研究——旧中国の近代工業労働の一分析』、九州大学出版会
菊池敏夫・日本上海史研究会編（2002）『上海職業さまざま』、勉誠出版
グローブ，リンダ（2009）「中国の女性労働者——工業化から社会主義政権まで」（須藤瑞代訳）、長野ひろ子・松本悠子編『ジェンダー史叢書第6巻——経済と消費社会』、明石書店
曽田三郎（1994）『中国近代製糸業史の研究』、汲古書院
チャン，レスリー・T.（2010）『現代中国女工哀史』、（栗原泉訳）、白水社．（原著：Chang, Leslie T. *Factory Girls: From Village to City in a Changing China*, 2008, New York: Spiegel & Grau）
西嶋定生（1966）『中国経済史研究』、東京大学出版会
ポメランツ，K.（2015）『大分岐——中国、ヨーロッパ、そして近代世界経済の形成』、（川北稔監訳）、名古屋大学出版会（原書：Pomeranz, Kenneth. *The Great Divergence: China, Europe and the Making of the Modern World Economy*, 2000, Princeton: Princeton University Press）
前山加奈子（1993）「林語堂と『婦人回家』論争——一九三〇年代に於ける女性論」、柳田節子先生古稀記念論集編集委員会編『中国の伝統社会と家族——柳田節子先生古稀記念』、汲古書院

[中文]
穆烜・厳学熙編（1994）『大生紗廠工人生活的調査——1899-1949』、江蘇人民出版社
佟新（2003）『異化与抗争——中国女工工作史研究』、中国社会科学出版社

[英文]
Bray, Francesca (1997), *Technology and Gender: Fabrics of Power in Late Imperial China*, Berkeley: University of California Press.
Hershatter, Gail (1986), *The Workers of Tianjin, 1900-1949*, Stanford: Stanford University Press.
Hershatter, Gail (1997), *Dangerous Pleasures: Prostitution and Modernity in Twentieth-Century Shanghai*, Berkeley: University of California Press.
Henriot, Christian (2001), *Prostitution and Sexuality in Shanghai: A Social History, 1849-1949*, Cambridge: Cambridge University Press.
Honig, Emily (1986), *Sisters and Strangers: Women in the Shanghai Cotton Mills, 1919-1949*, Stanford: Stanford University Press.
Mann, Susan (2007), *The Talented Women of the Zhang Family*, Berkeley: University of California Press.（邦訳：マン，スーザン『張家の才女たち』、（五味知子・梁雯訳）、東方書店、近刊）
Pomeranz, Kenneth (2013), Labour-Intensive Industrialization in the Rural Yangzi Delta: Late Imperial Patterns and Their Modern Fates, in Austin, Gareth and Sugihara, Kaoru eds., *Labour-Intensive Industrialization in Global History*, London and New York: Routledge.
Pun Ngai, (2005), *Made in China: Women Factory Workers in a Global Workplace*, Durham and London: Duke University Press.

Remick, Elizabeth J. (2014), *Regulating Prostitution in China: Gender and Local Statebuilding 1900-1937*, Stanford: Stanford University Press.
Rofel, Lisa (1999), *Other Modernities: Gendered Yearnings in China After Socialism*, Berkeley: University of California Press.
Zheng, Tiantian (2009), *Red Lights: The Lives of Sex Workers in Postsocialist China*, Minneapolis: University of Minnesota Press.

第 13 章

中華人民共和国の成立とジェンダー秩序の変容

小浜正子

闊歩する社会主義の申し子たち(1976年のポスターより)

はじめに

　中華人民共和国の成立は、中国社会のジェンダー秩序に大きな変動をもたらした。本章の課題は、中華人民共和国の国家システムは、中国社会のジェンダー秩序をどのように統御しようとし、それが実現したかどうかを、家族をめぐる問題を重点的に検討し、そのことが現代の中国社会のありかたをいかに規定しているかを考察することである。

　ここでは、まず中華民国期の家族をめぐる法と政策を確認してから、人民政府成立後すぐに公布された中華人民共和国婚姻法（以下婚姻法）とその貫徹運動をはじめとする人民共和国初期の政策によって、中国のジェンダー構造がいかに変化し、それが政権の基盤をどのように創出したかをみる。続いてその後の1950年代から文化大革命の時期に至るジェンダー秩序に関わる政策の変化を確認した後、「一人っ子政策」とその前段階の計画出産によって、人民共和国の政府がいかに人の出生をコントロールするシステムを作り出し

たかをたどる。

以上のように本章は、中華人民共和国においてフーコーのいうような「生-権力」（バイオパワー）（［フーコー 1986］参照）の装置としての国家がどのように家族というシステムを変容させ、また人の出生を統御したかについて確認する。そしてこれまでの章で見てきたような前近代以来の歴史的スパンを踏まえて、中華人民共和国期の家族の変化の特徴を考察しその歴史的な位置づけを検討する。

1．近代中国のジェンダーと家族をめぐる法と政策

中国では清末から近代的法典の制定準備が進められたが、そこでの家族関係に関わる規定は、家族制度の近代的変革への嚆矢となるものであった。とりわけ民国初年に刑法の「無夫姦」（未婚の女性や寡婦が性関係を持った場合の処罰規定）の条項の撤廃をめぐっておおいに議論が起こったことからは、女性の性の自由に対して中国社会がいかに敏感だったかがわかる［小野 1992］（第7章参照）。一方、女性解放の度合いは近代化の指標であり、男尊女卑の伝統家族の改革は中国の近代的改革の重要な課題であることが革新的知識人の共通認識となり、五四新文化運動は家族改革を大きな課題として提起した。1920～30年代にはあるべき家族の姿がさまざまに議論される（第11章参照）。中国国民党と中国共産党は、ともに男女平等と女性解放をその大きな目標に掲げた。末次玲子は、こうして政治改革と女性解放が同盟し、それによって上からの女性解放が推進されるとともに、その時どきの政治課題に女性独自の要求が従属する傾向をもたらしたという［末次 2009］。

国民政府が1930年に公布した民法は、一夫一婦制と男女当事者による結婚の決定を重視し、また女性の財産権や、女性からの離婚を認めるものであった。しかしその男女平等原則は徹底しておらず[1]、にも関わらず女性を自立した法的主体として扱って従来認められていた保護を取り去ったことで、

---

(1) 中華民国民法および次に述べる中華ソヴィエト共和国婚姻条例については、［中国女性史研究会2004：115-118］が、その主要な条文と特徴を紹介している。

かえって女性に不利な結果をもたらすこともあった［マン 2015：109-110］。なにより、この初の近代的民法は、一部の都市のインテリの間で影響力を持ったのみで、農村の現実とは無関係なものであった。

　一方、中国共産党による中華ソヴィエト共和国は、1931年、女性の利益を偏重する婚姻条例を公布したが、やがて国共合作下の抗日戦争期に制定された辺区婚姻条例では、反家父長制的な性格はやや薄められた。共産党は、1943年の「四三年決定」で、女性解放は生産活動への参加による経済的自立によってもたらされるものであり、党の指導の下で女性を生産に動員するという方針を決定する。これはその後も共産党の女性運動の基本方針となり、生産参加以外の女性運動のタブー化、女性運動の党への従属を招くことにもなった［江上 1993］。

2．中華人民共和国のジェンダー構造変革と婚姻法貫徹運動

　このような前史のうえに、1949年10月、中華人民共和国が成立した。建国時の暫定憲法ともいえる中国人民政治協商会議共同綱領は第六条で「中華人民共和国は女性を束縛する封建制度を廃止する。女性は、政治的・経済的・教育文化的・社会的生活の各方面においてすべて男子と平等の権利を有する。男女婚姻の自由を実行する」と宣言して、男女平等は建国の原則のひとつと位置づけられた。半年後の1950年5月、中華人民共和国婚姻法が公布、即日施行される。そして単に法律ができただけでなく、それを実体化するための婚姻法貫徹運動が1953年には全国的に展開され、これによって中国社会のジェンダー秩序はおおきく変革された。

　婚姻法は、婚姻自由（結婚と離婚の自主決定）、一夫一婦制、男女平等、女性と子供の利益の擁護を原則とし、親の決める包辦結婚や多額の結納金を必要とする売買婚などの「封建的」な婚姻を廃絶することを謳う、「近代的」なものである。婚姻法とその貫徹運動の性格を、封建的な結婚を廃絶に向かわせ女性解放を推進したとして高く評価するのは小野和子である。［小野 1977］は、結婚や離婚の自由を求めた女性が、封建的な倫理観をもつ村の有力者達に殺害されたり自殺したりして年間七、八万人といわれる犠牲を出し

ながら、中国社会に婚姻自由の原則が定着してゆく過程や、同時期に公布施行された土地改革法と相まって貧しくて妻を買えなかった農民が結婚できるようになって「毛主席は貧乏人に嫁を下さった」と喜んで生産に励み、新中国の建設の基盤となってゆく様子を活き活きと描く。同時に、のちに中央が運動を抑制して「封建制の清算」が中途半端に終わった点を指摘する。

　中国共産党の政権が、土地改革と家族革命によって危機に瀕していた小農家族の再生産を可能にし、農民の政権への支持を強化したことをより強調するのは、[Stacey 1990] である。同書は、中華ソヴィエト共和国初期の急進的な政策は、男性農民に最も価値ある所有物である土地と女を奪われるという恐れを抱かせるものだったが、共産党はそこから後退して積極的な家族擁護政策に転換した。家族の基盤の安全は、大多数の農民の男と多くの農民の女にとって離婚の自由よりも重要だった。家父長制は「封建的」社会構造から派生しているとして地主など特定の階級の家父長を根絶した結果、新しいより民主的な家父長制家族がすべての男性の手に届くようになった、とする。小野とステイシーが強調する、土地改革とセットになった家族改革によって小農家族が再建され共産党の政権の基盤となったという点は、高橋伸夫が革命政権がジェンダー関係の改変にどのように取り組むかは農民の支持をえるために決定的に重要であったと述べるごとく [高橋 2010]、中国革命の理解のうえでもっと重視される必要があろう。

　また、婚姻法貫徹運動の影響を考える際には、農村と都市との違いにも注意する必要がある。農村での貫徹運動の際の問題点は、「封建勢力」の強さであり、婚姻自由を認めない家族と（本来運動を推進すべき）男性幹部の抑圧のために多くの女性が自殺・虐殺によって命を奪われた。しかし民国期にある程度近代的な恋愛結婚の観念が広まっていた都市で問題になったのは、「婚姻自由」を楯に糟糠の妻を捨てて別の女性と結婚しようとする男性などであり、革命者が田舎に置き去った妻を捨てて都市で若い女性を娶る現象が社会問題になっていた [金 2011] [Diamant 2000]。

　いずれにせよ婚姻法と貫徹運動は、当時のジェンダー秩序に大きな動揺をもたらし、史上空前の離婚が提起されて、むしろ「離婚法」だと揶揄された。こうした運動の徹底——過激化を恐れた共産党は、貫徹運動を1953年半ばに

終息させる。その後は離婚を申し立てても調停は認められないことが多くなり、離婚率は改革開放政策が始まるまで、大変低いままで推移した。人民政府は婚姻法と貫徹運動によって封建家族を改革した後、むしろ社会秩序の基盤としての家族を擁護し維持するようになったのである。とはいえ、家庭内で嫁の世代の地位が向上して姑世代の権威が低下したとか［末次 2000］、それまでは忌避されていた族内婚がおこなわれるようになったなど［チャン 1989］、中華人民共和国初期の家族の変化は多くの側面にわたっている。

　現在、婚姻法についてはさらに次のような点を指摘する必要があろう。第一に、婚姻法の目指す結婚のありかたは、性＝愛＝結婚＝生殖が四位一体となった「近代家族」的なものであり[2]、さまざまな意味で、それ以外の関係のありかたは批判された、という点である。例えば広東では独身女性が非婚同盟を結び共住する習慣があったが、そのような風習は「遅れた」ものだとして抑圧された。福建省恵安県の妻が結婚後すぐには夫の家に移住しない不落家婚の習慣も改めさせられた。伝統中国社会では抑圧されてこなかった同性愛も、犯罪として処罰されるようになった［マン 2015］［Evans 1997］（コラム5参照）。

　第二は、国家と家族の関係、すなわち政府の政策はどのように家族を統御し関与しているかに関わる点である。そもそも婚姻法では、当事者の男女が自身で婚姻登記をおこなうことが結婚の成立要件であった（第6条）。これは、結婚が当事者双方の意志によることを確認する簡にして要を得た方法であるが、神仏でも先祖の位牌でも地縁社会でもなく、行政幹部＝国家が婚姻の成立を認定するという、それまでの中国社会にはなかった国家の支配の家族への浸透でもあった[3]。婚姻法の精神に合致しない結婚は登記を許されず、実際に「包辦脅迫」によるものとして登記を拒否された結婚が1954年には1.5％あって［小野 1977］、国家は積極的に結婚や家庭のありかたに介入したのである。そして婚姻法が定める夫婦のありかたは「双方ともに敬愛しあい、

（2）　ただし「男性は外で仕事、女性は家で家事」という性別分業は取らない点から、典型的な「近代家族」とは異なっている。本書の「はじめに」参照のこと。
（3）　伝統中国では、六礼と呼ばれる六段階の儀式によって婚姻が成立するとされた。実際にはかなり簡略化された形でおこなわれることが多かった。

助けあい、睦まじく団結し、生産に励み、子供を養育し、家族の幸福と新中国の建設のために共同して奮闘する」（第8条）という、国家建設の基盤として、モノの生産とヒトの再生産に励むものであった。だから結婚は個人の私事ではなく国家の基盤たる公的なことがらでもある。愛情は夫婦関係の基盤ではあるが、単なる恋愛感情だけで結婚するのは「ブルジョア的」であり、恋愛には階級的観点が必要である。国家の生産のために家庭生活の犠牲を厭わない夫婦が模範夫婦として表彰され、独身主義の女性は結婚して子供を産むという任務から逃げていると自己批判させられた［金 2011］。婚前・婚外の性関係は不道徳なブルジョア思想に染まったものとされ、同じ階級区分の間で結婚するという新しい「門当戸対」が出現した。社会主義下の新たな性倫理は、男女平等の原則を確立したが、五四運動以来追求されてきた個人身体の自由には逆行し、それを認めないものであった［廖 2012］。

上海の妓女について研究したハーシャッターは、人民共和国初期に全国の都市で断行された妓女解放・売買春廃絶運動も、このような性を婚姻内に限定するジェンダー秩序創出の動きのひとつとしてとらえることができるという［Hershatter 1996］。運動の展開過程は地域によって相当に異なっていたが、福州の状況を档案とインタビューから詳細に明らかにした［林 2007］からは、とりわけ共産党員の性は党によって厳しく監督され、幹部の婚外関係は行政処分の対象となっていた状況がわかり、人民政府がどのように人々のセクシュアリティを管理・掌握しようとしていたのかが見て取れる。

3．社会変革とジェンダー構造の変容

「四三年決定」の方針に沿って、中華人民共和国成立後、女性の社会労働参加が推進され、各地の都市では国営・公営の「単位」で女性労働者が増加した［陳 2006］（第12章参照）。また、従来就学率・識字率の低かった中国では、初等教育の普及が図られるとともに成人の識字教育運動――「掃盲運動」――が展開されたが、その対象の大部分は女性であった［劉 2014］。

このような人民共和国成立まもない時期の社会改革は、家族改革と相まって中国社会のジェンダー秩序を大きく変えた。共産党はそれまでの社会で虐

げられていた階層を動員・組織化して権力基盤としたが、最大多数の社会的弱者であった女性は中華全国婦女連合会（以下、婦女連）の下に組織化された（第14章参照）。1953年の全国婦女連の会員数は7600万人で、これは1020万人の中華全国区工会連合会など他の大衆組織と比べてもはるかに多く［劉 2014：305］、精力的に婦女工作が展開されて女性の組織化が進められた。［張 2015］には、上海の女性が居民委員会や工会（労働組合）に組織されて政治主体となってゆく様子が描かれている。その過程は複雑な様相を呈したが、こうした政策によって、多くの女性を含む過去の社会的弱者層が全体として大きくエンパワーされたことは疑いない。

　しかしながら人民共和国初期の、多くの女性や男性が上からの運動に活き活きと参加できた時期は永くは続かなかった。婦女連の女性運動史は、文革前の女性運動を1949〜56年と1956〜66年に時期区分する［顧主編 2013］。1956年から「社会主義建設の総路線」が始まり、女性も広範に生産に参加するものとされたが、翌年党中央は女性工作方針として「勤倹建国・勤倹持家、社会主義建設のために奮闘しよう」（略して「両勤」）を提唱し、家族を支え、家庭での節約や副業によって国家に貢献しよう、とした。すべての女性に職場を確保することの困難が明らかになってくると、女性が家庭で国家に貢献することが推奨されたのである。その後、1958年からの「大躍進」政策の時期には女性の就業が強力に推進されるが、その失敗が明らかになった1960年には、「両勤」が再度、強調された。

　こうした［末次 2009］が指摘した女性運動の方針がその時どきの政治情勢によって左右される傾向は、家事労働の評価からも見て取れる。宋少鵬は、『人民日報』の記事から、都市家族のなかの無業女性の評価の変遷を分析した。建国当初、彼女たちは勤労者に依存する「寄生虫」として批判された。第一次五カ年計画が始まると、女性たちには家庭生活を良好に切り盛りし、生産労働の後方支援をおこなうことが期待された。ところが「大躍進」政策が推進された1958年から1960年には、女性たちは家を出て生産労働に参加すべきだという論調が高まる。だがその失敗後の1960年代初頭には、再び女性の家庭役割が重視されるようになった［宋 2011］。

　1958年には戸口制度が成立して家族を基盤として人を掌握する体制が整い、

自由な移動も禁止された。また、計画出産は1950年代半ばに導入されている（後述）。かくしてフーコー的な生-権力は、それまでより強く中国社会に生きる人々を縛るようになっていった。なお、1950年代のジェンダー史に関する史料については、[小浜 2016] が概観している。

4．文化大革命とジェンダー

1966年に始まった文化大革命は、現在では、毛沢東が政治権力を奪回しようとして中国社会を十年間に及ぶ大混乱に陥れたものだったとされている。この時期、ジェンダー秩序においても「大混乱」が見られた。

早くも1963〜64年には、全国婦女連機関誌『中国婦女』で展開された「女性価値討論」に対して、女性の価値を云々するのは封建思想・ブルジョア観点の反映であり、階級区別を抹消するブルジョア的「女性観点」の思想である、との批判がなされ、すべてを階級闘争に一元化する文革期の潮流の片鱗がみえる。文革さなかの1968年3月11日付『人民日報』の「中国のフルシチョフ反革命修正主義女性運動路線を徹底批判する」という記事は、「中国のフルシチョフはブルジョア的「女性観点」「福祉観点」を利用し、女性運動の階級闘争の性質を覆い隠した。……彼らは政治闘争に背を向け女性を狭い家庭の範囲に閉じ込めて「私」を掲げて資本主義を復活させようとした」として建国以来の女性運動を全否定した。また「勤倹建国・勤倹持家」は「階級闘争終息論」であり、「女性運動の実質は階級闘争でなくてはならない」という論理を展開した [顧主編 2013]。

このような論理の下、文革時期は男女の性差が極小化する傾向があった。毛沢東の「女性は天の半分を支える」「男の同志に出来ることは、女の同志にも出来る」という言葉も広められ、従来は男性の職種とされていた高圧電線での作業や石油の掘削などの3K労働に性差を抑圧した服装で従事する若い女性が、「鉄の娘」としてもてはやされた。近年、こうした現象は、女性の活躍の場を広げて性別役割分業を改めた側面もあったが、男女平等を唱いながら男性基準へ女性を同化させようとし、女性の生理を無視して無理を強いるものでもあった、と評価されている [金 2010] [江上 2015]。

また、農村部でプライマリ・ヘルスケアに活躍する「はだしの医者」のポスターなども、文革時期を象徴する視覚表象のひとつであった。「はだしの医者」は実際には過半数が男性だったにも関わらず、描かれた画像の大多数が女性だったのは、「はだしの医者」が文革期に持ち上げられた農村・女性・思想・中国医学のシンボルだったからである。そのようなプロパガンダは、女性治療者を普及させたが、女性の身体はその所有者の男性のものだという既存の家父長制規範を承認していたと、［姚 2016］は指摘する。

　文革後期に「四人組」の江青が力をふるった時期は、中華人民共和国史上、全国人民代表大会代表等の国家の指導層で女性比率が最も高かった時期でもある。このように女性が目立ったことには、どのような意味があるのか。総じて、中国では文革時期の現象は過激で荒唐無稽と片づけられて、その詳しい内実を掘り下げる研究は、タブー視されて進んでこなかった。しかしこの時期のジェンダーをめぐる現象や表象の意味については、今後さらに研究を深める必要がある。中国革命によるジェンダー秩序の変革の成果と限界を明らかにするには、文革期の研究は避けては通れないと思われる。

5．計画出産をめぐる国家・家族・個人

　婚姻法とならぶ中華人民共和国の政策による家族の大きな変化は、計画出産——いわゆる「一人っ子政策」を含む——による子供の数の減少である。「一人っ子政策」とは、中国で1979年以来おこなわれていた、一組の夫婦に子供一人を基本として国家が強制力をもって出生数をコントロールする基本国策を指すが、中国における「計画出産」すなわち政策的なバース・コントロールの推進は、「一人っ子政策」よりずっと早く1950年代半ばから始まっている。欧米社会では20世紀前半までに民間で、むしろ国家に対抗して近代的なバース・コントロールが普及したのとは異なって、アジア諸国では、第二次大戦後に政策的に上から家族計画の推進がはかられた。中国の「一人っ子政策」は、その規模の大きさと強制的な方法のため、きわめて特異なものと捉えられることが多いが、このようなアジア近代の各地域で展開された生－政治(バイオポリティクス)のひとつとして見てゆく必要がある［小浜等編 2014：7-24］。以下、

計画出産の展開過程を辿りつつ、論点を確認しよう。

（1）「一人っ子政策」以前

　中華人民共和国成立以前の中国でも、人々は子供の数を調節して世代の再生産を統御しようと努めていたが、国家は介入せず基本的に放任していた。しかし人民政府はその初期の段階から生殖の問題にも積極的に介入して人口政策を展開した［White 2006］［小浜 2009a］。

　建国当初、新中国では安心して子供を生み育てられるとその社会制度の優位性を前提に出産が奨励され、「女性と子供の健康の保護」を掲げて、堕胎が批判された。だが、1953年センサスによって人口が予想を上回って6億人に達していることがわかり、一転して1950年代半ばからバース・コントロールが推進されることになった。議論を反対の方向に転換させるために、「女性の健康」だけでなく、より大きな価値であった「民族の繁栄」や「速やかな社会主義建設」が目的として掲げられた。このような議論の展開の中で、性と生殖に関わる言説空間が倫理ではなく政治に統御される構造が形成されていった。その後、人民共和国の人口政策は何度も方向転換するが、政治による生殖の統御はずっと継続する［小浜 2009b］。

　1958年から始まった「大躍進」の時期、計画出産は中断した。しかし1960年代前半、合計特殊出生率が6人を超える第二のベビーブームが起こり、政府は計画出産を再開して人口の急激な増加を食い止めることを試みる。上海では、行政・医療当局の精力的な工作の下、この時期までに、労働者層の女性にもバース・コントロールは手が届くものになった。当時の計画出産は「自願」によるものであったが、女性たちは仕事と家事・育児との二重負担の下で、積極的にこれを導入した。こうして上海の女性たちは、産む／産まないを選択し決定する主体であるエージェント（＝行為者）となってゆき、その結果、1960年代の上海の出生率は目にみえて低下した。とはいえ男性には計画出産に積極的でない者が多いというジェンダー構造と当時の技術的条件の制約の下で、女性の身体的負担の大きな卵管結紮と中絶が計画出産の主たる方法となった［小浜 2010］［小濱 2010］。卵管結紮と中絶は、のちに農村部で計画出産を普及させる際にも中心的な方法となる。もっとも当時は、中

国人口の大半が暮らす農村の多くではいまだ計画出産は浸透しておらず、1960年代までの中国の人口動態への計画出産による影響は限られていた[Scharping 2003]。

農村部を含む中国全国で計画出産が広く浸透したのは1970年代である。中国の合計特殊出生率は、1971年の5.44人から1979年の2.75人へと1970年代に最も急激な低下を見せる。「晩婚、晩産、夫婦一組に子供二人まで」のスローガンが村々で宣伝された。農村の女性たちを動員して卵管結紮手術を受けさせるのに大きな役割を果たしたのは、各村（生産大隊）に配置された婦女主任であり（第14章参照）、こうした基層幹部の経済的行政的権力を通して国家による生殖管理が全国に普及した[White 2006]。[小濱 2011][小浜 2014]は、計画出産の「先進村」とされた東北地方のある村の情況をたどり、国家の政策と家父長制的農民家族と生殖の主体である女性との複雑な権力交渉の結果として、出生率の低下がもたらされたとする。

（2）「一人っ子政策」の展開

中国は1978年12月の中共11期3中全会を機に革命路線から近代化路線の改革開放政策に転じたが、ほぼ時を同じくして「一人っ子政策」が始まった。普遍的に一夫婦に子供一人を強要する厳しい一人っ子政策が決定されたのは、中国が近代化するためには人口の急増を食い止める必要があるという、ロケット学者宋建を中心とする科学者による「科学」の言説によってである。[Greenhalgh 2008]は、こうして鄧小平時代の中国に、「科学」の名によって主張された言説が政治に決定的な影響力を及ぼすという「知の枠組み」が構築されたとする。「基本国策」と位置づけられたこの政策は、戸別農家による生産請負が開始されて農家が跡取り息子を求めるようになったのと同時期に施行されたこともあって、大きな反発を受け[1]、女児や女児を産んだ女性への虐待が数多く発生した。[Scharping 2003]は、一人っ子政策に抵抗・反発したのは、近代的な個人というよりは中国の伝統的家族であったと指摘し、[小浜 2016]は、華南地方の農村における政策展開の複雑な過程を描く。

（4）[モッシャー 1994][モッシャー 1995]は、改革開放政策の初期に中国に入って、「一人っ子政策」の実態を伝えたルポルタージュとして話題を呼んだ。

厳しい普遍的な一人っ子政策は大きな反発と混乱をもたらしたため、1984年から政策はやや緩和されて、混乱はいくらか収まった。1980年代の出生率は横ばいで、1991年から政府はさらに厳しく計画出産政策を遂行して緊張が高まり、また、深刻な性比失調がおこった［White 2006］［Greenhalgh & Winckler 2005］［若林 2005］。1990年代半ば以降出生率は低下し、世紀末には人口の置換水準を下回るようになったが、それが厳しい政策の成果なのか、中国の経済発展が軌道に乗り始めたことによるのかについては、議論がある。また1995年の第4回国連世界女性会議以来、中国は世界と「軌道を接する」ようになり（第18章参照）、「人口と開発」やリプロダクティブ・ヘルス＆ライツなどの考え方が導入されて、家族計画と人々の生活向上と利益とを結合させることが謳われ、計画出産の方法はより緩やかなものとなった［若林編 2006］。

　21世紀に入ると、急速な少子高齢化が明らかになる中で、中国国内でも人口学的な見地から「一人っ子政策」による人口構成のゆがみが指摘されて政策の変更を求める議論が起こり［田・王編 2008］、また人権の見地からの問題提起もなされるようになる。しかし［陳・春 2004］が描くように計画出産をめぐっては利権の構造が強固に形成されており、その変更は容易ではなかった。ようやく2015年10月に、すべての夫婦に第二子の出産を許可する「二人っ子政策」への変更が決定された。とはいえ出生数を国家が統制すること自体は当分継続するといい、経済が市場中心になっても、中国の国家権力はヒトの出生への管理を止める気配はない。

おわりに

　改革開放政策と「一人っ子政策」の開始後の1980年、婚姻法が改定された。法定結婚年齢の引き上げや計画出産の夫婦双方への義務づけ、また子に父母どちらの姓も名乗れるようにして双系制への移行を準備するなど、「一人っ子政策」に対応すると共に、離婚に破綻主義を導入するなどの社会状況に対応する修正があった［加藤 2001］。さらに2001年にも婚姻法の修正があり、重婚や家族の虐待・遺棄の禁止、配偶者以外の異性との同居やドメスティッ

ク・バイオレンスの禁止等が規定されて、改革開放の進展の中で発生している多様な状況への対応が見られる。社会主義時代は非常に少なかった離婚は、改革開放後、急増した。有責配偶者の賠償責任も定められ、社会の基本としての婚姻家庭の秩序を守ろうという国家の姿勢は維持されているが、家族の変化の早さに政策は追いついていないようだ[5]。

現在の中国では、市場経済の進展による社会の流動化と格差の拡大、都市の「単位」や農村の人民公社によっていた社会保障機能の弱化の中で、家族の相互扶助機能への期待が高まっている。そこでは伝統的な父系の家族や宗族のみでなく母系・女系をも含めた親族ネットワークが見直されてもいる［小浜 2015］。

しかしながら現代中国の家族は、いまだ国家による強い統御の下にある。改革開放と同時に「一人っ子政策」が始まったことが示すように、20世紀末からの中国の政権は、経済を自由化しても人の身体と生に対する支配をむしろ強化してきた。「一人っ子政策」が「二人っ子政策」に移行した今後、生-権力のありかたはいかに変化するのかが注目される。

・参考文献・

[和文]
江上幸子（1993）「抗戦期の辺区における中国共産党の女性運動とその方針転換――雑誌『中国婦女』を中心に」、柳田節子先生古稀記念論集編集委員会編『中国の伝統社会と家族――柳田節子先生古稀記念論集』、汲古書院
江上幸子（2015）「『鉄の娘』と女性民兵」、小浜正子編『ジェンダーの中国史』、勉誠出版
小野和子（1977）「婚姻法貫徹運動をめぐって」、『東方学報』49
小野和子（1992）『五四時期家族論の背景』（京都大学人文科学研究所共同研究報告、五四運動の研究 第5函15）、同朋舎出版
加藤美穂子（2001）『詳解 中国婚姻・離婚法』、日本加除出版株式会社
関西中国女性史研究会編（2014）『中国女性史入門――女たちの今と昔（増補改訂版）』、人文書院
金一虹（2010）「ふりかえり再考する――中国文化大革命期のジェンダーと労働、そして「鉄の娘」運動」（大橋史恵訳）、『ジェンダー史学』6

（5）［関西中国女性史研究会編2014：10-15］は、現代中国の婚姻（制度）をめぐる諸問題を概観する。

小浜正子（2009a）「生殖コントロールとジェンダー」、飯島渉等編『シリーズ20世紀の中国 3　グローバル化と中国』、東京大学出版会
小浜正子（2009b）「非合法堕胎から計画生育へ――建国前後の性と生殖をめぐる言説空間の変容」、日本上海史研究会編『建国前後の上海』、研文出版
小浜正子（2010）「中国におけるバース・コントロールの方法」、服藤早苗・三成美保編『権力と身体』、ジェンダー史叢書１、明石書店
小浜正子（2014）「「一人っ子政策」前夜の中国農村――Q村における「生まない」選択の登場」、（小浜・松岡編（2014）に収録）
小浜正子（2015）「現代中国の家族の変容――少子化と母系ネットワークの顕現」、同編『ジェンダーの中国史』、勉誠出版
小浜正子（2016）「ジェンダー史――家族・動員・身体」、中村元哉・大澤肇編『史料解説 現代中国の起源を探る』、東方書店
小浜正子（2017）「ある中国農村における計画出産の展開――湖南省 B 村の場合」、松岡悦子編『子どもを産む・家族をつくる人類学――オールターナティブへの誘い』、勉誠出版
小浜正子・松岡悦子編（2014）『アジアの出産と家族計画――「産む・産まない・産めない」身体をめぐる政治』、勉誠出版
末次玲子（2000）「女性のくらしと両性関係」、三谷孝等『村から中国を読む――華北農村五十年史』、青木書店
末次玲子（2009）『二〇世紀中国女性史』、青木書店
高橋伸夫（2010）「党、農村革命、両性関係」、同編『救国、動員、秩序――変革期中国の政治と社会』、慶応義塾大学出版会
中国女性史研究会編（2004）『中国女性の100年――史料にみる歩み』、青木書店
チャン，アニタ等（1989）『チェン村――中国農村の文革と近代化』、（小林弘二監訳）、筑摩書房
陳桂棣・春桃（2005）『中国農民調査』、（納村公子・椙田雅美訳）、文藝春秋
田雪原・王国強編、中国人口学会著（2008）『中国の人的資源――豊かさと持続可能性への挑戦』、（法政大学大学院エイジング総合研究所訳）、法政大学出版局
フーコー，L ミシェル（1986）『性の歴史 I　知への意志』、（渡辺章訳）、新潮社
マン，L スーザン（2015）『性からよむ中国史――男女隔離・纏足・同性愛』、（小浜正子・グローブ，L 監訳、秋山洋子・板橋暁子・大橋史恵訳）、平凡社（原著：Mann, Susan, *Gender and Sexuality in Modern Chinese History*, Cambridge: Cambridge University Press, 2011）
モッシャー，スティーブン・W（1994）『中国農民が語る隠された過去――1979-1980年、中国広東省の農村で』、（津藤清美訳）、どうぶつ社
モッシャー，スティーブン・W（1995）『チャイニーズ・マザー（上・下）』、（池田真紀子訳）、祥伝社
姚毅（2016）「「はだしの医者」の視角表象とジェンダー」、中国女性史研究会編『中国のメディア・表象とジェンダー』、研文出版
林紅（2007）『中国における売買春根絶政策』、明石書店
若林敬子（2005）『中国の人口問題と社会的現実』、ミネルヴァ書房
若林敬子編著（2006）『中国　人口問題のいま――中国人研究者の視点から』、（筒井紀美訳）、ミネルヴァ書房

［中文］
金美蘭（2011）「1953年中国婚姻自主運動的両面性――貫徹方式和冷戦之下的文化重構」、羅小茗編『制造「国民」――1950-70年代的日常生活与文芸実践』、上海書店出版社
顧秀蓮主編（2013）『20世紀中国婦女運動史（中巻）』、中国婦女出版社
小濱（小浜）正子（2010）「計劃生育的開端――1950-1960年代的上海」、『中央研究院近代史研究所集刊』68
小濱（小浜）正子（2011）「中国農村計画生育的普及――以1960-1970年代Q村為例」、『近代中国婦女史研究』19
宋少鵬（2011）「公中之私――関於家庭労働的国家話語（1949-1966）」、『近代中国婦女史研究』19
張済順（2015）『遠去的都市――1950年代的上海』、社会科学文献出版社
陳雁（2006）「"大躍進"与1950年代中国城市女性職業発展――以上海宝興里為中心的研究」、呉景平・徐思彦主編『1950年代的中国』、復旦大学出版社
廖熹晨（2012）「新中国成立初期北京地区性倫文化研究（1949-1966年）」、梁景和編『婚姻・家庭・性別研究（第二輯）』、社会科学文献出版社
劉暁麗（2014）『1950年的中国婦女』、山西教育出版社
［英文］
Diamant, Neil J.（2000）, *Revolutionizing the Family: Politics, Love, and Divorce in Urban and Rural China, 1949-1968*, Berkeley: University of California Press.
Evans, Harriet（1997）, *Women and Sexuality in China: Dominant Discourses of Female Sexuality and Gender since 1949*, New York: Continuum.
Greenhalgh, Susan & Winckler, Edwin A.（2005）, *Governing China's Population: from Leninist to Neoliberal Biopolitics*, Stanford: Stanford University Press.
Greenhalgh, Susan（2008）, *Just One Child: Science and Policy in Deng's China*, Berkeley and Los Angeles: University of California Press.
Hershatter, Gail（1997）, *Dangerous Pleasures: Prostitution and Modernity in Twentieth-Century Shanghai*, Berkeley: University of California Press.
Scharping, Thomas（2003）, *Birth Control in China 1949-2000: Population Policy and Demographic development*, London & New York: Routledge Curzon.
Stacey, Judith（1983）, *Patriarchy and Socialist Revolution in China*, Berkeley: University of California Press.（邦訳：ステイシー，J.『フェミニズムは中国をどう見るか』、（秋山洋子訳）、1990年、勁草書房）
White, Tyrene（2006）, *China's Longest Campaign: Birth Planning in the People's Republic, 1949-2005*, Ithaca, NY: Cornell University Press.

第 14 章

改革開放期の
ジェンダー秩序の再編

——婦女連合会のネットワークに着目して

大橋史恵

井戸端会議（豊子愷
「張家長、李家短」）

はじめに

　改革開放以降の時期の中国は、計画経済から市場経済への移行、そしてグローバル経済への接合という大きな構造変動のなかで着実に発展してきた。近年は前年比において減速しつつも、2015年には6.9％、2016年には6.7％の実質経済成長率を達成している。マクロ経済のみでいえばソフト・ランディングを果たしたととらえることもできよう。しかしこの構造変動は、多くの人々の生存の基盤を浸食するものでもあった。公有制経済の解体、農業の衰退と出稼ぎの増加、開発計画による土地買収といった変化のなかで、仕事をする、住まいをもつ、親密な関係を成す、子を産み育てる、老いのときを過ごすといった営みを果たせない人々が数多く出現している。

　こうした状況を的確に理解するためにはジェンダーの視点が不可欠である。フェミニスト経済学や社会政策研究が「貧困の女性化」[1]という概念のなかに指摘してきたように、経済開発のなかの貧困のインパクトは男性よりも女

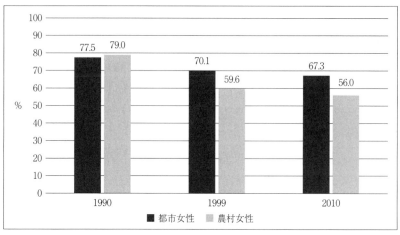

図1　都市と農村における男女の年平均収入の格差とその推移（男性＝100％）

性に強く表れる。歴史的に社会のなかに埋め込まれてきたジェンダー秩序[2]が社会経済構造の変動によって再編されるなかで、女性にとってより不利な状況がもたらされているのである。

改革開放以降の女性と男性の状況がどのように変化してきたのかを端的に把握するために、中国婦女社会地位調査（中華全国婦女連合会と国家統計局が十年に一度実施している全国標本調査）のなかの女性と男性の経済格差の変化に関するデータをみておこう[3]。

図1は、男性の年平均収入を100％としたときの女性の年平均収入の推移を、都市と農村それぞれにおいてグラフに表したものである。市場経済化が始まる直前の1990年には都市で77.5％、農村で79.0％だったのが、1999年には都市で70.1％、農村で59.6％、2010年には都市で67.3％、農村で56.0％に

---

(1) 「貧困の女性化」は1995年の第4回世界女性会議をきっかけに知られるようになった概念である。貧困層における女性の占める割合が増えていること、そして女性の貧困率が男性以上に上昇していることを意味する。

(2) ジェンダー秩序とは、ある社会において女性や男性の関係を規定する諸制度（ジェンダー・レジーム）と、そのような関係を生きる人々の日常的な実践のあいだで構成されるような全体秩序のことを指す［Connell and Pearse 2014］。

(3) 中国婦女社会地位調査のデータを劉伯紅らがまとめたもの。中国婦女社会地位調査は、中華全国婦女連合会と国家統計局による全国規模の標本調査であり、これまで1990年、2000年、2010年の三度にわたって実施されている。

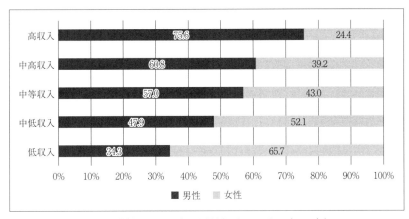

図2　農村における収入階層とジェンダー（2010年）

落ち込んだ。このデータからは、（1）市場経済が導入されるより以前から男女の経済格差があったこと、（2）全体において男女の経済格差は開き続けていること、（3）農村における男女の経済格差は都市に比べて小さかったのが、1990年代以降に急激に拡大したということがわかる。また、図2で2010年の農村のデータを収入階層別にみてみると、高収入層ほど男性が多く、低収入層ほど女性が多いことがより明確にわかる。劉伯紅らはこの現象の背景に、ジェンダー職域分離をとらえている。農村から都市へと出稼ぎに行く男性たちは高収入の建築業に集中するが、女性は美容・美髪（エステやヘアサロン）や家政サービス（家事労働者）といった相対的に低収入の職域で働くことが多いという［劉・李・楊 2014］。

　このような変化の背景をとらえるために、本章はマクロの社会経済構造とミクロの女性たちのあいだを介在するメゾ・レベルのアクターとして、中華全国婦女連合会およびその指揮下にある地方婦女連合会、すなわち「婦女連」[4]のネットワークについて論じていく。婦女連は、中国共産党が経済開発の取り組みやコミュニティ運営など、政策上で女性を動員する際の要として機能している組織であり、同時にジェンダー平等や女性の権利、家族や子

（4）　婦女連は日本で一般に用いられている略称であり、中国では「婦聯（フーリエン）」と呼ばれる。

どもに関連する国の方針を女性たちに伝える役割を果たしている。また、建前上は「大衆組織」であって政府機関ではないが、中国社会のジェンダー秩序の編成に国家水準／地方水準で強い影響力をもつ、事実上のナショナル／ローカルなマシーナリーである。

　日本では、婦女連という女性組織のネットワークの存在は広く知られているものの、この組織の沿革や、具体的な構成・運営のありかたについて解説されることは少なかった。そこで第1節では、改革開放初期の頃までの婦女連の歩みを概説したうえで、中国国内および英語圏における女性史・女性運動史の研究動向を整理する。第2節では、今日の婦女連の組織体制や、市場経済化のなかでの変化について取り上げる。この変化は、経済開発における女性の動員という問題に大きく関わっている。ただしこの節では、婦女連のようなナショナル／ローカルな女性政策のマシーナリーの存在が、上意下達的なジェンダー秩序の形成・維持を意味しているわけではないという側面にも注目する。第3節の議論でもこの点に注意を払いながら、ジェンダー公正を目指す草の根の女性運動と婦女連とのあいだの連関をとらえていく。

　なお、本書第13章は中華人民共和国の成立以降、ジェンダー秩序に関わる政策がいかに変化してきたかについて論じるなかで婦女連の動向についても触れている。また、第19章は、改革開放以降の中国におけるフェミニズムや女性／ジェンダー研究の潮流について、婦女連の積極的・消極的な関与をふくめて議論している。これらの章をあわせて読み進めることで、中国における婦女連とジェンダー秩序の関係についていっそう理解を深めることができるだろう。

1．中華全国婦女連合会とその変化

（1）婦女連の沿革

　婦女連の歴史は中華人民共和国成立前にさかのぼる。20世紀初頭から社会変革を求める動きに共鳴してきた女性たちが1949年3月、北平（現北京）において中国婦女第一回全国代表大会を開き、中華全国民主婦女連合会を成立させたのが始まりである。中華人民共和国の樹立後、婦女連は中国共産党に

よる社会主義建設のプロジェクトの下で、マルクス主義女性解放論を軸に女性の生産労働参加を推進していった。こうした取り組みは、社会的に弱い立場にあった女性たちに経済的・政治的なエンパワーメントの契機を与えた。

しかし第13章が紹介しているように、党中央は政治経済情勢の変化のなかで、たびたび女性は生産労働よりも家庭役割を重視すべきという方針を打ち出した。また文化大革命期には女性に特化した主義主張自体がブルジョア的だとして糾弾されるようになり、婦女連も1966年から1976年にかけて活動停止を余儀なくされた。婦女連が「中華全国婦女連合会」という現在の呼称の下で再出発を遂げたのは、1978年9月の第4回全国婦女代表大会においてのことである。

（2）改革開放初期の女性運動史研究

改革開放を経て政治体制の大きな変動が一区切りをむかえた1980年代、中国共産党史研究の編纂が次々に進められるなかで、女性運動の歴史も党史研究者や婦女連内部の研究者らの手によってまとめられた。この時期に刊行された注目すべき研究として『中国婦女運動史（新民主主義時期）』［中華全国婦女連合会 1989＝1995］がある。第19章でも記されているように、この文献は婦女連が中国の女性運動の正統な担い手であるという意識の下で編纂されており、五四運動から中華人民共和国成立に至るまでの共産党の革命史に沿って女性運動の展開を振り返っているのだが、共産党関係者だけでなくキリスト教者や国民党の女性活動家の歩みにも目配りがなされている。ただし取り上げられているのは1919年から1949年という時期のみであり、中華人民共和国成立以降の女性史は扱われていない。社会主義体制成立以降の政治経済状況のなかで女性たちがどのように生きたのかを掘り下げるような試みはおこなわれなかった。

中華人民共和国成立以降の女性たちの状況や婦女連の歩みについては、中国国内より先に海外で総括が進んだ。欧米英語圏では、文革期を含めた共産党の政治体制下での女性動員の歴史をフェミニスト視点から再検討する研究が1980年代からおこなわれていった。

第13章にも紹介されているジュディス・ステイシーの『フェミニズムは中

国をどう見るか』は、そうした研究のなかでも鋭い批判的考察を提起した著作である。ステイシーは、婦女連を「公的家父長」としての中国共産党の指揮下で女性たちを監督する組織としてとらえ、「過去に従属的社会グループだった者の力を伸ばすことを目的の一部として党によって設立され、党に対する公式的従属のもとに働き、その意にそうためにのみ存在する」と論じた［Stacey 1983: 208］。婦女連という組織が、文化大革命期の急進的な階級闘争のなかで女性の社会的従属性を論じることすら否定され、活動停止に至ったという事実を考えると、この指摘には妥当性があるといわざるをえない。

　ただしステイシーの考察には限界もある。この議論は、1950年代から60年代に中国に滞在した欧米知識人による民族誌的記録に多くを依拠した記述になっており、ミクロなジェンダー関係の変化はみえにくい。つまり、各地方の婦女連がこの時期にどのような具体的活動をおこない、女性たちがそのような取り組みにどのように呼応したのか、その結果としてコミュニティや家庭のなかの女性や男性の役割や意識がどのように変わったのか、といった点について、つまびらかにされているわけではない。このような資料的制約は、当時の海外の中国研究に共通するものであった。

　なお、1980年代から1990年代初めの時期には、近現代中国における女性運動の歩みに関する資料集の編纂も進んだ。共産党の女性政策に関わる過去の決定や指示の文書、女性幹部らによる報告などを集成した2冊の資料集『中国婦女運動文献資料彙編（第1、2冊）』［中国婦女幹部管理学院主編 1987、1988］と、明末清初やアヘン戦争期、太平天国期などの女性解放の兆しといえるような論述、清朝期の解纏足（纏足をほどく）や女子教育についての提言から、共産党の女性政策についての文書に至るまで、近現代中国の女性解放に関わるさまざまな資料を6巻にわたってまとめた『中国婦女運動歴史資料』［中華全国婦女連合会婦女運動歴史研究室編 1986-1991］が代表的なものといえる。

（3）オーラル・ヒストリーにおける婦女連をめぐる語り

　1990年代になるとフェミニスト視点に基づく研究のなかでも、婦女連によるさまざまな活動を、そこに関与した女性たちの語りから分析・再検討する

オーラル・ヒストリーの試みが始まった。

　陝西省婦女連研究室に所属していた高小賢は、1993年頃から、陝西省西安、渭南等在住の60歳以上（当時）の女性たちに1950年代の農村の女性動員の記憶について聞き取り調査をおこなった。またこの時期にはジェンダー研究領域において中国と欧米の研究者同士の国際交流が活発になっていたなか［王ら 2014］、アメリカのゲイル・ハーシャッターが高とともに共同研究「1950年代中国女性オーラル・ヒストリー」にとりくんだ。

　2005年に高が発表した論文「"銀花賽"――20世紀50年代における農村女性のジェンダー分業」は、この時期に蓄積された農村女性や婦女連幹部へのオーラル・ヒストリーの記録のほか、檔案や刊行物などを参照しながら、陝西省農村において婦女連が実施した綿花生産の労働コンテストが、ローカルなジェンダー関係にどのような影響をもたらしたのかを分析したものである［高 2005］。

　1950年代の中国では、工業領域において綿製品の重要性が高まった。新技術の開発によって綿花の生産にはより細やかな作業の分担が必要となり、大量の労働力投入が求められるようになった。政府が綿花生産への労働力動員を呼びかけると、陝西省婦女連は女性たちに積極的に技術を学ばせ、生産量を競争させる「銀花賽」キャンペーンを開始した。それまで農村では女性が家庭の外で働くことは一般的ではなかったが、この時期には「同一労働同一報酬」がおおいに宣伝され、女性たちは男性と同じ労働点数を稼ぐことができるようになった。こうして1950年代初頭まで男性によって占められていた綿花生産の現場に、女性たちが増加したのだった。

　ところが女性の労働参加が増えると、男性たちは面倒な新技術による綿花生産から撤退し、より高い労働点数を稼ぐことができる副業生産や水利、鉄鋼業などの現場に入っていった。高は、「男女の「同一労働」がなくなったことで、「同一報酬」をめぐる闘争も失われ、女性の労働点数は下降した」と指摘する［高 2005：168］。改革開放を経て生産請負制が始まると男性は再び綿花生産に参入したが、労働点数には男性10点、女性7点というジェンダー差が復活したという。本章冒頭で紹介した農村における男女の収入格差の変化は、このような経緯に関係しているといえるだろう。

高との共同研究によって1990年代の陝西省農村でオーラル・ヒストリーの聞き取りをおこなったハーシャッターは、『記憶のジェンダー――農村女性と中国における集団化』にその成果をまとめている［Hershatter 2011］。この研究は、1949年以前に生まれ育ち、1950年代の農業集団化の時期に青壮年期を過ごした女性たちにとって、社会主義は何を意味していたのかという問いを取り上げた。

　1977年から1987年にかけてアメリカ合衆国下院議長を務めたティップ・オニールの「すべての政治はローカルなものだ」という言葉を参照しながら、ハーシャッターは「すべての社会主義はローカルなものだ」と述べる［Hershatter 2011: 31］。つまり「中国」という大きな枠組みで社会主義のジェンダー・レジームをとらえるのではなく、陝西省のローカルなさまざまな地域を生きた、さまざまに異なる立場の女性たちにとって、社会主義がどのようなジェンダー関係の変化をもたらしたのかを分析の焦点にしているのである。

　ハーシャッターらの聞き取りの対象は、都市の婦女連から派遣され、ローカルな女性リーダーを育成するために農村家族のもとに住み込みで暮らした「蹲点（ドゥンディエン）」(5)の幹部たち、婚姻法を周知させるためのキャンペーン活動家に選ばれた農村女性たち、集団農業においてフルタイムで働いた女性たち、農村の女性たちが信頼する伝統的な出産と共産党の宣伝する「安全で衛生的」な新しい出産とのあいだに立たされた助産師たち、高も注目した綿花生産において「労働模範」となった女性たちなど、多岐にわたる。それぞれの語りからは社会主義体制下で組織化された婦女連のネットワークが、ローカルな女性たちや男性たちの日常にどのように交差していたのかが浮き彫りになる。

　オーラル・ヒストリーに基づくこうした新しい研究が蓄積されるなか、党史研究とリンクした婦女連研究の潮流にも変化がみられるようになっている。近年になって婦女連が出版した『20世紀中国婦女運動史』（上・中・下巻）［顧主編 2008、2013］は、中巻で1949年から文革までの時期、下巻では改革開放

（5）「蹲点」とは幹部が農村の基層社会に入り込んで、現場における問題の理解と解決にあたることを意味する。

以降の時期を扱っている。『中国婦女運動史』と同様、共産党体制下で位置づけられた女性運動史というべき論調ではあるが、中国国内外のジェンダー史研究者による研究の蓄積をふまえたものとなっている。下巻では各地方の婦女連の取り組みにも焦点があてられている。この背景には1990年代から2000年代にかけ、地方誌の編纂作業においてローカルな女性運動史に目を向けた地域が増えたことが関係していよう。また、オーラル・ヒストリーに基づく研究はこの領域でも普及しつつある。党史研究を専門とする耿化敏がまとめた『中国共産党婦女工作史（1921～1949）』[耿 2016] では、婦女連のかつての幹部やその周辺人物による回顧録が多く参照されているほか、耿によるインタビュー記録も用いられている。

2．婦女連の組織体制とガバナンス

（1）婦女連の組織体制

前節で解説したように、婦女連は文革期に活動停止を強いられ、改革開放に向かう時期に再始動を遂げる。この活動再開から今日までのあいだに、婦女連はどのような組織体制をとってきたのだろうか。そのガバナンスのありかたは、中国におけるジェンダー秩序の編成にどのように影響しているのだろうか。

今日、中華人民共和国中央人民政府のウェブサイトにおいて全国婦女連は「社会団体」の一つとして紹介されている。「社会団体」とは非政府組織（NGO）と重なる位置づけの団体であるが、次節で詳しく述べるように、実際には社会団体登記管理条例の規定により、上位機関の指導と管理を受けなければならない。実態としては行政や政府機関の下で活動する団体も少なくない。「社会団体」を概説する中央人民政府のウェブページにも、「行政や機関の編制下にあり、国家財政の配分を受けている社会団体は約200あり、そのうち中華全国総工会、共産党青年団、全国婦女連などの社会団体は非政府性の組織であるが、かなりの程度において政府の機能を果たしている」とある[6]。この意味でも、全国婦女連は中国における女性政策のナショナル・マシーナリーに準ずる組織といえる。

婦女連の組織体制は、中国共産党の強い指導下にある。そのネットワークは省・自治区・直轄市・県・区などの地区ごとにおかれる地方婦女連、より末端の郷鎮・街道社区におかれる基層の婦女連、行政機関・事業単位のような女性たちの職場にある婦女委員会など、垂直的な関係を基盤に毛細血管のように社会にあまねく行き渡っている。企業や学校等には工会による女職工委員会もおかれているが、この組織も地域の県以上の婦女連に所属することになっている。婦女連の組織ネットワークは人事も含め、それぞれの階層の党委員会によって統督されている。一方で婦女連の代表は各級の人民代表大会と政治協商会議、およびその常務委員会に参加している。全国婦女連の主席は、全国人民代表大会の常設機関である全人代常務委員会の副委員長を兼任する。このような体制の下、婦女連は女性と子どもに関連する領域で立法過程に深く関与している。

　全国婦女連の最高権力機構は、5年に1度開催される全国婦女代表大会である。この大会は、組織の運動方針や任務等の決定、全国婦女連執行委員会の報告の審議と批准、執行委員会の選挙実施など、重要な役割を担っている。同様のシステムが下位組織にまで設けられており、地方婦女連では5年に1度、基層の郷鎮・街道社区の婦女連では3〜5年に1度、婦女代表大会が開かれる。また、都市の居住地区ごとにおかれている居民委員会や農村の行政村におかれている村民委員会は3年に1度の頻度で婦女代表大会を開き、選挙を通じて婦女主任らローカルな指導者を決定する。

　婦女主任は、婦女連のネットワークのなかでも人々の日常的な生活の場に最も関わる存在である。コミュニティの女性リーダーというべき立場であり、全国婦女連の運動方針に沿って女性や子ども向けの道徳やセクシュアルヘルスを含めた衛生保健知識の啓蒙、新しい法や政策についての教導といった課題に取り組む。後述する「双学双比」等のキャンペーンも、婦女主任たちが日常的に関わるコミュニティにおいて具体的な企画・実践をおこなうものである。

（6）　中国政府門戸網站：主要社会団体 http://www.gov.cn/test/2005-05/24/content_18314.htm
　　（2016年9月6日アクセス）。

さらに農村では、各村落の婦女主任が計画出産委員会の主任を兼任することも多い。第13章は、1970年代の農村において、生産大隊に配置された婦女主任が計画出産の普及に取り組んだということを紹介している。今日の農村でも婦女主任は生殖管理に関わる任務の主力となっている。このような基層の女性権力のエージェントがネットワークの一端を担っているという点からは改革開放以降の婦女連の組織的広がりがうかがえる。

(2) ジェンダー公正をめぐる婦女連のイニシアティブ

先に述べたように婦女連は非政府組織という位置づけの「社会団体」でありながら、人事を含め、中国共産党の指導下に組み込まれている。しかし党の政治動向に完全に従属してきたわけではなく、ジェンダー公正に影響するような党の方針決定に対しては能動的にイニシアティブをとってきた。

例えば1980年、「婦女回家」（女は家に帰れ）論の政策化が審議された際、婦女連は独自の動きをとってこれを阻止した。「婦女回家」は字義通り、労働市場から女性を撤退させ家庭に帰らせるべきだという議論である。改革開放路線が始まった時期の中国では、文革期の「上山下郷」運動等の影響により中等教育を修了しても就職できない若者たち（待業青年）の存在が問題視されていた。この状況のなか、女性たちを家事や育児に専念させれば雇用の枠が空き、同時に人々の家庭生活も向上するという議論が登場し、国務院の行政部門である労働部（現・人力資源社会保障部）でもこれを支持する声が高まっていた。一方で、従来から女性の生産労働参加を支持してきた全国婦女連の幹部たちは、この動向に懸念を示していた。

政治学者の徐家良は、公共政策の決定過程における社会団体の働きについて分析するなかで、当時の婦女連幹部らの行動に着目している。1980年、労働部は中共中央に対して「婦女回家」を政策化する提言を含めた報告書を提出した。この事態を知った全国婦女連幹部らは、中央書記処に対して異議をとなえた。ところが全国婦女連はこの報告書をめぐる決議に参加する権限をもっておらず、申し立ては聞き入れられなかった。そこで当時の全国婦女連副主席であった羅瓊が、中央書記処で労働者、青年、女性関連の職務にたずさわっていた彭冲に電話をかけ、決議への参加を要求したという。最終的に

羅瓊は当時、中央書記処総書記だった胡耀邦から承認を取り付け、実際に決議の場で「婦女回家」の政策化を取下げさせることに成功した［徐 2003］。

この出来事からは、行政組織という位置づけにはない婦女連の幹部たちが、共産党の権力関係に組み込まれていることを利用しながら、ジェンダーに関わる政策決定をめぐって能動的な働きかけをおこなっていることがわかる。第3節において反家庭暴力法（反 DV 法）の成立過程をとりあげながら詳説するが、党や政府との強い関わりに根ざした婦女連の政治的交渉能力は、立法過程でも意味をもっている。

（3）市場経済化のなかの婦女連とローカルなジェンダー秩序

全国婦女連およびローカルに活動する地方の婦女連は、改革開放以降、主に女性を対象としたさまざまなプロジェクトを打ち立ててきた。

第1節で取り上げた『20世紀中国婦女運動史』の下巻によれば、婦女連が全国規模で展開したプロジェクトには「双学双比」（文化・技術を学ぶ、成績・貢献を競う：女性の識字率向上や農業技術の習得によって農村経済の振興をはかるプロジェクト）、「巾幗建功」（女性による功績確立：職場や地域において訓練や表彰をおこなうことで女性の活躍を促進するプロジェクト）、「五好家庭」（五つの条件において優れた家庭：養老精神、計画出産に基づく優良な子育て、男女平等、家庭の勤倹さ、環境保護といった側面から家庭を表彰するプロジェクト[7]）などがある。この文献の第9章では、各プロジェクトの沿革および各地域における実践の状況が解説されている。

婦女連によるプロジェクトがローカルなレベルでどのように運用されているのかをこうした文献のみから把握することは難しい。公文書やレポートだけを見ていれば、職場や基層のコミュニティにまで垂直的に張り巡らされた女性組織のネットワークに対して、全国婦女連が上意下達型の政治指導をおこなっているような印象を受けるかもしれない。しかし実際に村落や街道社区といったコミュニティを観察すると、全国婦女連の一方的な通達を、婦女

（7）「五好家庭」というプロジェクトは共産党の女性政策においてたびたび打ち立てられた。「五好」の条件はその都度異なっている。

主任以下の女性たちが全面的に受け入れて従うような体制がとられているわけではないこともみえてくる。

エレン・ジャッドの『国家と市場のあいだの中国の女性運動』は、山東省徳州周辺において基層レベルの農村女性運動がどのように展開されてきたかをとらえた研究である［Judd 2002］。ジャッドは、1980年代半ばから1990年代にかけて農村女性たちがいかに自らのニーズを認識し、社会改革的な実践をおこなっていたかを観察した。「双学双比」キャンペーンが全国レベルで開始されたのは1989年のことであったが、これらの地域では、1984年までにローカルな婦女連が女性たちによる「庭院経済」の実践を支援していた。

庭院経済とは、家屋周辺の土地を利用して商品作物や家畜を育てる試みである。家を離れることなく経済活動に参入することができるため、この地域の女性たちにとっては、伝統的な「男耕女織」を大きく覆すことなく現金収入を獲得する貴重な手段となった。ジャッドは、こうした現実的な女性たちのニーズに向き合うローカルな政治活動が、後に農村経済における女性の役割を重視する「双学双比」の全国キャンペーンへと組み込まれていったととらえる。「双学双比」は、経済開発への女性動員をトップダウン的な政策によって進めるものであるが、山東省徳州周辺の農村ではボトムアップ的な取り組みとして始まったのであった。

さらにジャッドのエスノグラフィでは、婦女主任というポジションにつく女性たちが一様ではなく、個人的背景や関心、地方婦女連や政府からの期待の変化によって異なる判断をしていることも描かれる。槐里村という村では1988年から1995年のあいだに婦女主任が何度も交替した。この地域の婦女連は、婦女主任のポジションには若くて教養があり「双学双比」キャンペーンの推進に力を入れてくれる女性が望ましいという姿勢をとっていた。しかし実際には経済活動に関心をもち、「双学双比」キャンペーンでリーダーシップをとるような20代の女性たちは、市場経済化の趨勢のなかで最終的に村を離れて都市でビジネスを追求する選択をした。また、1990年代半ばには郷政府の指示で、婦女主任に計画出産関連のプロジェクトが任され、その職務には報酬もつくことになった。するとこの時期に婦女主任になった女性は、「双学双比」のような活動にはほとんど関わらず、計画出産や納税推奨といっ

た行政関係の仕事を中心にするようになってしまったという［Judd 2002 : 88-90］。

　このようなエスノグラフィからは、全国婦女連から基層社会まで網の目のように広がる婦女連の組織ネットワークと関わりつつ、現実に即した政治的・経済的な判断の下で自らのニーズを満たそうとする農村女性たちの行為主体性(エージェンシー)が浮かび上がる。ただし、農村で「双学双比」を推し進めるよりも、都市で経済的自己実現を追求することを選んだ元婦女主任のような事例を考えると、市場経済化の波が中国社会の隅々にまで影響を及ぼしているという事実についても考えさせられよう。

　そもそも、「双学双比」や「巾幗建功」のような婦女連のプロジェクトは、市場経済において求められる能力をそなえた女性を育てようという意図を反映したものでもある。筆者は2005年から2007年にかけて、北京で家事労働者として働く女性たちを対象としたライフヒストリー・インタビューをおこなうなかで、農村女性の送り出しと受け入れのシステムに婦女連やその他の地方行政機構が関与しているケースが多いことに気づいた。全国婦女連や国務院扶貧弁（貧困扶助オフィス）が、農村の開発政策の一環として女性たちに都市の家政サービスで働くことを推奨してきたのである［大橋 2011］。2000年代の中国では多くの地域において「双学双比」や「巾幗建功」のキャンペーンの下、家事労働のほか、ベビーシッティングや高齢者の介護、美容・美髪といった領域での農村女性の職業訓練と就労が推進された。本章冒頭で、農村における男女の経済格差の背景に出稼ぎ労働者のジェンダー職務分離があることをとりあげたが、この現象は経済開発と女性政策の両輪によって支えられてきたといえる。

　さて、市場経済システムの導入をはじめとした社会経済秩序の変化によって、女性のニーズはそれまで以上に多様化している。こうした状況において、婦女連はこれまでのような社会の末端にまで張り巡らせたネットワークを活用するのみでなく、民間の女性組織の働きにも目を向けるようになっている。また、婦女連自体も「党や政府と女性群衆とをつなげる橋梁・紐帯であり、国家政権の重要な社会的支柱である」（「全国婦女連合会章程」、中国婦女第十一次全国代表大会部分修改、2013年10月31日）という基本姿勢を保ちつつも、今ま

で以上に党中央や政府の意向とは異なる独自の方針を打ち出すようになっている。次節では婦女連の活動のさらなる変容について論じていきたい。

3．今日のジェンダー秩序と女性運動の変化

（1）女性運動の多様化

　従来、中国社会における女性運動は、婦女連の指導下でおこなわれるものを「正統」としてきた。前節でとらえたように実践レベルではトップダウン型ではなくボトムアップ型の取り組みが見られるのだが、その場合であっても婦女主任や村の女性委員といった婦女連ネットワークの末端でリーダーシップをとる女性たちは重要な存在であった。

　しかし今日、婦女連がその活動の対象としてきた「女性」は、一枚岩の存在ではなくなっている。市場経済化が進むと、臨時雇用や季節労働のようなインフォーマルな形態において正式な雇用関係をもたずに働く女性たちや、農村からの出稼ぎやさまざまな家庭事情によって住所不定の状態で暮らす女性たちが増加した。こうした女性たちは、職場や基層コミュニティに張り巡らされた婦女連の網の目から漏れる存在になった。また、外資系や私営企業、自営業のような婦女連が介入しにくい領域で働く女性たちも増えていった。このような状況のなか、1980年代後半から1990年代にかけて草の根の女性組織が次々に成長し、さまざまに異なるニーズをもつ女性たちに向き合うようになっていった。

　ジュード・ハウエルは当時の婦女連幹部や女性NGOの関係者へのインタビューを通じて、この時期に女性運動が多様化していくなかで、婦女連もまたその指針を模索していたことを明らかにしている［Howell 2003］。この研究によれば1988年の第6回全国婦女代表大会は、婦女連の方針をめぐる激しい議論の場となった。中国共産党からの自律性を確保すべきだという意見や、むしろ省庁のような行政機関になるべきだという意見、婦女連自体がNGOになるべきだという意見、そしてこの時期に芽生え始めていた草の根の女性組織と綿密に協働していくべきだという意見もあったという。

　現実には1989年6月に天安門事件が起こり、民間の運動体は厳しい取り締

まりの対象となっていった。10月の中華人民共和国国務院令（第43号）によって社会団体登記管理条例が発布されると、社会活動をおこなう組織は「挂靠単位」(グアカオダンウェイ)（所属先）とよばれる上位機関の系列に入り、管理・監督を受けなければならなくなった。女性たちの多様なニーズに応えて生まれた草の根の組織もこの取り締まりの影響を受けることになった。1980年代後半から活動していた女性たちの調査研究グループ、相談ホットライン、交流サロンには、この流れにおいて活動停止に至ったものも多かったという。

しかし、同じ時期に準備が進められた第4回国連世界女性会議／NGOフォーラムを契機に、ジェンダー視点の重要性は多くの女性たちによって共有されることになった。次項で事例として取り上げる草の根の女性組織もまた、この流れにおいてジェンダー視点に基づく活動を開始している。また民間の女性たちだけでなく、一部の婦女連幹部や大学研究者らもこの意識の下で活発に交流を重ね、その後の中国におけるジェンダー研究や社会実践の潮流を築いていった。こうした経緯については第18章に詳しく述べられている。また、ション・ピンチュンらの編纂による『中国女性の組織化――幹部・フェミニスト・ムスリム・クイア』には多くの事例報告がまとめられており、1990年代のさまざまな女性運動体の具体的な活動について知ることができる［Hsing et al. 2001］。

（2）ガバナンスの強化と柔軟なネットワーク

1990年代末になると、社会団体登記管理条例が改正されたほか、民弁非企業単位登記管理暫行条例、基金会管理規則といった新たな法規も作られ、民間の組織はさらに細かい管理の下におかれることになった。社会団体、民弁非企業単位、基金会は、それぞれやや性質の異なる非営利組織であるが、いずれの場合も正式にNGOとして活動するには「挂靠」(グアカオ)すること、つまり上位機関に所属し管理を受けることが必要となる。

こうしたガバナンスの強化によって、現代中国のジェンダー秩序は上意下達のシステムの下におかれるようになったのだろうか。実際には、現実の問題解決にあたる必要性と、管理規制の強化の板挟みにおいて、女性運動体はさまざまに異なる選択をすることで、柔軟にネットワークを維持してきた。

条例に従って登記をおこなってNGOを立ち上げた女性たちもいれば、「挂靠」することなく非正規に活動を続けた女性たちもいる。

中国国内外でよく知られるような女性運動体のなかにも、大きな後ろ盾をもつ上位機関に「挂靠」することなく、一定の独立性を保ちながら活動を続けてきた組織が存在する。

一例として、1996年に設立された「打工妹之家」（出稼ぎ女性の家）がある[8]。この組織は、全国紙『中国婦女報』の下で1993年から刊行された雑誌『農家女百事通』の関連プロジェクトとして立ち上げられた。この経緯について、創設者の1人である謝麗華は、北京市民政部から雑誌の「読者クラブ」のようなものであるため登記の必要はないと回答を得たと語っている[Hsing et al. 2001: 227]。つまり「打工妹之家」は、民間組織でありながら、上位機関に「挂靠」することなく運営されていたのである。2001年から「打工妹之家」や系列の別組織「農家女実用技能培訓学校」は、「農家女文化発展センター」という上位組織の傘下におかれており、未登記という位置づけではなくなっている。しかし「農家女文化発展センター」は工商部門に登録された法人であり、やはり公式的なNGOという扱いではない。

また、世界女性会議からわずか2ヶ月後に、女性弁護士や法学研究者らが創設した「北京大学法学院婦女法律研究サービスセンター」（以下「北京大学センター」とする）は、その名の通り北京大学に「挂靠」することで活動を開始した。この組織は、ジェンダー視点から法律相談や調査研究をおこなうNGOとして10年あまり活動を続け、やはり国内外で広く知られるまでに成長した。この組織の歩みについては、リー・ジュンが関係者へのインタビューをふまえた紹介をおこなっている［Li 2004］。

「北京大学センター」は、2010年に北京大学から「挂靠」を解除され、工商登記の下で「北京衆澤婦女法律相談サービスセンター」（以下「衆澤」とする）に改称した。リーによれば、建前上の理由としては、北京大学の管轄に

（8）「打工妹之家」は国連組織や国際NGOと連携し、都市で暮らす農村女性のための法律支援や、社会的に孤立しやすい出稼ぎ家事労働者のネットワーク構築をおこなうなど、実際的な社会実践に取り組んできたことで知られる。家事労働者の支援については［大橋2011］に詳しい。

おいて活動するには代表と5名以上のスタッフが大学に雇用されている人物である必要があり、「北京大学センター」はこの条件を満たしていなかったということだったが、実際には海外から資金援助を受けて公益的な活動をおこなっていたことが問題視されたといわれている［Li 2004: 5］。その後、習近平体制による規制の強化のなか、「衆澤」も2016年2月に閉鎖されている。強力な後ろ盾をもたない組織はやはり政治的圧力にさらされやすいといわざるをえない。ただし、「北京大学センター」および「衆澤」で活動していた人権派の弁護士らは、民間の法律事務所である「千千弁護士事務所」において、現在も活動を継続している。

　では、上からのガバナンスに応じることを選択した女性組織は、上意下達型のジェンダー秩序のなかに包摂されたのだろうか。この点についても筆者は「体制内」の組織である婦女連を含め、単純に総括することはできないと考える。中国共産党や政府と足並みをそろえる婦女連は、統制を最も強く受ける女性組織である。だが、これまでも述べてきたように、婦女連はこの体制内にあるがゆえに強い政治的交渉力をもつともいえる。一方で、上からのガバナンスの下で活動する民間の女性組織が、政治的交渉力をもたない弱い運動体とはいい切れない。条例に従って正式に登記された民間女性組織のなかには、政府機関、婦女連、教育研究機関、学会など一定の政治的影響力をもつ社会団体に「挂靠」したものもあり、そのネットワークを介して政策ロビイングをおこなうこともある。

　例として2015年12月に成立し、2016年3月に施行された反家庭暴力法（反DV法）をめぐる女性運動の展開を取り上げたい。反DV法の立法化は全国婦女連と地方婦女連、草の根の女性たちの連帯によって実現した。この過程では1990年代から各レベルの婦女連が調査研究や、人民代表大会や政治協商会議での建議提出を目指して政治的調整をおこなった。同時に中国法学会の「挂靠」において成立した民間の女性組織である「反DVネットワーク」が、国家機構の内外で活躍した。「反DVネットワーク」は、政策や法律に関わる提言や、DVの介入モデルの構築、公共サービスに欠落する心理カウンセリングや法律サービスの提供、司法や警察、弁護士、婦女連幹部等を対象とした研修の実施といったさまざまなアプローチを通じ、この問題に取り組ん

でいったという［馮 2016］。

　最後に、ガバナンスの強化を避けて活動してきた女性運動体が、「体制内」において活動する婦女連と無縁というわけではないということを付け加えておきたい。先に事例としてとりあげた「打工妹之家」の謝麗華は、全国婦女連が刊行する機関紙『中国婦女報』の副編集長であった。旧「北京大学センター」および「衆澤」代表の郭建梅もまた、1980年代に全国婦女連の法律顧問処に勤務していた経歴をもち、1992年に発布された「中国婦女権益保障法」の起草にも関わった法律家である。民間の女性運動の担い手たちは、婦女連や政府に比較的近い立場にありながら、意識的に草の根に留まり、ジェンダー・センシティブな課題解決を模索してきたのである。

おわりに

　本章では、改革開放以前と以後の婦女連の歩みとその取り組みの変化に目を向けることで、市場経済化とグローバル経済との接合において、また近年の市民運動に対する規制の強化において、中国のジェンダー秩序がどのように変容しているのかを整理してきた。

　高小賢やゲイル・ハーシャッターらによるオーラル・ヒストリー研究や、エレン・ジャッドによるエスノグラフィが浮き彫りにするのは、中国のジェンダー秩序が必ずしもトップダウン的に規定されてきたわけではなく、ローカルな社会関係のなかを生きる女性たちの現実的なニーズに呼応するかたちで再編されてきたという点である。だが冒頭にデータで示したように、改革・開放以降、ジェンダー職務分離のなかでより弱い経済的立場におかれることになった農村女性も多い。女性たちは家計の維持や子の就学といった現実的なニーズによって出稼ぎを選択しているのかもしれないが、市場経済化と足並みをそろえた婦女連のプロジェクトは、ジェンダー職務分離の傾向に少なからず荷担したといえる。

　一方で、市場経済化のなかを生きる中国女性たちは、それまで以上に一枚岩の存在ではなくなっている。改革開放以降の中国では、その多様な声に応じるように草の根の女性運動が派生してきた。いわゆる「体制内」にある婦

女連と、草の根の運動体は、まったく別の方針において動いているようにみえる。しかし後者において活動する女性たちは婦女連のネットワークと断絶しているわけではなく、「反 DV 法」制定の動きにも見られるように、ときに柔軟に協働していることもわかる。

　このように今日の中国のジェンダー秩序は、複雑な布置関係の下にある。近年の市民運動に対する統制強化の動きのなかで、この布置関係が今後どのように変容していくかは未知数である。しかし本章が取り上げてきたように、上意下達のガバナンスのようにみえる状況のなかにも、ジェンダー公正を求める女性たちの声はこだましている。構造的な格差や抑圧について批判的に議論しつつ、こうした声に変革の可能性を読み取っていくことが、ジェンダー研究の醍醐味ともいえる。

・参考文献・
［和文］
大橋史恵（2011）『現代中国の移住家事労働者——農村-都市関係と再生産労働のジェンダー・ポリティクス』、御茶の水書房
馮媛（2016）「ジェンダーをめぐるフェミニスト・国家・男性の協働／不協働——反 DV 法制定過程を例に」、小浜正子・秋山洋子『現代中国のジェンダー・ポリティクス——格差・性売買・「慰安婦」』、勉誠出版
王丹凝他（2014）「グローバルとローカルを架橋すること——ディアスポラの中国フェミニスト」、（上村陽子他訳）、『ジェンダー史学』10
［中文］
高小賢（2005）「"銀花賽"——20世紀50年代農村婦女的性別分工」、『社会学研究』、2005年第4期
耿化敏（2015）『中国共産党婦女運動史（1921-1949）』、社会科学文献出版社
顧秀蓮主編（2008、2013）『20世紀中国婦女運動史』上・中・下、中国婦女出版社
徐家良（2003）『制度・影響力与博奕』、中国社会出版社
中華全国婦女連合会（1989）『中国婦女運動史（新民主主義時期）』、春秋出版社（邦訳：中華全国婦女連合会編著、『中国女性運動史：1919-49』、（中国女性史研究会編訳）、1995年、論創社）
中華全国婦女連合会婦女運動歴史研究室編（1986）『中国婦女運動歴史資料：1921-1927』上・下冊、人民出版社
中華全国婦女連合会婦女運動歴史研究室編（1991）『中国婦女運動歴史資料：1840-1918』、中国婦女出版社
中華全国婦女連合会婦女運動歴史研究室編（1991）『中国婦女運動歴史資料：1927-1937』、

中国婦女出版社
中華全国婦女連合会婦女運動歴史研究室編（1991）『中国婦女運動歴史資料：1937-1945』、中国婦女出版社
中華全国婦女連合会婦女運動歴史研究室編（1991）『中国婦女運動歴史資料：1945-1949』、中国婦女出版社
中国婦女管理幹部学院編（1987-1988）『中国婦女運動文献資料彙編』第１・第２、中国婦女出版社
劉伯紅・李玲・楊春雨（2015）『中国経済転型中的性別平等』、連合国在華系統（UN Women 報告書）

［英文］

Connell, Raewyn and Pearse, Rebecca (2014), *Gender: In World Perspective* (*Short Introduction*), Third Edition, Cambridge: Polity.

Howell, Jude (2003), Women's Organizations and Civil Society in China: Making a Difference, in *International Feminist Journal of Politics*, 5: 2, 191-215.

Hershatter, Gail (2011), *The Gender of Memory: Rural Women and China's Collective Past*, Berkeley: University of California Press.

Hsiung, Ping-Chun, Maria Jaschok, and Cecilia Milwertz, with Red Chan, eds. (2001), *Chinese Women Organizing: Cadres, Feminists, Muslims, Queers*, Oxford and New York: Berg.

Judd, Ellen (2002), *The Chinese Women's Movement between State and Market*, Stanford: Stanford University Press.

Li, Jun (2014), The Growth and Dilemma of Women's NGOs in China: A Case Study of the Beijing Zhongze Legal Consulting Service Center for Women, in Zhidong Hao, Sheying Chen eds. *Social Issues in China: Gender, Ethnicity, Labor, and the Environment*, New York: Splinger, 85-105.

Stacey, Judith (1983), *Patriarchy and Socialist Revolution in China*, Berkeley: University of California Press. （邦訳：ジュディス・ステイシー『フェミニズムは中国をどう見るか』、（秋山洋子訳）、1990年、勁草書房）

COLUMN 4

二冊の近代中国女性史

須藤瑞代

　「女性史」研究は、言うまでもなくジェンダー史研究が出現する以前から、歴史上の女性の問題に特化して考察を深めてきた分野である。現在は、ジェンダー概念を導入しての分析が主流であるが、それは、「女性史」研究を全て否定した上になりたっているのではない。とりわけ近代中国女性史研究は、これまで研究が積み上げられてきた分野であり、現在のジェンダー史研究もそこから多くのものを継承している。

　近代中国女性史に初めて本格的にスポットを当てたのは、日本の明清史研究者小野和子（1932～）であった。小野は、1978年に『中国女性史――太平天国から現代まで』［小野 1978］を出版した。今から40年近く前のことであり、当時は、近代中国女性に関する研究は、日本どころか中国においてすらほとんどない状態であった[1]。そのため本書が出版されると国際的にも注目を集め、まず韓国語［小野 1985］に、次いで中国語［小野 1987］、英語［Ono 1989］へと、次々に翻訳された[2]。

　この小野和子による業績を、現在のジェンダー史研究から見なおしてみると、どのような意義が見出されるのだろうか。現在の研究へと受け継がれて

（1）　辛亥革命以前については、小野自身による論文［小野 1968］を除いては、わずかに［談 1936］、［陳 1928］など、1930年代に書かれた著作のみだった。
（2）　現在においてもなお、近代中国の「包括的な女性史」［Judge 2008: 2］として言及されている。2004年6月に復旦大学・ミシガン大学共催で行われた"百年中国女権思潮研究"国際学術研討会（The International Conference on Feminism in China Since the Women's Bell）でも、報告者として登壇した小野和子は、この分野のパイオニアとして主催者から特別な紹介を受けた。この会議で報告された論文の一部（小野和子「馬君武的翻訳与日本」を含む）は、［復旦―密歇根大学社会性別研究所 2005］に収録されている。

きたものは何なのだろうか。

　それには、肯定的継承と、批判的継承の二つの面を指摘できよう。

　肯定的継承としては、『中国女性史』がその後の日本における近代中国女性史研究の個別・詳細な研究群が育つ土台となったことが挙げられよう。本書の最大の特色は、太平天国から1970年代までの約120年あまりにわたる、政治・思想・社会・文学・労働など幅広い分野における女性たちの生きた痕跡をすくいだしたことであった。新聞雑誌記事、法律、歌、文学など多様な史料を駆使して、知識階級から貧しい女性たちまで、都市の女性にも農村の女性にも、それぞれに共感を持って描き出している点は、他の追随を許さない。また、「エロス」という表現で、女たちのセクシュアリティについても踏み込んでいることも注目に値する。本書の出版後、こうした個別の論点について数多くの研究が蓄積されていくこととなった[3]。

　次に、批判的継承としては、革命史観の再検討・相対化が挙げられる。小野の『中国女性史』は、中国革命史観に則した女性解放史であり、自らものちに英訳本の序において、「〔本書の内容には〕文化大革命を理想化し、そのレトリックを表面的に受けとる傾向」があったと述べている［Ono 1989: xvi］［末次 1995: 229][4]。小野のこうした叙述の背景には、同時代の中国に関する情報の不足など、時代的な制約があった。小野の後続の研究において、中国において女性解放が進められていく一方で生じていた女性への人権侵害などの問題が次第に明らかになるにつれ、女性解放と革命との関係性の再検討が大きな論点となっていったのは、自然な流れであった［末次 1995: 229］。

　1980年代以降、中国女性の国家への関わり方をめぐる研究が、歴史・文学の方面から多数発表され、ジェンダー概念を導入した研究が90年代からなされはじめた[5]。こうした研究が明らかにしていったのは、女性の「国民化」の道は、女性の革命や国家への貢献を重視する方向に向かい、その結果、中

（3）　日本における研究については、［秋山 2016］および［藤井 1995］［須藤 2002］［Sudo 2007］［須藤 2012］参照。中国語による研究については、［王 1995］がある。

（4）　韓国語版は、中国革命史への肯定的叙述と家族制度に対する批判的記述を理由として、発禁となった。その経緯については、以下を参照。［小野 2005］。

（5）　たとえば、以下のような研究がある。［前山 2000］［白水 2004］［江上 2003］［坂元 2004］［須藤 2007］。

国のフェミニズムの発展をいわば阻害する側面もあったことであった。

女性解放と中国革命との関係の再検討・相対化を総合的に論じたのが、2009年に出版された末次玲子（1929〜2016）の『二〇世紀中国女性史』［末次 2009］である。著者の末次玲子は、小野と同世代の研究者で、中国女性史研究会の代表を長くつとめた。本書は小野の『中国女性史』の約30年後に刊行された、新たな通史と言えるだろう。

本書にもまた、小野の研究からの二つの面での継承が指摘できる。まず、末次の書には、この30年の間の研究の進展を踏まえ、また著者自身の丹念な発掘により、さらに大量の史料が追加されている。ファッションの変化や、少数民族の女性、日本への女子留学生、満洲における日中それぞれの女性たちについても考察しており、これは従来研究が手薄であったところを補完する意味でも意義のあることであった。日中関係にはとりわけ強い関心が見られ、1990年代に入ってからの、日本軍の性暴力の被害にあった女性たちが次々に声を上げ始めたことにも触れられている。

そして、革命史観については、ジェンダー視点を意識しつつ批判的に問い直し、たとえば中国共産党の女性政策について、「政権主導であることによって得られる大きな成果の反面、女性の主体的な要求はつねに政権の中心的課題に従属するものとされ、中心的課題の転換につれて女性政策が大きく変化するマイナスがあった」［末次 2009: 327］と指摘している。すなわち、女性解放と革命とが同盟して進んでいるように見えても、その内実にはつねに緊張関係があり、革命の利益や政権の中心課題が優位に、女性解放は劣位に置かれがちであった点を論じたのであった。

ひるがえって、中国における近代中国女性史研究を見てみると、革命と女性解放を一体的に見る見方は、いわば中国の「公式」女性史観となっている。すなわち、女性が革命・国家に献身したことを強調し、革命によって女性が従属状態から「解放」され、「家」から社会に出て経済的自立を勝ち取っていく過程を論じるものである[6]。90年代になると中国においてもオーラル・ヒストリー研究があらわれ、「ジェンダー」概念が研究に導入されはじめる

（6）　この点に関しては、［前山 2005］［杜 2011］参照。

など⁽⁷⁾、テーマや方法論には多様化が見られた。ただし、革命への肯定的評価は基本的に継続しており、全面的な再検討には至っていないといえるだろう。

　こうした中国における傾向を踏まえてみると、小野から末次にいたる日本のこれまでの近代中国女性史研究のあゆみは、中国の女性解放史観からは一定の距離をおく方向へ進みつつ、中国の女性たちに寄り添いながら考察を深めてきたといえるだろう。

　ただし、日本人女性研究者として近代中国女性史を研究するということの意味は、複雑である。同じ女性としての自らの歩みが研究の背景にあり、それが中国の女性たちへの共感へとつながる一方で、かつて中国を侵略した当事国の研究者であることをもまた意識せざるをえないためである。小野も末次も、自らの立脚点にきわめて自覚的で、小野は「この数十年とりわけ不幸な関係にあった日中両国の女性たちが、相互に理解を深め、連帯を強めるために役立ってほしい、と心からねがっている」［小野 1978: 282］と、『中国女性史』執筆の動機を語っている。末次も、日中関係に多くの紙幅を割いていることは先述の通りである。こうした研究者の意識をどのようにとらえていくのかもまた、今後の研究者の課題の一つとして残されているように思われる。

（7）　中国へのジェンダー概念の導入とその訳語の問題については、王政「〈女性意識〉と〈社会性別意識〉——現代中国フェミニズム思想の一分析」［小浜・秋山 2016: 96-126］参照。

・参考文献・

[和文]

秋山洋子（2016）「日本における中国女性／ジェンダー史研究——中国女性史研究会の歩みを軸として」、中国女性史研究会編『中国のメディア・表象とジェンダー』、研文出版

江上幸子（2003）「毛沢東の「新中国」における「人民・家庭・女性」——丁玲の『夜』再読」、フェリス女学院大学編『ペンをとる女性たち』、翰林書房

小野和子（1968）「清末の婦人解放思想」、『思想』525

小野和子（1978）『中国女性史——太平天国から現代まで』、平凡社

小野和子（2005）「発禁になった私の『女性史』」、『近きに在りて』48

小浜正子・秋山洋子編（2016）『現代中国のジェンダー・ポリティクス——格差・性売買・「慰安婦」』、勉誠出版

坂元ひろ子（2004）『中国民族主義の神話——人種・身体・ジェンダー』、岩波書店

白水紀子（2004）「中国における『近代家族』の形成——女性の国民化と二重役割の歴史」、『横浜国立大学教育人間科学部紀要II（人文科学）』6

末次玲子・榎本明子（1995）「女性史」、野澤豊編『日本の中華民国史研究』、汲古書院

末次玲子（2009）『二〇世紀中国女性史』、青木書店

須藤瑞代（2002）「日本における中国女性史研究動向」、（韓国）中国史学会『中国史研究』18

須藤瑞代（2007）『中国「女権」概念の変容——清末民初の人権とジェンダー』、研文出版

杜芳琴（2011）「三十年の回顧——大陸中国における女性／ジェンダー史研究と専門領域としての発展（1978-2008）」（五味知子訳）、『中国女性史研究』20

前山加奈子（2000）「近代中国女性と国家とのかかわり」、井桁碧編著『「日本」国家と女』、青弓社

前山加奈子（2005）「革命とジェンダー——中国女性史の再構築に向けて」、『ジェンダー史学』、創刊号

[中文]

王樹槐・成露茜・呂芳上・曼素恩・張瑞徳・游鑑明・鮑家麟主編（1995）『近代中国婦女史中文資料目録』、中央研究院近代史研究所

小野和子（1987）『中国女性史1851-1958』、（高大倫・范勇編訳）、四川大学出版社

須藤瑞代（2012）「日本的中国女性史研究」、（台湾）中央研究院近代史研究所編『近代中国婦女史研究』20

談社英（1936）『中国婦女運動通史』（民国叢書編輯委員会編『民国叢書』2、上海書店、1990年収録）

陳東原（1928）『中国婦女生活史』、上海商務印書館（民国叢書編輯委員会編『民国叢書』第2輯、上海書店、1990年に収録。他にも影印版多数あり）

復旦—密歇根大学社会性別研究所編・王政、陳雁主編（2005）『百年中国女権思潮研究』、復旦大学出版社

藤井志津枝主編（1995）『近代中国婦女史日文目録』、中央研究院近代史研究所

[英文]

Judge, Joan (2008), *The Precious Raft of History: The Past, the West, and the Woman Question in China*, Stanford: Stanford University Press.

Ono, Kazuko, Joshua A. Fogel ed. (1989), *Chinese Women in a Century of Revolution, 1850-1950*, Stanford: Stanford University Press.

Sudo, Mizuyo (2007), Japanese Research on the History of Women in Modern China, *Asian Research Trends*. New Series, No. 2.

[韓国語]

小野和子（1985）『現代中国女性史』、(李東潤訳)、正宇社

第二編 中国ジェンダー史上の諸問題

第 15 章

中国古代の戸籍と家族

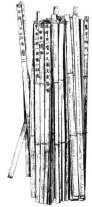

発見された時の状態の簡牘
(長沙馬王堆一号漢墓出土の副葬品のリスト)

鷲尾祐子

はじめに

　アジアにおける戸籍発祥の地は、いうまでもなく中国である。そして朝鮮半島や日本は、その影響下に戸籍をつくった。そして、今もなお、私たち日本人にとって戸籍とはなじみの深いものである。しかし、制度の原点における戸籍の実態は、今の日本のそれとはかなり異なる。

　当時の戸籍編成の目的は、第一に国家の資源としてのヒトの把握である。それは、その人がどこにいるのか、経済状態はどうか、どのような親族関係のなかで生きているか、などを含めた総合的な把握を企図した。把握するのみならず、戸という制度を通じて、夫を尊しとする夫婦の秩序をも固定化しようとした。なんとなれば、戸＝世帯は主に親族相互の関係によって秩序づけられている場であって、家族の秩序が正常であることは、国家の細胞である戸の保全に関わるからであろう。こうして、戸の制度は、当時の男女の関係をも縛るものであったため、その実態と意義について語ることは、当時の

男女関係のありかたを知るうえでも有意義である。

そこで、なぜ戸籍がつくられたか、なぜ「戸」という単位を設けて人を登記するのかについて、若干の説明をこころみる。

1．資源としてのヒト

戸籍の発祥は、戦国時代にさかのぼる。戦国時代とは、ごく一般の人々にとっては苦難の時代であった。賈誼「過秦論」は、戦争に疲弊した人々は、戦国時代の終焉に直面したとき、ひたすら安寧を願って秦の支配を受け入れたと述べる。また賈誼によれば、秦との戦いで敵方の百万もの命が失われたという。これは必ずしも誇張ではなく、昭襄王47年長平の戦いでは、趙の兵約四十万人が落命した。戦闘が大規模化した戦国時代においては、数十万の歩兵を用いた戦闘が一般的であった。つまり戦争は、大量の人命を消費する。

また、大規模な戦闘には、多数の兵のみならず、彼らの糧食が必要であり、さらに兵器や衣料・車などの多様な物品がついやされる。兵力と財力がふたつながら重要であることは、すでに当時の思想家によって自覚されていた［『孫子』作戦編など］。また、糧食の輸送にも人手を必要とするように、兵以外の労働者の動員も必須となる。これら兵力・財力・労働力の源泉となる資源は、民である。

戦闘に必要な大量の人員と財とを効率的に確保するため、どこに、どんな者がいるか、個々の状況の正確な把握が意図された。次に挙げる例は、湖南省北部西端に位置する里耶鎮の古城址から2002年に出土した秦代の住民名簿である。木牘一枚に、一戸に属する全成員の状況が記載されている

a：南陽戸人荊不更蛮強｜妻曰嗛｜子小上造□｜子小女子駝｜臣曰聚
　　　　　　　　　　　　　　　　　　　　　　　　　　　伍長

（J１/k27）（彩版三十六／1・2）［湖南省文物考古研究所2007］

b：南陽戸人荊不更宋午｜熊妻曰□□｜子小上造伝｜衛子小女子□｜臣曰襂
　　弟不更熊　　　　　衛妻曰□　　子小上造逐
　　弟不更衛　　　　　　　　　　　□子小上造□

│熊子小上造□│

（K11/k 2 ・23）（彩版三十九、19・20）

　公の文書を記録する簡牘は通常一尺（ほぼ23cm）程度のことが多いが、これらは長さおよそ46cmの木牘に書かれており、一般的な公文書用簡牘の二倍の大きさである。左右に横線が四本ひかれ、縦に五つの段に区分されている。

　最上段の冒頭には、必ず戸人（戸主）が記載される。aの「南陽戸人荊」とは、南陽里の戸人であることと、もと戦国楚（始皇帝の父の諱を避けて荊と記される）の民であったことを示し、次いで爵位（不更）と姓名（蛮強）が記載されている。戸人以外の成員に関しては、上から二段目の「妻曰嗛」（妻は嗛という）のように、他の親族との関係を示す続柄が書かれ、名前が記される。aの「妻」は戸人との関係であるが、b二段目の「熊の妻」のように、戸人以外の成員との親族関係が記されることもある。a三段目の「子小上造」は、爵位が記載され（小上造）、四段目の女子には未成年であることを示す「小」が附されている。このように、各人について続柄・名前・爵位・成年あるいは未成年であることが書かれる。

　ところで、「大小（成年・未成年の区別）」と性別については、記述がある者とないものとあり、統一がとれていないが、それは某人がどの段に書かれているかによって把握可能であるためであろう。この名簿の書式では、最上段に成年男性、次段に成年女性、その次の段に未成年男性、次に未成年女性、最下段に徭役負担のない老年が記載される（aの臣＝奴隷の聚）。各段の区分は国家負担の軽重を表し、最上段の成年男子は徭役に加えて兵役を課せられるが、次段の成年女子は徭役のみを負担する。最下段の老年は、負担を免除される。つまり、これは兵役徭役の負担の軽重によって、ひとを区分する簿である。

　この簿は、わずか十数年しか支配を全うし得なかった秦のそれであるが、それ以降の王朝においても、人身の精密な把握が目睹された。「数」（戸籍およびその記載情報）は資源を把握するよりどころであるがゆえに、漢末三国時代初の『中論』民数篇に、「民数周為国之本也」（民の数をもれなく把握してい

ることは國を治める根本である）と主張された。そして曹操は新たに得た冀州の戸籍によって、当地の兵の多さを知り喜んだ［『三国志』魏書・崔琰伝］。

このような戸籍調査による人身把握の実態を表す具体的な例が、近年（1996年）、湖南省長沙市街中心地より出土した呉の住民名簿である。出土地は、もと呉・長沙郡臨湘侯国の役所の遺跡である。本来は冊書であるが、簡と簡とをつなぐ紐が切れてばらばらになり、簡相互の隣接関係が多くは不明となっている。このため、一戸につき完全に復原可能であって全成員が把握できるような事例はまれであるが、部分的に戸を復原したのがc・dの例である。

　　c：平陽里戸人公乗烝平年卅二筭一腫両足　　　　（『竹簡 壱』[1]10480）
　　　　平母大女妾年七十　　　　　　　　　　　　（『竹簡 壱』10479）
　　　　平妻大女取年廿八筭一　　　　　　　　　　（『竹簡 壱』10481）
　　　　平子男各年七歳　　　　　　　　　　　　　（『竹簡 壱』10488）

　　d：東陽里戸人公乗□賛年廿一筭一給県卒　　　　（『竹簡 壱』10308）

この二例は、前掲の秦簡とは異なり、一本の簡に一人を記載する書式の名簿である。まず冒頭に戸人簡が置かれ、戸人は「里名・戸人・爵位（公乗）・姓名・年齢・筭一」の順に記載される。筭は徭役や算賦（人頭税）などの負担に関連する記述である。続いて、各成員の簡が並ぶ。成員は一般的に「名前＋続柄」で開始され、他の成員とその者との親族関係が明示される。つづいて名前・年齢・筭が記載される。「大小」や性別は、記載される場合とされない場合がある。「大小」は年齢から判断可能であるため、前掲の秦の例に同じく、記載が不徹底である。

なお、cの「戸人烝平」の記述末尾に、「腫両足」（両足がはれている）とみえる。かれは何らかの病気によって足に障碍を抱えていた。このように、某人が疾病障碍を有している場合、それが記載されることが多かった［福原2015参照］。また、dに「給県卒」とみえるのは、彼が県の兵卒の任務につい

（1）『竹簡 壱』は［長沙文物考古研究所・中国文物研究所・北京大学歴史学系 2003］。以下同じ。

ていたことを示す。こうして特定の兵役・徭役を担う者、ないし官吏の職務を持つ者は、それが記述された。彼らは、ほかの公務に関する負担（徭役など）を免除される。

  e：宜陽里戸人公乗桓［彝］年卅五真吏　　　　　　　（『竹簡 壱』9143）
   彝母大女妾年五十　　　　　　　　　　　　　　（『竹簡 壱』9149）
   彝子女華年六歳　　　　　　　　　　　　　　　（『竹簡 壱』9431）
   彝弟宜□□年廿　　　　　　　　　　　　　　　（『竹簡 壱』9081）
   彝女弟阿年十三　　　　　　　　　　　　　　　（『竹簡 壱』9079）
   彝戸下奴士年六十三　　　　　　　　　　　　　（『竹簡 壱』9134）
   彝戸下奴健年十四　　　　　　　　　　　　　　（『竹簡 壱』9135）
   右彝家口食十人　訾　一　百　　（『竹簡 壱』9055）［町田 2007参照］）

　eの戸では、「真吏」（官吏）の恒彝が戸人であるが、最後の戸を集計する簡（9055）で人数と訾（財産の多寡を示す）が記載されている。「戸下奴」とは奴隷である。なおこの書式では「筭」は記載されない。呉簡の住民名簿は作成時期と対象を異にするさまざまな簿を含むが、簿によって書式は相違する。
　以上は呉の住民名簿であるが、ここからも姓名・年齢・爵位・続柄、ほかに障害疾病・公の職務（官吏・特定の職務を担当する徭役・兵卒）が重要な記載内容であることがわかる。「大小」や性別は、年齢と続柄より判別可能なため、あまり記載されない。年齢は人頭税（筭賦・口賦）の徴収に、年齢・爵位・障害疾病・職務は兵役徭役に関わる。
　いま時代の異なる二つの簿を紹介したが、各簿の共通点は姓名・「大小」、あるいは年齢（成年か否かを明らかにする根拠）・爵位・家族関係を示す続柄（性別を示す意味も有する）が明らかであることにあり、これらが重要であったことがわかる。ごくおおざっぱにいえば、ヒトの資源的価値（年齢と性別）と国家における地位（爵位）のほかに、親族関係の把握も重視されており、このことは「戸」内の人間関係の統制と関わる（後述する）。

2.「戸」と戸籍

　実は、前掲の住民名簿二つについては、戸籍に関連するとはいえるが、それそのものか否かは確言できない。戸籍の記載内容をもっと直接的に示す例として、あの世にあてた転居届けが残されている。この文書は、湖北省江陵県（現在の湖北省荊州市荊州区）のもと戦国楚の故城から近い西漢古墓群の、西漢文帝時に死去した女性の墓に副葬されていた（1992年出土）。

　　f：　安都　　江陵丞印（M18:35甲）
　　　七年十月丙子朔庚子中郷起敢言之、新安大女燕自言、与大奴甲・乙・大婢妨徙安都、謁告安都、受名数、書到為報、敢言之。
　　　十月庚子江陵龍氏丞敬移安都丞、亭手。（M18:35乙正面）
　（訳：七年十月丙子朔庚子、中郷（を主管する）起が申しあげます、新安の大女・燕が申し立てるには、與大奴甲・乙・（大）婢妨と安都に移住するとのこと、安都に通告されますようお願いします。名数を御査収ください、この文書が到着したらご一報願います、以上申しあげます。
　　　十月庚子江陵龍氏丞敬、安都丞に送る、亭が記す。）

　　産手（M18:35乙裏面）

　　新安戸人大女燕関内侯寡
　　大奴甲
　　大奴乙
　　大婢妨　　家優（復？）不箅不顕（M18:35丙）

　　壺一双　　　　鬆杯二双一奇
　　盛一双　　　　間一双
　　鉈一双　　　　椑匜二双
　　検一合　　　　五角嚢一
　　卮一合　　　　黄金嚢一

　　　　画杯三双　　　　脯一束（M18:35丁）
（M18:35については［湖北省荊州博物館編 2000］また［黄 1994］参照）

　転居届けは、甲乙丙丁の四枚の木牘からなる。甲乙丙丁の順に重ねてあり、乙は下向きに置かれ、丙と記述面が向かい合わせになっていた。甲は封筒の表書きに類する機能の簡であり、これによって江陵県の丞より安都（の県の長官）へ宛てた文書であることがわかる。乙は、七年（前漢文帝七年）十月に江陵県中郷を主管する起が江陵県丞に、成年女性の燕を戸主とする計四人の戸の転居を願い出、それを受けて安都（あの世の仮称）へ数（戸籍の記載内容あるいは戸籍）を送るという内容の文書である。丙（あるいは丁も）の記載が名数の内容とされ、冒頭の戸主の記述としては里名・戸人・大女・名・死別している夫の爵位が記載され、ついで転居する他の戸成員（奴婢）三人各人について「大」であることと名前が記述されている。最後にかれらが「不算」であり、国家負担を免除される存在だということが明記される。丁の簡は墓に副葬される物品のリストであり、戸人が生者の世界からあの世に転居する際に携行する財産の目録と考えられる。

　これは副葬品であって正式な官文書ではないが、正式な文書を模倣していると考えられ、戸籍の主要な記載内容は所属する里・姓名・「大小」・爵位（この場合は死去した夫の爵位）であることがうかがえる。

　ところで、財産リストの丁を戸籍の内容に含めるかどうかについては、議論が分かれる。当時の戸籍に土地などの財産を記載したか否かに関して、いまなお議論の分かれるところであるがゆえにである。財産記載説は、後漢の鄭司農が『周礼』天官・司会にみえる財用を記す版を戸籍であると説明したこと、また「二年律令」（竹簡に記された前漢初期の法令集。1983年湖北省江陵県の張家山247号漢墓より出土）に戸を単位とする複数の簿がみえ、そのうちには田宅などの財物を記す簿がみえることなどにもよる。現在では、財物の簿を含む複数の簿の総称であるとする説が存在する（例えば［楊 2004］。［池田 2014］は戸曹で保管される各種簿籍の総称である可能性を指摘する）。一方、戸籍は総称ではなく、一節で挙例した名簿のごとく住所・姓名・爵位・戸主あるいは戸主との関係などを記述する特定の籍であるとする説もある［胡2011］。

現在の史料状況ではどちらの説も可能であるため、これはいまだ未解決の問題である。

なお、以上の簿は戸を単位として役所に登録されているのだが、それでは「戸」とは何かという疑問がわく。なぜ各人で登記するのではなく、戸なのか。

まず、戸とは土地占有の単位であった。『二年律令』323-324（戸律）に戸人以外の者が「田宅」（耕作地と住宅地）を登記することを禁止しているが、つまり土地は一戸を単位として占有されたのである。動産については不明だが、前掲呉簡の例のように、資産全体の把握は戸を単位としてなされた。

また、「宅」つまり住宅地が戸を単位として登記されるということは、同戸ならば同じ敷地内に住むということになる。秦律では同戸籍とは同居範囲であり、居住地と戸籍は一致すべきという認識に基づき、同一の戸籍を以て同居の範囲が画定されていた［劉 2011］。つまり、戸籍とは、居住をともにし、かつ主要な財である不動産を共有する単位である。

このような性格から、戸は「同居共財」（ともに住み、財産を共有する）単位としての「家」に重なり、生計の単位としても捉えられた。例えば応劭『風俗通義』引く「春秋井田記」では、人は三十歳になると百畝の田を受給し、それで一戸に属する父母妻子からなる五人家族を養う、とみえる[2]。

居住と財の単位であるがゆえに、戸から某人が独立し別の戸を形成することは、同居共財の解消を意味した。秦代の財産争いについての記述に、某人が戸籍を分け独立する際に、室（家屋）を贈与されたうえに、生計の手段となる田を分与されたというくだりがある。秦の資産家の沛は秦王政の15年（前232）隷の識を結婚させ、その一年後（秦王政の16年、前231）に五千銭の住宅を買い与え、さらに馬一匹と田二十畝を分与し、籍を分けて独立させた（［朱・陳主編 2013］の「為獄等状四種」第一類07（簡番号0040・0089））[3]。住居購入（＝別居）・生計手段の分与と戸からの独立は同時である。

（2）『後漢書』劉寵伝引く『風俗通』。何休『春秋公羊伝解詁』宣公15年にも「是故聖人制井田之法、而口分之、一夫一婦受田百畝、以養父母妻子五口為一家」（訳：このゆえに聖人は井田の法を制定して人ごとに田を分与し、一対の夫婦は田百畝を受け、それによって父母妻子を養わせ、五口を一家とする）と見える。

このように、人々がともに生活する単位として、戸は重要な役割を有した。このため、国家は戸の保全と育成に努めた。

当時の政治的な言説に、ともすれば負担の過重や、急な災害によって危機的な状況に陥る家（生計単位としての戸）を保全することの重要さが訴えられている。

> g：今五人家族の農家では、少なくとも二人が夫役に服さねばなりません。農民一人あたりの耕作能力は、せいぜい百畝で、百畝の収穫は百石に過ぎません。春の耕作、夏の草取り、秋の取り入れ、冬の貯蔵、また薪樵の伐採。役所の修繕、その他の徴用などがあり、……一年を通じてまったく身体の休まる日はありません。また私ごとの客の送り迎えや、弔問、病気見舞い、孤児や幼児の養育などもそこに加わります。その苦労たるやかくのごとくでございます。さらにそのうえに、洪水や日照りの天災を被ります。おかみの急で時を定めぬ税の取り立て、朝に出された命令が夕には執行される有様で、もてる者は必需品でも時価の半値で売り、もたない者は十割の利息を払ってまで金を借りねばなりません。そのため田畑・家屋敷を売り払い、子や孫をも売って借金の穴埋めをする者さえあります[4]。

鼂錯が想定しているのは、耕作によって生計をたてる五人家族である。一戸には働き手が二人以上いるが、彼らは一年中農作業とおかみの徭役に休みなく駆り立てられつつ、病人や子供の面倒も見、死者が出れば葬式を出すなど、繁忙をきわめている。そのうえに災害にあい、急な税金の取り立てを催促されるなどの不測の事態に直面すると、耕作のみでは生計を維持できず、

（3）「識故為沛隷、同居。沛以三歳時、為識取妻。尼□歳為識買室、賈五千錢。分馬一匹、稲田廿畝、異識」。訳：識はもと沛の隷であり、同居していた（同じ戸に属していた）。沛は三年前に識を結婚させ、その一年後、識に五千銭の家を買い与え、馬一匹と稲田20畝を分与し、識を自分の戸から出して独立させた。

（4）［永田・梅原訳注1988］原文：今農夫五口之家、其服役者不下二人、其能耕者不過百畝、百畝之収不過百石。春耕夏耘、秋穫冬蔵、伐薪樵、治官府、給徭役。……四時之間亡日休息。又私自送往迎来、弔死問疾、養孤長幼在其中。勤苦如此、尚復被水旱之災、急政暴賦、賦斂不時、朝令而暮改。当具有者半賈而売、亡者取倍称之息、於是有売田宅鬻子孫以償責者矣。（『漢書』食貨志上　文帝時鼂錯の上奏）

土地や子孫を売るはめにまで陥り、家族は離散し戸は崩壊する。戸は国家の経済的な土台である生産の担い手が、生活する場である。ややもすれば崩壊の危機に直面する家庭（戸）を維持させなければ、国家の経済的な土台も成り立たなくなるため、為政者は戸の維持を念頭においた施策をこころがけねばならない。国家負担に特化していえば、生計単位としての「世帯」（戸）を把握し、それに基づいて効率的・公平で計画的な徴発をおこない、負担の過重を避けることが重要になる。

　負担の過重を避ける意識は、実際の制度にも表れている。戸を保全するためには、それを経済的に支える稼ぎ手が戸内に存在しなければならない。ゆえに、制度上では、同戸から二人以上の者を兵役に徴発することは禁止されていた（「睡虎地秦簡」秦律雑抄39）[5]。生活と生計の場である戸を保全するため、状態に応じて負担を課し、さらに困窮の状況に応じて援助をおこなうために、戸単位での登記が求められたのである。

　また兵士として戦場に投入された民は、手柄をたてれば地位（爵位）が向上し、地位に伴う特権や田宅が得られるという「餌」を与えられた。それは戦意を高めるためである。民にとって兵になることは死に瀕するハイリスクの行為だが、ハイリターンの結果が得られる可能性もあった。そして手柄を立てた結果向上した地位も、戸籍に記載された。戸籍は民を徴発するための手段であると同時に、奉仕に伴い得られる地位を明記し、地位のもたらす利益を保証する機能を有した。

　兵士の徴発には、人身の所在の把握が必要である。すべての人は戸を通じて里に所属せしめられ、所在を明確にさせられた。このことは、近隣の戸に、徭役逃れや犯罪の連帯責任を相互に負わせる制度にもつながった（「睡虎地秦簡」秦律雑抄32-33）[6]。

　また、戸＝家庭は生活の場であるがゆえに、次世代の労働力を育む場でもある。出産を奨励するために、負担を免除したり報奨を与えたりする制度が整備されたが、その対象はまず生む女性自身であり、次に夫であった。漢の

（5）「戍律曰、同居毋并行、県嗇夫・尉及士吏行戍不以律、貲二甲」。訳：同じ戸に属す成員は同時には徴兵されない。県嗇夫・尉および士吏が徴兵する際に律に従わなければ貲二甲の罰を受ける。

高祖二年（202）には、子を産む者は二年間負担免除という規定が定められたが、後漢光武帝時には三年となり、章帝時に懐妊した者に穀物をあたえその夫の負担を一年免除することとなった（『後漢書』章帝紀元和二年・後元85年）[7]。

　当時、夫婦は子を養育する役割を担うことを自覚していなければならないという意見も存在した（『漢書』王吉伝）[8]。次世代の労働力の増加と育成は、夫婦にかかっていると考えられていたのである。後述するごとく夫婦は必ず同じ戸に属すると決められていたため、つまりそれは戸に労働力を再生産する場という役割が期待されたのであるともいえる。

3．戸籍と内外の別

　国家は、このように生計単位としての家（世帯）＝戸の維持に配慮したが、戸内の秩序についてもまた意を用いるところであった。それは「夫婦」の制度に現れている。夫婦は必ず同戸でなければならず、さらに妻が戸人となることは禁止されていた。ゆえに、核家族の戸の場合、制度上必ず夫が戸人となった（「二年律令」345戸律）[9]。

　「戸人」とは、あまりなじみない言葉である。例えば唐代の「戸主」のほうが、よく知られているだろう。唐の戸主は戸籍登記に関する不正について

（6）「……●百姓不当老、至老時不用請、敢為酢（詐）偽者、貲二甲。典・老弗告、貲各一甲。伍人、戸一盾、皆瞏䍠（遷）之。●傅律」。訳：民が老の年齢に該当しないのに老と申告したり、老に至っても実情どおりに申告しないなど、詐欺をはたらくようであれば、罰金二甲とする。典・老が告発しなければ、罰金各一甲とする。伍人は、一戸あたり一盾の罰金。みな流刑に処す。●傅律。

（7）「二年春正月乙酉、詔曰、令云、人有産子者復、勿筭三歳。今諸懐姙者、賜胎養穀人三斛、復其夫、勿筭一歳、著以為令」。訳：二年春正月乙酉、詔していう、令には、子を産む者がおれば国家負担を免除し、三年間負担の対象としない、とある。今すべての懐妊する者に胎養穀を一人あたり三斛あたえ、その夫の国家負担を免除し、一年間負担の対象としないことにする。

（8）「世俗嫁娶太早、未知為人父母之道而有子、是以教化不明而民多夭」。訳：世俗ではたいへん結婚年齢が低く、人の父母としてのありかたを知らないままに子ができる。このため教化が明らかでは無く、夭折する民が多い。

（9）「為人妻者不得為戸……」訳：人の妻である者は、戸人になることはできない。

責任を有し、成員の年齢や人数など戸内の状況の申告に誤りがあった場合は重く処罰された。また、必ず家長が任命されるため、親族関係上で最も尊重される者がこれにあたり、そうした家長としての地位を背景に戸成員に対し支配的であり得たのである。一方、戸人の責務はこれより軽く、年齢記載の誤りにより処罰されることはない。

しかし、戸人とて戸を代表する存在であり、さまざまな対国家の手続きに責任を有したことも確かである。前掲のあの世への転居届けにみえるように、他郷へ移住する際、名数移動の申告は戸人が主体となっておこなった。また、戸人は財産申告につき責務を有する。敦煌の懸泉置で出土した漢簡（Ⅴ 1210③：96）に、戸人である女性が自家用の乗り物の申告をしている記述がある（［胡・張編撰 2001］）[10]。前掲の秦における財産争いの事例でも、未成年戸人の代理として母が財産申告をおこない、その不正によって処罰を受けている。本来戸人が申告し、不正があれば処罰されていたと考えられる。このように、唐の戸主にくらべれば軽いが、戸人としての責務とそれを全うしなかった際の処罰も若干存在した。

また、里の代表者として郷・県の行政行為に参加する等の任を負う父老[11]の任務も、戸人が負担した[12]。

このように、官への登記手続きや、行政の補助など、民と国家との接点において、戸人はさまざまな側面で戸の代表としての役割を負う。また、土地を所有できるのは戸人のみである。このため、戸人となることができない立場である妻の持参財は、法的には夫あるいは夫の属す戸の財に吸収される（「二年律令」384置後律）[13]。女性は、妻であるかぎり、法的には土地登記の主体となることは不可能であった。

つまり、国家という「公」に対して戸を代表し、公と生計単位としての家

---

(10)　「驪軒武都里戸人大女高者君、自実占家当乗物□。（以下略）」。訳：軒武都里の戸人・大女・高者君、家にて所有する車馬牛などの乗り物を自ら事実のとおりに申告します。

(11)　［守屋 1955］。

(12)　「侍廷里父老僤約束石券」に、某里で里父老の費用を捻出するための僤を設立、銭を出し合って田を購入しその収穫から必要経費を捻出することをとりきめた記述があり、その僤の成員が死去すれば、彼にかわって戸人となった者が成員の地位を継承するとみえる。［永田編 1994］参照。

との接点に立つのが戸人である。そして妻は、これになることはできない。しかも、壮年女性は、一般的には大多数が妻である。呉の嘉禾年間における長沙の状況では、二十代以降五十代までの女性の圧倒的多数は妻であったことにも、それは表れている［鷲尾 2015］。そして、国家も一定年齢に達した女性については妻となることを奨励し、時に強制した[14]のであり、壮年女性とは原則的に妻であるべき存在と目されていた。つまり、壮年女性は原則的・一般的には戸人の地位から排除されており、国家という「公」からは隔てられていたといえる。

このような女性を「公」から隔てるという戸籍制度の性格は、爵位の制度とも似る。国家における地位である爵位を持つのは原則的に男性のみであり、妻は夫を通じて爵位の恩恵にあずかることができた［保科 2002参照］。これは儒学の経典に「婦人には爵が無く、夫の爵に従うのだ」[15]とみえることにも通ずる。夫の爵位から妻が得られる恩恵としては、刑罰の減免措置が存在する。「二年律令」具律に、公士以上の爵位を有する者の妻は有罪でも処罰を軽減され、身体を毀損する刑を免れる旨の規定がみえる（「二年律令」83具律。）

さらに、爵位に伴う利益については、夫の死後もある程度は妻が継続して享受し得た[16]。前掲の秦における財産争いの記述では、資産を隠した妻への量刑を断定する際に、彼女が上造以上の爵位をもつ者の寡婦とみとめられるか否か（生前上造以上の有爵者と婚姻関係を有していたと確認できるか）が議論の焦点となっている。これは、夫の死後も、妻は夫の爵位に基づく恩恵を享受しうることを示す。

つまり、戸の制度や、爵位の制度から、妻は国家という公から隔てられ、夫を通して国家に接する存在であったことが明らかである。妻が公的な地位

---

(13) 「女子為戸、毋後而出嫁者、令夫以妻田宅盈其出也。宅不比、弗得。其棄妻、及夫死、妻得復取以為戸。棄妻、畀之其財」。訳：女子が戸人となったが、戸人地位の継承者なくして結婚する際には、登記上夫の田宅に妻の田宅を合併吸収させる。宅は隣接しなければ獲得できない。離縁される場合、および夫が死亡するばあいは、妻はもとの自己の財を再び得て戸人となることができる。離縁の場合は、妻に田宅以外の財も返還される。
(14) 『漢書』恵帝紀に、十五歳から三十歳の嫁せざる女性には五算の税を課すとみえる。
(15) 「故婦人無爵、従夫之爵」（『礼記』郊特牲）。
(16) 前掲あの世への転居届けでは、関内侯の寡婦であること、負担免除の特権を有することが記録されている。

への直接的な接触から排除されているのは、妻は内・夫は外という、内外役割の区別に関連する。それで、妻は内であるから、婦人に爵位がないのであると説明される(17)。内の仕事とは、第一に「家事」である。劉向『列女伝』に、婦人の礼は飲食のしたくや衣服の整備、舅姑を養うことにあり、家の内の修めはあるが家の外についての志はないものだとみえる（劉向『列女伝』母儀伝)(18)。家内の仕事が婦人の本業であるがゆえに、国家という外からは隔てられていたのである。

しかし、当時においては、家の仕事をもっぱらにするということは、空間的な隔離とは必ずしも結びつかなかった。それは、婦人の本業とされている家事には、家産の経営も含まれ、生計をたてるために収入を得る仕事も家事の範疇に入ったからである。女性は公職以外の多様な職業に従事し、家の外で働くことによって批判されたり卑しめられたりすることはなかった。近世以降、内外の空間的な区別が厳しくなり、女性の外からの隔離がすすむが、この時期においては空間的な内外の別は厳密ではなかった。それでも、家事は、国家という「公＝外」からは隔てられた相対的に「私」の職務であり、女性はこれへの従事が第一とされ、女性の国家との直接的な接触は原則的には存在しなかった。

それでもなお、女性が「公＝外」へ直接つながる場合も、例外的に存在する。それは、自ら戸人となることである。出土文字史料には、少数であるが女戸が存在するように、女性も戸人となり、戸の責任者としての地位を得ることができた。その一例が、前掲敦煌懸泉置出土漢簡にみえる資産を申告した女性の戸人である。

では、彼女らはどのようにして戸人となったか。既述のごとく、女性は妻

---

(17)「婦人無爵何、陰卑無外事」(『白虎通』爵)。
(18)「孟母曰、夫婦人之礼、精五飯、羃酒漿、養舅姑、縫衣裳而已矣。故有閨内之脩而無境外之志。易曰、在中饋、无攸遂。詩曰、無非無儀、惟酒食是議」。訳：いったい婦人の礼は、五穀の飯の穀粒をとぎ、酒や飲み物を整え、舅姑のお世話をし、上着や裳を縫ったりすることに他なりません。だから奥向きの仕事の修行はあっても、家庭外の仕事への意志はありません。『易経』には「女の任務は家事・食事。おのれの意向を遂げぬこと」といっていますし、『詩経』には、「悪事も善事もなしはせず、酒の支度に料理に励め」といっています（訳は、[山崎訳注 1996] による)。

のままで戸人になることはできない。このため女性が戸人となる一つの契機は離婚・夫の死である。このとき持参財は妻に返され、妻は法的に財の所有者となることもできる（前掲「二年律令」384置後律）。

また継承順位は低いが、夫の死後、戸後（戸人地位の継承者）となって夫の財を得る場合もあった。また、戸人が死去し、男子がおらず父母や妻が生存していない場合、その娘が戸後となることも可能であった（「二年律令」379-380置後律）。[19]

このように、夫との離婚や死別など、女性が戸人となる機会もそれなりに存在した。それを反映するのが、走馬楼呉簡にみえる女性戸人である。

h：民大女唐扇年七十四　　扇子公乗雏（？）年十五踵（腫）左足
　　　　　　　　　　　　　　　　　　　　　　　（『竹簡 貮』[20]1741）
i：平陽里戸人大女劉妾年卅七　　訾　五　十（『竹簡 参』[21]4292）
　妾家口食五人　其四人男一人女　（『竹簡 参』4288）

hの唐扇は、74歳であり徭役などの国家負担を負う年齢ではない。また、国家負担責任者として適切な15歳の息子が存在する。にも関わらず、戸人である。子に左足が腫れる障碍があり、戸人としての責務を負うにたえないからかもしれない。iの劉妾は、37歳の壮年であり、一般的にはほとんどの者が妻である年齢である。家族構成の詳細は不明だが、戸の集計簡から本人以外に四人の男がいる五人家族であることがわかる。彼女たちは戸人として公の責務の一端を担ったのであり、女性としては例外的に国家という「公」に直接関わる存在であった。

---

(19)　「死毋子男代戸、令父若母、母父母令寡、世寡令女、母女令孫、毋孫令耳孫、毋耳孫令大父母、毋大父母令同産子代戸。同産子代戸、必同居数。棄妻子不得与後妻子争後」。訳：戸人が死去してその地位を継承する息子がいない場合、戸人の父もしくは母に継承させ、父母がいなければ寡婦、寡婦がいなければ娘、娘がいなければ孫、孫がいなければ曽孫、曽孫がいなければ祖父母、祖父母がいなければ同父の兄弟の子に戸人の地位を継承させよ。兄弟の子が継承する場合は、かならず戸人と戸籍と居住をともにする者に限る。離縁された妻の子は後妻の子と継承を争うことはできない。
(20)　『竹簡 貮』は［長沙簡牘博物館・中国文物研究所・北京大学歴史学系 2007］。
(21)　『竹簡 参』は［長沙簡牘博物館・中国文物研究所・北京大学歴史学系 2008］、以下同じ。

しかしこれより後、女性の戸人はより稀少な存在となる。前掲 fg の場合、戸内に男性がいても女性が戸人となっているが、唐代では戸内に男性がいる場合、女性は戸人とはなれない[22]。これは、男性がいる戸でも女性が戸人であった前掲の三国呉簡の事例とは、大きく異なる。女戸はますます狭き門となり、戸の制度のうえで女性はますます「公」から隔てられるようになるのである。

おわりに

　中国における戸籍の誕生は、資源としてのヒトの把握と、ヒトの生きる場としての「戸」の保全と育成を為政者が重視したことによる。国家は、戸籍の制度を通じて生計の基盤としての家の保全をはかり、さらに一人一人にたいする支配を貫徹しようとした。

　さらに、ヒトは感情のある資源であり、生育や維持に手間のかかるやっかいな資源であった。そしてヒトはヒトとのつながりのなかではじめて生きる。人身とは、妻であり、夫であり、父であり、母である人身であった。当時の制度からは、民間でも存在したそのつながりを重視しつつ、秩序を維持する志向がうかがえる。法令にみえる親族尊卑関係の規定にそれは表れているが、戸籍にも、夫婦の内外＝公私役割を決定し、その尊卑の関係を固定化する機能が存在した。これによって一般的には、女性は国家という公からは相対的に隔てられた存在であった。

　以上、戸籍の有する多様な意義の一端を切り取ることを試みた。戸籍の実態にはいまだ不明な点も多いが、戸籍は為政者が戸（家庭）という相対的に「私」である場に立ち入る重要な手段であったことは確かである。戸籍と戸を探求することは、公私の関係、そして民の親族関係への国家の介入を研究するうえでも多大な意義を有するのである。

---

(22)　［中田 1926］。また［韓 2011］は、北朝の制度の継承とする。

・参考文献・

［和文］

池田雄一（2014）「秦漢時代の戸籍について」、『張家山漢簡『二年律令』の研究』、東洋文庫

中田薫（1926）「唐宋時代の家族共産制」、『国家学会雑誌』40（7・8）（中田薫1970『法制史論集』三、岩波書店に所収）

永田英正編（1994）『漢代石刻集成』、同朋舎出版

永田英正・梅原郁訳注（1988）『漢書食貨・地理・溝洫志』、平凡社東洋文庫

福原啓郎（2015）「長沙呉簡の傷病記録の特徴」『湖南出土簡牘とその社会』、汲古書院

保科季子（2002）「天子の好逑――漢代の儒教的皇后論」、『東洋史研究』61（2）

町田隆吉（2007）「長沙呉簡よりみた「戸」について――三国呉の家族構成に関する初歩的考察―」、『長沙呉簡研究報告』第3集

守屋美都雄（1955）「父老」、『東洋史研究』14（1・2）（守屋美都雄（1968）『中国古代の家族と国家』、東洋史研究会に所収）

劉欣寧（2011）「秦漢律における同居の連坐」、『東洋史研究』70（1）

山崎純一訳注（1996）『列女伝』上、明治書院

鷲尾祐子（2015）「分異の時期と家族構成の変化について――長沙呉簡による検討」、『湖南出土簡牘とその社会』、汲古書院

［中文］

湖南省文物考古研究所（2007）『里耶発掘報告』、岳麓書社

長沙文物考古研究所・中国文物研究所・北京大学歴史学系（2003）『長沙走馬楼三國呉簡』竹簡 壹（上中下）、文物出版社

湖北省荊州博物館編（2000）『荊州高台秦漢墓――宜黄公路荊州段田野考古報告之一』、科学出版社

黄盛璋（1994）「江陵高台漢墓新出"告地策"、遣策与相関制度」、『江漢考古』1994（2）

楊振紅（2009）「龍崗秦簡諸"田""租"簡釈義補――結合張家山漢簡看名田制的土地管理和田租徴収」初出2004年（のち『出土簡牘与秦漢社会』広西師範大学出版社（2009）所収）

胡平生（2011）「新出漢簡戸口簿籍研究」初出『出土文献研究』10（のち胡平生『胡平生簡牘文物論稿』（2012）、中西書局、所収）

朱漢民・陳松長主編（2013）『岳麓書院蔵秦簡』参、上海辞書出版社

胡平生・張徳芳編撰（2001）『敦煌懸泉漢簡釈粋』、上海古籍出版社

長沙簡牘博物館・中国文物研究所・北京大学歴史学系（2007）『長沙走馬楼三国呉簡』竹簡 貳（上中下）、文物出版社

長沙簡牘博物館・中国文物研究所・北京大学歴史学系（2008）『長沙走馬楼三国呉簡』竹簡 参（上中下）、文物出版社

韓樹峰（2011）「漢唐承戸制度的変遷」、『漢魏法律与社会――以簡牘・文書為中心的考察』、社会科学文献出版社長沙走馬楼三國呉簡』竹簡 参（上中下）、文物出版社

第 16 章

「才女」をめぐる視線

板橋暁子

碁を打つ女性たちの図(清・陳枚「月曼清游図」)

はじめに

　学識ある女性を指して〈才女〉と呼ぶのは、漢語も日本語も同様である。だが、伝統中国において形成された〈才女〉像、そして近代以降の中国で論じられた〈才女〉像は、現代日本語でいう〈才女〉のイメージと直接連続するものではない。本章でいう〈才女〉は、漢語史料にみえる〈才女〉もしくはそれに近似する語によって観念された女性であることを最初に規定しておきたい。

　ではそもそも、中国史における〈才女〉はどのように定義され、位置づけられ、評価されてきたのだろうか。中国女性と「才」の関係といえば、「女子は才無きが徳である（女子無才便是徳）」という句がよく知られているが、このような通念は中国史を通じて普遍的だったのだろうか。本章では、歴代の〈才女〉の業績よりも彼女たちをめぐる言説に主眼を置いて、古代（漢代以降）から近代に至るまでの展開を先行研究とともに見てゆきたい。

まず、伝統中国社会の〈才女〉とは主に文筆の領域で才能を発揮した女性である、というのが現代からみた一般的な理解かと思われるが、古典に確たる定義があるわけではない。中国人は森羅万象をどのように類別し体系づけてきたのか、を知るうえで有用な、歴代類書の目次部分をみてみると、〈才女〉とは似て非なるところの「賢婦（人）」「賢女」ならば、初唐の『芸文類聚』や中唐の『白氏六帖事類集』など、現存する類書のなかでは比較的古いものにも項目が立てられている。一方で、〈才女〉はいずれの時代の類書においても項目名としてはほぼ確認できない。〈才女〉という単語自体は類書およびほかの典籍にも散見されるが、個人文集などが増大する唐宋期でさえ〈才女〉は決して普遍的な用語にはならず、用例が飛躍的に増えるのは明清に入ってからである。「孝女」「貞女」「淫婦」など特定の性質をそなえた女性を指す漢語が古くからあまた定着しているなかで、〈才女〉は熟すのが比較的遅れたカテゴリーだといえよう。

1．漢代まで

　中国女性の事績を類別した最も古い典籍といえば、前漢劉向（BC. 79？〜BC. 8？）の『列女伝』であるが、現存の八巻本のうち劉向撰とされる計七巻（古列女伝）は、一巻につき特定のテーマをもつ一伝が配されており、七伝は計一〇四の篇目から構成される。各篇のヒロインたちは、それぞれの事績にふさわしい伝名のもとに配されている。このうち後代でいう〈才女〉に最も近い女性たちを集めたのは、機智と雄弁が披露される「六、辯通伝」かと思われるが、同伝に限らず『列女伝』各伝（「七、孽嬖伝」を除く）の各篇に採用された女性たちは、聡明で思慮深いことがおおむね前提となっている。外戚専制が進行する前漢末に生きた劉向が『列女伝』編纂を志した動機は、後宮に厳格な婦道を確立し、その婦道を天下全体に及ぼすことであったとすれば、劉向が求める理想の女性はすなわち賢母であり賢婦／賢女であった［山崎 1996（上巻）］。しかしそれは必ずしも王朝転覆直前の特異な状況のみによるのではなく、『列女伝』の基底には、男と同じく女もまた、礼の実践による社会秩序の維持の主体者であるべきだ、とする漢代儒家の正統を汲んだ劉

向の主張が貫かれている［中島 2001（3 巻）］。『列女伝』各篇のヒロインの思慮深さは、時に彼女自身の人生の難局をひらくものではあるにせよ、むしろ彼女が属する大きな／小さな社会——諸侯の後宮や市井の家庭の内側、戦争する諸国のはざまなど——に恩恵をもたらすものとしてえがかれている。女性の聡明さは社会にあってどのように機能すべきか、という範例が漢代の『列女伝』において示されたことは、後世中国の女性観に長きにわたり影響を及ぼすことになった[1]。

　『列女伝』のヒロインとして採用されたのは劉向の同時代人ではなく、主として上古から戦国時代までの女性たちであるが、では漢朝四百年を代表する〈才女〉といえば、評者が近現代人であれ前近代人であれ、おそらく班昭（はんしょう）（1 世紀頃）と蔡琰（さいえん）（蔡文姫（さいぶんき））（2 世紀後半〜3 世紀前半）のふたりということで一致するだろう。彼女たちをめぐる評価は、一方は二千年間称賛され、一方は毀誉褒貶なかばするという意味で分かれている。後漢初期に生きた班昭は兄班固（はんこ）（32〜92）の遺業を継いで『漢書』を完成させたうえ、嫁ぐ娘のための訓令『女誡』（じょかい）を書き著して後世のいわゆる女訓書に先鞭をつけるなど、その名声はどの時代においても基本的に均質である（近代以後、『女誡』は「同類である女性を抑圧してきた」［陳 1928］と批判されるとはいえ）。一方で後漢末の大学者蔡邕（さいよう）（132〜192）の娘蔡琰は、亡失した父の蔵書の一部を復元するなど、班昭と同様にきわめて高い学識をそなえていただけでなく、『後漢書』本伝（列伝第七四「列女伝」中に置かれた「董祀妻伝」（とうし））所載の「悲憤詩」（ひふんし）二首および『楽府詩集』（がふししゅう）巻五九所収の「胡笳十八拍」（こか）に示されるように、文学と音楽という士人文化の精髄にも通じていたことが知られている。これらの作品についてはそれぞれ偽作論争が生じているが[2]、重要なのは、偽作説が呈せられる（それも「悲憤詩」に対しての疑義は北宋の大文豪蘇軾（そしょく）（1036〜

（1）　『列女伝』の実際の受容状況をみると、成書からまもない前漢末〜後漢においては後宮から民間まで広く浸透したが、『列女伝』を女性が直接読んでいたという事例は次第に乏しくなる。だが『明史』列女伝（巻三百一〜三百三）には『列女伝』による教育・学習事例がしばしば確認されるようになり、清代になると女性考証学者による注釈が出現するに至る［山崎 1996（上巻）］。なお、各伝の冒頭と各篇の末尾に韻文を配し、朗詠に適した形をとる『列女伝』の本文構成は、非識字層の女性に対する教育をも意図していた可能性がある［筧 1978］。
（2）　論争を含めた作品研究史は［入矢 1960］［福山 2005］などに整理される。

1101）にはじまる）にしても、必ず擁護論が現れるほどに、蔡琰の知性は後代の人々から信頼を寄せられてきたということである。そして、それでありながら、彼女の人生を異色たらしめるもうひとつの側面——未亡人になったのち異民族にさらわれて子をなし、漢土に帰還後さらに再婚した——によって、彼女の人品に対する評価に大きな負荷がついてまわったということである。蔡琰を含めた『後漢書』「列女伝」中の女性たちに対して、撰者范曄（398～445）は「正しいみさおには痕跡があり、奥ゆかしい静けさにはみるべき姿がある。彼女たちの風采と業績を明らかにし、女性の史官による記録をはっきりと浮かび上がらせよう」(3)という賛を付している。范曄は南朝宋の人であるが、それより前に成立した正史（『漢書』『三国志』等）の列伝には「列女伝」が設けられていないこともあり、彼は『後漢書』列伝のなかにあえて「列女伝」を設けた意図について同伝の「序」に明言している。それによれば、同伝は「才能や行いがすぐれた女性を探し求め配列したものであり、必ずしも貞操を堅持した女性のみを重んじたわけではない」(4)という方針に基づくものであった(5)。

一方で唐代の劉知幾（661～721）は、中国史学理論書の濫觴をなす『史通』内篇「人物」（第三十篇）において、「後漢一代をみるに、賢明な婦人といえば、例えば秦嘉の妻徐淑がいる。……（徐淑はこのように）才能も徳性も兼ね備えた婦人である。董祀の妻蔡琰は、異民族の子を産み、彼らの土地で辱めに甘んじた。文学の才能はあまりあるとはいえ、節操に欠けており、言行が一致していない婦人である。それでありながら范曄の『後漢書』列女伝には徐淑はみえず、蔡琰が立伝されている。［范曄は］女性の史官による記録を伝えたい［と「序」で述べている］が、［採録の］基準が不適切ではないか」(6)と難じている。ここで蔡琰の行跡として特に問題視されているのは、（寡婦になった後）異民族の妻となり子をなしたことであるが、蔡琰に比較さ

---

(3) 端操有跡、幽閑有容。區明風烈、昭我管彤。
(4) 搜次才行尤高秀者、不必專在一操而已。
(5) 范曄が「列女伝」に蔡琰の伝記を立てた意図については［西村 1996］に考察がある。
(6) 觀東漢一代、賢明婦人、如秦嘉妻徐氏、……此則才德兼美者也。董祀妻蔡氏、載誕胡子、受辱虜廷。文詞有餘、節槩不足、此則言行相乖者也。至蔚宗『後漢書』傳標列女、徐淑不齒、而蔡琰見書。欲使彤管所載、將安準的。

れた秦嘉の妻徐淑（『玉台新詠』『芸文類聚』などに作品を残す）の美点のひとつとして、劉知幾は「容姿を損なって再婚を拒んだ（毀形不嫁）」を挙げたように、立伝に値する女性としては再嫁自体も当然恥ずべきことである、という前提がある。よく知られているとおり、唐代は女性の活動に対する制約は比較的ゆるやかであり、実生活のレベルでは再婚は強く忌避されるものではなかったが、士人の公論のレベルでは、婦人の「文詞」は「節槩」と両立してこそ「賢明」と称するにたりうるものであったといえよう。唐代以後にも蔡琰はしばしば著名な文人により言及されるが、例えば蘇軾の父で唐宋八大家の一人である蘇洵（1009〜1066）も劉知幾と同様の観点から范曄の立伝作法を批判し（『嘉祐集』巻九、史論下）、また朱熹（1130〜1200）による「［両漢交替期の文人揚雄（BC. 53〜 AD. 18）の］失節ぶりは、蔡琰と同様である。しかし蔡琰はまだ恥を知っており、自らを責めた」[7]（『晦庵集』巻七六、楚辞後語目録序）といった著述に示されるように、「蔡琰への評価」は彼女の作品への評価である以前に、彼女の進退に対する評価であった。

2．魏晋南北朝

　後漢につづく魏晋南北朝時代は、九品官人法によって象徴されるように、人物を「品」することが公私にわたり追求された時代であった。南朝宋の時代、文学サロンを擁した皇族劉義慶（403〜444）の名において編纂された『世説新語』は、漢代から晋宋交替期に至るまでの著名人物のエピソードを集めた志人小説であるが、その篇目は『列女伝』に通じるところがあり、エピソードの中心となる言行の性質ごとに分かれている。すなわち、当該の言行あるいはその主体者は、『世説』編纂時期の価値観においては篇名の通りに判断され価値づけされたということである。同書のうち、女性のみを主役とする一篇は「賢媛」篇と題されるが、この場合の「賢」とは何か。［林 2004］によれば、唐宋以後に多く編纂された女訓書・家訓書には、「賢」であるための要件がさまざまに規定されるようになるが、本質的には家の秩序

（7）　其失節、亦蔡琰之儔耳。然琰猶知愧而自訟。

維持と存続に貢献できる女性が「賢婦」とされた。一方で『世説』「賢媛」篇にえがかれる「賢」は必ずしもそこに収束しないものであり、女性個人の教養や機智——しばしば、夫や兄弟をやりこめるものとしても発揮される——の紹介と周囲からの賞讃をえがきだすことに終始するエピソードもままみられる。これは、唐代に編纂された『晋書』中の「列女伝」(巻九六)が、貞節や礼教の履行を重視しているのとは対照的である［豊福1976］。後世、六朝期を代表する〈才女〉と位置づけられることになる東晋の貴族女性謝道韞(しゃどううん)(4世紀～5世紀初？)は、『世説』「賢媛」篇においてまさにその好例を残している。彼女の才気と闊達な言動は、千五百年後、清末の女性革命家 秋瑾(しゅうきん)(1875～1907)からも深い憧憬を寄せられた［夏1999］。礼教の打破に向かおうとしていた転換の時代にあっても共感されるような、ある種の普遍的な〈才女〉像が『世説』の一部には採用されたのである。それを可能にしたのは、『世説』成立に先立つ魏晋期特有の世相であったろう。

　魏晋期に発展した門閥貴族社会では、男性が従来の枠を越える新鮮な人間性を模索するようになった一方で、同じ階層の女性もまた、学問教養を身に着ける契機を享受し、前代までと異なる主体性を自覚することが可能になった［下見2008］。逆にいえば、彼女たちの覚醒に対して、男性の側も肯定的に、時として誇らしく受けとめる土壌ができていたということである。それは、『世説』「賢媛」篇に登場する男性たちの反応や他者への拡散——もともとは「家庭内の余談」で終わるはずだった母や妻や姉妹の逸話を、『世説』に収集される前の段階で、初めて士人社会に流布したのは彼ら男性家人であったろう——によっても知ることができる。

3．隋唐

　先述の通り女性に課せられた規範が比較的ゆるやかだった隋唐では、上層女性の政治参加も活発化したが、王朝の頂点を極めた武則天(ぶそくてん)(624～705)［コラム2参照］、あるいは頂点に近づいた上官婉児(じょうかんえんじ)(武則天～中宗期の詔命や奏議にあずかり、学術奨励にも寄与した女官)などは、ある意味で〈才女〉の極地に達した例であるともいえよう。とはいえ、"雌鶏でありながら時をつくった"

彼女たちに向けられた後人の評価は芳しいものではありえず、近代に至るまで基本的な論調が変わることはなかった。武則天らのような政治の舞台で活躍した者を除くと、唐代の上層女性できわだった文名や学術上の功績を謳われた例は意外にも少ない。しかし古代東アジア世界の範となる高度な政治制度や文物を発展させた唐はまた、同じく東アジア世界の「廓あそび」の範となる妓楼文化を生み出した時代でもあった。家庭や宮廷で教育を受ける機会のある上層女性とは別に、妓女出身の〈才女〉が輩出されはじめた最初の時代でもあったのである。純粋に文藻によって名を挙げた唐代の〈才女〉といえば、例えば『全唐詩』に収録された作品の質量にも明らかなように、薛濤（762 ? ～834 ?）と魚玄機（844 ? ～871 ?）のふたりが突出している［松浦1982］が、ふたりとも妓女であったとされる。ただし魚玄機の場合、現在に伝わる作品を制作した時期はおおむね道士として出家した後である（出家前は一般家庭の子女だったとする説もある）［第3章参照］。

4．宋元

　大唐帝国の崩壊と五代十国の分立を経て、つづく宋代、留保付きであれ天下統一と士大夫政治の新局面が出現した時代にあっては、文人文化もまたきわめて高度な成熟に達し、そのしかるべき帰結として、中国全史を通じても最高峰の〈才女〉が生まれることになった。詞の世界において卓越した地位を築いた李清照（1084～1151 ?）である。彼女はまた、亡夫趙明誠（1081～1129）とともにとりくんだ『金石録』のための資料収集そして散逸の過程を回想した「『金石録』後序」によってもその学識の高さ、好学の真摯さがよく知られている。しかし、北宋の滅亡、宋室南遷の混乱を経て、相愛の夫にも先立たれた困苦のなかで再婚（ほどなく離婚）したとされる李清照は、その死後になって、"再婚問題" が問題としてたびたび浮上するようになった。南宋から現代中国までの李清照論を詳細に整理する［松尾2003］によれば、各時代の李清照論は詞文化の盛衰とも連動しており、貞節に絶対の価値が付加されるとともに詞がすたれかけた明代前期においては、彼女の再婚はたびたび非難の的になったが、明代後半には彼女の詞集が公刊されたことで詞作

品への評価が高まり、さらに詞文化が再興した清代においては非再婚説が定説化し、李清照論は確立をみる。清代の定説は民国期には再検討されなかったが、新中国成立後は文革期を挟んで再婚問題に再び光があてられ、清人の論点が多く継承された。いずれにしても、寡婦が再婚したか否か、がこれほど長きにわたり論争の的でありつづけたという事実自体が、明清以来の貞節規範の強化を示すとともに、文学史における李清照の地位の確立、そしてそれゆえに求められた"潔白性"との相関関係をものがたるものであろう。

5．明清

本章の冒頭にみたとおり、明清、特に清代は〈才女〉という語の使用が一挙に拡大した時代であり、一面では〈才女〉の時代であった。唐宋以来の系譜を汲みつつ、明清の〈才女〉はいっそう明確にふたつの層に分かれた。士大夫家庭で教育を受け、別の士大夫家庭に嫁いでからも著作活動に打ち込んだ「閨秀(けいしゅう)」と、士大夫の遊興の相手となるべく歌舞音曲の技芸とともに高度な学問教養を身に着けた妓女たちである。明代は妓女の、清代は「閨秀」の活躍が顕著な時代であった。清では官妓が廃絶されたほか、たびたび禁妓の令が出されるなど法制上の措置があり［王 1934］、妓楼文化は明末に比べて下り坂になっていった。

本章冒頭に挙げた句「女子は才無きが徳である」が出現したのは早くとも明末、使用が定着したのは清代とされる［陳 1928］。すなわちそれは、〈才女〉の存在と活動がある程度社会に認知されたからこそ生まれたカウンターパート的な言説といえるだろう。新中国成立後に出版された胡文楷(こぶんかい)の歴史的労作『歴代婦女著作考』から計上すると、上古から民国までの数千年間において、中国歴代の女性文学者のうち明清女性が占める割合は九三パーセントに達する。時代が下るほど現在まで作品が伝存されやすいという前提はあるにしても、明清期における女性の著作活動[8]の活発さには驚くべきものがあった［合山 2006］。

著作活動をおこなった明清女性の出身地として大きな比重を占めるのは、中国全土でもひときわ文化水準の高かった長江下流域、いわゆる江南である。

「閨秀」はマクロには地域環境によって、ミクロには生家の教育環境、および婚家での理解と支援のうえに形成されるものであった。結社活動が隆盛した明末の江南社会において、士大夫の母や妻や娘たちは家政上の職責や礼教上の規範を履行する一方で、著述・出版活動により自らの社会ネットワークを構築し深化させた。ネットワークが親族の枠を越える場合には、往々にして男性家人が自らの人脈を活用して仲介し、彼女たちの活動の拡大を積極的に支持——ときには、男性もまた自らの文人ネットワークを拡大するために「閨秀」ネットワークを活用——したのである［Ko 1994］。明清交替に伴い文化上の統制・弾圧政策をこうむりながらも、清朝の"盛世"こと18世紀を通じて高度な文化水準を維持した江南社会では、上層女性の著述・出版活動も進展しつづけた。［Mann 1997］は、19世紀初頭に女流詩人・編集者として多くの編著書を残した惲珠（完顔惲珠）による列女伝こと『蘭閨宝録』など、清代女性自身の手になる著作物から彼女たちの価値観や社会環境を描き出す。そこでは、閨閣の奥に隔離された士大夫の母や妻や娘たちが、儒教的教養の習得やそれを基礎とする執筆活動、そして貞節の実践を通じて、西洋人が想像してきたような"抑圧"に苦しむばかりではなく、彼女たち自身の矜持を培い知的・倫理的充足をおぼえていたことが生き生きと示されている。また、惲珠の出身と同じ19世紀江蘇省常州府の士大夫家庭を舞台とする［Mann 2007］は、当地特有の「婿入り婚」を実践しながら家庭文化を継承した張家の女性たちの生涯を物語風に叙述しつつ、清代「閨秀」のきわめて多様な、かつ主体的な知的活動の世界を提示する。これらの観点を裏返せば、「閨秀」たちの世界が個々の家庭や地域のなかで持続し発展することを可能にした要因のひとつは、清代士大夫社会の〈才女〉に対する肯定と需要であったといえよう。

　妓女の場合、彼女たちの高度な学問教養は、直接には文人と交際する必要性から習得されたものであるが、つきつめれば、優れた文人を生み出したり

（8）　これらの多くは点校本として刊行されておらず、原本へのアクセスも困難であるが、ハーヴァード大学燕京図書館等の協力を得たマギル大学「明清婦女著作」ウェブページ（http://digital.library.mcgill.ca/mingqing/chinese/index.php）に少なからぬ影印本が公開されている（2017年10月時点）。

引き寄せたりする当地の文化水準の所産であることは、「閨秀」と同様である。清末に刊行された『秦淮八艶図詠（しんわいはちえんずえい）』という画文集は、明初以来南京に形成され繁栄した妓楼街秦淮（しんわい）が生んだ名妓のベスト 8 を選んだものであるが、その活動時期はいずれも明末清初に集中している［大木 2001］。「秦淮八艶」のなかでも特に広く知られ、高い評価を受けているのは柳如是（りゅうにょぜ）（1618～1664）であろう。彼女は清人による伝記において「呉中名妓」と称されるように、実際には秦淮との関係はそれほど深くないが、いずれにしろ文化の爛熟する長江下流域で令名をはせた妓女であった。ほとばしる才気を発揮して明末の江南士大夫と自由に交流しただけでなく、清朝による南京陥落を目前に控えるや自害を試み、反清復明（はんしんふくみん）運動を自ら支援し、最後は亡夫銭謙益（せんけんえき）（1582～1664）の身内の圧力によって悲劇的な死を遂げた柳如是には、明清交替を生き延びた同時代の人々からも敬服と哀悼が寄せられ、さまざまな記録や小伝が残された［谷 2000］。ただし現在、明清妓女のなかで彼女の名と行跡が特に詳しく知られているのは、民国～新中国を代表する歴史学者、陳寅恪（ちんいんかく）（1890～1969）が彼女を主題として『柳如是別伝』を著したことが大きいであろう。同書が完成したのは一九六四年、著者が文革の迫害のなかで没する数年前であるが、執筆開始は一九五四年ごろ［蔣 1981］、抗日戦争終結からまだ十年も経ない時期とされる。中国の半植民地化が進む時期に青年時代を過ごし、戦時中は抗日の意志を貫きながら流転の日々を送った陳寅恪にとって、柳如是がその生涯を以て証した志節は非常に親和をおぼえるものであったろう。彼が『柳如是別伝』を執筆した動機は同書第一章「縁起」に記されるが、そのなかに「祖国の仇を討つ志や亡国を悼む言辞は、［国家の存亡に本来責任を負うべき］当時の士大夫による表明であったとしてもなお、民族独立の精神や自由思想の発露とみなして顕彰すべきものである。まして、か弱く若い女性がそのような気概を見せたならば、なおさら尊ぶべきである」[9]とあるように、柳如是の反清復明運動を「民族獨立之精神」として高く評価していたことがわかる。柳如是が「天下の興亡には匹"婦"もまた責

（9） 夫三戶亡秦之志、九章哀郢之辭、即發自當日之士大夫、猶應珍惜引申、以表彰我民族獨立之精神、自由之思想。何況出於婉孌倚門之少女、綢繆鼓瑟之小婦。

任を負うという観念（天下興亡匹"婦"有責之觀念）」[10]をそなえるに至ったことを、真摯に称賛しているのである［蔡 1995］。民国最高の知識人のひとりである陳寅恪にとって、明末清初の激動が生んだ〈才女〉はもはや単なる文芸批評の対象ではなく、その志操全体をもって共感すべき同志に昇華されたのだといえよう。

おわりに

　清末の光緒年間、梁啓超（りょうけいちょう）（1873～1929）は『変法通議（へんぽうつうぎ）』の一篇「論女学」によって女子教育の必要性を強く説いた。そのなかで彼は伝統的な〈才女〉について、「むかし"才女"と称された者たちは、花鳥風月を鑑賞し、過ぎ行く春を惜しんでは詩歌をこしらえるばかりが能で、それを至上としてきたのである。これらはとても学問とみなせるようなものではない……私が学問と呼ぶのは、内面では自らの思考を明晰にし、外界では生計の助けとなるものであり、ひとたび身につければいくつもの成果を得られるものである」[11]と批判的に論じている。彼の心願に応えるように、民国期には女子教育の整備が進められた。高等教育を受け社会に進出する女性に対しては、〈新婦女〉等の語が用いられるようになった[12]。西洋との接触を通じて中国の"落後"性が意識され、改革の必要性が叫ばれた清末民国期にあって、伝統中国社会で温存されてきた女性に対する規範や価値観もまた、知識人や青年層にとっては中国の"落後"性の象徴であり、批判を向け克服すべき対象であった。それとともに、伝統的な〈才女〉の限界もまた、明確に意識されるようになったのである。

　旧来の〈才女〉よりもさらに広範な知的活動への道が開かれた〈新婦女〉

---

(10)　明朝遺臣として清朝への出仕を生涯拒絶した学者顧炎武のことば「保天下者、匹夫之賤、與有責焉耳矣」（『日知録』巻十三、正始）を下敷きにしたもの。

(11)　古之號稱才女者、則批風抹月、拈花弄草、能爲傷春別之語、成詩詞集數卷、斯爲至矣。若此等事、本不能目之爲學……吾之所謂學者、内之以拓其心胸、外之以助其生計、一擧而獲數善。

(12)　厳密には、〈新婦女〉の含意する範囲は時期により変動する。その推移は［江上 2006］に詳しい。

たちはもはや「傷春惜別」には満足せず、専門的知識や技能によって社会進出に挑み、男性と同様に新しい国家建設の使命を担おうとした。評価の対象となる「才」の性質からいっても、「才」の用途からいっても、前近代の〈才女〉は近代以降の〈新婦女〉とは大きな隔たりがある。前近代の〈才女〉の大部分はまさしく梁啓超の表現するとおりの形でしか、自身の知性を発揮する場をもつことができなかった。しかし彼女たちはときに、きわめて優れた「傷春惜別之語」によって士大夫らに感銘を与え、女性が学識を積むことの意義をも確認させた。さらには「傷春惜別之語」によって名をあげることで、「傷春惜別」から離れた彼女たち自身の生きざまへも関心を引きつけ、史書や文壇で議論を喚起した。その多くは貞節至上の論理に回収されるものだったとしても、ときとして論理に抵触しないための解釈や弁護の声が起こり、ときとして論理そのものを超越した評価――純粋な機智や文藻、あるいは危機に瀕した「中華」に対する忠烈を基準とする評価――が現れた。

　中国史における〈才女〉をめぐる視線、彼女たちに向けられてきた敬意や友愛、失望や軽侮、そして近代を挟んだ〈才女〉概念の解体と再構築は、中国という文明の発展と動揺、そして危機を乗り越えようとする模索のすじみちを如実に反映してきたものといえるであろう。

・参考文献・

[和文]
入矢義高（1960）「「胡笳十八拍」論争」、『中国文学報』13
大木康（2001）『中国遊里空間――明清秦淮妓女の世界』、青土社
筧久美子（1978）「「列女伝」ノート」、『近代』53
合山究（2006）『明清時代の女性と文学』、汲古書院
下見隆雄（2008）『儒教社会と母性――母性の威力の観点でみる漢魏晋中国女性史（増補版）』研文出版
豊福健二（1976）「世説「賢媛」篇と晋書「列女伝」」、小尾博士退休記念論文集編集委員会編『小尾博士退休記念中國文學論集』、第一学習社
中島みどり訳注（2001）『列女伝』1〜3、平凡社
西村富美子（1996）「中国女性文学の系譜――蔡琰論：「悲憤詩」の意義　付「胡笳十八拍」について」、『人文論叢　三重大学人文学部文化学科研究紀要』13
林香奈（2004）「賢ならざる婦とは――女訓書に見る家と女」、『ジェンダーからみた中国の家と女』関西中国女性史研究会編、東方書店

福山泰男（2005）「「悲憤詩」小考──研究史とその問題点」、『山形大学大学院社会文化システム研究科紀要』1
松浦友久（1982）「唐詩にあらわれた女性像と女性観──"閨怨詩"の意味するもの」、石川忠久編『中国文学の女性像』、汲古書院
松尾肇子（2003）「李清照像の変遷──二度の結婚をめぐって」、『女性史学』13（『詞論の成立と発展──張炎を中心として』東方書店、2008年に再録）
山崎純一訳注（1996-97）『列女伝』上・中・下、明治書院
［中文］
江上幸子（2006）「現代中国的"新婦女"話語与作為"摩登女郎"代言人的丁玲」、『中国現代文学研究叢刊』第109期
王書奴（1934）『中国娼妓史』生活書店
夏暁虹（1999）「秋瑾与謝道韞」、『北京大学学報（哲学社会科学版）』第1期
胡文楷編著（1985）『歴代婦女著作考（増訂本）』上海古籍出版社、（初版は商務印書館、1957年）
蔡鴻生（1995）「"頌紅妝"頌」『『柳如是別伝』与国学研究──紀念陳寅恪教授学術討論会論文集』、中山大学歴史系編・胡守為主編、浙江人民出版社
蔣天樞（1981）『陳寅恪先生編年事輯（陳寅恪文集附録）』、上海古籍出版社
谷輝之輯（2000）『柳如是詩文集』、上海古籍出版社
陳寅恪（1980）『柳如是別伝（陳寅恪文集7）』上・下、上海古籍出版社
陳東原（1928）『中国婦女生活史』、上海商務印書館（民国叢書編輯委員会編『民国叢書』第2輯、上海書店、1990年に収録。他にも影印版多数あり）
梁啓超（1936）『飲冰室文集（合集）』第一冊、上海中華書局
［英文］
Ko, Dorothy（1994）, *Teachers of the Inner Chambers: Women and Culture in Seventeenth-Century China.* Stanford: Stanford University Press.
Mann, Susan（1997）, *Precious Records: Women in China's Long Eighteenth Century.* Stanford: Stanford University Press.
Mann, Susan（2007）, *The Talented Women of the Zhang Family.* Berkeley: University of California Press

第 17 章

中国医学における医療・身体とジェンダー

姚　毅

妊娠した女性の気脈図(『産経』より)

はじめに

　医学・医療は人々の身体と病気をどのように語り、人々の行為基準や社会規範、性別役割、ないし当該社会の身体へのイメージをどのように規定していた／しているか、またどのような人が医療に携わるのにふさわしいと思われていたか等々の問いは、ジェンダー学のみならず、医療社会学の主な関心であり、中国研究の分野でも近年注目されてきている。これらの研究は多岐にわたるが、主なジェンダー視点からの論点は次のようにまとめることができよう。第一に、医学・医療は女性が生理的・心理的に男性より弱い存在という「女性の脆弱説」を立証し、これが社会における男性優位、女性劣位の根拠となった。第二に、医学は身体的特徴を男性的・女性的と分類し、それぞれに意味を付与し、男性・女性の行為基準や性別役割分担の形成に寄与した。第三に、医療の近代化は、男性が医師、女性が看護師というジェンダー的分業形成を伴い、女性がその過程で医療の専門家から排除されただけでな

く、治療・監視の対象になり、自らの身体から疎外された［姚 2011］。以上の三つの傾向は特に西洋近代医学の成立の過程で顕著に見られる。つまり近代において、医学という「科学」は資本主義システムの成立と近代国家の形成と三位一体となって、男性・女性の身体によりはっきりした境界を持たせ、それぞれに新たな意味を付与し、近代的秩序の確立に役立ったのである。

興味深いのは、1980年代以降中国の医療と身体に注がれた熱い関心は、こうした女性の「脆弱論・疎外論」の中国での該当を立証しようとするものではなく、むしろその逆で、西洋的概念では捉えきれない中国への「理解の困惑」から出発したと言っても過言ではないことである。例えば、帝国末期と呼ばれる明清において、外科医は高い「技術」を持っているにも関わらず、それを用いて欧米と同様には出産領域に進出しなかった。また男女の性差に関する記述が曖昧なだけでなく、肉体そのものにほとんど関心を払っていなかった。それだけでなく、「魔の一ヶ月」とされる産後の養生は、論理的根拠がないにも関わらず、人々がまるで監禁のような期間を守りきろうとしているし、中華人民共和国は男女平等を国策としながらも女性をことさら保護し、優遇している。極めつきは月経の扱いであろう。経血は穢れ、不吉とされながら栄養の素ともされていて、薬にもなれば赤子の乳にもなる。さらに破壊力があるとされ戦場にも用いられる。これらの「怪奇」な現象は枚挙に暇がないが、紐解くとほとんどすべてが医療と身体に関わっていると研究者達が「発見」し、医療と身体に注目したのである。この意味で多くの研究が、月経をテーマにしたのは決して偶然ではなかった。

身体とジェンダー研究の火付け役といえるファースの初期の研究も経血に関するものだった。ファースは17-19世紀における経血の禁忌は、確かに女性への拘束、抑圧をもたらしたが、同時にそれを媒介に権力と協働し、男性権威に対し交渉・挑戦する象徴的価値体系をも作り上げた、という［Furth 1986］。1980年代以降、月経や出産などに関する研究が次第に盛んになる。ブレイは宋代から清代までの建築、紡績および生育・保健の三つの側面から、科学技術がいかに中国伝統社会のジェンダー関係を形作ったかを分析している［Bray 1997］。李は隋唐時代、ファースは隋唐から明清、呉は明清時代を中心に、それぞれ膨大な医学資料から伝統中国の妊娠出産と身体観、セク

シュアリティの変容を辿った［李 2008］［Furth 1999］［Wu 2010］。台湾の周春燕は西洋の近代医学がもたらした変化を月経を中心に論じた［周 2010］。前近代の女性医療従事者に関しては、梁其姿［梁 2005］、衣若蘭［衣 2002］等代表的な論著がある。

　本章は、欧米や台湾および筆者自身の研究を踏まえつつ、中国の医療における身体観とジェンダー観を概観し、医療とジェンダーから見た中国史を素描してみたい。具体的には、第一に、伝統的な身体観・生殖観は、どのような特徴を持つものか、それが19世紀末までにいかに変容していたかを辿る。第二に、19世紀末から導入された西洋の近代的医学は、中国的身体観や生殖観、ジェンダー意識にいかなる変容をもたらしたかを明らかにする。第三に、出産に携わる専門家、特に近代の産科医と助産師のジェンダー関係に焦点を当てる。

1．中国の伝統医学における身体観とジェンダー

（1）　中国の伝統医学の特徴

　中国医学は万物の生成、変化、消滅を説明する原理として措定された「気」の哲学のうえに成り立っていて、コスモロジーや道徳倫理観を内包した一つの完結した知の体系であった。「気」はきわめて難解であるが、最高範疇である「道」から生まれ、さらに陰と陽に分かれる。陽と陰は天と地、光と陰、太陽と月、男と女、強さと弱さ、明るさと暗さなどの絶え間ない相互作用によって生じる力で、両者は相互補完的であって、ダイナミックに変化する。このような陽と陰は、あらゆる学問、自然界の現象、人間社会の秩序の説明に応用される。例えば、生死病については、「二つの気は交われば生、分かれれば死、偏れば病気、乖離すれば重篤」と説明している。こうした医学に基づく身体観は、分解不可の完全性、曖昧性、不可視性こそ高い象徴的価値を持ち、明らかに解剖学で認知できる生物学的身体ではない。ファースはこうしたメタファーとしての身体を「黄帝の身体」（The Yellow Emperor's Body）と名づけている［Furth 1999］。「黄帝の身体」は性質が相反しながら相互補完的であるあらゆる現象に当てはまる。男と女というジェン

ダー区分もこの概念に包摂され、男と女は相互補完的な存在で、分離して存在することはできないだけでなく、性別は身体以外の自然界と関連して初めてその意味をなすのである。呉一立が指摘しているように、身体は無性であり同時に性的（sexless and sexed）でもある［Wu 2012］。

しかし、陽と陰は相互補完的で切り離せないが陽は陰より優れているという暗黙の共通認識もある。つまり陰陽の概念自体がヒエラルキーを秘めているのである。このような陰陽の概念は、漢代以降の儒教によって、洗練された道徳観・倫理観が構築されていくにつれ、男尊女卑の抑圧的儒教秩序を作り上げていた［マン 2015］。その過程で、医学がさまざまな根拠を示し、中核的な役割を果たした。中国の社会秩序、ジェンダー秩序を根底から規定した有名な「男女に別あり（男女有別）」の規範を例にとってみよう。

「男女有別」の源流は『礼記』〈内則〉の「七歳にして男女席を同じくせず、食を共にせず」に遡る。その根拠は、古典的医学書『黄帝内経・素問』にある。すなわち、「女子七歳になると、腎気が盛んになり、歯が生え変わり、髪が伸びる。一四歳になると、性ホルモンが出て、任脈に通じ、太衝脈が盛んになり、月経が定期的に始まり、子供が産めるようになる。（中略）四九歳になると、任脈が虚し、太衝脈が衰え、性ホルモンが出なくなり、閉経して体型が崩れ、子供も生まない体になる」。「男子八歳になると腎気が盛んになり、歯も生え変わり、髪が伸びる。十六歳になると性ホルモンが発育し、射精することができ、男女の構合によって子供ができるようになる。（中略）六十四歳になると、五臓の機能は衰え、性ホルモンが尽き、生殖能力もなくなる」。

つまり、女子は七歳、男子は八歳から生殖するための身体が準備し始めるので、男女は別々の空間に隔離すべきだという考えである。『黄帝内経』は後の医学書に受け継がれ、さまざまな俗説の根拠となっている。その一例は、腎は子宮よりずっと重要だという考えである。また腎は生命エネルギーを貯蔵し、このエネルギーを消耗しすぎないように、激しい運動や勉強し過ぎ、目の使い過ぎなどだけでなく、不安定な生活や精神状態も避けなければならない、と人々の行為規範に深く影響を与えている。

医学は同時に生老病死に関する経験知や生身の身体の認知、男女の性器な

ど肉体的差異、子産みの男女の役割などに関する認識の積み重ねの中で独自の身体観・倫理観を形成する。呉はこれを月経、妊娠、分娩などが象徴する「生殖する身体」と名づけている［Wu 2010］。「生殖する身体」への認識と意味づけは時代と共に変化するが、伝統的産婦人科知識からその軌跡の一端を辿ることができる。以下では、伝統的産婦人科分野では、男女の性差がどのように捉えられているか、それは「黄帝の身体」とどのように整合していたか、また儒教秩序の一部になった身体観の形成にいかに寄与したかを、「女科」の成立と変容を中心に見ていく。

(2) 「女科」の成立と男女の性差

　産婦人科は伝統的医学書の中では「女科」と呼ばれ、その確立は、一般的に隋唐時期とされる。隋唐以降出産に関する知識をまとめた書が多く見られ、孫思邈の『千金方』はその集大成の一つともいわれる。『千金方』は三巻をなす「婦人方」を最初に置き、女性の特徴を理解して治療すべきだと主張している。なぜ女性に特別な処方や治療が必要なのか、孫思邈はこう述べている（『千金方』巻第二・求子第一）。

　「婦人の病に男子とは別の処方があるのは、妊娠・出産・不正出血など女性特有の病があるからである。婦人の病を治療するのは、男子に比べて十倍難しい」、その理由は、「女子は嗜欲が男子より多く、病気になるのは男子より倍になる。さらに慈恋、愛憎、憂い、怒り、ヒステリーなどを加え、病根が深く、治療するのが難しい」からだ、と。

　この説明から、生理現象、生殖機能の他に、女性の心理的特質に注目し、女性の情動・情念の多さ、情緒不安は、男性より数倍の病気をもたらす元凶であると認識しているのがわかる。さらに、「四徳は女子立身の枢機であり、産育は、婦人の長ずるところである」と説明し、妊娠出産だけでなく、子育ても女性が持つ特別な機能である、とも認識しているのがわかる。

　孫は、一般の病気は男女とも同じであり、治療法も同じであるとする。つまり、男女の本質的相似性を再三強調しているにも関わらず、女性の持つ生殖機能を男性と区別する標識と認識しており、こうした生殖機能を持つがゆえに、生育は女性しかできない女性の職務とされたのである。漢唐時代には、

産科学の整理・系統化、出産時および産後養生の規範化が進み、それに伴い、出産に関するさまざまな禁忌と不潔視、産婦の隔離等の行為規範も形成された。李貞徳はこうした背景を踏まえ、医学は女性の「病弱」説に根拠を提供し、生育という女性の役割を突出させたと分析し、産婦人科医療にジェンダー的要素が持ち込まれたと指摘している［李 2008］。

一方、隋唐時代には身体的区別は、生理現象・生殖機能に限定されており、子宮や卵巣など女性特有の生殖器官はほとんど注目されておらず、子宮よりむしろ男女とも有する腎臓のほうが重要だとされていることを理由に、「女科」の形成期を宋代とみる人もいる。ファースもその一人である。

ファースは、1060年の太医局の設立、「産科兼婦人雑病科」の内科からの独立の他に、1237年、陳自明によって著わされ、婦人科全般について詳細に記載された書物『婦人大全良方』の登場が一つの標識だと考えている。陳自明は「男子はその気を調節し、女子はその血を調節する」、「婦人は血をもって主とする」と説明し、「血」を以て男性と区別する女性の身体を強調し、男女の身体的差異について生殖における差異だけでなく、その内部構造を探り論理化しようとしたのである。物事の法則性を極めようという宋代理学の下で、医学でも出産の危険性、不安定さが強調され、難産や不測事態を防ぎ、それを解決するために、気血を補う薬、胎児位置の調整、催生などの技法・技術が模索されたのである。ファースは、こうした身体内部から男女の性差を探求する宋代に、男女の相似性から異質性をより強調するモデルへと変わったと主張する［Furth 1999］。

しかし、明清時代になると、男女の性差に関する記述がまた新たな転換を迎える。宋代から盛んになる技術の追求、生殖の論理化によって蓄積された臨床経験をまとめた書物が多く出版され、産婦人科学の専門書で現存するものだけでも百余種にのぼる。特に明代では太医院に「産科兼婦人雑病科」が設立され、難産対処の技芸を発達させた。それは当時のヨーロッパ産科技術をしのぐものだった［張 2000］。しかし、技術的発展と同時に、宋代から盛

（1）本章では近代的医学教育を受け、免許を持ったものを「医師」、そうでない医業従事者を「医者」と区別することにする。

んになった「婦人は血をもって主とする」という考えが挑戦を受け、再び男女身体の相似性を強調する単性モデルに回帰する。この時期の医学書では「女性の身体は月経、妊娠、出産を除けば男子と本質的に同じ」という記述がかつてないほど繰り返される。その変化の一端を明代の代表的医者[1]張景岳の『婦人規』からうかがうことができる。

　『婦人規』の「婦人九症」および「論難易」に、男女の病は月経、妊娠、出産の類に関するもの以外は基本的に同じ、女性の病気は男性より治療しがたい、と孫思邈と同様な見解を示している。しかしなぜ治療しがたいかの理由は異なる。「婦人の情は、男性のそれと異なる。なぜならば、婦人は幽居して憂鬱が多い」からだと、「幽居」＝空間的隔離が「憂鬱」の原因であると認識し、「女性の病の治療し難さ」を「人事の難」に求めたのである。張景岳は特にその「人事の難」を詳細に説明し、整然とした論理を展開している。張は、男女隔離の規範のため、女性が奥の閨房に幽居し、自ら「病を人に告げ」ることが出来ないだけでなく、男女有別の礼節を重んじるから「望聞問切」の四つの治療法の内の三つができなくなる。そのため、医者は神業があっても使い道がないと嘆いたのである。このように明代以降は、病気が内部ではなく、外部にあると方向転換し、産婦個人の行為規範の重要性を提起したのである。それが清になると、医者はさらに無為を主張し、人為的干渉や薬の使用を批判するようになる。例えば、1715年に出版された有名な『達生編』は出産について、次のように述べている。「出産というものは、天地自然の理であり、……極めて平易で、無理をしなければ難産はない。しかし、今の世では、往々にして難産を聞くのは、人為的過ちを以って自然の理を損なっているからである」。多くの研究者はこの『達生編』が代表する変化を両性モデルから単性モデルへの回帰と捉え、16-18世紀のヨーロッパとは著しく異なる、と認識している〔Furth 1999〕〔Wu 2010〕〔姚 2011〕。

　周知のように、16-18世紀のヨーロッパ社会は激しく変動し、やがて近代的身体観が誕生する。荻野やラカーはこの西欧近代的身体観を次のようにまとめている。

　ほぼ18世紀ごろまで男女の生殖器は本質的に同じものであるとする考え方が存在し続け、「卵巣」は「女の睾丸」と呼ばれてきた。このような両性の

身体を基本的に同種のものと捉え、女は男ほど完全にはなりえないが、その性や生理は男の場合と本質的に変わらないとする理解は単性モデル（one-sex body）とされる。しかし、18世紀から新しく近代社会が形成されていく過程で、男女の身体観にも大きな転換が生じ、男女を心身においても生き方においてもまったく異質で非相似的なものとみる両性モデル（two-sex body）へ変わっていった。さらに、この身体観の転換は、これまで女性が独占していた出産領域に男性産科医が進出し、だんだんと独占するようになる時期と重なるだけでなく、資本主義システムの成立、近代社会の性別役割分担の形成とも重なる(2)。

では、明清時代は、資本主義的要素が濃厚に現れ、産婦人科技術が発達しているにも関わらず、なぜ16-18世紀のヨーロッパと異なる展開になったのだろうか。

（3） 明清における身体観の変容と身体知識の構築

医者が出産現場に積極的に介入しなかったことについて、実は早くから言及されていた。だがその原因を深く探究せず、ただ簡単に、出産を不潔視する「汚穢観」、男性の直接的介入を嫌う「男女隔離」、手を使う仕事を蔑視する外科軽視などの理由に帰していただけである［姚 2011］。しかし近年その理由を深く掘り起こす研究が現れ、中でも最も注目すべきなのはウー・イーリー（呉一立）であろう［Wu 2010］。ウーは、『達生編』が代表する自然無為の傾向を「宇宙と共鳴する出産観」と名づけ、欧米と比較して次のように指摘した。すなわち、第一に、ヨーロッパでは、産科技術が、キャリアアップと医学的権威および市場利益を獲得するための手段として用いられている。これに対して、中国では、分娩の手技はキャリアにも利益にも繋がらなかった。第二に、助産者（産婆）が技術を悪用することを医者が恐れていた。安全な帝王切開技術などが発達する前には、母体内で死んだ胎児は砕いて取り出すのが一般的な方法で、中国でもヨーロッパでも広く使われていた。しか

（2） 荻野美穂『ジェンダー化される身体』勁草書房、2002年。Laqueur, Thomas Walter, *Making Sex: Body and Gender from the Greeks to Freud*, Cambridge: Harvard University Press, 1990.

し中国の男性医者は、それを評価せず、より先進的でリスクの少ない代替法を求めようとした。第三に、ヨーロッパでは、医者が産婆を退け、みずから出産に立ち会うことを求めていたのに対して、中国の男性医者は、方法論・認識論の提供で出産における権威を保ち、難産などの特殊問題（産婆の職分）からより大きな女性の生殖健康（医者の職分）へとシフトしたのである。

　ウーの分析は、非常に示唆に富み、納得するところが多い。しかし、そもそも、中国では分娩の手技はキャリアにも利益にも繋がらなかった、また医者が出産に立ち会うことを求めなかったのはなぜか、という根源的な問題に答えたとはいいがたい。これに対して姚毅は、その根源的な理由を明清という時代背景および「医」と「儒」の間の知の緊張という二つの側面から考えるべきだと指摘した［姚 2011］。

　先ず、明清の時代背景を見よう。明代特に明中葉以降、思想・哲学分野においては心学が盛んになり、「理」「気」二元論から「気」の一元論へと変化していったのは周知の通りである。経済や社会領域においては、商業の繁栄、印刷業の発達、士紳階層の出現、さらに考証学や蔵書のブーム、人口増加などの社会的特徴が見られる。こうした多様性は医療領域ではさらに突出する。医学書が大量に出回り、医学に興味を持つ男性が増加しただけでなく、医学書の編集者および推進者も、多様な出自や分野から構成されている。こうした多様性を呈する中で、考証学の興隆からもわかるように、復古的な流れが強まり、古典的教えの正当性が強調され、儒医による医学原理の統合と系統化が要請された。

　生殖における主体性の強調もこうした背景から考えるべきである。享楽主義や物欲の横行、礼節の崩壊が恐れられ、節度、自己管理の道徳規範を重んじる新儒教が求められたのである。疾病の原因は体内だけでなく、セクシュアリティや日常の節度と関連している、と医学書が説教し、生殖における男性の責任を求め、子孫を残して儒教的責任を実行し、文化と道徳の両面における理想像（聖人）を実現することが求められたのである。医学書は、「情」と「欲」の属性は「火」で、体の「虚」を引き起こす、と繰り返し強調し、養生術はいかにこの「情」「欲」をコントロールするかだとして、その技法を発達させた。このように産婦人科知識は養生術、セクシュアリティと交錯

し、内なる聖人になるための技法を提供した。もちろん、このような内なる聖人となり、健康な子を養育する責任は、女性にも要求された。適切な行動や振る舞い、心構えは、安産と健康な子を保証する、と医者が説いたのである。

　明清期に見られる多様性と統一性は、根源的には「医」と「儒」の知的緊張に由来すると考えられる。伝統中国においては、「医」は「儒」より下のランクに位置していた。「儒医」になるには、医術のみならず、「博学」で社会全体を支配する「儒」の理念や規範と同一化し、儒教の「仁＝道徳」を実践しなければならない。これは、医療実践においては男女隔離という規範を尊重しなければならないことを意味する。他方で、医者の理想と信念は、自らの技術を研鑽し、よりよい治療を施し、自らの社会的必要性を高めることでもある。「節を失わないためには餓死しても仕方がない（餓死事極小、失節事極大）」という教条に見られる死生観・価値観が通用する社会では、医者の価値は当然儒者に及ばない。その意味で、礼節や道徳という社会規範と生命保護という医者の理念・信念の間には、常に対立と矛盾が存在する。この緊張関係は、西洋医学と邂逅する前に解消することはなかった。

2．身体を「科学化」する近代医学とジェンダー

（1）　西洋産婦人科知識の伝入

　西洋近代医学は19世紀半ばから、宣教師によって中国に導入されはじめた。1858年イギリス人医師であるホブソン（合信、B. Hobson）によって書かれた、初の中国語の西洋産婦人科著作『婦嬰新説』が上海で出版され、その後産婦人科病院や医学校が宣教師によって次々と建てられ、西洋医学の人材も徐々に増えた。しかし、前述したように、西洋医学の受け入れや医師の地位の向上には、儒教的考えと異なる別個の新しい知の体系が必要であった。清末から輸入されはじめた進化論パラダイムはまさしくこのような知の体系だったのである。中国の進化論と近代医療に関して多くの先駆的論考を発表したフランク・ディケターは、新しい医学が、市民、民族、国家など新しい概念とリンクし、擬似宇宙化されたあいまいな身体を具体化していくことによって、

いかに伝統的宇宙秩序と対照的な秩序を描き出したかを詳述した［Dikötter 1992］［Dikötter 1995］［Dikötter 1998］。真実は儒教など経典の中にではなく、科学のみが解読しうる自然の中にこそあり、儒教にかわって必要なのは生物学的な発生論や遺伝学、病気を治療して健康をもたらす医学であると、新しい医学は宣言する。

　こうした概念の転換を可能にし、それを支えていた背景には、強烈なナショナリズムと急速なネイション・ビルディングの要請があった（第9章参照）。「劣敗」の地位を「優勝」の地位に転換して富国強兵を実現するには、医学という科学による人種退化の阻止、病気の治療、健康の維持、さらに性や生殖を含めた社会的コントロールが必要とされる。こうして民族言説は近代医学に正当性と価値を与え、医学は民族振興の役割を負うと共に、権威を獲得したのである。例えば「新民」論を展開した梁啓超は、絶滅を避けるために、中国人民の知的条件と同様に、肉体的条件を改善しなければならず、知的・肉体的改造は、まず母性から始めなければならない、と主張する。身心の強い女性が生んだ子供は健康で強いから、婦女に命じて一律に体操を習わせる必要がある[3]。次世代を生む母体への注目は梁啓超の国民作りの重要なファクターであり、よい資質の次世代を生む（＝伝種）母性・父性は梁啓超の新民＝新しい国民作り構想の要といっても過言ではない。こうした考えは、「知」を独占する儒教の伝統の本質的転換を迫るものであった。1905年に長く続いた官僚選抜システムである科挙制度が廃止された後、医学試験に合格した者に「進士」称号を与えたことは、まさに象徴的な出来事であり、立身出世の道を科学＝医学に与えたといえよう。では、近代医学、特に産婦人科学はどのような転換を迎え、ジェンダーにいかなる影響を与えたのだろうか。

（2）　解剖学的凝視と生殖の「病理化」

　19世紀末から20世紀40年代まで、中国に出回っている多くの西洋近代的産婦人科医学書を眺めると、以下の特徴をたやすく見出すことができる。第一

（3）　梁啓超「変法通議・論女学」『時務報』第23・24冊、1897年4月12日・5月2日。「禁早婚議」『新民叢報』第23号、1902年12月1日。

に、日常生活の一部になっている月経や妊娠が、科学的言説の下で「病気」として誇張的に描かれていくことである。妊娠する際の子宮、乳房、皮膚、顔色、感情など身体的心理的変化と直腸や膀胱に来す支障などが細々と羅列される。また、妊娠は身体に消すことのできないシミなどを残すだけでなく、胃、背骨、頭、歯などすべての器官に痛みをもたらし、身体がまさに痛みの「倉庫」になる。こうした身体を支配し見えない恐ろしい「闇の力」が分娩し終わるまで続く、と説明している[4]。このように、妊娠は正常な生理現象と説きながらも「病理化」されていくのである。もちろん、妊娠出産の「病理化」は近代になってから現れたものではない。しかし、近代になって飛躍的な変化を遂げたのである。それは、妊娠中の女性の病気や不調の有無を問わず、また妊娠しているかどうかを問わず、医学書はすべての女性にメッセージを発し、女性を潜在的「病弱者」として広く印象づけたことである。周春燕が指摘したように、伝統的医学書には、病気の特定や症状、そして治療に限られた記述が多く、正常な生理や妊娠中に現れる生理的症状に言及するものは稀であったのと対照的である［周 2007］。新たな傾向は少女の月経へのしつこいまなざしからもうかがうことができる。

　第二に、身体に対する解剖学的、図像学的、数学的凝視である。ペニスのサイズや一回の射精に含まれる精子の数、女性が排卵期間に放出する卵子の数、男女それぞれの骨格、頭蓋骨、脳のサイズ等々が測定され数学的考察の対象になった。妊娠は、神秘的な「陰陽」の気や血の凝結ではなく、数字で表せる物質である、とした近代的医学者はその新しい知識の普及に努める。数字と同様に、近代的医学書には多くの図像が用いられ、骨格、頭蓋骨、脳、神経、子宮や卵巣など身体的部位を写真やイラストで細部にわたり解説している。こうした解剖学的凝視によって、今まで図像化されていなかった皮膚の下での不可視的な身体的部分を探究・発見することができただけでなく、視覚的インパクトを与え、同時に出産の潜在的疾病化を強化する。こうした解剖学的凝視、数学的精密さの追求は、身体認識に甚大な影響を与えている。なぜならば、それがいずれも男女の異質性を強調し、心理的にも知力・体力

（4）　姚昶緒編・余雲岫校（1927）『胎産須知』商務印書館（初版1920年）

的にも男女の差が歴然としていることを印象づけるものであっただけでなく、身体を経済的価値としての労働力と結びつけることになったからである。さらに重要なのは、身体に「自然現象」という外観が与えられたことである。ドイツの学者ドゥーデンが指摘したように、「女性の身体に向けられた解剖学的まなざしが、女を生物学的に解釈し、一定の知覚形式を付与しただけでなく、それによって、女の身体の生物学的固有性というものが、自然界の法則に則ったものとして定義され、本質化されるのである」[5]。

　もちろん、中国の伝統的医学にとって、身体への数学的解剖学的凝視は身体の解体、身体の格下げを意味し、その結果、身体の完全性が持つ高い象徴的な価値も、意味ある曖昧性・不可視性も奪い取られたことになる。このような質的な転換は、実際に中国の身体とジェンダー史にどのような影響を及ぼしたかを精査する必要があるが、本章では、女子体育の導入に関する議論から近代的身体がもたらしたものをより具体的にみることにする。

（3）　女子体育と少女の身体

　20世紀初頭から梁啓超などの改革派だけでなく、政府も積極的に女子体育を提唱していた。1907年に公布された「女子師範学堂章程」と「女子小学堂章程」には体育についての規定もあった。その要旨は「身体各部の発育を均斉にし、四肢の動作を機敏にし、規律を守り、協同の公義を貴ばせるにある」。また「その教科の程度は、女子初等小学堂においては適宜の遊戯、時には音楽の伴奏でこれを教え、順次普通体操に進む。女子高等小学堂では普通体操と遊戯を教える。遊戯を教える際には活発愉快に行なわせる。ただし、放縦にならないように注意する。また、授業で教えた姿勢を常に保持させる」、というものだった。民国成立以降の「壬子学制」（1912年）も小中学校の課程に体操を入れることを規定した。

　女子体育教育の展開は、強健な母体つくりのため、少女を活発に運動させ、纏足した病的な身体の後発性を克服すべきものとして導入された。しかし、

---

(5)　バーバラ・ドゥーデン『女の皮膚の下　18世紀のある医師とその患者たち』（井上茂子訳）藤原書店、1994年。

課程内容、運動量や種目、活動範囲などは、その導入当初から終始男女別のものだった。性別差異のない体育によって女権を助長することを極力避けるため、またダンスや遊技、運動量の少ない体操を採用して、女性の身体美や本来の役割を損なわないように、さまざまな制限がかけられたのである［游2009］。特に生理期間の体育について激しい議論が展開された。その議論の多くは、不妊や流産の原因になるとして、体育特に生理期間中の体育を禁止するように求めるものであった。有名な優生学者潘光旦も「女子の過度な運動は生育率を低下させ、遺伝的にも良くない」と、指摘している[6]。このような議論の有力な根拠はもちろん医学である。「女子の内生殖器は、直腸と膀胱の間に位置し、しかもぶらついている。もし激しい運動をおこなえば、位置が移動する。さらに月経の時は、子宮が充血し、軽微の振動でも感応し、あるいは後屈症になる。後屈症になれば、妊娠ができなくなる。そうすると、婦人の一生は障害のある不幸に陥る」[7]。これが権威ある教育雑誌に載せられた文章である。学校は、初潮年齢や月経の期間、月経前後の生理的、心理的変化——腹痛、眠さ、だるさ、神経過敏、腹立ち、思考力や感覚の鈍化——などについてアンケート調査をした［周2010］。こうした調査や集計の繰り返しは、平均的な少女の身体像の構築に役に立ったのである。学校は細心の注意を払い、月経中の人は自己申請で体育授業を免除することができるように指示し、教育学者たちは、女学生たちのか弱い身体を気遣って、少女向けのカリキュラムを作成した［游2009］。

　ここにおいて、可視的な身体性である体格から、不可視の身体性である体質体力の問題へと焦点が移ったことに注目したい。女子体育の提唱者によれば、体育は月経を順調にし、骨盤を発達させ、出産を容易にし、さらに美を与えるものだとされた。その一方で彼らは、女子の骨格、筋肉、抵抗力、持続力、体質、さらには心理的特性にまで言及し、いかに女性の身体が解剖学・生物学的に男性と異なる特性を持つかを、その生命と健康を脅かす原因が、まさにその生殖機能と女性の身体の固有性にあることを説くのである。

（6）　潘光旦「女子運動影響生育」『申報』1929年6月18日。
（7）　徐溥霖「学校体操改善案」『教育雑誌』13巻4号、1921年4月。

先述した『黄帝内経』は、腎臓に蓄えられた生殖のエネルギーを保存するために、激しい運動を避けるべき、と説いている。これは男性についてもいえる。しかし解剖学的まなざしの導入は、女性の身体が元来繊細であり、虚弱であるという観念に、より客観的科学的根拠を与えたのであった。

　興味深いのは、脱ジェンダー化の要素を丹念に取り除き、たえず優美さや容儀につなぎ止めようとする努力にも関わらず、体操によって喚起されるイマジネーションは、快楽と解放の主体構築へと繋がっていたことである。中国の「救国」言説は、実は女性を生殖へと誘導すると同時に女性解放の道を開くという二つのベクトルを持っている。1900年代から盛んになる「女国民」言説は、「国民の母」にとどまることなく、家を出て直接に社会参加の意味を持っている（第9章参照）。特に1920年代の自由・民主の高揚と、女子教育のある程度の発達が女性解放の風潮を助長した。女性はこれを武器とし、纏足や束胸に代表される身体的拘束から解き放たれ、場合によっては生殖に結びつかない快楽の正当性も主張するようになったのである。遊鑑明や万瓊華は、女性が、いかに体育やスポーツを通じて、自己形成し、自分の生を楽しもうとしたかを生き生きと描き出している［遊 2009］［万 2010］。女性達は、自らの身体経験によって、医学・教育などの専門家が作り出した平均的な病弱の少女像を否定し、性別ではなく、個々の身体性を重視するようにと働きかけたのである。

　以上では、コスモロジーの一部をなし、豊かな思想文化的意味を持つあいまいな身体性が近代になっていかに数学的解剖学的に計測され視覚化され、一つの生体システムとして知覚されたかを、少女スポーツを通して見てきた。解剖学や生理学が男女の異質性を「科学的」に立証するために利用されたが、子宮と卵巣を持つ女は、一方において母性や女らしさの賛美という形で「天職」としての再生産役割へと誘導されると共に、他方では女の生殖器官や分娩、月経のような生理機能そのものが病理的と見なされ、病弱性の神話が女を公的価値の世界から排除する理論として利用されたのである。皮肉なことに、こうした西洋近代的身体は、生殖する身体の固定化だけでなく、女性に女権を主張し、そして自分の生を楽しむ回路をも与えたのである。

3．男性医師の出産現場への介入と挫折

（1） 専門職としての産婦人科の形成と男性医者の嘆き

　以上、近代になって身体とジェンダーに関する考えが著しく変化し、男女の異質性が科学的言説の下で強調されるようになったことを見てきた。それが実際に中国にどれほどの影響を与えたかは、まだ十分検証されていない。生殖領域においては、例えば伝統的医者による帝王切開術の否定や女性による病院出産への抵抗などのように、近代的身体知識への抵抗は激しかった［姚2011］。本節は出産の近代化のプロセスで、欧米や日本、台湾では広く見られる、医師＝男性、助産師＝女性という専門職による女性排除とは対照的な中国近代の現象を取り上げ、中国の伝統的医学の規定性を検討する。

　二十世紀初めころから、日本や欧米で産科学を学んだ中国人男性医師が積極的に助産領域に進出し、出産革命を起こした。その結果、中国でも欧米諸国や日本と同様、助産者が伝統的産婆から助産師・医師へと移行し、産科医と助産師の分業が形成された。しかし、男性医者は「礼節の壁」の前に挫折し、助産の現場で歓迎されなかった。例えばドイツに留学し医学博士を取得した男性医師愈松筠は、無料で助産をしたが受け入れられなかった［姚2011］。その度重なる慨嘆は、前述した明代の張景岳のそれとほとんど変わらないものだった。では、時代を問わず、なぜ男性産科医が拒否され続けているだろうか。

　確かに、「男女隔離」の規範は、男性医者の出産への立会いを阻む要因の一つといえる。しかし同じく「男女隔離」の慣習を有する台湾の状況は、「礼節の壁」が決して決定的要因ではなかったことを物語ってくれる。植民地時期における台湾の助産師は、「男女有別」のジェンダー規範を背景に、助産を女性の職業にするのに成功したが、女性医師という専門職への道はほぼ閉ざされていたことが明らかにされている［呉2000］。さらに成令方は、中国大陸との対比からその原因を究明し、植民地政策がいかに医療とジェンダー関係を規定したかについて、示唆に富む分析をおこなった［成2002］。では、中国においては、女医はなぜ医業への参入に成功したのだろうか。そ

の要因は多様であるが、次の二つが大きく作用したと考えられる。一つは、政府の思惑である。近代中国の最大の課題の一つは、良質な国民の育成であり、そのための新生児・妊産婦の死亡率の低下、健康な次世代の育成であった。政府は女性のニーズに応え、女医、特に女性の産婦人科医師の養成を奨励し、医学校も免許の取得も女性に門戸を開放した。つまり、多くの地域と異なって、中国は女性の医業への参入を制度上において保証したのである〔姚 2010a〕〔姚 2011〕。今一つは、女医たちが社会進出するための戦略である。以下では、これを少し詳しくみることにする。

（２）　女性のための女性による治療──女性医師の戦略

　まず中国の有名な第一世代の女医張竹君を見てみよう。彼女は治療以外に女性解放の言論活動や病院建設や慈善事業などの社会活動をもおこない、1905年に、中国人が関わった最も早期の医学校女子中西医学院を創設した人物でもある。女子中西医学院の創設縁起で、張竹君はこう述べている。

> 　婦女の罹る病気は男子よりも多く、且つ往々にして口にすることが憚られて言うことができない。男医を以って女の病気を診るのは、十のうち五に過ぎない。もし病状が下半身にあれば、さらにひどい。古代以来、女性で死ななくてもよかった死を遂げた者は数知れない。大いに悲しむべきではないか。（中略）難産にあう度に、名医はなすすべを知らず、穏婆が妄りに為すことで、産婦幼児はともに死んでしまい、とりわけ哀れに思う。故に産科は女科の最も要であり、女科は女子でなければすべてを学ぶことができず、かつ中国と西洋の兼学でなければならぬ。これが汲々として女子医学院を設立する所以である。

またその設立の趣旨は「最も女科を重んじ、女子の病気を皆女医によって診断治療する」ことにある、とも述べている[8]。

　張竹君の所見から、彼女が、女の病気は男よりも多く、かつ複雑であり、また男性による女性の治療は限界がある、と認識し、その原因は主に、「隠

（8）　張竹君「女子中西医学院簡章」、『警鐘日報』1905年1月24日。

情がある」ためであると説明しているのがわかる。これは前述した孫思邈、特に張景岳の認識とほとんど変わらない。しかし、張竹君はそれを理由に、「故に、産婦人科は女子によって担うべき」と主張し、「女性のための女性による女性の治療」を明白に打ち出したのである。つまり、張は女性の病気について男性医者とまったく同じ認識を示しながらも、男性医者の限界を逆手取って、「男女有別」の規範を女性の医業への参入の必要性と正当性としたのである。

このような「女性のための女性による治療」は、楊崇瑞など女性医師によって受け継がれる。楊崇瑞は著名な近代的産科医であり、南京政府期における母子衛生・助産教育の責任者でもある。楊は職業への従事を女性解放の要であると主張し、女性の医学教育に力を入れた張竹君と同様、女性に専門職を持たせようと苦心した。楊崇瑞は助産を女性の専門職として確立するために、時の政権の国家建設という至上課題でもあった母子衛生領域を助産師の職務に組み入れた。彼女の狙いは成功し、この面でも厳格な訓練を受けた助産師は、三十年代後半からの深刻な産科医不足の中で、実際に助産師に与えられた職権をこえ、医師的な役割を果たし、中華人民共和国になると、多くの助産師が研修を経て産科医に格上げされた。

（3） 中華人民共和国時期の「はだしの医者」

以上見てきたように、中国においては、患者の女医への需要、特に伝統的ジェンダー規範にのっとった形で社会進出を図る女性自身の戦略およびそれをバックアップする女性解放運動の高揚と政府の政策などが、女性の医業への参入に大きな役割を果たしたことになる。

実際には、女性産科医の大量産出は、中華人民共和国の建国を待たなければならなかった。中華人民共和国は、男女平等の理念を高く掲げ、女性の生産労働への参加や社会進出を奨励し、動員するなどの社会政策をとった（第12章、第13章参照）。医療衛生人員の不足を解消するため、女医を精力的に養成したのみならず、民国期に養成した助産師を医師に昇格させることで、産婦人科における女医の割合を大幅に増加させた［姚 2010b］。農村においては、助産を見据え、女性の「はだしの医者」の養成に力を入れた［姚 2016］。そ

の結果、今日の中国では、産科医のほとんどは女性が占めており、産科の「女性化」が形成され、産科は典型的なジェンダー化された職業の一つとなった。政府による女医の積極的養成は、伝統的男女隔離規範への批判、男女平等政策の推進によるところが大きい。しかしその政策の制定や推進の過程をみると、実際に中国に存在している強い家父長意識への妥協と譲歩、さらにはそれの温存や利用の側面がはっきり見て取れる。つまり、本来批判すべき家父長的規範を女性のニーズに読み替えることで、男性からの異議を押さえつつ女性の社会進出を促し女性の活動空間を創出した、という実践性に富む側面もあった［姚 2016］。

おわりに

　中国の伝統医学は、コスモロジーや道徳倫理観を内包した一つの完結した知の体系であった。しかしそれが西洋近代的医学によって大きく揺さぶられることになる。身体が数学的解剖学的に計測され視覚化された結果、高い象徴的価値を持つ身体の完全性、思想文化の持つ曖昧性と意味ある不可視性が奪い取られることになる。二つの医学のよって立つ知の体系が、どのように拮抗・融和し、それがどのような形で現れたのか、それは検証が始まったばかりである。研究者は、中国の医療と身体観を、中国そのものを規定する底流として理解し、解読を進めている。その規定性の一つは、産婦人科の「女性化」現象からみることができよう。「男女隔離」という規範は社会秩序・家庭秩序を維持する要で、どの時代でも政治の中心にあり、政治的目標の達成に利用されていたのである。また、身体の文化的象徴的意味を重視する結果として現れる、肉体への軽視、性的であると同時に無性的でもある身体へのまなざしが、現代社会でも息づいている。しかし、女子体育とスポーツ競技から見て取れるように、近代的身体観も同時に中国社会に浸透し、女性解放の道を開いてくれた。このような近代に起きた「身体の解体」という文脈で、今の「生殖のパーツ化」を考えてみると興味深い。「生殖のパーツ化」

（9）　荻野美穂『女のからだ——フェミニズム以後』岩波書店、2014年。

とは、生殖補助技術の登場によって、これまでの生殖過程、つまり最初から最後まで一人の女性の体内でしか起こりえなかった排卵―受精―妊娠―出産、という一連の長いプロセスをばらばらのパーツに分けて、そのパーツをさまざまに組み合わせることを可能にすることを表す言葉である[9]［姚 1915］。究極的にいえば、これは「身体の解体と格下げ」の帰結ではあるが、同時に「女性解放」のストーリーを作ることもできる。今までの「ヒト」の概念や、生命倫理に未曾有の危機をもたらすと危惧される一方、女性の身体の固有性・拘束性から解放してくれるきっかけとして歓迎されているのである。

・参考文献・

［和文］
姚毅（2011）『近代中国の出産と国家・社会――医師・助産士・接生婆』、研文出版
姚毅（2010a）「近代中国における助産領域の専門職化とジェンダー」、『中国――社会と文化』25
姚毅（2010b）「母子衛生システムの連続と転換――建国前後の北京市を中心に」、『近きに在りて』58
姚毅（2015）「中国における代理出産と『母性』――現代の『借り腹』」、小浜正子編『ジェンダーの中国史』、勉誠出版
姚毅（2016）「『はだしの医者』の視学表象とジェンダー」、中国女性史研究会編『中国のメディア・表象とジェンダー』、研文出版

［中文］
衣若蘭（2002）『三姑六婆――明代婦女與社会的探索』、稲香出版社
呉嘉苓（2000）「医療専業、性別與国家――台湾助産士興衰的社会学分析」、『台湾社会学研究』4
周春燕（2010）『女体與国族――強国強種與近代中国的婦女衛生（1895-1949）』、（台湾）国立政治大学歴史学系
成令方（2002）「性別・医師専業和個人選択」、『女学学誌』14
張志斌（2000）『古代中医婦産科疾病史』、（北京）中医古籍出版社
万瓊華（2010）『近代中国女子教育思潮和女性主体身分構建』、中国社会科学出版社
游鑑明（2009）『近代華東地区的女子体育（1895-1937）』、（台湾）中央研究院近代史研究所
李貞徳（2008）『女人的中国医療史』、三民書局
梁其姿（2005）「前近代中国的女性医療従事者」、（蔣竹山訳）、李貞徳・梁其姿主編『婦女與社会』中国百科全書出版社

［英文］
Bray, Francesca, (1997), *Technology and Gender: Fabrics of Power in Late Imperial China*, Berkeley: University of California Press.

Furth,Charlotte, (1999), *A Flourishing Yin: Gender in China's Medical History, 960–1665*, Berkeley: University of California Press.
Furth,Charlotte, (1986), Blood, Body and Gender: Medical Images of the Female Condition in China, 1600–1850, *Chinese Science*, 7.
Wu, Yi-Li, (2010), *Reproducing Women: Medicine,Metaphor,and Childbirth in Late Imperial China*, Berkeley: University of California Press.
Dikötter, Frank, (1992), *The discourse of race in modern China*, London: Hurst & Company.
Dikötter, Frank, (1995), *Sex Culture and Modernity in China*, London: Hurst & Company.
Dikötter, Frank, (1998), *Imperfect Conceptions : Medical Knowledge, Birth Defects and Eugenics in China*, New York: Columbia Univ. Press.

第 18 章

中国におけるフェミニズムと女性／ジェンダー研究の展開

秋山洋子

1995年北京国連女性会議の記念切手

1. 中国女性学の誕生

　ジェンダーという概念は、第二波フェミニズムの中で誕生した。1960年代後半に米国に生まれたこの思想／運動は、70年代前半西欧からアジアにまで広がった。それは一つの思想の伝播というよりは、各国に蓄積されていた女性問題が連鎖反応的に発火したというべき現象だった。思想としてのフェミニズムから女性学という学問領域が立ち上がり、家父長制、ジェンダーといった単語に新しい意味が与えられ、従来の男性中心的な社会構造を分析し変革する武器として鍛えられていった。

　ただし、その広がりは東西冷戦の西側にとどまり、東側に影響が及ぶことはなかった。文化大革命の渦中にあって文化的鎖国状態にあった中国はむろんのこと、中国に比べれば西側文化に許容的だったソ連や東欧でも、女性解放は階級闘争／社会主義革命によってのみ実現される（したがって、社会主義国ではすでに実現されている）という建前はゆるがず、「ブルジョア・フェミニ

ズム」に対する拒否感は強かった。旧東側地域に第二波フェミニズムの影響が及ぶのは、社会主義体制が揺らぎ始める80年代以降のことになる。

1980年代の中国は、10年の文革に終止符を打ち、鄧小平の主導による改革開放政策が進められたが、それに伴って新しい社会問題が噴出した。女性問題もそのひとつで、49年の中華人民共和国建国で約束された女性解放・男女平等が市場経済導入とともに骨抜きとなり、女性労働者のリストラ、離婚の増加、人身売買や性の商品化などの問題が噴出した。

これまで中国の女性問題を一手に請負ってきたのは、官製組織である中華全国婦女連合会（以下、婦女連と略称）であった。この組織も文革中は活動停止に追いこまれていたが、78年に活動を再開、新しい女性問題への対応を迫られた。中央・地方の婦女連は、「婚姻・家庭問題」の研究会を開くなど努力をしたが、従来のマルクス主義女性解放論だけでは変化する社会に対応しきれなくなっていた。このような状況に対応しようとする理論とそれを推進する運動・組織が、女性学の創設という形で登場した。

70年代に米国で誕生した　Women's Studies は、日本では女性学と名づけられ、70年代後半には、日本女性学会など複数の学会、研究会が誕生した。女性学（中国語では婦女学）[1]の中国への紹介は、1982年、日本で書かれた白井厚「フェミニズムの歴史と女性学」の翻訳に始まった［白井 1982］。

これとは別に、中国独自の女性学を建設しようという提唱が、中央から離れた河南省鄭州大学の教員、李小江によってなされた。李は、83年に「人類の進歩と女性解放」を発表し、女性の解放は社会革命によって達成されるのではなく、女性自身による長い戦いが必要だと主張した［李 1983］。

（1）　中国語の「婦女」は一般に「女性」と訳されるが、本章では、中国の団体名、雑誌名などは原名のままとし、一般名詞でも中国語の表現をそのまま使う場合は、〈婦女〉のように〈　〉をつけることで区別する。その理由としては、90年代後半以降は中国語で〈婦女〉と〈女性〉が混用されるようになり、それとともに、従来使われてきた〈婦女〉は官側、マルクス主義女性解放論の色あいを帯び、台湾・香港経由で普及した〈女性〉はフェミニズム的な色合いを持つようになったことにある。したがって、時代的、思想的背景が絡んでいるこれらの語の、どちらを選んで使っているかはそれなりの意味をもつからだ。また、フェミニズムの訳語としての〈女権主義〉と〈女性主義〉も、類似の形で使い分けがされているが、フェミニストの中には、「権利」という意味を含む〈女権主義〉をあえて使うことにこだわる者（例えば王政）もいて単純ではない。

その後李小江は、85年に民間団体「河南省未来研究会婦女学会」を創設して女性学に関心のある研究者を集めた会議を開催、同年、鄭州大学に正規の女性学講座（女性文学）を開講、87年「鄭州大学婦女学研究中心〔センター〕」を設立した。従来すべてが官主導でおこなわれてきた中国において、中央から離れた地で一大学教員が主導して学会を創設し会議を招集するのは、前例のない試みだった。

　組織づくりと並行して、李は女性学を学術分野として確立することを提唱し、それを具体化するために女性学の各分野を網羅した『婦女研究叢書』の出版を企画した。87年「婦女学術分野創設座談会」を開催し、執筆予定者40人あまりを招集した。88年から刊行が始まった『叢書』は、女性学理論、歴史、性科学、法学、人口学、文学史など多方面にわたる。中国女性学のパイオニアである著者たちは、ネットワークの中核となって、各地に女性学研究の種を蒔いていった[2]。

　一方、全国婦女連は、80年代初めから中国女性運動の資料収集を全国の下部組織に呼びかけて全6巻の史料集を刊行し、それをもとに大部の『中国婦女運動史』を89年に出版した［中華全国婦女連合会編 1986-91、1989］。そこには、自分たちが中国女性運動の正統な継承者であり女性史の書き手であるという意識が反映されている。その反面で、改革開放による思想自由化の動きの中で、婦女連の中にも新しい女性学に好意的な動きが生まれてきた。全国婦女連が86年に開催した「全国婦女理論討論会」では、李小江が女性学の創設を提案し、これに対して賛否両論の活発な討論がおこなわれた。

　しかし、89年に学生を中心に盛り上がった民主化運動が軍によって弾圧される「天安門事件」が起きると、思想自由化の動きは凍結される。このような重い空気の中で、鄭州大学婦女学研究センターは、90年3月「中国女性の社会参加と発展討論会」を開催、香港・台湾の女性学研究者を含めて150人が参加した。これは、民主化運動弾圧以来、中国で初めて開かれた大規模な会議であったという。このような政治的に緊張した時期に会議を開催できた

（2）　李小江らによる中国女性学創設については、［李小江 1995］［秋山 1996］［秋山・江上・田畑・前山編訳 1998］等を参照。

のは、李小江をはじめとする女性学研究者の熱意と勇気によることはもちろんだが、産声を上げたばかりの自主的な女性運動は、建前として男女平等を標榜する政権にとって脅威にならないマイナーなものとして見過ごされたという側面もある。

2．80年代中国女性学の特色——〈女性意識〉と〈本土化〉

　中国女性学創設の活動を、李小江らは自ら〈婦女研究運動〉と呼んだ。これまで運動といえば官主導のキャンペーンで、民間からの自主的活動は存在しなかった中国において、女性学創設のネットワークは非政府組織＝ＮＧＯの嚆矢となった。

　中国女性学創設の動きは、世界規模で見れば第二波フェミニズムの発展の歴史の中に位置づけることができる。しかし、それを生んだ社会的背景や、そこから生み出された発想は中国独自のものであった。

　李小江は女性学創設を提唱した著書『イヴの探索』の中で、これまでの中国における女性研究に課されていた三つの禁区(タブー)を打破しようと呼びかけている［李 1988］。

　その第一は「性の禁区」である。これには、性的表現を規制する狭義の性のタブーのほかに、「女性の禁区」、すなわち男女の身体的・社会的性差を無視することもふくまれる。その背景には、建国から文化大革命にかけての性差を無視した男女平等政策が、女性に過酷な労働を強制し、感情の自然な流露を抑圧したという反省が込められている。

　第二は「マルクス主義の禁区」である。李小江は、女性解放は社会主義革命で完了したのではなく将来まで続く長い闘争の過程であり、マルクス主義女性解放論も現実にあわせて発展すべきだとした。これは正統的マルクス主義女性解放論よりは欧米のマルクス主義フェミニズムに近い主張で、当然ながら保守的な婦女連幹部からは異端視された。

　第三は「フェミニズムの禁区」である。20世紀初頭に中国に紹介された第一波フェミニズム〈女権主義〉は、1920〜30年代に一定の影響を及ぼしたが、共産党からは「ブルジョア・フェミニズム」として排斥されてきた。李小江

は、欧米のフェミニズム思想に対してアンビヴァレントな立場を取る。一方ではこれを排斥する婦女連を批判してボーヴォワールなどフェミニズム思想の紹介をするが、他方ではフェミニズムは欧米起源の思想であり、中国には独自の歴史と風土があるとして、自らフェミニストと名乗ることは拒絶した。（筆者を含む西側研究者の多くは、李のフェミニズム定義は狭すぎると考え、彼女を広義のフェミニストと見做してきたが、それに対する拒否的反応も特になかった。）

　では、李小江らが進めた女性学の創設＝婦女研究運動の核心にあったのは何だったのか。それはひとことでいえば〈女性意識〉の覚醒であった。

　〈女性意識〉が前面に押し出された背後には、李小江ら戦後生まれの中国女性が共有する体験があった。彼女たちは青春時代を「十年の動乱」と呼ばれた文革の中で過ごし、「男の同志にできることは女の同志にもできる」という毛沢東の言葉に鼓舞されて男性と並んで革命に身を投じようとした。ところが、文革が終わり日常生活に引き戻されると、従来から変わらぬ中国社会のジェンダー構造に足をすくわれることになる。出産・育児・二重役割負担といった「女の陥穽」に落ちた彼女たちに、〈女性意識〉の覚醒を呼びかける李小江の声は大きな反響を呼んだのである。

　李は、〈女性意識〉には、個人としての〈主体意識〉、女性という〈群体意識〉、そこからさらに広がる〈社会意識〉が含まれるとして、女性というアイデンティティを確認したうえで社会に向かって働きかけようと呼びかけた。呼びかけに応えた若い研究者たちは、それぞれの専門分野で「無性」であった学問の世界を女の視点から分析し再構築する作業を始めた。その過程は彼女たちにとって、自信を取り戻し、連帯を育んでゆく過程となった。80年代に提唱された〈女性意識〉は、後に本質主義として批判を受けることになるが、この時期の中国知識層の女性たちの意識を変え、女性問題を自らの問題として認識させたインパクトの強さは否定できない。

　〈女性意識〉と並ぶ中国女性学創始期のキイワードに、〈本土化〉がある。これは、第三の禁区で触れたように、中国には欧米とは違う独自の歴史と風土があり、そこで育つ女性学は欧米とは異なるものであるべきだという主張である。〈女性意識〉が後に批判を受けたのに対して、〈本土化〉のほうはその後も引き継がれていくが、時として欧米フェミニズム理論の否定や、マル

クス主義女性解放論への回帰といった文脈で使われる場合もあり、その内容が十分に深められ、合意されているとはいいがたい［秋山 2001］。

　李小江の理論が生まれた背景として、改革開放、市場経済化を重視する見解もある。米国の中国研究者タニ・バーローは、大部の著書『中国フェミニズムにおける女性問題』のなかで、80年代中国フェミニズムを李小江に代表させ、これを「市場フェミニズム」と呼んだ［Barlow 2004］。80年代に市場化の進展とともに、これまで体制によって保証されていた女性の雇用、労働保護、公的保育などが解体していったとき、婦女連や女性研究者の多くが批判の声を上げたのに対し、李小江は、市場経済は問題を含む一方で、従来なかった新しい選択肢を女性に与えたと、その肯定面をも評価した[3]。「市場フェミニズム」というバーローの定義は一面的で誤解を招きやすいが、80年代の中国女性学が、新しい経済・社会状況に対応するための苦闘の中で育まれたものであることはまちがいない。

3．東西フェミニズムの出会いから第四回国連世界女性会議へ

　こうして生まれた中国の女性学が西側と最初に接触したのは、1992年にハーバード大学で開催されたシンポジウム「中国をジェンダー化する」であった。李小江、杜芳琴ら中国女性学の創設に関わった代表的研究者たち[4]が招待され、米国の研究者や在米中国人留学生と膝をつき合わせて話し合い、時には激しい議論もした。その成果は、英文、中文2冊の論文集として刊行され、以後のジェンダー視点による中国研究の出発点となった［Gilmartin, Hershatter, Rofel, White, ed 1994］［李・朱・董主編 1994][5]。

　「天安門事件」直後のこの時期、中国の思想・学術界は息を潜めた状態だったが、女性をめぐっては比較的活発な動きがあった。1991年、全国婦女

（3）　李小江は「市場フェミニズム」という定義には納得しないとしながらも、バーローの著書の意義を認め、中国語訳［(美) 湯尼.白露 2012］の出版に尽力した。

（4）　中国からの出席者は、李小江、杜芳琴、斉文穎、陳一筠、譚深、王行娟、譚琳、董秀玉、李子雲（蔡慶遠編（2011）『杜芳琴学術活動年表（1985-2009）』、私家版による）。

（5）　英語版と中国語版の収録論文は、一部異なるものがある。

連婦女研究所が創設され、機関誌『婦女研究論叢』を創刊した。女性学創設で民間に先を越された婦女連が、改めてイニシアティブをとろうという動きだといえる。また、各地の大学で女性研究センターが設立され、なかでも北京大学中外婦女問題研究センター (1990)、天津師範大学婦女研究センター (1993) は、その後21世紀に到るまで中国女性学を牽引する力となってきた。さらに、95年に北京で国連世界女性会議が開催されることが決まると、女性関係書籍の出版、女性学研究センターや女性専門職の団体の創立、女性学関連のシンポジウム開催などがさかんになり、一種のブームといえるほどだった(6)。

この時期、女性をめぐっては、もうひとつ異なる潮流があった。政治的な窒息状態は、人々の目を経済に向かせることになった。市場経済の発展は、広告からサービス業・風俗産業に至る広範な性の商品化を招いた。体制批判的・前衛的文化は息を潜め、古来の慣習や伝統的な女らしさがもてはやされた。80年代、社会に向けてさまざまな問題提起をした女性文学は、自己の内面の性意識をさぐる「私人小説」へと転換した。こうして90年代前半は、呉越同舟の「女性ブーム」の時代となった。

90年代「女性ブーム」のピークとなったのは、95年に北京で開催された第四回国連世界女性会議であった［秋山 1999］。国連世界女性会議は、国際女性年と定められた1975年にメキシコで初開催され、第2回80年コペンハーゲン、第3回85年ナイロビ、10年おいて第4回は北京で初のアジア地域開催となった。開催国となった中国は、民主化運動弾圧によって受けた国際的な汚名の挽回を女性会議の成功にかけた。そのため、前述のような「女性ブーム」を支援する一方で、国内の異論を排除し一枚岩で会議に備えようとした。李小江らによる〈婦女研究運動〉は異端の疑いをかけられ、李の勤務先に思想調査員が派遣されたり、大会場に併設された女性関連書籍展から李の著作が排除されたりといった事態が起きた。

---

(6) 例えば、北京大学中外婦女問題研究所は、1992-94年に3回にわたって「女性問題国際シンポジウム」を開催し、日本の研究者も出席した。天津師範大学では、1994年、海外中華婦女学会と共催で2週間にわたる「中国女性と発展——地位・健康・就業」研究班活動を開催し、米国の研究者を含め百余人の研究者、女性問題活動家がじっくり討論した。

1995年9月4-15日に開催された世界女性会議は、政府間会議と並行してNGOフォーラムが開催され、国外から1万5000人余、中国側参加者やスタッフ、メディアなどを加えると3万人規模の大きな会議になった。中国側が苦慮したのはNGOフォーラムの扱いで、全国婦女連を中国における女性NGOと認定してフォーラムの主催者としたが、官製組織である婦女連をNGOとするには無理があった。中国側と外国NGOのあいだには、準備段階からさまざまな齟齬があり、結局NGOフォーラムの会場は、予定されていた北京市内ではなく、車で1時間かかる郊外の懐柔県に移された。そのため、交通の不便、会場や宿舎の不備、過剰な警備などさまざまな問題はあったが、ひとたび会議が始まると、NGOフォーラムでは熱気にあふれた討論やパフォーマンスが展開された。会議開催の経緯に批判的であった李小江は出席することなく、のちに「わたしはなぜ95年世界女性会議NGOフォーラムへの参加を拒絶したか」という文章を発表した[7]。

会議は「北京宣言」と「行動綱領」を採択して終った。その後、2015年現在まで国連世界女性会議の開催はなく、国連をはじめ世界各地で「北京＋5」「北京＋10」といった形で節目の会議や行事がおこなわれてきた。「北京」はいわば世界規模で女性問題を考える紀元年となったのである。

4．北京＋10――婦女連中心の女性学ネットワーク構築

さまざまな矛盾をはらんで開催された世界女性会議であったが、結果的には、中国の女性学・女性運動にとって大きな転回点となった。それまで世界から孤立していた中国の女性が、中国的な表現を使うなら「世界と軌道を接する」きっかけになったからだ。「政府」でも「反政府」でもない「非政府組織＝NGO」という存在が認知され、「ジェンダー」「リプロダクティブ・ヘルス」「女性のエンパワーメント」などの概念が受けいれられた。会議で採択された「行動綱領」、「北京宣言」、会議直前に発表された「中国婦女発

---

(7) 本来は95年秋にハーバード大学で開催されたシンポジウムへの書面発言として書かれた。邦訳は、[李 2000]に収録。

展綱要（1995-2000）」は、その後、女性たちが運動をすすめ要求を出していくための後楯となった。

　会議にむけて創設された各大学の女性学研究センターは次の一歩を踏み出そうとし、会議に触発された女性関係のNGO活動（女性への暴力、健康、貧困、メディアチェック等々）も活発になった［劉 2007］。NGOフォーラムの主催者として世界女性会議を成功させた全国婦女連は、フォーラム運営の過程で築いた国内外の人脈を生かして女性研究の全国ネットワークを構築し、それによって研究活動を活性化させると同時に婦女連自身の改革をも図ろうとした。その成果として、1999年、全国婦女連の主導のもとに、「中国婦女研究会」が成立した。これは党学校系統、社会科学院系統、婦女連系統、高等教育機関系統を「四位一体」とする全国ネットワークで、加入団体は2015年現在110を数える[8]。会の本部は全国婦女連婦女研究所におかれ、これまで同研究所が発行していた『婦女研究論叢』が中国婦女研究会の機関誌となった。

　この過程は、民間から出発した〈婦女研究運動〉が、国家の手によって再統一されたとみることができる。じっさい、中国婦女研究会の会則をみると、「マルクス・レーニン主義、毛沢東思想、鄧小平理論に導かれ、改革開放と社会主義現代化建設の新時期の重要な女性問題の研究に重点を置く」と、政府直属組織の面目躍如である。しかし、このネットワーク作りの中心となったのは、世界女性会議の準備過程で国外の女性たちと接触し、フェミニズムやNGOに対する理解を深めた新しい世代の婦女連幹部と、女性学草創時代から研究センターを設立しプロジェクトを担ってきた研究者たちだった。もちろん、婦女連の建前であるマルクス主義女性解放論と、フェミニズムを背景にした女性／ジェンダー研究とは水と油の面があり、『婦女研究論叢』の誌面にあらわれる用語をとってみても、両者が混在していることがみてとれる[9]。それを承知のうえでこのネットワークに参加した研究者たちは、国家の体制の許す範囲でその資源を利用しつつ、国家の女性政策に影響を与えていこうという戦略をとったといえるだろう。

（8）「婦女研究網」2015.08.26. 中国婦女研究会第四回大会報告。
（9）注（1）で触れたように、〈婦女〉と〈女性〉、〈女権主義〉と〈女性主義〉が混在しており、用語によって筆者の立場を推測することもできる。

もちろん、大同団結になじまない一匹狼も存在する。中国女性学の創始者である李小江は、世界女性会議前後の思想締付けが原因で鄭州大学を離れ、2002年からは大連大学に本拠をおいて、独自に女性学シンポジウムの開催や中国女性口述史プロジェクトなどを展開した。ポストモダンの手法で映画や文学を鋭く分析する戴錦華[10]、性的マイノリティの研究を開拓した李銀河なども、独立独歩のフェミニスト研究者といえるだろう。

5．国際的援助による開発プロジェクトと女性／ジェンダー研究専門分野建設の動き

　世界女性会議後の中国女性学・女性運動に婦女連と並んで大きな影響を与えたものに、国外に在住する中国系女性学研究者グループがあった。1991年に米国で結成された中国女性学協会（Chinese Society for Women's Studies/CSWS）である。中心になった鮑暁蘭、王政らは、80年代という早い時期に留学し、米国でフェミニズム／女性学を学び学位を取った。彼女たちは母国の改革開放によって生じた女性問題や、89年の天安門事件に衝撃を受け、フェミニズム／女性学を通じて西側と中国の相互理解を促し、中国における女性問題の解決や民主化に寄与したいと考えた［王丹凝・王政・徐午（上村・大橋訳）2014］。

　1992年にハーバード大学で開催された前述の「中国をジェンダー化する」"Engendering China" シンポジウムが、CSWSのメンバーと中国の女性学研究者の初対面の場となった。翌93年には天津師範大学で開催された夏のワークショップに、CSWSから7人が参加し、100余名の中国女性学研究者と交流した。この時、「ジェンダー」の概念が紹介され、古来の男女の別をイメージさせる「性別」にかわって「社会性別」という訳語が提案された[11]。95年世界女性会議前後には、CSWSのメンバーによって編集されたフェミ

---

(10)　タニ・バーローは［Barlow2004］の中で、80年代を代表する李小江に対して、90年代を代表する「ポスト構造主義フェミニズム」の代表として戴錦華に1章をさいている。なお、日本語の書物としては、［バーロウ 2003］、［戴 2006］がある。

(11)　ジェンダーの訳語については、［王 1997］を参照。

ニズム理論紹介の本が、重要な情報源として歓迎された。

　世界女性会議では、女性の貧困、健康、女性への暴力やハラスメントの問題が提起され、女性支援活動の必要性が認識されたが、会議終了後、これらの活動への公的支援は限られていた。そこで、「北京＋10年」の間に、国内各地の研究機関や婦女連とCSWSの共同による大規模ワークショップが、各地で開催された。これらの活動は「ジェンダーと開発（GAD）プロジェクト」として、フォード財団から資金の提供を受けた。北京に事務所をもつフォード財団は、中国女性学草創期から最大のスポンサーである。このような国際協力プロジェクトは、四川、貴州、雲南といった発展の遅れた地域で女性支援活動を展開し、人材を育成した。その反面、中国の女性学研究者が外国発の方法と資金による開発プロジェクトに総動員される状況を、李小江は「ポストコロニアリズム」だとして批判した［李 2006］。

　開発プロジェクトに次いで、90年代末にはもうひとつの国際協力プロジェクトがスタートした。それは、天津師範大学の杜芳琴と、ミシガン大学の王政を核として展開された「中国の女性とジェンダー学発展プロジェクト（"発展中国的婦女与社会性別学"課題）」である。中国女性学の創設時から手探りで女性史研究を進めてきた杜芳琴は、国際交流の経験を積み、女性史からジェンダー史へという研究枠組みの変化を敏感に感じとった。中国における女性学の理論を深め、女性学を専門学術分野として確立することの必要性を感じ、CSWSのメンバーに協力を求めて「中国の女性とジェンダー学発展プロジェクト」実施にこぎつけた。プロジェクトは、フォード財団の援助のもとに、1999年から2006年まで、3期にわたって展開され、会議やワークショップ、若手研究者のための研修講座などの開催、国際会議参加、大学間の交流、出版など、多くの成果をあげた。プロジェクト終了後は、「中国女性／ジェンダー学学科発展ネットワーク」として継続されている。

　中心となった杜芳琴が最も力を入れたのは自身の専門である女性史分野で、その出発点となったのは、1999年、2000年に天津で開催された「読書研討班」活動であった。これは、50人前後の限られた参加者が、あらかじめ用意された資料を読んだうえで、自由に討論し議論を深めるという、中国では例の少ない方式ですすめられた。CSWSのメンバーが用意した資料は、ジェ

ンダー理論、口述史の方法、スーザン・マンやゲイル・ハーシャッターの著作など多岐にわたる膨大なものであった。この読書研討班活動は、中国における女性史からジェンダー史への転換点、次代の研究者育成の場となった(12)。中国における女性／ジェンダー史の発展については、杜芳琴、高世瑜による詳細な論文があるのでそれに譲る［杜 2008］［高 2015］。なお、「女性／ジェンダー史」（《婦女／性別史》）とあえて「女性」を残した表現には、中国女性学草創期の志を忘れないという意味が込められているという。

　このような全国的な動きを背景に、各大学でも女性学を正式カリキュラムとして設置する制度化への努力がおこなわれてきた。北京大学では、97年に社会学系修士課程に女性学コースが設置された。世界女性会議を機に開学した中華女子学院（前身は婦女連の幹部養成学校）は、女子大学という特長を生かして女性学の研究・教育に力を入れ、06年からは全国初の学部レベルの女性学専攻課程を開講した［大浜 2007］。また、北京大学中外婦女センターは01年「中国大学女性学学科建設研究会」を主催し、参加女性学教育機関により「中国大学女性学学科建設グループ」が結成された。

6．IT時代のフェミニズム──「微笑する女性主義」と街頭抗議パフォーマンス

　90年代後半、中国のIT化は急速に進み、21世紀には完全なIT社会になった。マスメディアが国の統制下にある中国で、個人による情報発信が可能になったことの意味は大きい。世界女性会議後に活発になった中国の女性支援NGOも、それぞれ自身のサイトを持ち、情報発信の拠点としてきた(13)。

　本章では、それらの運動を詳述することはできないので、IT時代に対応したフェミニズム運動の例として、荒林らによる〈中国女性主義〉の活動を取り上げる(14)。

　荒林は文学を専攻する首都師範大学の教員で、2004年から10年ごろにかけ

---

(12)　読書班の活動は、［蔡・王・杜編 2000］、［杜編 2001］にまとめられている。
(13)　中国の女性NGO関係のサイトは、遠山日出也が主宰するサイト「中国女性・ジェンダーニュース＋」に網羅されている。http://genchi.blog52.fc2.com/

て、独自のフェミニズムネットワーク活動を展開した。この活動は、ウェブサイト「両性視野」の開設、フェミニズム総合誌『中国女性主義』や女性学叢書の出版、「女性主義学術サロン」の開催という、三位一体からなるものだった。

　ここで荒林が使った〈女性主義〉という語は、〈女権主義〉にかわるフェミニズムの訳語として90年代後半に香港・台湾経由で導入されたもので、ソフトな語感のためか2000年代には広く流通するようになっていた。しかし、外国のフェミニズムを紹介するのはいいが、マルクス主義を国是とする中国において、それ以外の「主義」を自ら名乗るのはタブーに触れることである。荒林はあえて〈中国女性主義〉を名乗り、しかも「微笑する女性主義」というキャッチフレーズによってフェミニズムを敵視している男性に対話を呼びかけた。タブーにひるまず〈女性主義〉を打ち出す硬骨と、それを微笑でくるむ柔軟さのバランスに、荒林らの運動の新鮮さがあった。

　北京の書店を会場として開催された「女性主義学術サロン」は、国内外のゲストを招いて話を聞き、自由に質疑討論するもので、フェミニズム理論、男性研究、性と身体、映画、文学、絵画など先端的で幅広いテーマが扱われた。「サロン」の広報はウェブ上でおこなわれ、さらにその成果をまとめた本が出版されるなど、三位一体を生かしたネットワーク活動は、21世紀という新しい時代にふさわしいものであった。

　2010年代になると、さらに、〈青年女権行動派〉と呼ばれる若いフェミニストたちが、パフォーマンス・アートという新しい形の運動を立ち上げた。その前駆的な活動として、「ヴァギナ・モノローグス」の上演運動がある。これは米国のイヴ・エンスラーが性や身体をめぐる女性たちの自身の語りを構成した戯曲で、90年代後半から世界各国で自分たちの経験を加えた形で再構成・上演され、上演活動自体が運動となって広がっていった。中国では、2003年、荒林とも親しい広州・中山大学の教員・艾暁明の学生たちが上演したのを皮切りに、北京・武漢・厦門などで学生中心に上演されてきた。13年には、上演10年を記念するドキュメンタリー「来自陰道」が製作された。こ

（14）　荒林らの活動についての詳細は、［秋山 2013］参照。

の各地の上演活動の中から、フェミニストのパフォーマンス・アーティストが育ってきた[15]。

抗議活動としてのアート・パフォーマンスは、2012年、公共トイレの男女差を訴えた「トイレ占拠運動」に始まり、血染めの花嫁衣装によるDV反対、伝説の女性戦士「花木蘭」に扮した就職差別反対、頭を坊主にしての大学入試における女子学生の足切り反対など、創意を凝らしたユーモラスなパフォーマンスで衆目を集めた。これらの行動はインターネットを通じて拡散され、反響を広げていった［遠山2013］[16]。パフォーマンスによる抗議行動は、日本でも70年代のリブの時代におこなわれたが、その後、フェミニズムから女性学・ジェンダー研究と学術化・制度化する中で見られなくなった[17]。これに対して、〈婦女研究運動〉から出発した中国のフェミニズムが、学術化・制度化を進める一方で、若い世代による実際行動を生み出したのは興味深い。

パフォーマンス・アートによる抗議活動は、アートという形式とインターネットという新しいメディアによって体制の隙を突いたものだったが、習近平体制下で強化されてきた規制の網を逃れることができず、2015年3月、活動家5人が身柄を拘禁されるという事態が起きた。それも抗議行動の現場で拘束されたわけではなく、3月8日の国際女性デーにバス内での痴漢反対キャンペーンを「計画した」という容疑である。5人の拘禁のニュースは即座に世界に報道され、国際的な署名運動や抗議行動が展開された。その効果もあって、1カ月後に拘禁は解かれたが、公安による監視は継続されているという[18]。

---

(15) 大橋史恵（2014）「中国フェミ的見聞録　第6回」、アジア女性資料センター、『女たちの21世紀』No.77。

(16) 大橋史恵（2012～）「中国フェミ的見聞録」、『女たちの21世紀』No.71より連載、参照。

(17) リブ時代のパフォーマンスとしては、田中美津らによる「ミューズカル」や「魔女コンサート」、モナリザ展が障害者を閉め出したことに抗議した米津知子による「モナリザ・スプレー事件」などがある。『ヴァギナ・モノローグス』も、日本で2度ほど上演されているが、フェミニズム運動とは離れたところで企画され、あまり知られないままに終った。

(18) 大橋史恵（2015）「[海外女性ニュース]中国——セクシュアル・ハラスメント批判キャンペーンを計画したフェミニスト活動家らが拘留処分」、同「中国フェミ的見聞録」第11回、『女たちの21世紀』No.82。

以上、中国におけるここ30年のフェミニズムと女性／ジェンダー研究の展開を概観してきた。欧米や日本より10年遅れて始まった活動ではあるが、その発展はめざましく、とりわけ女性／ジェンダー史の分野では、日本をしのぐ勢いがある。ただ、いささか懸念されるのは、ここ数年厳しさを増している思想締め付けが、女性／ジェンダー研究の分野にも影響を及ぼさないかという点である。内外の圧力に抗しながら女性／ジェンダー研究の道を開拓してきた世代が第一線から退きつつある現在、その批判性、創造性を受け継いでいくことができるかが、次の世代に問われている。

・参考文献・

［和文］
秋山洋子（1996）「中国の女性学――李小江の『女性研究運動』を中心に」、『女性学』4
秋山洋子（1999）「第四回国連世界女性会議をめぐって――中国における国家と女性」中国女性史研究会編『論集 中国女性史』、吉川弘文館
秋山洋子（2001）「中国女性学における思想形成」、『女性学』8
秋山洋子（2013）「微笑する中国女性主義――2000年代の荒林らによるネットワーク活動」、『中国女性史研究』22
秋山洋子・江上幸子・田畑佐和子・前山加奈子編訳（1998）『中国の女性学』、勁草書房
王丹凝・王政・徐午（2014）「グローバルとローカルを架橋すること――ディアスポラの中国フェミニスト」、（上村陽子・大橋史恵訳）、『ジェンダー史学』10
大浜慶子（2007）「中国における女性学制度化の歩み――北京世界女性会議以後の新動向」、日本女子大学教育学部『人間研究』43
小浜正子・秋山洋子編（2016）『現代中国のジェンダー・ポリティクス――格差・性売買・「慰安婦」』、勉誠出版
戴錦華（2006）『中国映画のジェンダー・ポリティクス――ポスト冷戦時代の文化政治』、（宮尾正樹監訳、舘かおる編）（シリーズ〈国際ジェンダー研究〉別巻）、御茶の水書房
遠山日出也（2013）「中国の若い行動派フェミニストの活動とその特徴――『ジェンダー平等唱導・アクションネットワーク』をめぐって」、『女性学年報』34
バーロウ, タニ・E（2003）『国際フェミニズムと中国』、（「国際ジェンダー研究」編集委員会編、伊藤るり・小林英里訳）、（シリーズ〈国際ジェンダー研究〉①）御茶の水書房
李小江（2006）「グローバル化のもとでの中国女性学と国際開発プロジェクト――あわせて本土の資源と『本土化』の問題を語る」、（秋山洋子訳）、『季刊　ピープルズ・プラン』34、小浜・秋山編（2016）に再録
李小江（2000）『女に向かって――中国女性学をひらく』、（秋山洋子訳）、インパクト出版会

劉伯紅（2007）「中国女性 NGO の発展　抄訳」、（大濱慶子訳）、『国立女性教育会館研究ジャーナル』11

［中文］
王政（1997）「"女性意識" 与 "社会性別意識" 弁異」『婦女研究論叢』1（邦訳：「〈女性意識〉と〈社会性別意識〉——現代中国フェミニズム思想の一分析」、小浜・秋山編（2016）に収録）
高世瑜（2015）「従婦女史到婦女／性別史——新世紀婦女史学科的新発展」、『婦女研究論叢』3
蔡一平・王政・杜芳琴編（2000）『賦歴史研究以社会性別』、婦女史学科建設首届読書研討班専輯
白井厚（1982）「争取女権運動的歴史和婦女学」、（何培忠訳）、『国外社会科学』4（原載「フェミニズムの歴史と女性学」『思想の科学』第 7 次 5、1981 年）
中華全国婦女連合会編（1986-91）『中国婦女運動歴史資料』全 6 巻、中国婦女出版社
中華全国婦女連合会（1989）『中国婦女運動史（新民主主義時期）』、春秋出版社（邦訳：中国女性史研究会編訳『中国女性運動史　1919-1945』、論創社、1994 年）
杜芳琴編（2001）『引入社会性別——史学発展新趨勢』"歴史学与社会性別" 読書研討班専輯
杜芳琴（2008）「三十年回眸——婦女／性別史研究和学科建設在中国大陸的発展」、『山西師大報（社会科学版）』6 月（邦訳：「三十年の回顧——大陸中国における女性／ジェンダー史研究と専門領域としての発展（1978-2008）」、（五味知子訳）、『中国女性史研究』20、2011 年）
（美）湯尼．白露著（2012）『中国女性主義思想中的婦女問題』、（沈斉斉訳、李小江監修）、上海人民出版社
李小江（1983）「人類進歩与婦女解放」、『馬克思主義研究』1983 年第 2 期
李小江（1995）『走向女人——新時期婦女研究紀実』、河南人民出版社（邦訳：『女に向かって——中国女性学をひらく』、（秋山洋子訳）、インパクト出版会、2000 年）
李小江・朱虹・董秀玉編（1994）『性別与中国』、北京三聯書店

［英文］
Barlow, Tani E. (2004), *The Question of Women in Chinese Feminism*, Durham and London: Duke University Press.
Gilmartin, Hershatter, Rofel, White, ed. (1994), *Engendering China : Women, Culture and the State*, Cambridge: Harvard University Press.

COLUMN 5

セクシュアル・マイノリティ

遠山日出也

1．前近代

　本コラムでは、現在「セクシュアル・マイノリティ」・「LGBT（レズビアン・ゲイ・バイセクシュアル・トランスジェンダー）」と呼ばれている人々を扱う。しかし、そうした呼称は近代社会の男女二元論を前提とした異性愛規範の下でのものであり、歴史的には、同性間の性行為や性の越境をおこなったのは必ずしも「マイノリティ」ではなかった。また、そうした人々自体を呼ぶ明確な名称も存在しなかった。
　前近代中国における儒家の倫理では、家族を形成し、父系血統を継承するために息子を持つことが最も重視されていた。そのため、生殖を目的とするセクシュアリティこそが正統なものだった。ただし、その目的を妨げないかぎりにおいては、同性間で性関係を持つことなどにも寛容であった。こうした状況を、同性愛は「曖昧な状態」で存在していたと表現する研究者もいる［張 2001］。また、同性愛はあくまで「行為」や「嗜好」であって、「同性愛者」という身分としては捉えられていなかった［Hinsch 1990: 7］。
　明・清代には、上流階級では同性愛が一般的な「気風」になったともいわれる。ただし、当時は、父系血統主義がいっそう強化されて、女性に対しては貞節が賞揚され、禁欲が強いられた時期でもあった。男性が同性愛行為を含めて情欲のままに行動できたのも、それを女性が容認することが美徳とされていたからである。また、男性の同性愛にも、上下・主従・長幼の差別があり、主導する側は、地位が高く、刺激と満足を求めたのに対して、受動的

な側は、地位が低く、奉仕する立場であり、しばしば売春とも不可分だった。さらに、地位の低い側は、挿入される側、女性的な存在として記述されているという意味でも、ジェンダー構造は貫かれていた［呉 2000：1-16］。

ただし、清代には、児童に対する同性愛や同性間の強姦に対しては法律上の処罰が強化された。その原因についての定説はないが、当時における女性の貞節の強調が男性の被害者にも拡大されたという指摘もある［郭 2007：20-33］。

女性間の性関係の記録は少ない。その理由は、女性の家庭外での活動が少なく、女性の性欲も否定されていたために、多くの文書の著者である男性が女性の同性愛を認識できなかったことなどにある。その一方、男女の隔離が男性同性愛だけでなく、女性同性愛の背景になったという見方もあり［Gulik 1961］、男性の文学作品である『憐香伴』（李漁［1610-1680］）などにおいては、2人の女性が同じ夫に嫁ぐ形で同性愛を実現している。もちろんこれは男性中心社会の下の女性同性愛のありかたであり、そうした社会であるがゆえに、女性同性愛者はしばしば死を選んだ［Sang 2003：46-60; 野村 2015］。ただし、広東には、清末から中華民国期にかけて「不落夫家」（妻が結婚後も夫の家に入らない）という婚姻形態があり、「自梳女」（結婚しないまま、既婚の女のしるしである髻を結うことによって不婚を表明した女）と呼ばれた女性もいた。彼女たちは、しばしば「金蘭会」という義姉妹の関係を結び、「姑婆屋」と呼ばれる家で共同生活をし、同性愛的関係になることもあった［Stockard 1992; 成田 2004など］。

異性装に関しては、武田雅哉が古代から現代に至るまでを記述しており、男性の女装を中心としつつも、女性の男装にも触れている［武田 2007］。特に明清期には、女性的な美男子が理想とされたことによって、異性装が広がり、戯曲では反串（男性が女役をすること）が固定的なモデルになった［呉 2000：4］。

文学研究としてまとまっているのは、明清を中心に前近代の作品を論じた［施 2008］である。施は、『陳書』では勇猛で美少年だった文帝（？～566）の愛人が、明代には媚びへつらう女性的な「男王后（男皇后）」の物語に書き換えられるといった歴史的変化も論じている。その他、男性から寵愛を受けた

男性の容姿の美しさを描いた魏晋南北朝の「男色詩」を論じた論文［倉 2016］や李漁の同性愛小説を扱った論文［蕭 2009］などもある。

史料集としては、［張編 2013］が、先秦から清代までの主に男性同性愛に関する記述を収録している。

2．中華民国期

中華民国期には、欧米の性科学などの影響によって、同性愛は「異常」で、「病気」だと見なされるようになった。この時期には、女性にも性欲があることが認められたが、恋愛と結婚と性を一体とみなすロマンチックラブ・イデオロギーの下で、性欲は恋愛や結婚の下位に置かれて、女性は賢妻良母という新たな規範の中に囲い込まれた［白水 2015：213-216］。もっとも民国期には同性愛についてさまざまな議論があり、1920年代には、女性の同性愛を含めて肯定的な議論もあったが、しだいに同性愛は否定的に捉えられるようになった。こうした変化は単なる欧米の影響ではなく、当時の男性知識人が、男女間の自由な恋愛や結婚を擁護する一方で、欧米の性科学を利用して女性間の性愛を否定した結果でもある。郁達夫などの男性作家は、女性間の性関係について描写したけれども、それらは、女性同性愛を社会的退廃と見なしてナショナリズムを唱えたり、男性の性欲に奉仕するものであったりした［Sang 2003: 99-126, 156-158］。

しかし、女性作家である廬隠の『海辺の友』『麗石の日記』などは異性婚姻に批判的で、女性間の愛情を肯定しており、凌叔華や丁玲にもそうした作品がある（丁玲『ソフィ女士の日記』における女どうしの絆に関する研究［高 2011］もある）。ただし、この時期の女性作家の作品は、1990年代以降の作品と異なり、青春期以後も続く長期的な女性どうしのパートナーシップや女性間の性欲については、まだ明確には肯定していない［Sang 2003: 127-160; 白水 2015, 219-220］。

民国期には「同性恋」という語が成立した。これは同性愛と異性愛という二分法的認識が生まれたからであるとともに、「恋愛」が新しい概念だったためである。しかし、当時はまだ「同性愛者」というアイデンティティは広

がらなかった [Sang 2003: 102-106, 123]。なお、清地ゆき子は、日本では「同性愛」、中国では「同性恋」という語が定着する過程を実証し、この相違は、日本語では「愛」、中国語では「恋」の語に造語力があったからだとする［清地 2013］。

3．中華人民共和国成立後

　中華人民共和国成立後は、婚姻外の性が否定され、同性愛に関する話題は出版物から姿を消した。同性間の性行為をおこなう者は、「流氓（ごろつき、チンピラの意）」「道徳的腐敗」などのレッテルを貼られ、降格・免職・下放・労働矯正などの行政処罰を受けた。

　ただし、中華人民共和国初期には、身近な同性と性関係を持つ場合も見られた。もし見つかれば、「生活作風」の問題として批判されたが、処罰されたりはしなかったという調査もある。1957年には同性愛は処罰の対象にすべきでないという司法解釈も出た。

　しかし、1960年代半ばになると、婚姻外の性関係は「ブルジョア思想」の現れとして、「階級闘争」の対象になった。文化大革命中は、殴られる、裸にされる、引き回されるなどして、自殺に追い込まれた男性同性愛者も少なくなかった。その一方、農村に下放された知識青年たちの間で、男性どうしの性活動がおこなわれた ［童 2005：95-100；童 2008：81-90］。

4．改革開放後、1990年代まで

　改革開放後、セクシュアル・マイノリティの運動が広がり、再び彼/彼女らが認識されるようになる。この時期と前近代や中華民国期との違いは、「同性愛」概念だけでなく、同性愛者に関するさまざまな情報が流入して、「私は同性愛者だ」という集団としての認識が生まれたことである。

　ただし、それがすぐに実現したわけではない。まず、文革後に性医学が復活すると、同性愛は、精神病や心理的障害と見なされて、治療の対象になった。

しかし、1990年代には、エイズ防止のために男性同性愛者に目が向けられるようになり、1992年、衛生部の中国健康教育研究所が男性同性愛者のためのサロン活動を始めた。このサロンは衛生部の党グループによって、「同性愛を鼓吹し、人権を鼓吹した」という理由で閉鎖させられた。しかし、1997年には民間で電話相談が始まり、1998年には北京に全国から同性愛者が秘密裏に集まって交流や討論をおこなった［遠山 2010］[1]。

　1995年の北京での世界女性会議の際には、中国当局は、国外のレズビアンの活動に中国女性を接触させないようにしたが、接触を完全に阻止することはできず、同会議が一つのきっかけになって、小さなレズビアングループが誕生した。1998年には北京でレズビアンたちが集会を開き、ホットラインも開設し、翌年には雑誌『天空』を刊行した［He 2001; 韋 2014］。

　1997年の刑法改正の際には、同性間の性行為を処罰する根拠とされてきた流氓罪（司法解釈上は、同性間の性行為のうち、強制的なものや未成年に対するものだけが処罰の対象だったが、しばしば拡大解釈された）が廃止されたことにより、同性愛の「非犯罪化」がなされた[2]。また、2001年に中華精神病学会が決定した「中国の精神障害の分類と診断基準（第3版）」は、同性愛を精神病とは見なさなくなった[3]。

　1990年代には、都市の男性同性愛者に関する調査研究も始まり、李銀河と王小波は、インタビューなどによって彼らの感情、性、婚姻、社交、価値観などについて考察した［李・王 1993（［李 1998］はその増訂本）］。女性同性愛も、文学作品では扱われ始めた。1980年代にも王安憶『弟兄們』が女性間の紐帯を描いていたが（濱田麻矢は、それを人民共和国以降の学園物語の系譜のうえに位置づけている［濱田 2013］）、1990年代には、林白『たったひとりの戦争』、陳染『プライベートライフ』などが明確に女性同性愛を描写した［Sang 2003, 175-222］。

（1）　これ以後の事実経過については、拙ブログ「中国女性・ジェンダーニュース＋（http://genchi.blog52.fc2.com/）」の「セクシュアル・マイノリティ」カテゴリーを参照されたい。
（2）　ただし、これは、同性愛者の人権のための改正ではなく、流氓罪の適用範囲が曖昧なので、強制猥褻などの六つの罪名に分解された結果にすぎない［郭 2007, 66-93］。
（3）　ただし、自らが同性愛であることを望まず、焦慮、憂鬱、内心の苦痛を伴う場合は「障害」と見なしており、同性愛の「非病理化」として不徹底だった。

5．2000年以後

1990年代末にエイズ問題が深刻化したことにより、2000年頃から、政府はエイズ防止を目的に掲げた男性同性愛者グループの設立を認めるようになった。しかし、レズビアンに対しては、警察が2001年の「第1回レズビアン文化芸術祭」を中止させるなど、抑圧的な対応を続けた。

社会的には、2000年ごろから、ゲイやレズビアンのコミュニティが出現した。その背景には、人口の流動性の増大や都市化による伝統的家族・親族関係の希薄化、市場経済化に伴う茶館、浴場・サウナ、バーなどの交流の場の出現、インターネットによる交流の機会の増加などがある。以前は公園や公共トイレで相手を探すような、愛情を基礎としない短期的関係が多かったが、2000年代以降は安定した関係が増えた。また、「同志（セクシュアル・マイノリティ。特にゲイを指す場合もある）」という語が広く使われるようになった。「同志」や「拉拉（レズビアンや女性バイセクシュアル）」という語は香港や台湾が起源であることが示すように、香港や台湾との交流が中国に与えた影響も大きい［魏 2012：10-11, 38-39, 46-52, 166-167; Kam 2013: 19-37］。

また、2000年から、李銀河が、全人代と全国政協に対して同性婚を認めるよう提案を開始した。2001年には中国同性愛映画祭（2007年以降は「北京クィア映画祭」と改称）が始まった［于 2017］。2003年～2005年には復旦大学で同性愛に関する連続講座がおこなわれ（その内容は［高 2006］に収録）、2006年には、復旦大学とイェール大学が共催して、性的指向に関する学術シンポジウムを開催した（その内容は［周 2006］に収録）。2008年には、北京の諸団体が共同で「北京同志（英文名ではLGBT）センター」を設立し、2012年と2013年には、湖南省長沙市でLGBTパレードもおこなわれた。

しかし、LGBTパレードの主催者は行政拘留12日に処せられた。また、大学の教科書さえ、今なお同性愛を「異常」と記述するものが多い［遠山 2015, 168-169］。こうした状況に対してLGBTたちは、パレードの代わりにマラソン大会に集団で参加してその存在や主張をアピールしたり、教科書の記述に対する教育部の責任を問う裁判（2017年敗訴）を起こしたりしている。

2000年以後の男性同性愛者らを対象にしたフィールドワークには、童戈による、彼らの性やパートナー、自己認識、社会的状況などに関する調査［童 2005］、富暁星による、彼らの活動スポットや婚姻などに関する調査［富 2012］がある。女性同性愛者を対象としたフィールドワークも出現した［Kam 2013］［Engebretsen 2014］。

また、男性同性愛者はしばしば自らの性的指向を隠して結婚するため、その妻（「同妻」）は困難な状況に置かれている。これは、前近代において、男性が結婚しながら婚外で男性と性行為をしていた状況と類似している。異なるのは、2009年に同妻たちが、青島で第1回中国同妻会を開催し、未婚のゲイに結婚をしないことなどを呼びかける共同声明を発表するなどの運動を起こしたことである［邢 2012］。

6．セクシュアル・マイノリティ運動の諸問題に関する動向

最後に、運動上の問題として指摘されている点とそれらに関する動向をまとめる。

第一に、セクシュアル・マイノリティ運動の中に、「模範的」な同性愛者のイメージ（一対一の安定した関係を持ち、社会に貢献するなど）を作って一般社会に受け入れられようとする傾向である。特に中国の場合は、政治的安全や資金獲得のために、政府側機構との協力が重要なので、こうした傾向が生まれやすい［Kam 2013: 89-99］[4]。

しかし、こうした傾向は新たな排除や周縁化を生むため、童戈は、同性愛者の「優秀さ」を強調したり、女性的な男性同性愛者を蔑視したりするような異性愛社会の規範におもねる傾向を批判した［白水 2007：544-547］。また、童は、周縁化されている存在の一つである、男性に売春する男性セックスワーカーの調査もおこない、前近代とは異なって、彼らと経営者・顧客との間には人身売買的な関係はなく、差別や暴力が発生しているのは社会の偏見

---

(4) エイズ防止活動においても、行政などが主体であることは、ゲイ自身の主体性が軽視されるなどの矛盾を引き起こしている［童 2007b］。

によるものであると指摘した［童 2007a］。

　第二に、セクシュアル・マイノリティ運動がゲイ中心で、レズビアン、トランスジェンダー、バイセクシュアルは軽視される傾向がある［遠山 2010］。レズビアンは経済的自立が難しいため、婚姻の圧力を強く受けているなど独自の困難がある［Kam 2013: 60-62］。なお、こうした婚姻の圧力を回避するためのゲイとレズビアンとの「形式的婚姻」についても、調査がある［Kam 2013: 99-103］［Engebretsen 2014: 104-123］。

　レズビアンたちは、2004年に「北京レズビアンサロン」、2005年に「同語」を結成し［Engebretsen 2014: 135-153］、さらに2011年ごろから、LGBT運動のゲイ中心的なありかたに対する批判を強めた［遠山 2010］［遠山 2015］。また、2003年には、中国初の性転換手術を1983年に受けた張克莎が自らの半生をつづった著作が出版され［林 2006］、近年はトランスジェンダーやバイセクシュアルも、独自の運動を展開している。

　なお、2000年に李銀河がクィア理論を紹介しており［李 2000］、崔子恩が「中国初のクィア作家」だといわれる［白水 2007：548-557］。

　第三に、従来、女性運動は同性愛者の問題はほとんど取り上げてこなかった。男性解放論も同じである［遠山 2010］。しかし、2012年に起きた「フェミニスト行動派」を名のる運動は、レズビアンらの運動を一つの基盤としており、2013年以降はレズビアンの問題にもある程度取り組むようになった［遠山 2015：170-174；遠山2016：160, 168-169, 175］。

　近年のセクシュアル・マイノリティの／に関するさまざまな活動や文化（ネット上を含めた創作、インディペンデント映画、BL、ポップカルチャーなど）、コミュニティについての論文集も刊行されている［Engebretsen, Shroeder, Bao 2015］。なお、セクシュアル・マイノリティ関係のウェブサイトや本稿発表後の文献については、拙サイト中のページ「中国セクシュアル・マイノリティ関係リンク集（http://genchi.yamanoha.com/sm.html）」を参照されたい。

・参考文献・

［和文］

于寧（2017）「北京酷児映画展——現代中国における性的少数者の文化政治について」、『女たちの21世紀』90
清地ゆき子（2013）「『同性愛』と"同性恋"の成立と定着——近代の日中語彙交流を視点に」、『筑波大学地域研究』34
高媛（2011）「『ソフィ女士の日記』に語られる女同士の絆」、『多元文化』11
蕭涵珍（2009）「李漁の小説における同性愛——眞情と禮教の角度から」、『日本中国学会報』61
白水紀子（2004）「中国のセクシュアル・マイノリティー」、『東アジア比較文化研究』3
白水紀子（2007）「中国同性愛小説の作家とその周辺」、『南腔北調論集』、東方書店
白水紀子（2015）「セクシャリティのディスコース——同性愛をめぐる言説を中心に」、小浜正子編『ジェンダーの中国史』、勉誠出版
倉雅晨（2016）「魏晋南北朝期の男色詩における情欲表現」、『饕餮』24
武田雅哉（2007）『楊貴妃になりたかった男たち——〈衣服の妖怪〉の文化誌』、講談社
遠山日出也（2010）「中国におけるセクシュアル・マイノリティをめぐる政策と運動」、『近きに在りて』58
遠山日出也（2015）「近年の中国におけるLGBT運動とフェミニスト行動派」、『現代思想』43-16
遠山日出也（2016）「フェミニスト行動派の運動とその特徴——二〇一二年二月〜二〇一六年四月」、小浜正子・秋山洋子編『現代中国におけるジェンダー・ポリティクス：格差・性売買・「慰安婦」』、勉誠出版
成田靜香（2004）「自梳女の家——広東の婚姻文化」、関西中国女性史研究会編『ジェンダーから見た中国の家と女』、東方書店
野村鮎子（2015）「ともに嫁ぐか、ともに死ぬか？——前近代中国の女性同性愛」、三成美保編『同性愛をめぐる歴史と法』、明石書店
濱田麻矢（2013）「遥かなユートピア——王安憶『弟兄們』におけるレズビアン連続体」、『現代中国』87
林祁（白水紀子監修）（2006）『めしべのない花——中国初の性転換者莎莎の物語』、新風社

[中文]
韋婷婷（2014）「以女同性恋的眼睛看北京世婦会」、『中国発展簡報』3
郭曉飛（2007）『中国法視野的同性恋』、知識産権出版社
魏偉（2012）『公開——当代成都"同志"空間的形成和変遷』、上海三聯書店
邢飛（2012）『中国「同妻」生存調査報告』、成都時代出版社
呉存存（2000）『明清社会性愛風気』、人民文学出版社（邦訳：『中国近世の性愛』、鈴木博訳、青土社、2005年）
高燕寧（2006）『同性恋健康干預』、復旦大学出版社
施曄（2008）『中国古代文学中的同性恋書写研究』、上海人民出版社
周丹主編（2006）『同性恋与法——"性・政策与法国際学術研討会"論文及資料』、広西師範大学出版社
張傑編（2013）『断袖文編——中国古代同性恋史料集成』、天津古籍出版社（全3冊）

張在舟（2001）『曖昧的歴程――中国古代同性恋史』、中州古籍出版社
童戈（2005）『中国人的男男性行為――性与自我認同状態調査』、北京紀安徳諮詢中心
童戈（2007a）『中国男男性交易状態調査』、北京紀安徳諮詢中心
童戈（2007b）『MSM 人群艾滋病防治工作的 "体制障碍"』、北京紀安徳諮詢中心
童戈（2008）「同志社群：形成的背景和活動形式的発展」、何小培・郭雅琦・崔子恩・毛燕凌・郭曉飛編『中国 "同志" 人群生態報告（一）』、北京紀安徳諮詢中心
富暁星（2012）『空間、文化、表演：東北 A 市男同性恋群体的人類学観察』、光明日報出版社
李銀河・王小波（1993）『他們的世界――中国男同性恋群落透視』、天地図書
李銀河（1998）『同性恋亜文化』、今日中国出版社
李銀河（2000）『酷児理論』、時事出版社

［英文］

Engebretsen, Elisabeth L.（2014）, *Queer, Women in Urban China: An Ethnography*, New York: Routledge.

Engebretsen, Elisabeth L. & Schroeder, William F. & Bao, Hongwei（eds.）（2015）, *Queer/Tonghi China: New Perspectives on Research, Activism and Media*, NIAS Press.

Gulik, Robert Hans van（1961）, *Sexual life in ancient China : a preliminary survey of Chinese sex and society from ca. 1500 B.C. till 1644 A.D.*, Leiden: Brill（邦訳：R.H. ファン・フーリック『古代中国の性生活――先史から明代まで』（松平いを子訳）、せりか書房、1988年）

He Xiaopei（何小培）（2001）, Chinese Queer（Tongzhi）Women Organizing in the 1990s, in *Chinese Women Organizing: Cadres, Feminists, Muslims, Queers*.（ed. Hsiung, Ping-Chun; Jaschock, Maria; Milwertz, Cecilia）, Oxford: Berg publishers.

Hinsch, Bret（1990）, *Passions of the Cut Sleeve : the Male Homosexual Tradition in China*, Berkeley: University of California Press.

Kam, Lucetta Yip Lo（2013）, *Shanghai Lalas: Female Tongzhi Communities and Politics in Urban China*, Hong Kong: Hong Kong University Press（邦訳：金曄路『上海拉拉――中國都市女同志社群與政治』（廖愛晩譯）、香港大學出版社、2014年）

Sang, Tze-lan D.（2003）, *The Emerging Lesbian : Female Same-sex Desire in Modern China*, Chicago: University of Chicago Press（邦訳：桑梓蘭『浮現中的女同性戀――現代中國的女同性愛欲』（王晴鋒譯）、國立臺灣大學出版中心、2014年）

Stockard, Janice E.（1992）, *Daughters of the Canton Delta:Marriage Patterns and Economic Strategies in South China, 1860-1930*, Hong Kong: Hong Kong University Press.

COLUMN 6

演劇とジェンダー

中山　文

はじめに

　2015年10月、南京で伝統演劇を考える「第5回朱鷺国際芸術周(トキフェスティバル)」が開かれた。今回のテーマは「性別・役柄を越えた演技術への挑戦」で、南京崑曲団[1]をはじめ日本・インド・インドネシア・タイから「クロスジェンダー（異性装）」の伝統演劇が紹介された。

　エリザベス王朝期のシェイクスピア劇で若い男性が女性役を演じていたように、西洋でも男性が女性役を演じることはあった。だがそれは女優が禁止されていたためで、アジアに点在するような異性装の伝統演劇を西洋に見つけることは難しい。日本の能については「ジェンダーが変わること自体に美の追求がなされている」[堀 1998]と語られるが、中国ではどうなのか？中国演劇史における女優の誕生をジェンダーの視点からふり返ってみよう。

1. 中国伝統演劇における女優

　中国にはもともと女優が存在していた。元代作家夏庭芝による役者の評判記『青楼集』には100名以上の女優の名が記され、老生（中年以上の男性役）や武生（立ち回りを主とする男性役）を演じる女優がいたことがわかる。また山西省洪同の広勝寺に残る元代の壁画には、老生に扮した女優の図が描かれて

（1）　当劇団は2008年歌舞伎の坂東玉三郎とジョイントし、中日合作「牡丹亭」を成功させた。

いる⁽²⁾。

　男装の女優や女装の男優ということを考えると、演劇でいう役者の身体は必ずしも現実のジェンダーとは一致しない。当時の観客も登場人物と俳優自身の生理的性別は無関係だと考え、舞台上で表現されるジェンダーを芸術活動として鑑賞したのであろう。俳優は衣装や仕草によって、身分や職業だけでなく性別も自由に着脱したのである。

　流転生活を送る俳優は社会の安定を害し社会風紀を乱す脅威と映り、為政者はさまざまな法律を制定して、表現活動に含まれる社会的越境の可能性をつぶそうとした。元代の法律は俳優を賤民として、服装や移動手段など日常生活を厳しく制限した。また異なる階層との結婚や科挙受験などを禁止して、彼らが社会的階層を越境することを禁じた。公的空間に姿をさらす女優への待遇はさらに厳しく、妓女と同様に扱われていた。

　明清二代にわたって男女隔離が社会規範として厳格化すると、女優は公共の場での上演が禁止された。18世紀に乾隆皇帝が北京での女優禁止を強力に推し進め、ついに中国の舞台から女優が姿を消した。男性ばかりの劇団では女役を専門にする"乾旦（女形）"という役柄が注目を集め、魏長生（1744～1802）が"蹻（きょう）"の技巧を発展させた⁽³⁾。これは纏足した足の形を模倣した靴を履き女性のなよなよとした動きを表現する技術で、その後は纏足が女性を示すコードとなった［周 2000］。

2．女形から女優へ

　20世紀に入ると清朝の統治は上海から緩み始め、女優の公開公演を禁止する法律も徐々に緩和された。1912年には女優禁令が取り消され、北京でも女優が伝統舞台に復帰した。時代を反映して、舞台で描かれる女主人公の性格や境遇も大きく変化した。「賢妻良母」や貞女、孝行娘という古い道徳思想

（2）　舞台では前列にこの女優を中心に俳優5名が、後列に楽隊など5名が並んでいる。上方には「大行散楽忠都秀在此作場」と書かれた横断幕がかけられており、忠都秀という男装のスター女優がいたことがわかる［周 2000：6、廖・劉 2006：118］。
（3）　蹻については、［黃 1998］参照。

の女性像が相対的に減少し、苦難に耐え愛情を追求するタイプの女性像が激増したのだ［松浦2003］。

　辛亥革命時期には日本に留学中の学生たちが新派や新劇の影響を受けて新しい劇種を創り出し、旧社会を批判する作品を演じた。西洋のロマン主義に憧れ社会革命の理想に燃えた若い芸術家たちが創り上げたこの劇種を、伝統劇に対して新劇（文明戯）と呼ぶ。1907年、春柳社が日本で「椿姫」「アンクルトムの小屋」を上演し、中国国内でも新劇は上海を中心にブームを呼んだ。だが新劇には台本がなく、女役は男性が京劇の仕草で演じていた[4]。

　五四時期になると啓蒙雑誌『新青年』が創刊され、西欧化推進や儒教批判、科学や民主の重視、文字および文学改革などが鼓吹された。新劇も台本や演出家制度を用いて、さらに写実性を追求する話劇へと進化をする。

　1919年に胡適がイプセンの「人形の家」を『新青年』に翻訳発表すると、自我に目覚める新しい女性像が大きな反響を呼んだ。旧劇の蘭花指[5]や纏足の歩き方では"新女性"を表現することはできない。その問題を解決するための最良策が、新思想をもつ女学生を女優にすることだった。こうして女性の教育が進み女性解放思想が広まる1920年代に、ようやく舞台に新しい時代の女優が誕生する[6]。

　女優はその誕生から男性作家の理想像や政治的メッセージを肉体化する役割を担っていた。胡適の初期話劇「終身大事」（［清水訳 1992］）を紹介しよう。本作はイプセンの影響を受けたもので、主人公の田亜梅は親の勧める結婚と恋人の間で悩んでいる。だが彼女は「君は自分で決断すべきだ」という恋人の手紙で目覚め、決然と両親の家を立ち去る。まるで王子様にキスをされた白雪姫のように、女性は男性の言葉によって目覚めるのである。

（4）　劇団創始者の李叔同（男）は日本の新派の女形を学んだり、西洋画に洋装女性のモデルを探して新しい女性像を研究した。飯塚は「（新劇の）脚本だけを見ても女装や変装に対する強い愛好癖がうかがわれる」としている［飯塚 2014：17］。
（5）　京劇女性役の手の演技で、指の表情が蘭の花のようにみえるので蘭花指という。俳優は内心のさまざまな変化を指の形を通して表現する。
（6）　1923年、洪深が男女合演の「終身大事」（胡適作）と男性が女形を演じる「勇ましき主婦」（欧陽予倩作）を連続して上演してみせると、観客は旧劇の仕草を不自然に感じ、女優の写実性を受け入れた。女優の成功は翌年の「奥様の扇子」（オスカー・ワイルド作）で確実なものとなった。

30年代の抗日戦争期、40年代の国共戦争期を通して、話劇は愛国主義や共産主義を広めるための主要なメディアとなった。新中国成立前に最も多くの回数を上演された街頭劇「その鞭をすてろ」（陳鯉庭作）では、父親に鞭を振るわれる大道芸の少女が植民地化する東北地方の悲惨な状況を語る。青年労働者は観衆に団結を呼びかけ、父親に「その鞭で敵を倒すんだ！」と訴えかける。父親も自分の本当の敵が誰なのかを理解し観衆たちと団結する。虐げられていた女性は、新しい男性に救われる。当時の話劇において、女性は男性の理想とする社会改革や中国近代化の問題を表現する客体であった[7]。

話劇の女優が「新しい女性」を演じていた頃、近代都市上海に女性が作品作りの主体となる女子越劇が生まれた。1942年、袁雪芬は女優の地位改善を求めて越劇改革を起こした。1947年、越劇の劇場と学校を作ろうと呼びかける袁雪芬に呼応した「越劇10姉妹」（10人のトップ女優）の行動は、中国演劇史の快挙として記憶される[8]。

おわりに

話劇誕生から、100年の月日が流れた。現在の中国演劇界にはどのようなジェンダーの構図が見られるのだろうか。

2015年7月、中国戯劇家協会第8次全国代表大会が開かれ、新主席団が選出された。主席は北京人民芸術劇院の副院長で俳優の濮存晰（男性）。副主席15名のうち6名が女性で、全体の37.5％を占めている。2015年の男女平等（ジェンダー・ギャップ）指数ランキング91位（前年87位）の中国の中では、演劇界は女性が比較的活躍している業界に思える。

だが詳細に見てみると、その6名の女性副主席はすべて劇種を代表する著名女優である。一方、男性副主席には俳優3名のほかに共産党幹部1名、学者1名、演出家1名、作家2名が含まれている。演劇創作の核心である作家と演出の領域では、決して女性が男性に伍してはいないことが一目瞭然である。

（7）　新中国建国後の歌劇「白毛女」「紅色娘子軍」でも、弱く未熟な女性が男性共産党員に救われ指導されて成長する［松浦 2000］。
（8）　越劇については、［中山 2015］［中山編 2016］参照。

このことについて、女性劇作家の銭珏は中国で主要な女性劇作家3人（沈虹光・廖一梅・徐棻）の作品を紹介したうえで、その共通点をこう述べている。
　「女性作家の作品には、女性の否定的な面をもつ人物はほとんど出てこない。……"悪女"はほとんどお目にかからないし、中性化した女性形象、"おてんば"、レズビアンも大変少ない。女性作家の描く女性はみな非常に女性的なのだ。年配であろうと青年であろうと、女性作家はみな無意識のうちに主流の道徳規範や審美標準を順守している」[中山・銭珏・牛田 2012：11-21]。
　中華人民共和国は男女平等を唱えて建国された。だが、政治的な問題は常にジェンダー問題に優先されてきた。長年舞台女優に求められてきたのは、等身大の自分を表現することではなかった。また女性作家が描けば新しい女性観が生まれるとはかぎらない。女性を既存の女性観から解放するためには、女性作家自身の思想が必要である[水田 1982]。
　しかし中国でも博客（ブログ）を通して誰もが自由に自分を語るようになった今、演劇にもその影響は必至であろう。今後の舞台がどのような女性像を見せてくれるのか、期待したい。

・**参考文献**・
[和文]
飯塚容（2014）『中国の「新劇」と日本』、中央大学出版部
清水賢一郎訳（1992）「お笑い喜劇　結婚騒動」、藤井省三編『中国ユーモア文学傑作選・笑いの共和国』、白水Ｕブックス
中山文（2015）「ジェンダーの越劇史――中国の女性演劇」、『ジェンダーの中国史』、勉誠出版
中山文編（2019）『新版　越劇の世界――中国の女性演劇』、NKStation
中山文・銭珏・牛田博子（2012）「21世紀の女性演劇を求めて（1）――銭珏『中国女性作家の描く女性形象』」、『神戸学院大学人文学部紀要』32
堀真理子（1998）「演劇とジェンダー――異性装の役割とその今日的意味についての一考察」、『青山学院大学総合研究叢書学際研究プロジェクト』3
松浦恆雄（2000）「翳りなき表象――秧歌劇から革命模範劇へ」、牧陽一・松浦恆雄・川田進『中国のプロパガンダ芸術』、岩波書店
松浦恆雄（2003）「20世紀の京劇と梅蘭芳」、宇野木洋・松浦恆雄編『中国二〇世紀文学を学ぶ人のために』、世界思想社
水田宗子（1982）『ヒロインからヒーローへ――女性の自我と表現』、田畑書店
[中文]
姜進（2015）『詩与政治　二十世紀上海公共文化中的女子越劇』、北京、社会科学文献

出版社
黄育馥（1998）『京劇——蹺和中国的性別関係』、北京、三聯書店
周慧玲（2000）「女演、写実主義、"新女性"論述——晩清至五四時期中国現代劇場中的性別表演」、『戯劇芸術』2000年第1期
譚帆（2002）『優伶：古代演員悲歓録』、上海、百家出版社
廖奔・劉彦君（2006）『中国戯曲発展史　第2巻』、山西教育出版社

あとがき

小浜正子
江上幸子

　私たちが勉強を始めた頃、日本の中国史研究は世界の水準をリードしていて、始まったばかりの女性史の分野も例外ではなかった。京都では小野和子先生の『中国女性史』が国際的にみてもひとり水準に達した研究書として出版されたばかりだったし、東京では中国女性史研究会が結成されて、現在に続く毎月の例会を開きだしていた。文化大革命終了直後の中国も、いまだ中国語史料の扱いに熟達した研究者が多くはなかった欧米も、こうした日本の研究の後塵を拝していたように思う。1970年代後半頃のことである。

　現在の日本の中国史研究は、必死に健闘しているとはいえ、あの頃の輝きにやや及ばない感がないとはいえない。その理由としては、日本社会の構造変化から（とりわけ人文系の）学問研究が尊重されなくなってきていることなど、様々に考えられようが、国外の中国史研究の発展の大きな要素であるジェンダー主流化がひどく遅れていることも、そのひとつに違いない。とはいえこのことに、どれだけの人が気づいているだろう。

　ジェンダーへの注目を主流化することは、少子高齢化の進む日本社会が活力を取り戻すためだけでなく、あらゆる学問分野が研究水準を維持向上させ、

人間にとって必要な学問であり続けるために必須である。いち早くジェンダー概念を取り入れ、どのような研究にもジェンダー視点を内在化させることが相対的に進んでいる分野もあるが、中国史研究はそうとは言えない――このことを、小浜が強く意識せざるを得なかったのは、『歴史を読み替える――ジェンダーからみた世界史』の編集に参加した時であった。豊富な研究成果が歴史教育の現場に届いていない状態を改善しようとして西洋ジェンダー史を研究してきた友人たちが企画した同書であったが、アジア史の分野では、そもそも研究自体が豊富とは言えなかったのだ。とはいえ、日本の中国ジェンダー史研究には、前述のような早い時期から継続している女性史研究の流れもあれば、戦前以来の厚い中国史研究の蓄積もあり、最近では斬新な感覚を持った若い研究者たちも参入してきている。こうした資源を活性化し、より視野の広い研究を展開しようと、東洋文庫現代中国研究資料室（人間文化研究機構現代中国地域研究東洋文庫拠点）のジェンダー資料研究班として「中国ジェンダー史共同研究」の活動を開始したのは2012年度からである。

　この研究グループは、中国ジェンダー史上の重要テーマについて、多様な研究者を招いてシンポジウム・ワークショップを開催するなどの活発な活動を展開し、2013～2015年度には、科学研究費基盤研究C「歴史的視点による中国のジェンダー秩序に関する総合的研究」（研究代表者：日本大学・小浜正子）による研究助成も得ることができた。そうした活動の中で、中国ジェンダー史に関する各分野の研究成果をまとめ、ジェンダー視点によって中国の歴史を通観するような書物を出版して今後の研究の礎としたいという構想がもたれるようになった。具体的な出版計画がはじめて話し合われたのは、2014年度の前半である。まもなく京都大学学術出版会からの刊行が決定したのには、おおいに力づけられた。共同研究のメンバーと、それだけでは不充分な分野では外部の研究者にも執筆をお願いして出来上がった本書は、第一編で、古代から現在までの中国のジェンダー秩序の変化を通時的に論じ、第二編では、中国ジェンダー史で注目すべき個別テーマや各時期に通底するテーマを配している。各章には、歴史分野にとどまることなく、文学・思想・社会学・地域研究などの領域に跨る文章も収め、また特色あるテーマをコラムとして取り上げて、各章で触れられなかった課題やトピックスを補っ

た。さらに、地図・年表・文献紹介を配して、初学者や専門外の読者にも使いやすいものをと心がけた。

　当初は2015年度中にも刊行するつもりであった本書の出版が現在まで遅れたのは、話し合っていく中で中国ジェンダー史の構想を広げ、原稿を検討する中で考察を深めることを繰り返したからである。そうしてできあがった本書は、初の中国ジェンダー史研究入門として不足は多かろうが、しかしともかく、中国のジェンダー秩序を古代から現在にまでわたって記述するという力わざを、形にすることはできた。中国史をつらぬくジェンダーの諸命題やその実態の変遷などを、ある程度まで示しえたのではなかろうか。さまざまな形でご協力いただいた方々には、お礼の言葉もない。とはいえ、刊行が遅れたことで、病を抱えて執筆してくださった共同研究メンバーの秋山洋子さんと中国女性史研究会の初代代表であった末次玲子さんが幽明境を異にされ、出来上がった本を見ていただけなくなったことは大変残念である。

　京都大学学術出版会の鈴木哲也編集長と國方栄二氏には、企画から出版にいたるまで、本書の構成や内容にわたって貴重な助言をいただき、着実な作業をしていただいた。森華さんの装幀のおかげでキャッチーでイメージが喚起される本になったように思う。心から感謝する。

中国ジェンダー史略年表

ジェンダー史・女性史に関連の深い事項は太字で示した。

時代	年	事項
旧石器時代		
新石器時代		前期（前10000〜前5000年頃）
		中期（前5000〜前3500年頃）
		後期（前3500〜前2000年頃）
殷	前1600頃	殷がおこる
西周	前1050頃	殷が滅び、周（西周）がおこる
東周　春秋	前770	平王が即位して洛邑に遷都（東周）
	前479	**孔子（前551/550？〜）没**
戦国	前451	魏・韓・趙が晋を三分
	前289	**孟子（前372〜）没**
秦	前221	秦王・政が中国を統一して（在位 前247〜前210）、始皇帝と称す
前漢	前202	劉邦が皇帝に即位して（在位 〜前195）、漢（前漢）がおこる
	前195	**高祖劉邦が死去し、呂后（？〜前180）が専権を振るう**
	前141	漢の武帝が即位（在位 〜前87）
		五経博士を置き、儒学を官学とする
	前33	漢の成帝が即位（在位 〜前7）。王皇太后の兄・王鳳が**大将軍に就任**
		班倢伃（生没年不詳）が成帝の後宮に入り、文才を発揮
	前16	**この頃、劉向（前77〜前6）が『列女伝』を執筆**
		前漢末までに『黄帝内経』成立
新	8	王莽が皇帝に即位し（在位 〜23）、新がおこる
	23	新が滅び、漢が復興する（後漢）
後漢	67	この頃、仏教が伝来
	105	**和熹太后（和帝の皇后鄧氏、81〜121）の執政開始**
	115	**この頃、『女誡』を執筆した班昭（45？〜）が没**
	144	**梁太后（順帝の皇后、116〜150）の執政開始**
	214	劉備が蜀を領有して、天下三分の状態へ
三国	220	曹丕が皇帝に即位し（文帝、在位 〜226）、魏がおこる

三国		239	邪馬台国の卑弥呼が魏に遣使
		249	この頃、女流詩人・蔡琰（177?～）没
西晋		265	司馬炎が皇帝に即位し（武帝、在位 ～290）、晋（西晋）がおこる
		280	西晋が中国を統一
		300	文才によって入内し文学活動を行った左棻（？～）没
		316	西晋が滅ぶ
五胡十六国	東晋	317	司馬睿が皇帝に即位し（元帝、在位 ～322）、晋が復興する（東晋）
		399	孫恩の乱が勃発。才女謝道蘊（生没年不詳）が一時捕縛される
		420	東晋が滅び、南朝・宋がおこる
南北朝		439	北魏が華北を統一
北魏↓東魏・西魏↓北斉・北周	宋↓斉↓梁↓陳	444	『世説新語』を編纂した南朝・宋の劉義慶（403～）没
		479	南朝・斉がおこる
		502	南朝・梁がおこる
		534	北魏が東西に分裂
		557	南朝・陳がおこる
		577	北周が華北を統一
		581	北周が滅び、隋がおこる
隋		589	隋が陳を滅ぼし、中国を統一
			この頃、科挙が始まる
唐		618	隋が滅び、唐がおこる
		650	この頃、『千金方』成立
		655	武照（則天武后、624?～705）が高宗の皇后となり、権力を振るう
		690	武后が皇帝に即位して、国号を周と改める
		705	武后が退位して、中宗が復位（唐の復興）
		710	中宗を毒殺した韋皇后（？～710）らを李隆基（後の玄宗）が殺害。この時、宮廷女流詩人の上官婉児（664～710）も殺される
		712	玄宗が即位する（在位 ～756）
		755	安史の乱が勃発
		756	玄宗は四川に脱出。楊貴妃（719～）殺害される
		780	楊炎（727～781）が両税法を策定
		832	詩妓の薛濤（770?～）この頃没

唐	871	詩妓の魚玄機（844～）この頃没
	907	唐が滅び、後梁がおこる
遼／北宋	960	宋がおこる
	1060	太医局設立
	1067	神宗が即位し（在位1067～85）、王安石（1021～1086）を登用する
	1084	著名な女流文学者・李清照が生まれる（12世紀半ば頃没）
	1107	朱熹の先駆者・程頤（1033～）没
	1115	女真・完顔部の阿骨打、即位し（在位1115～23）、金がおこる
	1127	宋（北宋）滅ぶ。金の捕虜となった欽宗にかわり、弟の康王が即位し（高宗、在位1127～1161）、宋を杭州（臨安）で復興する（南宋）
金／南宋	1200	朱子学の大成者・朱熹（1130～）没
	1206	テムジン、モンゴル高原を統一して、モンゴル・ウルスのカンとなり、チンギス・カンと称す（在位 ～1227）
	1234	モンゴル、金を滅ぼす
	1237	陳自明、『婦人大全良方』を完成させる
元	1271	クビライ・カン（在位 1260～1294）、国号を元（大元ウルス）とする
	1276	元、南宋を攻略し、首都臨安は無血開城となる
	1279	厓山で南宋の残存勢力が滅ぶ
	1314	科挙実施。朱子学が採用される
明	1368	朱元璋が皇帝に即位し（太祖洪武帝、在位 ～1398）、明がおこる。元は北走
	1414	『五経大全』『四書大全』『性理大全』が編纂される。朱子学の体制教学化
	1528	王守仁（陽明、1472～）没
	1550	このころ、北虜南倭が著しい状況となる
	1601	マテオ・リッチ（1552～1610）が北京に天主教会堂を建てる
	1616	ヌルハチがハン位に即く（在位 ～1626）
	1644	李自成軍が北京を占領する。明滅ぶ。清軍が北京に入城する。清の順治帝、北京で即位（在位 ～1661）
清	1662	康熙帝が即位する（在位 ～1722）

中国ジェンダー史略年表　459

	1664	反清復明運動に活躍した妓女出身の柳如是（1618〜）没
	1715	『達生編』刊行される
	1722	雍正帝が即位する（在位 〜35）。即位直後より順次、賎民解放令を発令する
		この頃、同性間の強姦の処罰が強化される
	1737	乾隆帝が即位する（1796退位、1799没）
		乾隆年間、女優が禁止され、旦（女形）が発達していく
	1840	アヘン戦争始まる（〜1842）
	1853	太平天国南京を占領。天朝田畝制度公布
	1858	ホブソン、『婦嬰新説』上海で刊行。初の中国語の産婦人科西洋医書
	1883	康有為が広東で不纏足運動を開始
	1884	西太后（1835〜1908）、清朝内で絶対的地位を確立
	1890	中国最初の YWCA 成立
	1894	日清戦争始まる（〜1895）
	1895	厳復「原強」
		初の中国人向け YMCA 成立
清	1897	梁啓超「纏足を戒める会叙」「論女学」
		上海・広東・湖南で不纏足運動
	1898	光緒帝、康有為らと変法維新を断行（〜三ヶ月後に失敗）。康有為、断髪を提案
		上海で中国女学堂（中国人による初の女学校）開校
		この年、列強が中国各地で勢力範囲を設定
	1902	梁啓超ら、亡命先の日本で『新民叢報』創刊、「新民説」を発表（〜1906）
	1903	金天翮、『女界鐘』出版。「国民の母」などを論ず
		革命派、軍国民教育会を結成
	1904	日露戦争（〜1905）始まる
		清朝、近代的学校制度の開始（男子のみ）
	1905	女医張竹君ら、上海で女子中西医学堂を創設
		科挙の廃止
	1906	清朝、立憲準備を宣布
	1907	秋瑾、『中国女報』創刊、燕斌ら『中国新女界』創刊、「女国民」などを論ず
		劉師培・何震らアナキスト『天義』創刊、家族廃止などを論ず

清		清朝、女子小学堂、女子師範学堂制度を設ける
	1911	辛亥革命
中華民国	1912	中華民国臨時政府成立、孫文が臨時大総統に 中華民国臨時約法公布、国民主権を明記→唐群英ら男女平等の明記を求める。袁世凱が臨時大総統に 女優禁令の取消
	1913	第二革命おこる。袁世凱、正式大総統に この頃、新劇おこる この頃、刑法の「無夫姦」条項撤廃をめぐる議論
	1914	第一次世界大戦おこる。日本軍、青島占領
	1915	『青年雑誌』（のち『新青年』と改称）創刊。新文化運動の中心に
	1916	呉虞、「家族制度は専制主義の根拠たるの論」を『新青年』に発表 袁世凱が皇帝に推戴され、第三革命がおこる
	1918	『新青年』でイプセン特集 「貞操論争」おこる（～1919）
	1919	五・四運動おこり、学生ら全国の都市で中国主権を訴え
	1921	中国共産党創立
	1922	中国共産党二全大会、女性運動方針を決定。「恋愛討論」おこる（～1923）
	1923	「性教育論議」おこる
	1924	中国国民党と中国共産党、第一次国共合作成立
	1925	上海で五・三〇運動おこり、反帝運動広がる 「新性道徳論争」おこる
	1926	国民党二全大会、婦女運動決議案を採択 張競生、『性史』出版 国民革命軍、北伐を開始→国民政府、広州から武漢へ
	1927	国民革命の進展に伴い、女性運動さかんに。湖南省・湖北省で全省婦女大会開催 上海でゼネスト→四・一二クーデター。蒋介石、南京に国民政府樹立。国共合作崩壊
	1928	北伐再開。国民革命軍の北京入城。日本軍、張作霖爆殺 東三省の国民政府帰属 国民政府、婦女纏足禁止条例公布。強制的な纏足解放が行われる

中華民国		丁玲「ソフィ女士の日記」発表
	1931	**国民政府、民法親属・継承編施行**
		中華ソヴィエト共和国成立、婚姻条例公布
		九・一八事変（満洲事変）おこる
		北平女界抗日救国会成立
	1932	一・二八事変（上海事変）おこる。満洲国建国
	1933	国民政府、兵役法公布、男子に兵役の義務
	1934	蔣介石、新生活運動を提唱
		「婦女回家」論争おこる（〜1937）
		中華ソヴィエト共和国婚姻法公布
		紅軍、長征を開始（〜1935）
	1937	日中戦争始まる（〜1945）。抗日民族統一戦線成立
		日本軍南京占領、大虐殺事件、多くの性暴力発生
		多くの女性を「慰安婦」に
	1938	国民政府、武漢から重慶に移る
	1939	「婦女回家」論争再燃
	1940	汪精衛、南京に傀儡政権樹立
	1941	太平洋戦争始まる（〜1945）
	1942	丁玲「国際女性デーに思う」
		袁雪芬、上海で女優の待遇改善を求め越劇改革
	1943	共産党、抗日根拠地の女性工作方針転換（四三年決定）
	1945	日本、連合国に降伏。中国は戦勝国に
	1946	国民党と共産党の内戦全面化
	1949	中華全国民主婦女連合会成立
		中華人民共和国成立
	1950	**婚姻法。土地改革法**
		朝鮮戦争はじまる（〜53）
	1953	婚姻法貫徹運動
		第一次五カ年計画開始
	1957	反右派闘争開始。
		民主婦女連、中華人民共和国全国婦女連合会と改称
		「勤倹建国・勤倹持家」提唱
		この頃、都市部で計画出産はじまる
	1958	「大躍進」政策の開始
		戸口登記管理条例制定、都市と農村の制度的区別開始
	1961	「大躍進」を停止し、調整政策に

中華人民共和国	1964	毛沢東「時代は変わった、男の同志にできることは女の同志にもできる」と発言
	1966	文化大革命の開始（～1976）
	1968	『人民日報』記事、建国以来の女性運動を全面否定。全国婦女連、活動停止 この頃、「はだしの医者」全国の農村で普及
	1969	中共中央政治局員に女性で初めて江青と葉群が就任
	1976	毛沢東死去。「四人組」逮捕
	1978	全国婦女連、中華全国婦女連合会と改称して活動再開 改革開放政策の開始
	1979	「一人っ子政策」開始
	1980	婚姻法改正。婦女連、「婦女回家」政策化の動きを阻止
	1986	全国婦女連、全国婦女理論討論会開催
	1987	李小江、鄭州大学女性学研究センター設立、中国の女性学研究はじまる 中共中央政治局の女性、皆無に。全人代の複数候補選挙でも女性の落選あいつぐ
	1988	『中国婦女』で「婦女回家」論争。女性の「四自（自尊・自信・自立・自強）」提唱
	1989	農村女性の「双学双比」活動の推進 北京で学生らの民主化運動→天安門事件
	1992	婦女権益保障法 社会主義市場経済の推進が基本政策となる
	1995	中国女性発展要綱（1995～2000）。北京で第四回国連世界女性会議開催 中国人元「慰安婦」、日本政府の謝罪と賠償を求め提訴
	1996	北京で出稼ぎ女性のための「打工妹之家」設立
	1997	香港が中国に返還される 刑法が改正され、同性愛が非犯罪化
	1999	中国婦女研究会成立、女性学の全国ネットワーク
	2000	家庭内暴力反対ネットワーク結成 李銀河ら、同性婚認可を初めて全人代に要求
	2001	婚姻法修正 中国同性愛映画祭（後の北京クィア映画祭）始まる
	2002	「人口と計画出産法」施行
	2003	婚姻登記条例施行、婚前検診の強制廃止

中華人民共和国	2005	広州で中国初の「ヴァギナ・モノローグス」上演 方剛、「男性解放学術サロン」創設 中国各地で反日デモ
	2008	チベット騒乱。四川省大地震。北京オリンピック
	2012	青年女権行動派のアート・パフォーマンスあいつぐ 湖南省で中国初のLGBTパレード
	2015	反家庭暴力法(反DV法)成立(2016施行)
	2016	全ての夫婦に第二子の出産が許され、「一人っ子政策」が終了

中国ジェンダー史関連重要文献一覧

（1）中国ジェンダー史を学ぶための必須の文献
〔和文〕
|全般|

関西中国女性史研究会編（2014）『中国女性史入門——女たちの今と昔（増補改訂版）』、人文書院
 ・中国の女性の婚姻・生育、教育、解放、労働、身体、文芸、政治、信仰などの各側面について、多くの情報を満載したガイドブック。
関西中国女性史研究会編（2004）『ジェンダーから見た中国の家と女』、東方書店
 ・古代から現代までの中国女性の多様な側面を論じる論文集。
小浜正子編（2015）『ジェンダーの中国史』（アジア遊学191）、勉誠出版
 ・家族の変遷、「悪女」の作られ方、「武」やエスニシティの表象、ジェンダー規範、「周縁」との関係などを論じる20余編の論稿から、中国ジェンダー史に迫る。
中国女性史研究会編（1999）『論集 中国女性史』、吉川弘文館
 ・中国女性史研究会のメンバーがそれぞれ専門に即して古代～現代の論文を寄せる。
中国女性史研究会編（2016）『中国のメディア・表象とジェンダー』、研文出版
 ・前近代から現在までの多様な媒体に描かれた女性像・男性像から各時代のジェンダー構造を分析する論文集。
マン，スーザン（2015／原書2011）『性からよむ中国史——男女隔離・纏足・同性愛』、（小浜正子・グローブ、リンダ監訳、秋山洋子・板橋暁子・大橋史恵訳）、平凡社（原書：Mann, Susan, *Gender and Sexuality in Modern Chinese History*, Cambridge: Cambridge University Press）
 ・英語圏の研究を集大成して中国のセックス／ジェンダー・システムを論じる。
柳田節子先生古稀記念論集編集委員会編（1993）『中国の伝統社会と家族——柳田節子先生古稀記念』、汲古書院
 ・「第二部　家族・ジェンダー・女性運動」において中国女性史研究会のメンバーがそれぞれ専門に即した宋代～現代の論文を執筆。

|前近代|

大澤正昭（2005）『唐宋時代の家族・婚姻・女性——婦は強く』、明石書店
 ・唐宋変革期において、家族・婚姻および女性のありようも大きく変化したことを見いだした研究。

コウ，ドロシー（2005／原書2001）『纏足の靴――小さな足の文化史』、（小野和子・小野啓子訳）、平凡社（原書：Ko, Dorothy, *Every Step a Lotus: Shoes for Bound Feet*, Berkeley: University of California Press）
・多くの美しい纏足靴の写真から女性達の想いを蘇らせ纏足評価を一変させた研究。

高世瑜（1999）『大唐帝国の女性たち』、（小林一美・任明訳）、岩波書店
・前近代の中国史上、最も開放的で闊達に行動していた唐代の女性たちについて、各階層、各職業別にその姿を活写する。

滋賀秀三（1967）『中国家族法の原理』、創文社
・法制史の立場から、漢～清における家族原理を明快に描き出した、古典的研究。

仙石知子（2011）『明清小説における女性像の研究――族譜による分析を中心に』、汲古書院
・明清小説に描かれた女性像を、族譜から抽出した当時の社会通念によって分析。

仁井田陞（1942）『支那身分法史』、東方文化学院（復刊、東京大学出版会、1983年）
・漢～明の時代の宗族法・親族法・家族法・婚姻法・親子法・後見法等を、史料を博捜して論じた古典的研究。

フーリック，ファン R.H.（1988／原書1961）『古代中国の性生活――先史から明代まで』、（松平いを子訳）、せりか書房（原書：Gulik, Robert Hans van, *Sexual life in Ancient China: A preliminary Survey of Chinese Sex and Society from ca.1500B.C. till 1644A.D.*, Leiden: Brill）
・前近代中国のセクシュアリティを外交官だった著者の集めた様々な資料から描く。

夫馬進（1997）『中国善会善堂史研究』、同朋舎出版
・明清時代の民間慈善団体に関する実証研究で、間引き対象となる嬰児や貞節を守り再婚しない寡婦に対する事業の実態から当時の社会構造や心性に迫る。

マン，スーザン（近刊／原書2007）『張家の才女たち』、東方書店（原書：Mann, Susan, *The Talented Women of the Zhang Family*, University of California Press）
・清代江南の女系家族で活躍する女性たちの生活を再現。読み物としても秀逸

三田村泰助（2012）『宦官――側近政治の構造』（改版）、中公新書（初刊は1963年）
・宦官研究の古典。宦官は専制君主制と相表裏する存在という位置づけで論じる。

柳田節子（2003）『宋代庶民の女たち』、汲古書院
・宋朝という王朝政治体制の解明という位置づけのもと、女性の実態を論じる研究。

李貞徳（2009／原書2001）『中国儒教社会に挑んだ女性たち』（あじあブックス067）、（大原良通訳）、大修館書店（原書：『公主之死――你所不知道的中国法律史』三民書局）
・北魏時代に起こった皇女殺害事件の顛末を、漢唐間の法制史上に位置付けつつ、当時の家族・ジェンダー構造を論じる。

近現代

秋山洋子・江上幸子・田畑佐和子・前山加奈子編訳(1998)『中国の女性学——平等幻想に挑む』、勁草書房
・草創期の中国女性学の重要文献を紹介し、中国ジェンダー研究の息吹を伝える。

石田米子・内田知行編 (2004)『黄土の村の性暴力——大娘(ダーニャン)たちの戦争は終わらない』、創土社。
・華北農村での日本軍性暴力について、被害女性や村人の証言などに基づいて論じ、中国の「慰安婦」の実態を明らかにする。

大橋史恵 (2011)『現代中国の移住家事労働者——農村−都市関係と再生産労働のジェンダー・ポリティクス』、御茶の水書房
・都市でお手伝いさんとして働く農村女性の実態を聞取りで明らかにし構造を分析。

小野和子 (1992)『五四時期家族論の背景』(五四運動の研究第5函15)、同朋舎出版
・中華民国初年の刑法改正論争から、当時の女性の性についての見方を論じる。

小野和子 (1978)『中国女性史——太平天国から現代まで』、平凡社
・中国女性史の先駆的研究。革命の中で女性が解放されてゆく様を活き活きと描く。

小浜正子・秋山洋子編 (2016)『現代中国のジェンダー・ポリティクス——格差・性売買・「慰安婦」』、勉誠出版
・改革開放の進む現代中国のジェンダー問題を、権力とジェンダー、女性学理論、日本軍性暴力などの側面から、中国の第一線の研究者が論じる。

坂元ひろ子 (2004)『中国民族主義の神話——人種・身体・ジェンダー』、岩波書店
・中国近代のナショナリズムとジェンダーの関係を、纏足・博覧会などから論じる。

白水紀子 (2001)『中国女性の20世紀——近現代家父長制研究』、明石書店
・近代以降、中国女性の暮らしと家族がどう変わったか、文学作品から読み解く。

末次玲子 (2004)『二〇世紀中国女性史』(シリーズ20世紀の中国)、青木書店
・多様な女性の20世紀の歩みを明らかにする近代女性史の通史。日中関係も重視。

ステイシー, J. (1990／原書1983)『フェミニズムは中国をどう見るか』、(秋山洋子訳)、勁草書房(原書：Stacey, Judith *Patriarchy and Socialist Revolution in China*, Berkeley: University of California Press)
・共産党支配下の中国を社会主義家父長制と捉えるフェミニスト理論家の研究。

須藤瑞代 (2007)『中国「女権」概念の変容——清末民初の人権とジェンダー』、研文出版
・中国近代にどのように「女権」概念が構築されたかを、ていねいに史料から読み解く。

戴錦華 (2006)『中国映画のジェンダー・ポリティクス——ポスト冷戦時代の文化政治』(宮尾正樹監訳、舘かおる編)(シリーズ〈国際ジェンダー研究〉別巻)、御茶の水書房

・現代中国映画にみえるジェンダー構造を中国の気鋭の研究者がシャープに論じる。
中国女性史研究会編訳（1995／原書1989）『中国女性運動史1919-45』（原書：中華全
　　国婦女連合会編『中国婦女運動史――新民主主義時期』春秋出版社）
　　・婦女連が総力でまとめた女性運動の通史。共産党系以外の動向にも注目。
中国女性史研究会編（2004）『中国女性の100年――史料にみる歩み』、青木書店
　　・重要資料の翻訳と背景や資料を含む解説から、20世紀の中国女性史をたどる。
チャン，レスリー・T（2010／原書2008）『現代中国女工哀史』、（栗原泉訳）、白水社
　　（原書：Chang, Leslie T., *Factory Girls: From Village to City in a Changing China*, Spiegel & Grau）
　　・改革開放の進展する広東で働く出稼ぎ女工の実態のルポルタージュ。
陳姃湲（2006）『東アジアの良妻賢母論――創られた伝統』、勁草書房
　　・日本などと比較しながら中国近代の良妻賢母論を論じて近代の構造変化を描く。
中山義弘（1983）『近代中国における女性解放の思想と行動』、北九州中国書店
　　・中国近代女性解放史の重要文献を解説。
バーロウ，タニ・E（2003）『国際フェミニズムと中国』（「国際ジェンダー研究」編
　　集委員会編、伊藤るり・小林英里訳）（シリーズ〈国際ジェンダー研究〉①）、御
　　茶の水書房
　　・「女性」の語の分析など、最新フェミニズム理論で中国近代のジェンダー秩序を
　　　分析。
姚毅（2011）『近代中国の出産と国家・社会――医師・助産士・接生婆』、研文出版
　　・中国近代に出産が近代化・医療化・国家化された過程を多くの史料から分析する。
李小江（2000／原書1995）『女に向かって――中国女性学をひらく』、（秋山洋子訳）、
　　インパクト出版会（原書：『走向女人――新時期婦女研究紀実』、河南人民出版
　　社）
　　・中国女性学の創始者李小江による初期の女性学論集。
林紅（2007）『中国における売買春根絶政策――1950年代の福州市の実施過程を中心
　　に』、明石書店
　　・人民共和国の廃娼運動の実態を聞取りや資料に基づき当時の政治状況の中で解明。
若林敬子（2005）『中国の人口問題と社会的現実』、ミネルヴァ書房
　　・気鋭の人口学者が一人っ子政策の概要など、中国の人口問題を様々に論じる。

〔中文〕
衣若蘭（2002）『三姑六婆――明代婦女与社会的探索』、稲郷出版社
翁育瑄（2012）『唐宋的姦罪与両性関係』、稲郷出版社
王躍生（2003）『清代中期婚姻冲突透析』、社会科学文献出版社
郭松義（2000）『婚姻家庭与人口行為』、北京大学出版社

耿化敏（2015）『中国共産党婦女運動史（1921—1949）』、社会科学文献出版社
顧秀蓮主編（2008、2013）『20世紀中国婦女運動史』上・中・下、中国婦女出版社
中華全国婦女連合会婦女運動歴史研究室編（1981）『五四時期婦女問題文選』、中国婦女出版社
中華全国婦女連合会婦女運動歴史研究室編（1986）『中国婦女運動歴史資料：1921—1927』人民出版社
中華全国婦女連合会婦女運動歴史研究室編（1991）『中国婦女運動歴史資料：1840—1918』、中国婦女出版社
中華全国婦女連合会婦女運動歴史研究室編（1991）『中国婦女運動歴史資料：1927—1937』、中国婦女出版社
中華全国婦女連合会婦女運動歴史研究室編（1991）『中国婦女運動歴史資料：1937—1945』、中国婦女出版社
中華全国婦女連合会婦女運動歴史研究室編（1991）『中国婦女運動歴史資料：1945—1949』、中国婦女出版社
中国婦女管理干部学院編（1987、1988）『中国婦女運動文献資料彙編』第1・第2、中国婦女出版社
張国剛主編（2007）『中国家庭史（全5巻）』、広東人民出版社
陳高華・童芍素主編（2010）『中国婦女通史（全10巻）』、杭州出版社
陳弱水（2007）『唐代的婦女文化與家庭生活』、允晨文化
陳三井主編（2000）『近代中国婦女運動史』、近代中国出版社
陳東原（1928）『中国婦女生活史』、上海商務印書館（民国叢書編輯委員会編『民国叢書』第2輯、上海書店、1990年に収録。他にも影印版多数あり）
杜芳琴・王政編（2004）『中国歴史中的婦女与性別』、天津人民出版社
鄧小南編（2003）『唐宋女性与社会』、上海辞書出版社
梅生編（1923）『中国婦女問題討論集』、新文化書社（『民国叢書第一編一八』、上海書店、1989年所収）
鮑家麟編（1991—2004）『中国婦女史論集　一〜六集』稲郷出版社
方剛（2008）『男性研究与男性運動』、山東人民出版社
李小江・朱虹・董秀玉主編（1994）『性別与中国』、北京三聯書店
李銀河・王小波（2000）『酷児理論』、時事出版社
李貞徳（2008）『女人的中国医療史——漢唐之間的健康照顧与性別』、三民書局
李貞徳主編（2009）『中国史新論　性別史分冊』（中央研究院叢書）、中央研究院歴史語言研究所
劉暁麗（2014）『1950年的中国婦女』、山西教育出版社
游恵遠（2003）『宋元之際婦女地位的變遷』、新文豊出版公司
羅久蓉・呂妙芬主編『無声之声（Ⅲ）——近代中国的婦女与文化（1600-1950）』、中

央研究院近代史研究所

呂芳上主編（2003）『無声之声（Ⅰ）——近代中国的婦女与国家（1600-1950）』、中央研究院近代史研究所

游鑑明主編（2003）『無声之声（Ⅱ）——近代中国的婦女与社会（1600-1950）』、中央研究院近代史研究所

〔英文〕

Barlow, Tani E. (2004), *The Question of Women in Chinese Feminism*, Durham and London: Duke University Press.

Bray, Francesca (1997), *Technology and Gender: Fabrics of Power in Late Imperial China*, Berkeley: University of California Press.

Dikötter, Frank, (1992) *The Discourse of Race in Modern China*, London : Hurst & Company.

Dikötter, Frank, (1995) *Sex Culture and Modernity in China*, London : Hurst & Company.

Dikötter, Frank, (1998) *Imperfect Conceptions: Medical Knowledge, Birth Defects and Eugenics in China*, New York: Columbia Univ. Press.

Ebrey, Patricia (1993), *The Inner Quarters: Marriage and the Lives of Chinese Women in the Sung Period.*: Berkeley University of California Press.

Furth, Charlotte, (1999), *A Flourishing Yin: Gender in China's Medical History, 960-1665*, Berkeley: University of California Press.

Gilmartin, Christina, Gail Hershatter, Lisa Rofel, Tyrene White, ed. (1994), *Engendering China: Women, Culture and the State*, Harvard University Press.

Greenhalgh, Susan (2008) *Just One Child: Science and Policy in Deng's China*, Berkeley and Los Angeles: University of California Press.

Henriot, Christian (2001) *Prostitution and Sexuality in Shanghai: A Social History, 1849-1949*, Cambridge University Press.

Hershatter, Gail (1997) *Dangerous Pleasures: Prostitution and Modernity in Shanghai*, Berkeley: University of California Press.

Hershatter, Gail (2011) *The Gender of Memory: Rural Women and China's Collective Past*, Berkeley: University of California Press.

Honig, Emily (1986), *Sisters and Strangers: Women in the Shanghai Cotton Mills, 1919-1949*, Stanford: Stanford University Press.

Ko, Dorothy Y. (1994), *Teachers of the Inner Chambers: Women and Culture in Seventeenth-Century China, 1573-1722*. Stanford: Stanford University Press

Ko, Dorothy (2007), *Cinderella's Sisters: A Revisionist History of Footbinding*,

Berkeley: University of California Press.
Mann, Susan (1997), *Precious Records: Women in China's Long Eighteenth Century*. Stanford: Stanford University Press.
Sommer, Matthew (2000), *Sex, Law and Society in Late Imperial China*, Stanford: Stanford University Press.
Sommer, Matthew H. (2015), *Polyandry and Wife-Selling in Qing Dynasty China: Survival Strategies and Judicial Interventions*, Berkeley and Los Angeles: University. of California Press.
Stockard, Janice E. (1992), *Daughters of the Canton Delta: Marriage Patterns and Economic Strategies in South China, 1860-1930*, Hong Kong: Hong Kong University Press.
Theiss, Janet M. (2004), *Disgraceful Matters: The Politics of Chastity in Eighteenth Century China*, Berkeley: University of California Press.
Wu, Yi-Li, (2010), *Reproducing Women: Medicine, Metaphor, and Childbirth in Late Imperial China*, University of California Press.
Zheng, Tiantian (2009), *Red Lights: The Lives of Sex Workers in Post socialist China*, Minneapolis: University of Minnesota Press.

(2) 東アジア比較ジェンダー史の重要文献

アジア女性史国際シンポジウム実行委員会編（1997）『アジア女性史――比較史の試み』、明石書店
　・日本・中国・朝鮮をはじめとするアジアの女性史研究の成果をまとめ、比較する。
伊藤るり・坂元ひろ子・バーロウ，タニ編（2010）『モダンガールと植民地的近代――東アジアにおける帝国・資本・ジェンダー』、岩波書店
　・1920-30年代に世界中に登場した「モダンガール」について、東アジア各地の様相をジェンダー研究の第一線の研究者たちが分析する。
小浜正子・松岡悦子編（2014）『アジアの出産と家族計画――「産む・産まない・産めない」身体をめぐる政治』、勉誠出版
　・「自然」なものだとされていた出産が、近代のアジアで医療化・施設化され、家族計画でコントロールされるようになった各地域の状況を、比較しつつ論じる。
瀬地山角（1996）『東アジアの家父長制――ジェンダーの比較社会学』、勁草書房
　・日本、中国、台湾、南北朝鮮の現代の家族類型を比較分析する。
台湾女性史入門編纂委員会編（2008）『台湾女性史入門』、人文書院
　・台湾女性の各側面について、多くの情報を満載したガイドブック。
野村鮎子・成田静香編（2010）『台湾女性研究の挑戦』、人文書院
　・近年の台湾の女性運動と女性研究の息吹を第一線の論文とその解説で伝える。

早川紀代・李燁娘・江上幸子・加藤千香子編（2007）『東アジアの国民国家形成とジェンダー——女性像をめぐって』、青木書店
・東アジア各国の近代国家と女性の関係を、実証的に比較する論文集。
早川紀代ら編（2015）『歴史をひらく——女性史・ジェンダー史からみる東アジア世界』、御茶の水書房
・女性権力者、家と婚姻、移動と労働の三領域から日・中・韓の女性史・ジェンダー史を比較する。

（3）ジェンダー史・ジェンダー理論の代表的著作
上野千鶴子（1990）『家父長制と資本制』、岩波書店
・日本近代の家父長制（＝男性支配）は資本主義と相互補完のものとして形成されてきたことを論じる女性学の代表的研究。
落合恵美子（2005）『近代家族の曲がり角』、角川書店
・典型的なあり方の「家族」と思われているものは、歴史的に形成されたある時代のものに過ぎないことを論証する家族社会学の著作。
小山静子（1991）『良妻賢母という規範』、勁草書房
・「良妻賢母」とは、近代日本で国家のよき臣民を生み育てる女性として成立した規範であることを明らかにする。
スコット，ジョーン（2004／原書1994）『ジェンダーの歴史学（改訂版）』、（荻野美穂訳）、講談社（初版は1992／原書1988）
・「ジェンダー」が社会的構築物であることを明確に示したジェンダー史・ジェンダー論の古典。
スピヴァク，G・C（1998／原書1988）『サバルタンは語ることができるか』、（上村忠男訳）、みすず書房
・フェミニズムとポストコロニアル批評の視点から従属的地位にあるサバルタンの女性について語ることの困難を論じる。
セジウィック，イヴ・K（2001）『男同士の絆——イギリス文学とホモソーシャルな欲望』、（上田早苗・亀澤美由紀訳）、名古屋大学出版会
・権力を持つ男性たちの間の親密な関係が女性嫌悪と同性愛恐怖に支えられていることを論じた画期的な文学研究。
服藤早苗等編（2009～2011）『ジェンダー史叢書（全8巻）』、明石書店
・日本のジェンダー史研究の成果を集大成し、さまざまな地域・時代・領域のジェンダー秩序を多様な視点から論じた論文集。
フーコー，ミシェル（1986-1987）『性の歴史　全三巻』、（渡辺守章・田村俶訳）、新潮社
・西洋近代の人間が自分たちを性的存在ととらえる様になる過程を研究し、セク

シュアリティが歴史的に形成されることを明らかにした古典的著作。

三成美保・姫岡とし子・小浜正子編（2014）『歴史を読み替える——ジェンダーから見た世界史』、大月書店
　・地域・時代ごとにジェンダー史の成果をまとめる。高校世界史の副教材にも最適。

モッセ，ジョージ・L（2005）『男のイメージ——男性性の創造と近代社会』、（細谷実・小玉亮子・海妻径子訳）、作品社
　・ナショナリズムを支える男らしさのイデオロギーを解明した男性性研究の名著。

歴史学研究会・日本史研究会編（2014）『「慰安婦」問題を／から考える——軍事性暴力と日常世界』、岩波書店
　・「慰安婦」研究の成果をまとめ、第二次大戦時の日本軍性暴力と現代社会をつなぐ。

索　引

・配列は50音順を基本として、同字のものはまとめ、同音の字は画数順に並べた。
・中国語（漢語）は日本語読みで配列したが、北京（ぺきん）など慣例にならったものもある。
・見出し語は本文中の表記によるが、一部に表現がやや異なるものもある。
・関連の深い項目は「→」で示した。

人名索引

・本索引は、本文および注に登場する歴史上の人物および重要な研究者の索引である。

[ア]
哀帝（前漢）　72
粟田真人　137-138
安楽公主　138
郁達夫　439
韋后　97, 138
イプセン　449
イーブリー（Ebrey, Patricia）　7, 145-147, 186
ウッテギン　133
尉遅偓　79
惲珠→完顔惲珠
睿宗（唐）　41, 136, 137-140
穎邑公主　83
袁采　164-166
袁世凱　268
袁雪芬　450
燕斌〔煉石〕　251
小野和子（Ono, Kazuko）　7, 199, 234, 293, 298, 32-325, 359-362, 364
王安憶　441
王婉　114
王柱奸　265
王羲之　96
王禁　75
王君俠　75
王光美　233
王皇后（前漢景帝の皇后）　71
王皇后（前漢元帝の皇后）　72, 74
王克明　85
王根　74
王渾　35

王済　83
王灼　102
王小波　441
王昌　98
王政　430-431
王八郎　171
王鳳　74-75
王芬　74-75
王倫　35
王朗　80
欧陽予倩　449
織女　170
温王　139

[カ]
何（殷）震　251, 292-294
夏庭芝　447
嘉慶帝　264
嘉靖帝　222
賀氏　170
客氏　222
郭建梅　355
完顔惲珠　393
関羽　263
韓非子　265
顔真卿　166
奇皇后　221
魏国公主　78
魏冉　71, 73
魏忠賢　222
丘濬　188

魚玄機　42, 98-101, 105, 391
金王孫　71
金俗　71
金天翮（金一）　250
嵆康　96
景帝（前漢）　71
乾隆帝　448
玄宗（唐）　41, 136, 136-140
元帝（前漢）　72, 74
厳復　265
コー（ウ），ドロシー（Ko, Dorothy）　7, 147, 151, 211-212, 214, 216, 248-250, 253, 364, 393
胡皇太后　116
胡適　271, 449
胡耀邦　348
呉元扆　78
呉廿九　169-170
呉六　172
江青　329
向警予　289, 295, 298
孝武帝　80
苟参　72
幸徳秋水　245
皇甫枚　98
洪邁　160
荒林　432-433
高祖（唐）　139
高素素　287
高宗（唐）　136-137, 139
高宗（南宋）　84
黃碧遙　254
康熙帝　195
康有為　249, 265

[サ]
左思　95
左棻　95, 97, 105
蔡琰　93-95, 105, 387-389
蔡元培　271
蔡鍔　269
蔡邕　94-95, 387
司馬相如　82
滋賀秀三　10, 11, 19, 72, 131, 176-183, 187, 189
施存統　297
謝安　96
謝道蘊　95-96, 99, 105

謝麗華　353, 355
朱熹（朱子）　116, 181-189, 194, 389
周恩来　269
周建人　254
秋瑾　251, 390
荀爽　80, 82
淳于長　74-75
徐鈒　104
徐淑　388-389
徐溥霖　412
徐梵　450
邵力子　297
昭襄王　72-73, 368
章炳麟　245, 265
蔣維喬　250
蔣介石　266, 272-273
鍾氏（王渾の妻）　35
上官婉児　97, 105, 390
上官儀　97
常山公主　83
沈瓊蓮　222
沈虹光　450
沈約　96
神宗（北宋）　85
秦国魯国大長公主　84
スペンサー　250
末次玲子　7, 287, 294, 322, 325, 327, 360-362
西太后　135
成帝（前漢）　74, 93
薛濤　97, 391
宣太后　72
錢玨　450
錢謙益　214, 394
錢忱　84
楚王　100
蘇洵　389
蘇軾　387
宋玉　98, 99
宋建　331
宋若昭　220
莊姜　91-92
曹植　90, 93
曹操　90, 95, 370
曹丕　90, 93
則天武后　11, 27, 36, 41, 97, 135-140, 159, 390
孫思邈　403, 416

孫文　266, 268, 273-274

[タ]
太宗（唐）　139
太宗（北宋）　78
太平公主　36, 84, 139
戴嬀　91-92
談社英　290
チャト　134
中宗（唐）　41, 136-140
張競生　286
張勲　267
張景岳　405, 414, 416
張謇　265
張克莎　444
張若名　287
張載　183, 187
張竹君　248, 415-416
張夫人　221
趙明誠　100, 102-103
鼂錯　375
沈櫻　289
陳寅恪　394-395
陳景雲　102
陳擷芬　251
陳衡哲　288-289
陳子龍　214
陳自明　404
陳照　115
陳逍遥　172
陳染　441
陳廷綽　102
陳東原　7, 147, 151, 228, 230, 359, 387, 392
陳独秀　268, 271
陳鯉庭　449
丁玲　289, 439
程頤　148, 182, 185-186, 194
程顥　183, 185
鄭惲　72
鄭観応　249
鄭国長公主　85
田亜梅　449
田勝　71
田蚡　71, 73
杜嗣先　137-138
杜業　83

杜芳琴　431-432
童戈　443
董国慶　172

[ハ]
巴金　275
馬哲民　294, 298
馬融　94
華英　298
梅蘭芳　275
白居易　99
班固　93-94, 387
班昭　94-95, 97, 99, 102-103, 105, 387
班倢伃　93-94
フルシチョフ　328
婦好　49-50, 52-53, 62
傅昭儀　72
武后→則天武后
武松　263
武則天→則天武后
武丁　50
武帝（前漢）　71-73, 83
馮沅君　288
文帝（陳）　438
ホブソン（合信、B. Hobson）　408
方五　172
鳳子　287
鮑照　96
鮑令暉　96
冒襄　214

[マ]
マン、スーザン（Mann, Susan）　7-9, 11-12, 14, 17, 147, 151, 210-211, 213, 216, 228, 232, 305, 323, 325, 393, 402
毛沢東　233, 268-269, 273, 276, 313, 328

[ヤ]
柳田節子　166
游鑑明　412-413
雍正帝　215
楊維貞　102
楊金英　222
陽朔中　75
楊崇瑞　416

476　索　引

[ラ]
蘭陵長公主　116
李格非　100
李漁　439
李銀河　441-442
李綽　298
李小江　228, 234, 422-428, 430-431
李清照　42, 100-105, 391-392
李貞德　8, 76, 114-116, 401, 404
柳如是　215, 394
劉義慶　389
劉向　94, 380, 386-387

劉孝綽　96
劉師復　292, 294
劉知幾　388-389
劉備　14
呂（太）后　27, 135
梁冀　135
梁皇后（後漢順帝の皇后）　135
梁啓超　228, 245-246, 249, 265-266, 269, 395, 409
煉石→燕斌

[ワ]
和熹太后（後漢和帝の皇后鄧氏）　135

事項索引

[ア]
あいまいな身体　408, 413
アイデンティティ　9, 246, 249, 260, 274-275
アナール派　205
アナキスト　291-294
アメリカ　239, 253-254, 266, 271, 294, 303, 305, 318, 343-344
新しい女性　449-450→「新女性／新婦女」も見よ
愛国主義　244, 246
　　―愛国主義教育　235
愛情　229, 269, 285-288, 292, 296-297, 326
イエ（家）　9, 207, 217
イギリス　244, 249, 266, 305
イデオロギー　175, 240-241, 248, 259-260, 271, 274, 282, 284, 286, 290, 298
インド　241, 245, 276
入り婿　146
以官為家　112
衣装／衣服　227-228, 235-236, 267, 304, 308
医者　249, 306, 404-408
医師　229, 249, 404, 408, 414, 416
「医」と「儒」の知的緊張　408
医療の近代化　399
異性愛　16
　　―規範　5, 437
異性装／クロスジェンダー　5, 438, 447
異姓不養　67
異父同母兄弟姉妹　33, 70-72, 75
慰安婦　18, 231, 236, 255

育児　284, 289, 296, 298, 315, 317-318, 330, 347
一妻多夫　151, 216
一夫一妻（婦）　37-38, 50, 231, 283, 287, 292-293, 295-296, 322-323
　　―婚的規範　37
一夫多妻　283
陰と陽　401-402, 410
殷墟　46, 49-50, 54, 57, 62
「ヴァギナ・モノローグス」　433→「来自陰道」も見よ
「内」の領域　304→「男は外、女は内」も見よ
乳母　114
エイズ　441-442
エージェント　330, 347→「行為主体性」も見よ
衛生　254, 268, 273, 346
縁坐　120
オーラル・ヒストリー／口述史　235, 310, 342-345, 355, 361
男
　　―と女は相互補完的　402
　　―の同志にできることは女の同志にもできる　425
　　―は外、女は内　11, 14, 284, 295
　　―同士の絆／ホモソーシャビリティ　13
　　―らしさ　12, 145→「男性性」も見よ
女
　　―の陥穽　425
　　―の文学　105
　　―は家に帰れ　15, 230, 255, 290, 347-348

事項索引　477

[カ]
科学　254, 268, 270-271, 331, 409
科挙　12, 17, 144-147, 208-209, 213, 229, 244, 263-265, 267, 270, 305, 448
家業　9, 165, 207
家訓　164, 210
家計　171, 305, 314-315, 355
家事　232, 284, 289, 301, 315, 327, 330, 339, 347, 350
家族
　―改革　10, 14-15, 269, 281, 322, 324, 326
　―革命　283, 291
　―計画　329, 332
　―制度　283-284, 292, 295-296, 302, 322
　―の廃止　293-294
家長　117, 120-121, 377
　―権　32
家庭
　―内暴力　116, 119→「反DV法」も見よ
　―に戻る　307
家廟　116
家父長　117, 163, 248, 266, 274, 284, 315, 323-324, 329, 331, 342
　―制　162, 206, 421
華夷　212, 246
寡婦　11, 145-146, 173, 171-172, 177, 194, 197, 200-201, 203, 274, 289, 322
餓死は事極めて小なり、失節は事極めて大なり（餓死事極小、失節事極大）　11, 148-149, 184-186, 194, 408
解剖学的凝視　410-411
外親　67, 74
外戚　73-74, 135, 386
革命派　242, 245-246, 265-266, 268
核家族　14, 37-38, 69, 282, 377→「小家族」も見よ
台彎　29, 47, 55, 83, 103
学校　245, 267, 270-272, 274, 305-306, 346, 353
宦官　221-222, 263
姦通（姦淫）　70, 118, 197-198, 284
乾旦　448
閑適詩　99
漢型家族　109
漢人　243, 267
漢族　227-228, 245, 248, 261, 264, 268
　―の知識人男性　5

管家婆　76-79
キャリア　302, 314-315
キリスト教　194
気　10, 181-182, 401
帰宗　113, 118
帰寧　113
規範　248, 255, 260-261, 284-285, 302-303, 329
期親　121, 198
貴族　69, 110, 122, 143
棄妻　130
妓女　97, 144-145, 213-215, 231, 326, 391-392, 448
義合　121
義絶　119, 121, 130
魏晋文化論　34-35
后　50, 52-53
宮人　222
宮廷詩人　97
救国　228-230, 273, 281
　―言説　413
舅と甥　33, 73-75
共産主義革命　211
共産党　→中国共産党
京劇　275, 449
教養　210
跪　448
近世　207
近代化　227-228, 234, 270-271, 273, 294, 306, 322, 331
近代家族　13-14, 229, 231, 282, 284, 286, 290, 298, 325
近代的身体　411, 413
近代的秩序　400
金蘭会　438
銀花賽　232, 343
クロスジェンダー　→異性装
軍国民　229, 233, 246, 266, 268-272, 275-276
軍事　52, 54-56, 63
ゲイ　16, 437, 442-444
計画出産　234, 321, 328-332, 347-349
経血　400
経済的自立　232→「自立」も見よ
継母・継子　114-115
閨秀　212, 214, 392-394
閨怨　41, 90-91, 93-94, 96-97, 100, 105
血縁家族　29
血縁集団　30, 47, 69, 111

月経　400, 402, 410
結婚　177, 196, 209, 214, 223, 229, 231, 248, 253, 269, 281, 283, 285-290, 293, 295-296, 310, 312, 322-326, 332
　　―していない男女　5
擊嬰　386
賢媛　389-390
賢妻良母　14, 284, 286-287, 289, 293, 295, 439, 448
賢婦（人）　386, 390
健康　249, 272, 330
玄言詩人　96
厳母　114
コスモロジー　401, 417
子供　157, 168, 231, 235, 266, 269, 287, 289, 291, 297, 304, 310, 317-318, 323, 326, 329-331, 346
戸　30, 367-368, 371, 373
戸口　313, 327
戸人（戸主）　30-31, 117, 369, 371, 373, 377-378, 381-382
戸籍　30-31, 116, 367-368, 370-373
姑慈婦孝　115
姑婆屋　438
五口の家　27
五四運動／五四時期／五四新文化運動（期）　5, 14, 147, 211, 230, 233, 248, 252, 254, 267, 271, 273, 281-282, 289, 294, 322, 326, 341
五倫　17
娯楽　311-312
口述史　→オーラル・ヒストリー
「公」　328, 382
公主　33, 76-86, 116, 159
行為主体性（エージェンシー）　350→「エージェント」も見よ
光棍　13, 211-212, 263
江南　393-394
皇后　27, 135, 159
皇太后　27, 73, 116, 135
皇太女　138
紅衛兵　276
「紅色娘子軍」　450
黄帝　245
　　―の身体　401, 403
強姦　197-198
国営工場　313, 315
国民　228-230, 240-241, 244, 247, 251, 262, 266-268, 271-272, 274-275, 360
　　―革命　252, 272
　　―国家　247, 272, 275
　　―政府　6, 246, 253, 272-273, 322
　　―党　230, 243, 266, 271-274, 276, 290, 306-307, 322, 341
　　―の身体　248, 254
　　―の母　229, 250-251, 413
国連世界女性会議　→世界女性会議
婚姻　193-194, 231, 283-284, 287-288, 293-294, 298, 323, 325-326
　　―外の性関係　440
　　―自決　298
　　―自由　231, 295, 323-324
　　―条例　322-323
　　―制度　282, 286, 291-292, 294-299
　　―同盟　59, 61, 63
　　―法　14-15, 231, 321, 323-325, 329, 332, 344

[サ]
サティー　241
サバルタン　241-242
才子佳人　13
才女　8, 19, 95, 211, 385-396
再婚（再嫁）　11, 70, 102, 118, 129-130, 148-149, 184-185, 194-195, 197-201, 213, 283, 293, 389, 391-392
再生産　248, 250, 252, 304-305, 315, 318, 324, 326, 330, 377
再男性化　262, 264-266, 268, 271, 273, 275
妻族　37
祭祀　50, 57-58, 83, 110, 137-138, 176-178, 180-183, 185, 187-188
裁判　161-163
財産（相続）権　9, 176, 178, 181
三族制家族　35, 69
産婆　406-407
産婦人科　403-404, 416
　　―の女性化　417
　　―医学書　409
シスジェンダー　16
ジェンダー　→「性別」も見よ
　　―／セクシュアリティ・システム　7
　　―・ギャップ指数　3, 450
　　―化された空間　11
　　―化された職業　417

―規範　11-14, 17, 188-189, 206, 210, 213, 217, 248, 255, 414
　　―分業　284, 343
　　―平等　339
士大夫　35, 86, 144, 188, 214, 265, 270, 391-394
　　―層　7, 12
市場　235, 302-304, 307-308, 316-318, 332
　　―経済　234-235, 333, 337-340, 348-351, 355
　　―フェミニズム　426
市民　17
「私」　328, 380, 382
姉妹婚　146
詞　101, 104, 276, 390-391
資本主義　233, 240, 246, 255, 269-270, 292, 294, 328
自梳女　438
自立　166-167, 172, 181, 229, 283-284, 289-292, 298, 314, 322-323, 361
自由婚姻　→婚姻自由
自由恋愛　292, 295-297
児童公育　297-298
持参財（財産）　146, 150, 177, 199-200, 378, 381
識字／読み書き　5, 145, 222, 328, 346
七出　119
社会主義　15, 231, 248, 254, 302, 313, 315-316, 318, 326-327, 330, 333, 341, 344
社会性別　430
社会的越境　448
社会的地位の指標　12, 17
社会ネットワーク　393
爵位　369, 371, 373, 376, 379
上海　235, 250-251, 273, 306, 308, 310-312, 326-327, 330
朱子学　10, 143, 148, 150, 180-182, 184, 186-189
儒医　407
儒家　281
　　―的宗族制　118
儒教　156, 180, 188, 207, 229, 249, 255, 264, 268-270, 272, 283
収継婚　150
収入　305, 309, 338-339, 349
宗教　240, 244, 252, 260, 270
就業　284, 290, 293, 298, 327
「終身大事」　449
十悪　121
出嫁女性　33, 74-75, 84, 113

出産　235, 288, 330, 332, 344, 376, 400, 404-405
　　―育児　292
　　―革命　414
　　―観　406
出生をコントロール　321
殉死　148, 151, 186, 195
女科　403, 415
女学　228, 249, 251
女学校／女学堂　267, 305-306
女官　219, 221-223
女訓書　210, 387, 389
女系　10, 182, 333→「母系」も見よ
女権　250-251, 294
　　―主義　433
女戸　31, 166
女工　229, 306, 308-311, 313, 316-317
女国民　14, 229, 244, 251-252, 413
女子
　　―越劇　450
　　―及丈夫手書　127, 129, 131
　　―教育　210, 267, 293, 298, 302, 342, 395
　　―師範学堂章程　411
　　―体育　411-412
　　―中西医学院　415
　　―は才無きが徳である（女子無才便是徳）　385, 392
　　―分法　131, 178
女性
　　―／ジェンダー史　432
　　―意識　425
　　―医師／医療従事者　401, 414
　　―隔離　11, 14, 17→「男女隔離」も見よ
　　―学　421-422
　　―作家　42, 93, 105
　　―産科医　416
　　―主義　422, 429, 432-433
　　―主義学術サロン　433
　　―祖先神　50
　　―同性愛　441→「同性愛」も見よ
　　―の財産相続　10
　　―の社会的地位　46, 54, 63
　　―の職掌　49, 62-63
　　―の生涯　61, 64
　　―の脆弱説／病弱説　399, 404
　　―の貧困　431
　　―の労働参加　15

ーへの暴力　431
　　ー墓／墓誌　28, 47, 49, 54, 60, 62, 112
　　ー労働者のリストラ　422
女優　447-451
　　ー禁止　447-448
助産師（婦）　214, 414, 416
小家庭／小家族　14, 37-38, 144, 254, 269, 282-291, 294-296, 299
小脚　248, 253
小説　164, 200, 214, 250, 264, 269, 274, 288
少数民族　227, 251, 261, 361
尚宮　220
尚公主　76-77, 80-82
尚書内省　220
妾　49, 52, 55, 90-91, 97, 118, 145, 173, 197-200, 284, 370-378, 381
昇行　85
商業／商売　9, 170-173, 272, 302, 306, 310, 407
娼婦　209, 229, 306, 311→「妓女」も見よ
植民地　235, 241-242, 251, 262, 276
　　ー的近代　13, 17
職業　289-290, 306, 350
　　ー自立　293→「自立」も見よ
身体　227-228, 246, 250, 252, 259, 262, 266-268, 272, 286, 326, 329-330, 333
　　ー的差異に意味を付与する知　4
　　ーの認知　402
　　ーへのイメージ　399
秦律　32, 39, 68, 70, 376
秦淮　394
進歩　252-253, 255, 265, 267, 269-270, 285, 298, 306
新劇（文明戯）　449
新賢妻良母　255, 284, 286, 288-291, 294
新女性／婦女　395-396, 449
新生活運動　230, 255, 272-273
新民　266, 269, 409
親迎　81
親族関係　68-69, 73, 118, 120, 122, 182, 208, 367, 369-371, 377, 383, 442
人口　235, 242-243, 250, 254, 330-332
人種　241-244, 246, 252, 260, 409
人民公社　302, 333
壬子学制　411
腎　402
スポーツ　262, 268, 270-271, 276

垂簾の政　136
睡虎地秦簡　31, 68, 70, 376
セクシュアリティ　260, 265, 282, 285-286, 289-290, 299, 326, 360
セクシュアル・マイノリティ／性的マイノリティ　16, 431, 437-446
セックスワーカー　443
世界女性会議　235, 332, 352-353, 427-428, 430-431, 441
世襲　29, 206-209, 215, 217
世帯　375
正妻　38, 72
生育文化　115
生活史　313-314
生殖　229, 231, 234, 248, 251, 254, 269, 286, 325, 330-331, 347
　　ー観　401
　　ー健康　407→「リプロダクティブ・ヘルス」も見よ
　　ーコントロール　254
　　ーする身体　403
　　ーにおける主体性の強調　407
　　ーのパーツ化　417
生物学的な性別（sex）　4
生理期間の体育　412
青年女権行動派　→フェミニスト行動派
性
　　ー医学　440
　　ー道徳　275, 281, 285
　　ーの商品化　422, 427
　　ー犯罪　196
　　ー比　13, 196
　　ー暴力→「戦時性暴力」
性別
　　ー隔離　184
　　ー史　42
　　ーによる労働分担　28
　　ー分業　10, 156-157, 159, 165, 169-171, 282, 289, 325
　　ー役割　11, 284, 328, 399, 406
性欲　285, 287, 289, 296-297, 439
旌表　148-149, 195, 213
節婦　149-150, 186, 195, 213
　　ー烈女　195, 213, 242→「烈女」も見よ
宣教師　241, 249, 305
専門職による女性排除　414

戦時性暴力／性暴力　18, 231, 255, 361
賎民　120, 209, 214, 448
　　――戸籍　215
剪髪→断髪
全国婦女代表大会　341, 346, 351
全国婦女連婦女研究所　426
「そのムチをおろせ」　449
双系　10
　　――的な社会　29, 47
双分制　47
宗祠　109
宗族　10, 69, 85, 110-111, 162-163, 188-189, 208
宗法　187
相続　9, 83-84, 132, 163, 188
　　――権　283-284, 296→「財産相続権」も見よ
族譜　110-112
族墓　30

[タ]
太医局　404
対偶婚／対偶婚的心性　37, 144
体操　249, 268, 270
大家庭　283-284, 295-296
大躍進　232, 313, 327, 330
第二波フェミニズム　4, 6, 421-422, 424
第三波フェミニズム　7
単位　313, 315, 326, 333
単性モデル　405-406
男系血縁（集団）　30, 47, 193
男耕女織（績）　47, 61-63, 159
男女
　　――に別あり（男女有別）　11, 402, 414, 416
　　――の異質性　410
　　――の本質的相似性　403
　　――格差　15, 18
　　――隔離　145, 147, 187, 405-406, 414, 417, 438, 440
　　――平等　231-232, 252, 283-284, 287-289, 292, 306, 313-315, 322-323, 326, 328, 348
男性
　　――史　16, 260-261
　　――性　231, 236, 246, 259-263, 265-270, 272-276
　　――同性愛　438→「同性愛」も見よ
　　――中心主義　6
男装　221
男尊女卑　156, 283, 322

断袖　15
断髪／剪髪　230, 246, 265, 267
血　404-405, 410
知識
　　――階級／階層　234, 360
　　――女性　289
　　――人　229-230, 244, 249-251, 253-255, 264, 266, 271, 275, 322, 342
　　――分子　270, 273, 276
蓄妾　284
嫡庶　72-73
嫡長子　187-188
中華女子学院　432
中華民族　235-236, 244, 247, 252
中間層　14, 255, 302, 306-307
中国
　　――共産党（共産党）　230-232, 234-236, 248, 271-274, 276, 289-290, 303, 311, 313, 322-324, 326, 339-342, 344-348, 351, 354, 361, 424, 450
　　――健康教育研究所　441
　　――女性運動　423
　　――女性学　423-424
　　――女性学協会　430
　　――女性主義→女性主義
　　――的身体観　401
　　――の女性とジェンダー学発展プロジェクト　431
　　――婦女研究会　429
　　――婦女発展綱要（1995-2000）　428
冢宰　136
朝鮮　188, 223
直系尊属　35
賃金　232, 235, 302, 309, 315, 317
妻
　　――は夫に従う　119
　　――は内、夫は外　379
　　――を以て夫を制す　80, 82
妻方居住婚　151
出稼ぎ　235, 310-311, 316, 337, 339, 350-351, 353, 355
帝国主義　245, 249, 262, 276
貞節　7, 11, 17, 148, 151, 193, 197, 236, 269, 390-391, 438
貞操　194-195, 201, 283, 285-286, 297, 313
鄭州大学婦女学研究センター　423
溺女（女嬰殺害）　13

鉄の娘 233, 328
天安門事件 235, 239, 351, 423
天下興亡, 匹婦有責 395
天津 263, 287, 306, 308, 311
 ─師範大学婦女研究センター 427
纏足 6, 11-12, 17, 145, 151, 186, 212, 248-250, 253, 255, 263-265, 284, 309, 342, 411
 ─禁止 250, 253
伝統家族 175, 231, 281-283, 284, 286, 322, 331
伝統的宇宙秩序 408
トランスジェンダー 5, 17, 437, 444
ドイツ 244, 266, 271
ドメスティック・バイオレンス 332→「反DV法」も見よ
土地改革 231, 324
妬妻／妬婦 38, 114
都市と農村の格差 15, 269
唐型家族 109
唐宋変革（論） 17, 38, 143-145, 149, 179
唐律 32, 68, 70, 116-120, 122, 130
滕器 58-60
同居共財（同財同財） 30, 110, 374
同語 444
同妻 443
同産 35, 70, 381
同志 442
同性
 ─愛 5, 13, 15-16, 231, 261, 275, 325, 437-440
 ─愛者 15, 439
 ─間の強姦 438
 ─間性関係 15
 ─恋 439-440
同姓不婚 9, 67
同宗 67
同族 9-10, 29, 33, 75
道徳 162, 206, 210
道教 34, 98, 181
動員 232, 248, 253, 255, 266, 273, 302, 313, 323, 327, 331, 339-341, 343, 349
独身 287-288, 295-296, 311, 314, 325-326
敦煌 378, 380
 ─文書 41, 127

[ナ]
内外の空間的な区別 380
内夫人 220-221

二重負担（ダブルバーデン） 15, 290, 330, 425
二年律令 70, 378-379, 381
肉体 248, 285
日清戦争 244, 246, 264-265, 275
「人形の家」 449
妊産婦の死亡率 415
妊娠出産の病理化 410
奴婢 373
納妾 283
農家経営 170, 173
農業労働／農作業 47, 157-159, 168, 170, 304, 375

[ハ]
はだしの医者 329, 416
バース・コントロール 329-330
パフォーマンス・アート 434
覇権的男性性 12-13, 260, 262, 264, 267
俳優 448
排行制 85
売妻 216
売（買）春 215-216, 231, 311-312, 326, 438
売春婦 145, 156→「妓女」も見よ
白人 241-242, 250-251
「白毛女」 450
機織り 157, 171, 250, 304-305
母は子を以て貴し 59, 61
母は至親 114
反串 438
反清復明運動 394
反纏足 251, 253-254→「不纏足」も見よ
反DV法 348, 354, 356
半族 47
ヒトの資源的価値 371
ヒトの把握 367
非所生子 83-84
非政府組織（NGO） 345
非父系的 33, 72, 75
悲憤詩 94-95, 387
婢女 145
微笑する女性主義 432
一人っ子政策 10, 234, 317, 321, 329-333
表現する女性 12
牝鶏之晨 136
貧困 263
 ─の女性化 337-338

事項索引　483

ファッション　248, 263, 361
フェミニスト　236, 337, 341-342, 352, 425
　　―行動派　433, 444
フェミニズム　211, 241, 248, 254, 294, 340-341, 361, 425, 435
ブルジョア　233, 273, 326, 328, 341
ブルジョア・フェミニズム　421, 424
不孝有三、無後為大　185
不纏足　228, 249→「反纏足」も見よ
不落夫家　438
父系　10, 15, 67-69, 145, 151, 176-182, 187, 333
　　―化　10, 36, 67, 86
　　―血統　9, 14-15, 437
　　―親族　110, 115, 118, 125, 182, 187, 189
　　―制　9, 10, 114
　　―制家族　9
　　―（制）社会　47, 49, 54, 63, 67, 211
父権（制）　7, 35, 117, 144
父子兄弟相続　10, 49
父子相続　10
父子同気　10, 68, 181-182
父母の遺体　68
父母子女関係　118
夫尊妻卑　31-32, 68-69, 84-85
夫婦
　　――一体　68, 176-177
　　――間の傷害事案　32
　　――相別書　127, 129-130
　　――に別あり　17
　　――の内外＝公私役割　382
　　――墓　54-56, 60
婦謁舅姑　85
婦強夫弱　38
婦好墓　48-53, 62
婦女
　　―回家→女は家に帰れ
　　―研究運動　424-425, 427, 429
　　―主任　331, 346-347, 349-351
　　―連（婦女連合会）　15, 327-328, 338-356, 422-423, 428-429
婦人科　115, 404
婦人は血をもって主とする　404-405
駙馬（都尉）　76-81, 84
副葬品　28-29, 46-47, 53, 55, 61, 63
複合型家族　118
二つの儒教観　36

博客（ブログ）　451
武生　447
仏教　181, 265
「文」　12-13, 264
文化資本　12
文化大革命（文革）　13, 233-234, 321, 327-329, 341-342, 344-345, 347, 360, 421, 440
文人　249, 263, 270→「士大夫」も見よ
分桃　15
分娩の手技　406-407
北京
　　―クィア映画祭　442
　　―政府　253, 267-268
　　―女性会議→世界女性会議
　　―大学　269-271, 288, 313, 353-355
　　―大学中外婦女（問題研究）センター　427, 432
　　―同志センター／LGBTセンター　442
弁護士　229, 306, 353-354
辯通　386
辮髪　212, 245, 264-265, 267
母系　9-10, 177, 333
　　―親族　151
　　―制社会　7, 46
母権　181
　　―社会　144
母子関係　33, 72-73, 86, 114, 119
母性　284, 288, 290
戊戌変法　245-246, 265-266, 268
墓誌　111-113, 115
墓葬　28, 46-47, 54
墓地　176-177, 183
放妻書　119, 127-128, 130-131
放足　242, 248-249, 252-253
封建礼教→礼教
房支　111
紡錘車　49, 62
北族的習俗　36
北方民族　221
本土化　425

[マ]
マルクス主義女性解放論　425, 429
待つ女　42, 91, 93, 98, 105
間引き　196, 249→「溺女」も見よ
未婚女性　41, 113, 194-195, 201, 222

484　索　引

身分　196, 187, 205-217
　―制　11, 17, 143, 150, 187, 207-208, 217
　―法　208
民族言説　409
民法　322-323
無夫の姦　198-199, 322
婿入り（婚）　177, 393
女神信仰　46
名数　30, 373, 378
モダンガール　230, 246, 255, 290

[ヤ]
遊牧社会　150
優生　254, 285
陽と陰　401-402→「陰と陽」も見よ
徭役　369-371, 376, 381
養育　377
養蚕　157, 169-170
養生術　407
四三年決定　232, 323, 326

[ラ]
ライフヒストリー　350
拉拉　442
「来自除道」　434
蘭花指　449
リブ　434
リプロダクティブ・ヘルス（&ライツ）　332, 428
里　378
離縁　193
離婚　166-167, 171-172, 200, 283, 287, 296, 322-325, 332-333, 381
六局二十四司　220, 223
六朝女性　34

留学生　229, 251, 266, 286-287, 361
流氓罪　441
両性モデル　405-406
「両性視野」　433
臨朝称制　135
累世同居　35
レズビアン　444, 451
礼　386
礼楽　56
礼教　34-35, 37, 116, 118, 147-148, 180, 189
歴史修正主義　6
列女伝　160, 386-388
烈女　114, 213→「節婦烈女」も見よ
恋愛　144, 269, 281, 283-287, 289-290, 295-297, 326
　―結婚　14, 254, 285, 288, 324
　―神聖　16
ロマンチックラブ・イデオロギー　439
ロマンティック・ラブ　214, 216
老生　447
労働　132, 156-159, 163-164, 167-171
　―人口　307, 317

[ワ]
和姦罪　70, 72
和離　130
話劇　449

[アルファベット]
CSWS　430-431
LGBT　15-16, 437, 444
LGBT パレード　442
NGO　351-353, 424, 428-429
YMCA　270, 272

書名索引

・本索引は、本文および注に史料として登場する著作および重要な研究書の索引である。

[ア]
『夷堅志』　160-161, 163, 168, 171
『飲冰室文集』　256
『烏程県志』　222
『海辺の友』　288, 438
『雲渓友議』　166
『易経』　96, 100, 105

『易言』　249
『袁氏世範』　164

[カ]
『家族法』→『中国家族法の原理』
『家庭研究』　295
『家礼』　116, 183, 185, 188

書名索引　485

『家礼儀節』　188
『嘉祐集』　389
『晦庵集』　389
『覚悟』　288, 294-298
『隔絶』　288
『楽府詩集』　97, 387
『漢書』　33, 71, 74, 83, 93-94, 375, 377, 379, 387-388
『観察』　254
『儀礼』　180
『旧雨』　289
『戇書』　265
『教育雑誌』　412
『教会新報』　249
『玉台新詠』　97-98, 389
『玉堂閑話』　171
『金史』　221
『金石録』　102, 391
『旧唐書』　97, 138-139, 159
『警鐘日報』　415
『稽神録』　167
『芸文類聚』　95-97, 386, 389
『孽海花』　250
『建炎以来繋年要録』　221
『元史』　150
『元典章』　199
『原化記』　169
『五雑組』　77, 79
『後漢書』　80, 82, 94, 374, 377, 387-388
『孔子家語』　193
『黄帝内経』　402, 413
『耕織図』　157-158
『耕織図詩』　157-159, 168
『国粋学報』　245

[サ]
『三国志』　370
『産科兼婦人雑病科』　404
『詞苑叢談』　104
『史記』　33, 71-72, 82
『史通』　388
『四庫全書総目提要』　101
『四溟詩話』　97
『詩経』　42, 62, 91-94, 99, 105
『時務報』　409
『朱子語類』　182

『周易』　193
『周易本義』　184
『周礼』　245, 373, 376
『祝宴の後』　289
『祝福』　194
『春秋公羊伝』　59, 61, 193
『春秋公羊伝解詁』　374
『初学記』　81
『女界鐘』　250
『女誡』　387
『女子世界』　250
『女報』（『女学報』）　251
『小学』　184
『小学教師』　288
『少年中国』　295
『尚書（書経）』　136
『傷逝』　288
『勝利のあと』　288
『申報』　412
『晋書』　83, 95
『秦淮八艶図詠』　394
『清代野記』　78
『新世紀』　291
『新青年』　268-269, 294, 449
『新唐書』　97, 159
『新民説』　266, 268
『新民叢報』　409
『人民日報』　327-328
『図画日報』　252
『水滸伝』　263
『隋書』　170
『世説新語（世説）』　13, 34, 389-390
『生死場』　274
『性からよむ中国史』　7-8, 211
『性史』　286
『青年雑誌』　268→『新青年』も見よ
『青楼集』　448
『星期評論』　294
『清明上河図』　157
『清明集』　160, 162-163, 167, 178
『盛世危言』　249
『石林燕語』　79
『千金方』　403
『全唐詩』　391
『全唐文』　139
『ソフィ女士の日記』　289, 438

486　索　引

『蘇報』　251
『宋会要輯稿』　78-79, 84
『宋刑統』　199
『宋史』　81
『宋書』　79-80, 90
『宋大詔令集』　220
『荘子』　96
『孫子』　368

[タ]
『たったひとりの戦争』　440
『太平広記』　98, 160, 167, 169
『胎産須知』　410
『大戴礼（記）』　193
『大陸報』　251
『大学』　222
『大公報』　252
『大唐六典』　220
『大明会典』　81
『大明令』　199
『達生編』　405-406
『中国家族法の原理』　176-181
『中国女性史―太平天国から現代まで』　7, 359-361
『中国女性主義』　433
『中国女報』　251
『中国新女界（雑誌）』　251
『中国之武士道』　265
『中国婦女』　328
『中国婦女運動史』　341, 423
『中国婦女生活史』　7, 147
『中国婦女報』　353, 355
『中朝故事』　79
『中庸』　222
『中論』　369
『陳書』　438
『弟兄們』　440
『天義（報）』　251, 291-293
『天空』　440
『唐詩紀事』　97
『唐大詔令集』　136, 139
『唐律疏議』　31, 70, 199

[ナ]
『二〇世紀中国女性史』　6, 361
『二程全書』　194

『日知録』　395
『農家女百事通』　353

[ハ]
『白虎通』　380
『白氏文集』　99
『白氏六帖事類集』　386
『万国公報』　249
『万暦野獲編』　77, 79
『批評』　295
『美的人生観』　286
『プライベートライフ』　440
『風俗通（義）』　374
『婦嬰新説』　408
『婦女共鳴』　290
『婦女雑誌』　284-285, 295
『婦女研究叢書』　423
『婦人規』　405
『婦人大全良方』　404
『奮闘』　295
『文公家礼』→『家礼』
『文心雕龍』　94
『碧鶏漫志』　102
『変法通議』　395

[マ]
『民国日報』　294-298
『民鐘』　295
『民立報』　252
『名公書判清明集』→『清明集』
『冥報記』　169
『孟子』　14, 185
『文選』　90, 94, 98

[ラ]
『礼記』　12, 68, 180, 222, 379, 402
『蘭閨宝録』　393
『柳如是別伝』　394
『呂氏春秋』　62
『麗石の日記』　439
『歴代婦女著作考』　392
『列女伝』　94, 380, 386-387, 389
『憐香伴』　438
『ロイスの問題』　288
『老子』　96
『論語』　91, 222

執筆者紹介 (執筆順)

小浜　正子（こはま　まさこ）
日本大学文理学部教授、(公財)東洋文庫研究員【はじめに、第13章、編者】

内田　純子（うちだ　じゅんこ）
(台湾)中央研究院歴史語言研究所副研究員【第1章】

下倉　渉（しもくら　わたる）
東北学院大学文学部教授【第1編Ⅰ期はじめに、第2章、編者】

佐竹　保子（さたけ　やすこ）
東北大学名誉教授、大東文化大学外国語学部特任教授【第3章】

翁　育瑄（おう　いくせん　Yu Hsuan Wong）
(台湾)東海大学歴史学系副教授【第4章】

三田　辰彦（みた　たつひこ）
東北大学大学院文学研究科専門研究員【第4章翻訳】

荒川　正晴（あらかわ　まさはる）
大阪大学名誉教授【コラム1】

金子　修一（かねこ　しゅういち）
國學院大學名誉教授【コラム2】

大澤　正昭（おおさわ　まさあき）
上智大学名誉教授、(公財)東洋文庫研究員【第5章】

佐々木　愛（ささき　めぐみ）
島根大学法文学部教授【第1編Ⅱ期はじめに、第6章、編者】

五味　知子（ごみ　ともこ）
慶應義塾大学文学部准教授【第7章】

岸本　美緒（きしもと　みお）
お茶の水女子大学名誉教授・(公財)東洋文庫研究員【第8章】

小川　快之（おがわ　よしゆき）
国士舘大学文学部教授、(公財)東洋文庫研究員【コラム3】

坂元　ひろ子（さかもと　ひろこ）
一橋大学名誉教授【第9章】

高嶋　航（たかしま　こう）
京都大学文学研究科教授【第1編Ⅲ期はじめに、第10章、編者】

江上　幸子（えがみ　さちこ）
フェリス女学院大学名誉教授【第11章、編者】

リンダ・グローブ（Linda Grove）
上智大学名誉教授【第12章】

田中　アユ子（たなか　あゆこ）
上智大学大学院外国語学研究科比較文化修士課程修了、翻訳家【第12章翻訳】

大橋　史恵（おおはし　ふみえ）
お茶の水女子大学ジェンダー研究所准教授【第14章】

須藤　瑞代（すどう　みずよ）
京都産業大学国際関係学部准教授【コラム4】

鷲尾　祐子（わしお　ゆうこ）
立命館大学非常勤講師【第15章】

板橋　暁子（いたはし　あきこ）
東京大学東洋文化研究所助教【第16章】

姚　毅（よう　き Yao Yi）
東京大学教養学部非常勤講師【第17章】

秋山　洋子（あきやま　ようこ）
駿河台大学経済学部元教授、2016年8月26日逝去【第18章】

遠山　日出也（とおやま　ひでや）
立命館大学社会システム研究所客員研究員【コラム5】

中山　文（なかやま　ふみ）
神戸学院大学人文学部教授【コラム6】

中国ジェンダー史研究入門

2018年2月5日　初版第一刷発行
2023年1月30日　初版第二刷発行

編　者　　小浜　正子
　　　　　下倉　　渉
　　　　　佐々木　愛
　　　　　高嶋　　航
　　　　　江上　幸子

発行人　　足立　芳宏

発行所　　京都大学学術出版会
　　　　　京都市左京区吉田近衛町69
　　　　　京都大学吉田南構内(〒606-8315)
　　　　　電話　075(761)6182
　　　　　FAX　075(761)6190
　　　　　URL　http://www.kyoto-up.or.jp
　　　　　振替　01000-8-64677

装　幀　　森　華
印刷・製本　亜細亜印刷株式会社

ⓒ M. Kohama, W. Shimokura, M. Sasaki, K. Takashima, S. Egami 2018　　Printed in Japan
ISBN978-4-8140-0124-8　　　　　　　　定価はカバーに表示してあります

本書のコピー、スキャン、デジタル化等の無断複製は著作権法上での例外を除き禁じられています。本書を代行業者等の第三者に依頼してスキャンやデジタル化することは、たとえ個人や家庭内での利用でも著作権法違反です。